SECCIÓN DE OBRAS DE HISTORIA

CIUDADES Y SOCIEDAD
EN LATINOAMÉRICA COLONIAL

Traducción de:
OFELIA CASTILLO

CIUDADES Y SOCIEDAD EN LATINOAMÉRICA COLONIAL

LOUISA SCHELL HOBERMAN
SUSAN MIDGEN SOCOLOW
compiladoras

FONDO DE CULTURA ECONÓMICA

MÉXICO - ARGENTINA - BRASIL - COLOMBIA - CHILE - ESPAÑA
ESTADOS UNIDOS DE AMÉRICA - PERÚ - VENEZUELA

Primera edición en inglés,   1986
Primera edición en español,   1993

Título original:
Cities and society in colonial Latin America

© 1986, University of New Mexico Press, Albuquerque
ISBN de la edición original: 0-8263-0845-7

D.R. © 1992, Fondo de Cultura Económica de Argentina, S.A.
      Suipacha 617; 1008 Buenos Aires

ISBN: 950-557-158-5

Impreso en Argentina
Hecho el depósito que previene la ley 11.723

INTRODUCCIÓN

Susan M. Socolow

La civilización que las naciones ibéricas implantaron en el Nuevo Mundo tuvo un carácter profundamente urbano. Desde los primeros tiempos de la colonización del siglo XVI, pasando por la grandiosidad del barroco del siglo XVII, hasta el clasicismo más moderado de la ilustración del siglo XVIII, el mundo español (y, en menor medida, también el portugués) en las Américas se concentró en las ciudades. Paradójicamente, en una civilización construida sobre bases económicas agrícolas y mineras la ciudad representaba la esencia misma de la cultura, el campo preferido para el intercambio social y económico y el escenario de los conflictos y acuerdos políticos.

Desde los tempranos días de la conquista y la colonización, y durante todo el período de la independencia latinoamericana, las ciudades de América Latina sufrieron constantes cambios en número, población, función o supremacía. La primera ciudad de la América Latina colonial, el malogrado fuerte de Navidad establecido por Cristóbal Colón en su primer viaje al Caribe, fracasó, como muchos otros asentamientos, debido a la mala planificación, la hostilidad de los indígenas y los desastres naturales. Sin embargo, el fracaso de un asentamiento o de un grupo de asentamientos no desanimó a los españoles, porque no concebían civilización, conquista ni colonización sin un marco urbano. Primero en el Caribe y después en la Nueva España, América Central y Perú, los españoles continuaron levantando sus colonias, no necesariamente grandes ni populosas, pero sin duda omnipresentes. Durante todo el siglo XVI, con un pico en las décadas de 1530-1540 y 1550-1560, se fundaron cientos de pueblos y ciudades en la América española. Hacia 1580 había 225 ciudades muy pobladas dentro de los dominios españoles, número que aumentó a 331 alrededor de 1630. Además, alrededor del año 1600 prácticamente la totalidad de los grandes centros urbanos de la América hispánica (y Bahía, Pernambuco y Río de Janeiro en la América portuguesa) habían sido fundados, aunque no todos eran prósperos.

Veintisiete años antes la corona española había codificado edictos más antiguos sobre planificación y fundación de ciudades,

en las *Ordenanzas de descubrimiento y población*. Estas ordenanzas, que son posteriores a la fundación de la mayoría de las ciudades coloniales, expresaban las recomendaciones que tan útiles les
habían resultado a los fundadores de ciudades desde los comienzos
de la conquista.

> Las *Ordenanzas* aconsejaban respecto de la elección de los sitios: el
> lugar donde se funde la ciudad [...] debe estar en una elevación,
> donde puedan encontrarse condiciones saludables, suelo fértil y
> abundancia de tierras para la agricultura y el pastoreo, madera
> para combustible y construcción, materias primas, agua potable,
> habitantes nativos, un ambiente agradable, pertrechos y una vía
> principal abierta al norte.

Asimismo, informaban detalladamente sobre el tamaño y localización de la plaza central y el trazado de las calles. La corona reglamentaba también el emplazamiento de los principales edificios de
la ciudad: el palacio virreinal, el ayuntamiento, la aduana, el arse-
nal, los hospitales y las iglesias, y hasta las arcadas para la venta
de mercancías. La higiene, la belleza, la defensa y la conveniencia
eran consideraciones importantes en la planificación urbana española. La corona intentó incluso establecer una rudimentaria legislación para la recolección de la basura: "el solar y los terrenos para
construcción de mataderos, pescaderías, curtiembres y otras actividades productoras de suciedad deberán estar situados de modo tal
que la suciedad pueda ser fácilmente retirada". Por último, las
Ordenanzas explicaban la forma en que los terrenos para construcción de viviendas habrían de distribuirse a los primeros colonos, y
cómo se asignarían las tierras comunes.

No todas las ciudades fundadas por los españoles y los portugueses prosperaron. Muchos centros urbanos menores se trasladaron a emplazamientos más saludables, mientras que otros
decayeron y finalmente fueron abandonados. La disminución de la
población indígena, desastre demográfico que con frecuencia siguió
a la conquista tanto en las ciudades como en la campiña, afectó el
destino de muchos centros urbanos hasta bien avanzado el siglo
XVII. Pero, en general, las ciudades que sobrevivieron durante 30
años se mantuvieron durante todo el período colonial. Si bien la
población indígena sufrió una impresionante declinación numérica,
el componente blanco de las poblaciones urbanas se estabilizó
durante el siglo XVII, al mismo tiempo que crecía la cantidad de

negros y de descendientes de uniones mixtas. El resultado fue una lenta expansión de las poblaciones urbanas a lo largo de los siglos XVII y XVIII (véase el cuadro 1). Si bien las cifras demográficas varían considerablemente según las fuentes, es evidente que el crecimiento urbano se aceleró en toda América Latina durante el siglo XVIII, en parte como consecuencia del aumento de la inmigración procedente de la península ibérica, y en parte a causa de un incremento del tráfico de esclavos, y quizá también como resultado de las mejoras en materia de sanidad, alimentación e higiene. El crecimiento demográfico estimuló la producción tanto urbana como rural, lo que a su vez llevó a un mayor crecimiento de las ciudades. Aunque ni el desarrollo económico ni el crecimiento demográfico fueron ilimitados, para gran parte de América Latina el fin del siglo XVIII fue un período de notable incremento en estas dos esferas interrelacionadas, teniendo en cuenta la tecnología y los recursos médicos de la época. Desde luego, hubo excepciones. La más notable fue la capital virreinal de Lima, que perdió aproximadamente la décima parte de su población en el desastroso terremoto de 1746, y como consecuencia, hacia fines del período colonial, apenas había logrado recuperar las cifras totales de población anteriores a 1746. Los índices de crecimiento también variaban de ciudad en ciudad y de región en región debido a factores económicos. Potosí, la activa metrópoli urbana de comienzos del siglo XVII, sufrió una declinación de su población que reflejó la merma de la producción de plata de sus fabulosas minas.

Físicamente, muchas de las ciudades de la América española fueron construidas como un tablero de ajedrez o una rejilla, con calles que se intersectaban en ángulos de 90 grados, y con la mayoría de sus manzanas cuadradas o rectangulares (véase la figura 1). Otra importante característica física de muchas ciudades hispanoamericanas fue el diseño de plazas alrededor de las cuales se levantaban los edificios administrativos, judiciales y religiosos. Pero no todas las ciudades coloniales se adaptaban a este modelo clásico. Por cierto, si bien el trazado de las calles en damero era el modelo característico para que una ciudad se considerase como tal, cuando el terreno dificultaba la aplicación de este modelo —como en el caso de ciudades mineras en sitios montañosos, o urbanizaciones a lo largo de una costa escarpada— se adoptaban otros (véase la figura 2). Las ciudades y los pueblos portugueses del siglo XVI y comienzos del XVII parecen haber sido más espontáneos

CUADRO 1. *Crecimiento de ciudades latinoamericanas escogidas*

	1580	1620	Décadas 1740-1750	1760-1770	1780	1790	1800	1810	1820
Mesoamérica y el Caribe									
Ciudad de México	3 000ᵃ	100 000		112 462		130 602	137 000	168 846	179 830
Puebla									
Guadalajara									
Guanajuato									
Durango									
Oaxaca									
León									
La Habana	60ᵃ	1 200ᵃ		36 000		51 000			
América del Sur española									
Lima	2 000ᵃ	9 500ᵃ	51 750			52 627		63 809	64 628
Cuzco			26 000			32 000			16 000
Trujillo				9 289					10 000
Potosí	400ᵃ	4 000ᵃ						30 000	
Santiago	375ᵃ	500ᵃ		25 000				30 000	
Bogotá	600ᵃ	2 000ᵃ		19 000				28 000	
Caracas				19 000			24 000		
Cochabamba	30ᵃ	300ᵃ							
Buenos Aires			11 620	29 920				61 160	68 896
Córdoba					5 500		11 500		
Tucumán							3 640	5 000	9 000
Mendoza				7 474	9 234	10 500			
Salta							5 093	6 000	8 000
La Plata	100ᵃ	1 100ᵃ							
América portuguesa									
Río de Janeiro						43 376	50 000	100 000	
Bahía		21 000					100 000		
San Pablo						8 000			20 000
Recife		8 000					15 000	25 000	
Ouro Preto			60 000					8 000	

ᵃ Número de *vecinos* (ciudadanos acaudalados)
FUENTES: Jorge E. Hardoy y Carmen Aranovich, "Escalas y funciones urbanas en América his-pánica hacia el año 1600: primeras conclusiones", en: Jorge E. Hardoy y Richard P. Schaedel (comps.), *El proceso de urbanización en América desde sus orígenes hasta nuestros días*, Buenos Aires, Instituto Torcuato Di Tella, 1969, págs. 171-208; Richard E. Boyer y Keith A. Davis, *Urbanization in 19th century Latin America: statistics and sources*, Los Angeles, Latin American Center, UCLA, 1973, págs. 7-63.

en su organización y por lo tanto se parecían más al modelo europeo medieval: callejuelas estrechas y tortuosas y manzanas irregulares (véase la figura 3).

Todas las ciudades tenían sus gobiernos locales, los cabildos españoles o los *senados da câmara* portugueses. Estos concejos municipales, compuestos por uno o dos magistrados y un grupo de concejales (alcaldes y regidores en el mundo español, *juizes ordinários* y *vereadores* en las colonias portuguesas), desempeñaban diversas funciones legales, políticas, fiscales y administrativas, que incluían la supervisión de la recaudación local de impuestos, la higiene, las obras civiles y la aplicación de la ley, actuando como corte de primera instancia en casos civiles y penales de la zona. Además, los concejales atendían la provisión adecuada de agua y comida y otorgaban licencias a los gremios de artesanos. Pertenecer al concejo municipal siempre proporcionaba un prestigio adicional a aquellos seleccionados entre la élite local, ya fuese que el cargo en el gobierno se obtuviese por elección, por adquisición o por herencia. Mucho se ha debatido el grado de independencia que estos concejales municipales podían tener. En general, los cabildos y los *senados da câmara* de ciudades situadas lejos del asiento de un virrey o de una suprema corte demoraban más en ejercer su gobierno local. Los historiadores han discutido también si el fin de la compra de cargos, y otras reformas del siglo XVIII introducidas por los Borbones en Hispanoamérica reforzaron o debilitaron la institución. Si bien los concejos municipales se hallaban sujetos a elecciones internas anuales, seguían estando constituidos por miembros de las élites locales. Los reformadores borbónicos, decididos a mejorar la situación económica de todo el imperio, desplazaron el poder fiscal y militar desde el cabildo a los intendentes locales. Bajo el poder de los intendentes y sus delegados, los ingresos de la población (propios y arbitrios) así como sus gastos quedaban bajo un control más cuidadoso. Pero los reformadores borbónicos también se ocuparon de recaudar con mayor eficiencia los impuestos que se pagaban al concejo municipal. Bajo la égida de los intendentes y virreyes borbónicos, mejoraron la iluminación urbana, la atención sanitaria y los servicios policiales. Hacia fines del siglo XVIII, la mayoría de las ciudades tenían un cuerpo de alcaldes de barrio, funcionarios públicos encargados de mantener la paz, evitar el alcoholismo y los desórdenes en la vía pública, detectar a los contrabandistas y llevar un registro de todos los habitantes de la vecindad. Probablemente el control real de los cabildos mejoró como consecuencia de las reformas borbónicas, y también mejoró la situación económica de estos cuerpos.

Fundar ciudades en las que todos los habitantes fueran iguales nunca fue un ideal ibérico; de hecho, la desigualdad institucional y filosófica era básica para la índole jerárquica de la sociedad latinoamericana colonial. Se hacía una distinción entre vecinos (ciudadanos) y habitantes (residentes). Relativamente pocos habitantes urbanos eran vecinos, es decir, dueños de propiedades, generalmente de ascendencia española o portuguesa, a quienes, después de por lo menos cuatro años de residencia, los concejos municipales locales habían designado para que asistieran a las reuniones de emergencia del concejo. A todos los demás se los consideraba habitantes, y tenían limitado poder político y estatus legal como residentes de la ciudad, aun cuando podían pertenecer a otras corporaciones. Los habitantes de las poblaciones eran asimismo caracterizados como gente decente (personas respetables, también de ascendencia ibérica y dedicadas a profesiones honorables) o gente plebeya (las masas de gente común). En las zonas de densa población indígena había una clara distinción legal y cultural entre los miembros de la sociedad hispánica (gente de razón) y los indios. En la sociedad urbana, la condición legal y el estatus social regían la posición de los habitantes no hispánicos. El estatus legal se reflejaba en la legislación, que detallaba las desventajas a que estaban sujetos los indios, los negros y las castas (personas de ascendencia racial mixta). Todas las personas libres clasificadas como negras o pertenecientes a una casta debían pagar tributo y estaban legalmente inhabilitadas para ejercer cargos públicos o pertenecer a un gremio de artesanos. Los individuos de piel más clara podían superar estos impedimentos legales entrando en las cofradías de artesanos de menor rango o accediendo a puestos inferiores en el cabildo, y por lo general lograban "pasar por" españoles (personas de ascendencia española o nacidas en España). Todas las personas racialmente mixtas estaban sujetas a incapacidades legales, y en los primeros tiempos de la colonia se presumía que eran de origen ilegítimo. En teoría, ni los negros ni los mulatos (personas de ascendencia mixta, blanca y negra) podían portar armas; pero en tiempos de grandes emergencias a ambos grupos se les permitía servir en milicias especialmente reclutadas. Los esclavos negros y mulatos estaban, desde luego, sujetos a trabajo forzoso y vivían bajo el control de sus amos (y amas).

Los indios, por otra parte, tenían tanto desventajas como beneficios legales. Si bien debían pagar tributos y realizar trabajos forzosos (encomienda, repartimiento y mita), y no tenían autorización para portar armas de fuego ni espada, comprar vino, montar a caballo o firmar contratos legales, estaban exentos de pagar diezmos y alcabalas. En los barrios indígenas que circundaban las grandes ciudades, las poblaciones indias estaban gobernadas por sus propias autoridades y por cabildos indígenas establecidos según el modelo del prototipo español; pero los administradores españoles siempre supervisaban los actos de los gobiernos indios. Puesto que legalmente se los consideraba como menores de edad, los indios estaban fuera de la jurisdicción de la Inquisición, y no cumplían con el servicio militar. La raza era una variable social importante: las castas de piel más clara disfrutaban de un estatus social más elevado que los mulatos y zambos (personas de ascendencia negra). Además, aquellos españoles lo suficientemente afortunados como para pertenecer a una de las corporaciones privilegiadas, fundamentalmente la iglesia y el ejército, gozaban de mayor prestigio social que otros miembros de la sociedad. La raza, la pertenencia a una corporación, la ocupación y la identificación cultural constituían variables importantes para la determinación de la posición de un individuo en la sociedad urbana.

La ideología jerárquica de la América Latina colonial tenía profundas raíces en la tradición religiosa y política de las naciones ibéricas. Esta característica fue también, en parte, consecuencia de la conquista misma. Los éxitos militares de los españoles y portugueses impusieron un orden social de dos niveles, instrumentalmente definido como el orden de los conquistadores y los conquistados. Pero estas categorías, fundadas en obvias características raciales y culturales, nunca fueron perfectamente inclusivas, y en el transcurso de una sola generación los recién llegados de España, Portugal y otras partes de Europa reclamaban cargos de poder político y económico, aunque no tuvieran derecho personal directo al legado de la conquista. En general, los inmigrantes europeos y los criollos (personas nacidas en las colonias pero de linaje ibérico) disfrutaban de cargos de mayor poder y prestigio. Había también españoles empobrecidos e indígenas con títulos de nobleza. No obstante, la presunción colonial de jerarquía racial era tan poderosa que todos los esfuerzos de las monarquías por poner a indios y blancos en una situación legal más equitativa terminaron en un estruendoso fracaso.

Muchos comentaristas del período colonial señalaron la índole corporativista de la sociedad española y portuguesa y de sus retoños americanos. Estos autores puntualizaron correctamente que los grupos sociales funcionalmente derivados eran elementos centrales en estas sociedades. Los gremios de artesanos eran prominentes entre los cuerpos corporativos urbanos, que incluían también a comerciantes, clérigos y militares, así como a las incipientes profesiones liberales. Todos estos grupos tenían una autonomía política y económica más bien limitada y disfrutaban de gran independencia para establecer y hacer respetar pautas y normas colectivas. Debido a que estaban representados por cuerpos corporativos separados, y en consecuencia caían bajo la influencia de diferentes jurisdicciones legales, ciertos grupos, como los oficiales del ejército y los dignatarios eclesiásticos, nunca desarrollaron una identidad de clase. La sociedad hispánica colonial permaneció dividida en grupos ocupacionales, sin desarrollar un carácter explícitamente basado en la clase.

Sin embargo, las sociedades urbanas coloniales reflejaron la estratificación social que existía en las grandes metrópolis de Europa. La mayoría de las ciudades coloniales se componían de una élite, una clase media pequeña y un gran estrato inferior, que comprendía a los trabajadores y a los pobres. La élite urbana era principalmente española (o portuguesa) y criolla; estaba compuesta por grandes terratenientes, mineros importantes, altos funcionarios de la burocracia y el clero, y la nobleza con títulos, que vivía con gran esplendor con sus familias y sus grandes séquitos, en el centro de la ciudad. En cierto punto indefinible, la élite urbana se mezclaba con los niveles superiores de la pequeña clase media, que era también fundamentalmente española y criolla pero que incluía cierto número de indios, mestizos (de ascendencia indígena y blanca), mulatos y otras castas. En su conjunto, la clase media urbana estaba formada por profesionales, burócratas de nivel inferior, bajo clero, administradores, tenderos, manufactureros textiles y maestros artesanos empleados en los oficios de estatus más elevado. A veces, la riqueza de ciertos individuos de este grupo se acercaba a la de la élite, pero en general sus posesiones eran mucho más modestas; con frecuencia sus bienes eran comparables a los de personas consideradas de clase baja. Contratistas de poca monta, como por ejemplo "José el carpintero", "Juan el albañil" o "Petra la molinera", figuraban en este último grupo. Aunque estos individuos se desempeñaban en ocupaciones de clase baja, eran propietarios de pequeñas casas de adobe o ladrillo y tenían otras posesiones que los colocaban en el límite entre la clase baja y la clase media.

La clase baja, por el contrario, se componía fundamentalmente de indios pobres, negros, mestizos, mulatos y otras personas de raza mixta, así como también de un gran número de españoles y criollos pobres. La clase baja, sin duda el segmento más numeroso de la población urbana, estaba organizada según su propia estructura jerárquica basada en el estatus ocupacional y la clasificación étnica. En la cima de esta jerarquía estaban los pequeños comerciantes y guardabosques, los maestros artesanos empleados en los oficios de nivel más bajo y los oficiales artesanos empleados en los oficios de nivel más elevado. Por debajo estaban los vendedores ambulantes, los sirvientes domésticos, los trabajadores no calificados y los oficiales artesanos empleados en los oficios de nivel inferior. Estos dos grupos representaban la mano de obra pobre de la mayoría de las ciudades coloniales; sin embargo, no constituían la totalidad de los elementos de los estratos inferiores. En el fondo mismo de la jerarquía social, e íntimamente vinculadas a los trabajadores pobres, estaban aquellas personas económicamente dependientes o que participaban en delitos y otras actividades indeseables. Estos individuos eran los desempleados, ciegos, enfermos, ladrones, contrabandistas, prostitutas, mendigos y vagabundos de la sociedad colonial.

Pese a los comentarios despectivos de los funcionarios oficiales y otras personas influyentes, todos estos grupos eran parte importante de la sociedad urbana. Los artesanos y otras personas empleadas en actividades industriales permitieron que ciudades como México, Puebla, Querétaro, Quito y Buenos Aires llegaran a ser centros manufactureros relativamente importantes. Los sirvientes domésticos y el gran número de personas que brindaban otros servicios esenciales posibilitaron que estas ciudades desempeñaran su papel como centros políticos, financieros, comerciales y/o administrativos para los imperios español y portugués. En ciudades mineras como Potosí, Zacatecas y Ouro Preto, los individuos que se dedicaban a la minería y a fundir y refinar metales preciosos eran esenciales, tanto para la economía local como para la imperial. Aun los desempleados, dependientes y delincuentes eran importantes para la sociedad colonial, en la medida en que reforzaban el *statu quo* al unificar elementos en pugna en la población a través de la formación de coaliciones políticas duraderas, dedicadas a mantener el orden público y preservar la estructura social existente.

Los centros urbanos de la América Latina colonial eran algo más que puntos en un mapa: constituían los escenarios vitales del intercambio social y económico, del movimiento y de los conflictos. Más que en cualquier otro asentamiento físico, era en la ciudad donde los diferentes grupos raciales, ocupacionales y sociales se encontraban, se influían mutuamente y se fundían. Al mismo tiempo, se afirmaba el orden social jerárquico y se producía la movilidad social. Las autoridades civiles y religiosas estaban radicadas en la ciudad, así como las manifestaciones físicas del poder: los suntuosos edificios que se levantaban en la plaza central. Las procesiones, en las que cada grupo marchaba en el lugar que le correspondía, vistiendo las ropas que simbolizaban su posición social, eran un rasgo integral de la vida urbana que expresaba y reforzaba esta jerarquía. No obstante, era en la ciudad donde los individuos y los grupos interactuaban, a veces en armonía y otras en conflicto. La ciudad era el punto de mediación de la sociedad ibérica, el lugar donde las élites locales —terratenientes, comerciantes, burócratas— se ponían en contacto con artesanos, mendigos y vagabundos; donde los indios, los negros y toda una vasta gama de mezcla de razas enfrentaban a los españoles y los portugueses. En el marco urbano nadie podía estar aislado durante mucho tiempo.

Independientemente de los gloriosos edificios coloniales y las suntuosas iglesias, las ciudades de la época, con toda su opulencia y ostentoso despliegue (porque la ciudad era también un teatro) no carecían de casas pobres, inquilinatos y otras viviendas superpobladas y rudimentarias. La ciudad era el escenario de una implacable competencia: por el poder político y económico, por los recursos físicos como casa y comida, por empleos o progreso profesional y, en última instancia, por la supervivencia. El modelo político proclamaba la armonía social y la estabilidad; sin embargo, la rivalidad y el cambio, el delito y las transgresiones tácitas o visibles, eran también la norma urbana. La competencia se libraba tanto entre los grupos sociales como dentro de ellos, porque los individuos y las corporaciones que los representaban presionaban por intereses regionales, de facción y de grupo. La división social más notoria y áspera, aquella entre la élite nativa y los recién llegados ibéricos, se propagaba desde México, Lima y Bahía, las principales ciudades de los imperios, hacia los centros menores de toda la colonia, y se hacía sentir tanto en la vida seglar como en la religiosa. Hacia mediados del siglo XVIII, la gente que visitaba Nueva Granada, tal vez con cierto grado de exageración, describía así la situación:

> Las ciudades y pueblos se han convertido en teatro de desunión y continuo enfrentamiento entre españoles y criollos, lo que ha dado origen a reiterados disturbios. El odio entre facciones aumenta constantemente, y ambas partes no pierden oportunidad alguna de vengarse o de manifestar el rencor y el antagonismo que se ha adueñado de sus almas.[1]

La competencia social y económica iba aun más lejos: los españoles de las regiones vascas combatían a sus compatriotas de Asturias y los esclavos de Guinea se unían contra los de Mozambique.

Esta competencia, que desbordaba periódicamente en insultos y hasta en enfrentamientos físicos, tenía lugar en los asentamientos urbanos, que en teoría debían constituir una sociedad integral, ordenada y bien organizada. La movilidad y la violencia en la ciudad desafiaban el orden tradicional; sin embargo, era un desafío sólo parcial y casi siempre eficazmente reprimido.

Más que arenas para las pasiones públicas y privadas, más que la manifestación física de la civilización y de una sociedad en proceso de civilizarse, las ciudades coloniales de América Latina constituían los centros administrativos del imperio. A través de la ciudad, y de la burocracia imperial allí instalada, el gobierno del rey y sus consejeros se manifestaba ante los pueblos del imperio colonial. Era en la ciudad colonial donde estaba representada la justicia, se coordinaba la recaudación de impuestos y se alojaba la administración real. La ciudad era, por otra parte, asiento del cabildo que, además de su función de administrar justicia municipal, controlar los mercados y proveer servicios policiales, iluminación y atención sanitaria, representaba los intereses creados más importantes dentro del marco urbano.

Las ciudades de la América Latina colonial cumplían asimismo una función económica vital dentro de sus respectivas áreas, como productoras de mercancías, consumidoras de alimentos y

---

[1] Jorge Juan y Antonio de Ulloa, *Discourse and political reflections on the kingdoms of Peru*, Norman, Okla. University of Oklahoma Press, 1978, pág. 217.

artículos suntuarios y lugares de tránsito para el traslado de metales preciosos, bienes y especias de América a Europa. Mientras que las grandes metrópolis del continente —México, Lima y después Buenos Aires— combinaban las actividades y los servicios administrativos, religiosos, comerciales e industriales, algunas ciudades, debido a su localización y a la índole de su producción, llegaron a especializarse en una u otra actividad. Entre los tipos de ciudades fundadas en la América Latina colonial estaban los centros mineros, como Zacatecas y Potosí; los centros agrícolas, como Guadalajara; los de plantaciones, como Bahía; los puertos costeros comerciales, como Veracruz y Portobelo; los centros manufactureros como Quito y Puebla; los militares, como Cartagena, La Habana y Río de Janeiro; y las ciudades de frontera, como Concepción (véase la figura 5) y la Buenos Aires del siglo XVII. Esto no significa que las ciudades mencionadas desarrollaran exclusivamente un tipo de actividad, si bien las personas dedicadas a la actividad preponderante tendían a dominar el escenario social, político y económico local. Varios centros mineros coloniales desarrollaron muy pronto funciones administrativas y comerciales regionales de segundo nivel, tal como aconteció en los centros agrícolas importantes. Además, la principal función de una ciudad no era necesariamente estática: las presiones internas y externas solían afectar el estatus de las ciudades coloniales y el papel que cumplían. Buenos Aires, por ejemplo, de ser un puesto militar de avanzada pasó a la condición de factoría comercial y asiento de la administración virreinal, en el transcurso del siglo XVIII (véase la figura 6).

Las ciudades eran también los centros comerciales y financieros de la América Latina colonial. Independientemente de cuál fuera la producción agrícola o minera que tenía lugar en el interior, era la ciudad la que proveía gran parte del capital que financiaba esa producción. Con frecuencia la iglesia urbana funcionaba como la principal institución de préstamo, pero los comerciantes establecidos en las ciudades, los burócratas, mineros y grandes terratenientes también proporcionaban fondos. Los sistemas de crédito de la colonia, que vinculaban a los mercados europeos con el interior agrícola, pasaban por las ciudades importantes, lugar de residencia de los grandes comerciantes importadores-exportadores.

En las ciudades estaban instalados los principales representantes institucionales del comercio: el consulado (gremio de los comerciantes) y, a veces, el cabildo. Además, los habitantes urbanos constituían el mayor mercado de consumidores para las mercancías introducidas desde otras zonas.

La producción de alimentos para las poblaciones urbanas estimulaba la actividad agrícola en las áreas adyacentes a las ciudades. Los consumidores urbanos utilizaban también alimentos producidos a distancias relativamente grandes. La ciudad de México, por ejemplo, dependía del Bajío para el maíz y el trigo; importaba carne de las praderas del norte y consumía cacao de América Central y del Sur. El comercio de diversos productos alimenticios, mercaderías europeas y metales preciosos vinculaba entre sí a ciudades emplazadas a cientos de millas de distancia. Córdoba, Salta, Tucumán y Santiago del Estero, al igual que el distante puerto de Buenos Aires, formaban parte de una red que confluía en Potosí. Asimismo, Buenos Aires estaba vinculada, a través de Mendoza, con el mercado de Santiago de Chile, y a través de Santa Fe, con el de Asunción. Durante el siglo XVIII, las mercaderías que se embarcaban desde estas ciudades del interior para ser consumidas en Buenos Aires incluían yerba mate de Asunción, vino y dátiles de Mendoza, aguardiente y pasas de uva de San Juan, tejidos de Cochabamba, ponchos de Córdoba y azúcar, cacao y almendras de Santiago de Chile. Las ciudades coloniales más importantes —Lima, México, Buenos Aires, Quito, Bahía y Río, entre otras— eran el centro y el eje de varias rutas comerciales, mientras que las menores solo formaban parte de uno o dos circuitos comerciales. Sin embargo, a las ciudades importantes de la América Latina colonial llegaba algo más que el comercio: eran polos de atracción para inmigrantes europeos y para un número creciente de migrantes del interior que se establecían en las afueras del núcleo urbano.

Las ciudades eran sinónimo de civilización y cultura, y los centros urbanos latinoamericanos fueron los focos de la actividad intelectual y artística colonial. Los estilos arquitectónicos se desarrollaban en la ciudad y después se irradiaban hacia las poblaciones menores y la campiña. En los conventos y monasterios de las ciudades coloniales, en los colegios y universidades, en los tribunales, hombres y mujeres escribían tratados sobre teología, filosofía y la naturaleza del gobierno y la sociedad. También se escribía poesía y prosa; sin embargo, la vida intelectual no transcurría exclusivamente dentro del ámbito institucional. Las tertulias, reuniones de amigos típicamente ibéricas, en las que la gente se encuentra para charlar de temas intelectuales y también para chismorrear, florecían entre la élite urbana y eran una manera muy eficaz de divulgar información. A fines del siglo XVIII, antes de la aparición de los periódicos, en América Latina y en la época de la Ilustración había también reuniones regulares y más formales de líderes de la comunidad que tenían ideas afines y se nucleaban en sociedades económicas dedicadas a debatir las innovaciones y reformas concretas. La vida intelectual urbana abarcaba una amplia gama, desde lo teórico a lo práctico, desde charlas sobre la naturaleza del hombre y de la sociedad hasta clases de medicina y cirugía.

Además de servir como centro intelectual de las colonias, las ciudades eran proveedoras de bienestar social para los sectores más necesitados de la población. Hospitales, orfanatos, hogares para mujeres desvalidas, escuelas, eran todas instituciones de base urbana que actuaban bajo la supervisión de la Iglesia. Los informes sobre pobreza endémica y bandas de mendigos y rufianes mal alimentados y casi sin vivienda demuestran claramente que la caridad colonial nunca llegó a mitigar las necesidades de la sociedad colonial. No obstante, las ciudades superaban con mucho a la campaña en la provisión organizada de estos servicios.

Tanto las sociedades urbanas como las rurales subsistían peligrosamente cerca de los márgenes de supervivencia. El hambre y las enfermedades epidémicas amenazaban periódicamente a la sociedad, si bien los concejos municipales coloniales intentaban asegurar una adecuada provisión de granos y una atención sanitaria rudimentaria. Por lo menos algunas de las rebeliones que amenazaron a las autoridades coloniales pueden atribuirse a la escasez de alimentos, especialmente a la causada por las malas cosechas de cereales. Pero no solo las malas cosechas ponían en peligro la estabilidad urbana: las ciudades de la América Latina colonial eran lugares ingobernables donde indios, esclavos, negros libertos, mulatos, mestizos y blancos pobres bebían en las pulperías locales, jaraneaban en las procesiones religiosas o en las manifestaciones civiles, y generalmente amenazaban con desmandarse.

La creación de una red de ciudades importantes y secundarias fue un fenómeno mucho más importante en la América española que en la colonia portuguesa. Ello fue reflejo de la economía de las colonias españolas, más compleja y diversificada, y de su organización administrativa más fuerte. Las ciudades de la América portuguesa tendían a ser menores y estaban por lo general dominadas por los dueños de plantaciones, quienes también cumplían importantes funciones religiosas, administrativas y económicas. Pero la supremacía de la ciudad en el panorama general de la América española colonial no debe oscurecer ni la variedad de los centros urbanos ni la diversidad de las relaciones que mantenían entre sí en toda la América Latina. En ciertas regiones una ciudad dominaba claramente, mientras que en otras dos o más centros pequeños alcanzaban similar importancia.

Las ciudades como Puebla, Quito y las capitales virreinales dominaban, evidentemente, su entorno y eran centros de producción agrícola e industrial al mismo tiempo que desempeñaban funciones comerciales, administrativas y religiosas. En la Nueva España, Córdoba (centro agrícola) y Orizaba (ciudad manufacturera) y en Brasil, Olinda (centro administrativo) y Recife (puerto marítimo) son ejemplos de ciudades que se desarrollaron en tándem. Otras zonas, como el Bajío mexicano (que abarcaba Guanajato, centro minero; Querétaro, centro comercial y religioso, y Zamora y Valladolid, centros religiosos y educacionales), y el área colonial de Bolivia y el Noroeste argentino, representaban una diversidad de ciudades interconectadas y económicamente complementarias.

El período colonial, que duró aproximadamente 300 años, no fue por cierto una época estática. Tanto exteriormente, en su despliegue físico, como interiormente, en su composición social, las ciudades de América Latina cambiaron mucho entre los siglos XVI y XVIII. En general, las ciudades coloniales se tornaron más complejas y más grandiosas con el tiempo, y los edificios públicos, religiosos y privados se hicieron más refinados y suntuosos. Las ciudades que sobrevivieron tendieron también a crecer, aunque con mucha lentitud, durante este período. Indudablemente, las condiciones económicas locales produjeron algunas excepciones.

El crecimiento físico estaba vinculado de modo directo al desarrollo económico y social. Por lo general, las ciudades del siglo XVI reflejaron la lucha por formar una base económica capaz de sostener el desarrollo urbano. Las desigualdades sociales reflejaban claramente las diferencias entre conquistadores y conquistados; y los grupos privilegiados, tanto social como económicamente, estaban constituidos por los españoles o portugueses que habían llegado relativamente temprano a la escena de la conquista. El siglo XVII asistió al surgimiento de una sociedad más madura, basada en la pertenencia a las corporaciones y en la raza, una sociedad "tradicional", con poderosos grupos urbanos lo suficientemente prósperos como para patrocinar un número creciente de establecimientos religiosos y construir residencias palaciegas (véase la figura 4).

En el siglo XVIII se produjeron aun más cambios en la sociedad latinoamericana urbana. Debido a consideraciones estratégicas cada vez más importantes, las coronas española y portuguesa llegaron a interesarse en la revitalización de las economías de sus posesiones americanas, y fue así que ambas monarquías empezaron a experimentar con las reformas económicas. En qué medida estas reformas respondieron a cambios preexistentes, tales como el gradual crecimiento de la población, y en qué medida las reformas mismas produjeron estos cambios, es algo difícil de determinar. En general, tanto las reformas pombalinas* en Brasil como las reformas borbónicas en la América española incrementaron la movilidad social y económica, transformando a las ciudades de América Latina de sociedades corporativistas en sociedades basadas tanto en la pertenencia a corporaciones como a una clase social determinada económicamente. Las reformas combinaron tendencias liberales y conservadoras: incremento del comercio, patrocinio gubernamental de nuevas inversiones, apertura de nuevas áreas de colonización, revitalización de antiguas instituciones. Sus efectos variaron mucho de ciudad en ciudad y de región en región pero, en general, las reformas del siglo XVIII no solo reestructuraron la sociedad urbana sino que también redefinieron la importancia relativa de las ciudades y de los grupos de ciudades en América Latina.

Los ensayos que siguen tratan de los principales grupos sociales presentes en las ciudades coloniales de América Latina. Mientras que algunos de estos grupos se definen por la ocupación (por ejemplo, artesanos, comerciantes, burócratas), otros reflejan tanto la ocupación como el estatus corporativo (artesanos, clérigos, militares). Los ensayos intentan describir las características económicas, políticas, demográficas y sociales de tales grupos, y analizar cómo estos actuaron e interactuaron dentro del ambiente urbano. Los trabajos no se refieren a determinada ciudad o a un período específico de tiempo; representan, en cambio, una síntesis de investigación en archivos originales, información secundaria e interpretación referi-

---

* Reformas inspiradas en la política o la administración del marqués de Pombal (N.T.).

da a los grupos en cuestión. Al examinar el comportamiento de estos grupos sociales, algunos autores estudiaron también cuestiones afines, como la interacción dentro de la estructura de poder existente, la composición familiar y las pautas espaciales urbanas. Además, se consideró el grado en que el medio urbano proporcionaba oportunidades para la movilidad social y/o racial.

Muchos de los ejemplos y estudios de caso contenidos en los ensayos se refieren a Nueva España, Perú o Brasil. En el caso de las primeras dos regiones, esto se debe, en parte, a la importancia que estas regiones tuvieron a partir del siglo XVI, y en parte a la preocupación de los historiadores actuales por tales áreas. Si bien las zonas de frontera del Imperio Español como las provincias de América Central, Venezuela, Chile y Charcas fueron capaces de mantener centros urbanos, estos nunca llegaron a ser tan numerosos ni, en general, tan prósperos como los de las áreas centrales. Se ha prestado especial atención a Brasil no debido a la supremacía de sus ciudades (en realidad, al igual que en las zonas fronterizas del Imperio Español, el crecimiento urbano en Brasil es, en gran medida, un fenómeno del siglo XVIII), sino porque es importante incluir la América portuguesa en toda discusión referida a la América Latina colonial.

En este volumen se le ha dado relativamente más espacio a grupos usualmente identificados como pertenecientes a las élites coloniales. Si bien esta concentración refleja el mayor poder que las élites tenían en América Latina, numéricamente estos grupos eran siempre minoría. Determinar la proporción exacta de los diversos grupos ocupacionales privilegiados y no privilegiados es una tarea sumamente difícil por diversas razones: la falta de fuentes para todos los períodos hasta fines del siglo XVIII, la naturaleza desigual del material de censos existente y las variaciones locales de la posición social de ciertas ocupaciones. (La condición de propietario de tierras, por ejemplo, era sin duda una ocupación privilegiada en la mayor parte de la América Latina colonial, pero era una ocupación de bajo estatus en Buenos Aires.) No obstante, es importante tener al menos una idea aproximada del tamaño de estos grupos.

Es probable que los grandes propietarios de bienes raíces, la cúspide de la sociedad colonial, nunca representaran más del 1% de la población urbana económicamente activa. Otro grupo de propietarios, los dueños de los pequeños lotes situados generalmente en las afueras de la ciudad, no estaban en absoluto incluidos en la élite urbana. Estos propietarios, junto con los aparceros y los trabajadores rurales, formaban aproximadamente de 3,5 a 8% de la población urbana. Los burócratas gubernamentales sumaban de 2 a 3%, pero solo el 1% habrían tenido suficiente rango y salario como para ser incluidos en la élite urbana. Los comerciantes ascendían probablemente de 0,5 a 3% de la población; y los comerciantes y tenderos de posición más baja representaban de 3 a 11%. El clero se dividía también entre los que tenían poder y estatus (aproximadamente 4% de la población); los miembros de las órdenes religiosas (de 3 a 4%); y los sacerdotes seculares de estatus medio (también de 3 a 4%). El grupo de los militares difería grandemente en cuanto a tamaño entre una época y otra y de lugar a lugar. Mientras que en bastiones militares importantes, como Caracas o Buenos Aires, podían llegar a abarcar 17% de la población, entre cuerpos de oficiales y soldados rasos, algunas ciudades como Oaxaca y Minas Gerais tenían un número muy pequeño de militares. Solo los oficiales (aproximadamente 3%) podían ser considerados miembros de la élite. Los profesionales urbanos, un grupo compuesto por médicos, abogados y maestros, no significaban más de 1% de la población urbana.

Los artesanos y los trabajadores calificados constituían uno de los grupos mayores en las ciudades de la América Latina colonial: de 20 a 45% de la población estable. Los trabajadores no calificados, incluyendo a los esclavos y a los sirvientes, eran otro grupo numeroso de 30 a 40%. Los pobres urbanos totalizaban, probablemente, de 5 a 10%, aunque en tiempos de hambrunas su número aumentaba en forma dramática. Estas cifras son necesariamente algo vagas, y abarcan amplias fluctuaciones, pero de todos modos indican que la élite colonial nunca ascendió a más del 15% de la población urbana, mientras que el pueblo en general componía el 85%.

Aunque los ensayos están organizados en torno del concepto de grupos sociales, es evidente que los individuos, especialmente los de las clases altas, tenían con frecuencia identificaciones que se superponían. Así, no era raro que un clérigo fuese al mismo tiempo terrateniente o funcionario, o que un funcionario fuera también comerciante. La naturaleza multifacética de estos individuos se refleja, en alguna medida, en los ensayos. Por ejemplo, en los capítulos referidos a los grandes terratenientes y a los comerciantes se encuentra información sobre los concejales municipales, ya que ambos grupos, entre sus múltiples ocupaciones, solían desempeñar funciones en el gobierno local. Asimismo, si bien el capítulo sobre los burócratas contiene la mayor parte del material sobre los líderes urbanos importantes, los ensayos sobre los clérigos y la élite terrateniente también incluyen información sobre la participación de estos dos grupos en la burocracia local.

El profesor Ramírez describe el liderazgo que los propietarios de bienes raíces ejercían en la sociedad urbana. El ensayo del profesor Lugar se concentra en los comerciantes, un grupo típicamente urbano, de donde muchas veces surgían miembros de la aristocracia local. Los profesores Burkholder, Archer y Ganster se ocupan, respectivamente, de otros tres grupos claves de la sociedad urbana: los burócratas, los militares y el clero. El profesor Lavrin trata el tema de las religiosas y su papel en el plano económico y social de la vida urbana. Todos estos grupos ejercieron el liderazgo socioeconómico de la sociedad urbana, y sus miembros surgieron de las élites y subélites urbanas.

El ensayo del profesor Johnson sobre los artesanos se ocupa de un grupo que, si bien era fundamental para la vida económica de la ciudad, nunca ocupó una posición de importancia social. Por debajo de los artesanos especializados estaban los trabajadores no calificados, proveedores de servicios considerados inferiores, y los esclavos, que son estudiados por el profesor Karasch. Situados en los últimos peldaños de la escala socioeconómica estaban los pobres urbanos: mendigos, delincuentes y marginales sociales. La investigación del profesor Haslip-Viera enfoca la situación de este grupo.

Si bien los ensayos que siguen examinan los diversos grupos socioeconómicos dentro del contexto urbano, no todos los aspectos de la vida urbana discutidos por un autor son estrictamente comparables con los discutidos por otros. Esto es, por una parte, consecuencia de la índole desigual del material de fuentes tanto primarias como secundarias y, por otra, el resultado de las preferencias de los autores, así como también un reflejo de las diferentes posiciones sociales de los grupos considerados. Por ejemplo, se abordó detalladamente la educación de la élite urbana, pero se dedicó poco espacio a la consideración de la educación de los pobres urbanos, simplemente porque no existía. Además, no todos los grupos de la sociedad colonial fueron examinados en estos ensayos. Hay escaso material sobre los abogados, médicos o profesores universitarios de la colonia, no porque estos pequeños grupos carecieran de importancia o influencia, sino debido a limitaciones de espacio. También debe recordarse que muchas veces los miembros de estos grupos eran terratenientes, comerciantes o clérigos.

Con excepción del ensayo sobre las religiosas, no se estudió a las mujeres por separado, sino que se las consideró como miembros integrantes de los grupos sociales en cuestión. Ello refleja la convicción de los compiladores de que las mujeres no funcionaban en la sociedad colonial como actores independientes sino como miembros del grupo socio-ocupacional en el que habían nacido. La esposa de un ministro de la audiencia (suprema corte) o de un virrey, y la esposa de un artesano o de un esclavo, si bien tenían en común la condición femenina, no se veían a sí mismas como pertenecientes al mismo mundo social.

Aunque muchos de los ensayos utilizaron una gran variedad de archivos eclesiásticos, judiciales, municipales, imperiales, nacionales y privados para la recolección de información, se omitió el pesado recurso de las notas al pie de carácter histórico, a fin de hacer los trabajos más accesibles para los no especialistas, excepto cuando el autor incluyó una cita directa o material cuantitativo. Además, se incorporó material secundario después de cada capítulo, en una sección titulada "Lecturas complementarias". Cabe esperar que esta bibliografía sea de utilidad para los estudiantes. Quienes deseen consultar citas de archivo más específicas pueden buscar otros libros y artículos del colaborador en cuestión.

Esperamos que estos artículos y las investigaciones afines citadas en la bibliografía permitan a los estudiantes e investigadores apreciar la riqueza del escenario urbano latinoamericano colonial y la diversidad de grupos sociales cuyas vidas colectivas e individuales se desarrollaron en esos ambientes. Confiamos en que futuras investigaciones proveerán aun más información sobre la importancia de la ciudad y de los grupos sociales urbanos en el nuevo mundo que los iberos forjaron.

LECTURAS COMPLEMENTARIAS

Véase el interesante artículo de análisis de la historia urbana colonial de Susan Migden Socolow y Lyman L. Johnson, "Urbanization in Colonial Latin America", *Journal of Urban History* 8:1, 1981, págs. 27-59. Otro ensayo útil que va más allá del período colonial es Richard M. Morse, "Trends and patterns of Latin American urbanization, 1750-1930", *Comparative studies in society and history* 16:4, 1974, págs. 416-447.

Sobre el estado de la urbanización a comienzos del siglo XVII véase Jorge E. Hardoy y Carmen Aranovich, "Escalas y funciones urbanas en América hispánica hacia el año 1600", en: Jorge E. Hardoy y Richard P. Schaedel (comps.), *El proceso de urbanización en América desde sus orígenes hasta nuestros días*, Buenos Aires, Instituto Torcuato Di Tella, 1969, págs. 171-208. La planificación urbana está cubierta en Woodrow Borah, "European cultural influence in the formation of the first plan of urban centers that has lasted to our time", en: Richard P. Schaedel *et al., Urbanización y proceso social en América*, Lima, Instituto de Estudios Peruanos, 1972, págs. 35-54.

Muchas de las 1573 Ordenanzas están publicadas en Zelia Nuttal, "Royal ordinances concerning the laying out of news towns", *Hispanic American Historical Review* 4:4, 1921, págs. 743-753; y 5:2, 1922, págs. 249-254.

El cambiante papel que desempeña el cabildo en el gobierno efectivo local está estudiado en John Preston Moore, *The cabildo in Peru under the Habsburgs: a study in the origins and powers of the town council in the Viceroyalty of Peru, 1530-1700*, Durham, N.C., Duke University Press, 1954; y *The cabildo in Peru under the Bourbons: a study in the decline and resurgence of local government in the Audiencia of Lima, 1700-1824*, Durham, N.C., Duke University Press, 1966.

Para una discusión más completa del papel de la raza en la sociedad colonial española y portuguesa, véase Magnus Mörner, *Race mixture in the history of Latin America*, Boston, Little, Brown and Company, 1967.

Louisa Hoberman, "Hispanic American political theory as a distinct tradition", *Journal of the History of Ideas* 41:2, 1980, págs. 199-218, examina el ideal político y la realidad urbana de la ciudad de México en el siglo XVII.

La ciudad portuguesa está tratada en Stuart B. Schwartz, "Cities of empire: Mexico and Bahia in the sixteenth century", *Journal of Inter-american Studies and World Affairs*, 2, 1969, págs. 616-637; y en A. J. R. Russell-Wood, "Local government in Portuguese America: a study in cultural divergence", *Comparative Studies in Society and History* 6:2, 1974, págs. 187-231.

Consúltese una interesante discusión sobre la importancia de los bienes, la clase y la raza en el mundo urbano colonial en John K. Chance y William B. Taylor, "Estate and class in a colonial city:

Oaxaca in 1792", *Comparative Studies in Society and History* 19:4, 1977, págs. 454-487; Robert McCaa, Stuart B. Schwartz y Arturo Grubessich, "Race and class in colonial Latin America: a critique", *Comparative Studies in Society and History* 21:3, 1979, págs. 421-442; y John K. Chance, "The colonial Latin American city: preindustrial or capitalist?", *Urban Anthropology* 4:3, 1975, págs. 211-228. James Lockhart, *Spanish Peru, 1532-1560: a colonial society*, Madison Wis., University of Wisconsin Press, 1968, muestra el desarrollo de una compleja sociedad urbana en la época de la conquista. Pueden encontrarse ejemplos de individuos involucrados en conflictos económicos, sociales, políticos o religiosos dentro del ambiente urbano en David Sweet y Gary Nash (comps.), *Struggle and survival in colonial America*, Berkeley, University of California Press, 1981. Las redes de ciudades coloniales están estudiadas en Alejandra Moreno Toscano, "Tres ejemplos de relación entre ciudades y regiones en Nueva España a finales del siglo XVIII", en: Edward E. Calnek *et al., Ensayos sobre el desarrollo urbano de México*, México, SepSetentas, 1974, págs. 95-130.

1. GRANDES TERRATENIENTES

Susan E. Ramírez

Introducción

En muchos centros urbanos latinoamericanos coloniales, grandes o pequeños, se destacaban los dueños de extensas propiedades rurales, llamados hacendados en la América española y *fazendeiros* en el Brasil. Estos personajes prominentes, renombrados por su poder y prestigio, desempeñaban un papel fundamental en la vida política y económica de la ciudad y controlaban la mayor parte de los recursos productivos en las regiones donde estaban localizadas sus propiedades.

Por definición, los grandes terratenientes obtenían parte de sus riquezas de la ganadería, la agricultura y las actividades comerciales y manufactureras rurales, pero la ciudad era también para ellos un centro de acción y de beneficios. Allí la élite terrateniente compraba azúcar, cueros, sebo, tejidos rústicos y cacao; allí contrataban a capitanes de barco o arrieros para que transportaran sus productos a otros mercados, americanos o transoceánicos. Era en las ciudades donde los grandes terratenientes especializados en proveer granos, carne y otros productos alimenticios a México, Lima, Santiago y Bahía, podían controlar las tendencias de los precios y decidir, en consecuencia, en qué momento vender. Los hacendados y los *fazendeiros* embellecían la ciudad construyendo suntuosas residencias privadas, que daban a la plaza central o se levantaban en barrios más cerrados y elegantes. Muchas veces eran dueños de lucrativas casas de renta, distribuidas en la zona urbana. Las actividades religiosas, educativas y culturales reforzaban los vínculos de los grandes terratenientes con los centros urbanos.

Los ciudades eran además los focos desde los cuales los propietarios de grandes bienes ejercían el poder político. En muchas ciudades y poblaciones coloniales ellos dominaban los cabildos o *senados da câmara* (concejos municipales), la única institución de gobierno destinada a representar a los colonizadores en sus relaciones con las autoridades metropolitanas. Si bien la mayoría de los miembros de ese concejo representaban en última instancia a una pequeña oligarquía, en algunos casos, desde mediados del siglo XVI, expresaban también las preocupaciones del escalón superior de la sociedad criolla. Como miembros de los concejos municipales, los grandes terratenientes fijaban los precios de los artículos de primera necesidad, distribuían el agua, hacían cumplir las sentencias judiciales, concedían licencias a los artesanos, cobraban los impuestos locales y, en los primeros tiempos de la colonia, concedían estancias (tierras de pastoreo) y chacras (terrenos dedicados a la agricultura) dentro de las vastas jurisdicciones municipales. El poder político informal, ejercido por la élite terrateniente por medio de alianzas con diversos grupos, complementaba y muchas veces sobrepasaba su poder político formal.

El propósito de este capítulo es analizar el surgimiento y la permanencia de estos terratenientes y sus familias como élite durante el período colonial. Se hizo hincapié en los modelos generales, ignorando en lo fundamental los brotes regionales que otorgan diversidad temporal y geográfica. Se consideran aquí los principales ciclos económicos que beneficiaron a ciertas personas y perjudicaron a otras. Después del primer establecimiento de los bienes raíces, la adquisición de una propiedad significaba, con frecuencia, que una persona desplazaba a otra. Pese a este flujo y a la movilidad social, el grupo perduró y engrandeció su reputación y su imagen a lo largo del tiempo.

Debe tenerse en cuenta, sin embargo, que el gran grupo terrateniente de los dominios americanos españoles y portugueses no se limitaba a las empresas agrícolas. Como estos propietarios actuaban tanto en el mundo rural como en el urbano, fueron quizás el grupo más multifacético de la sociedad colonial, y en muchas regiones desempeñaron múltiples papeles sociales. Los hombres eran sacerdotes, funcionarios, profesionales, mineros y comerciantes y, a la vez, la extensión e influencia de sus propiedades rurales los calificaba para formar parte de la élite terrateniente. Las posibilidades de las mujeres eran, desde luego, más limitadas, pero ellas solían combinar la profesión religiosa y las actividades filantrópicas con la posesión de estancias. El hecho de que la identificación como gran terrateniente precediese o siguiese al ejercicio de otras carreras dependía de la familia, la ciudad y el siglo.

Además, las biografías colectivas de los grandes propietarios sobre las que se basa este capítulo muestran hasta qué punto diferían entre sí aquellos que vivían en capitales coloniales de los que residían en centros provinciales. México, Lima y Bahía, capitales de los virreinatos de la Nueva España, Perú y Brasil respectivamente, eran la residencia urbana de los magnates cuyos bienes raíces se habían acumulado tempranamente, en respuesta a la demanda del mercado urbano. Estas familias criaban diversos animales y realizaban diferentes cultivos, y con frecuencia tenían fuertes intereses en sectores no agrícolas de la economía. Muchos aspiraban a alcanzar algún título nobiliario, y algunos lo lograban. Los centros provinciales incluían tanto a las principales ciudades administrativas de las zonas periféricas de los imperios, como Caracas en la provincia de Venezuela o Santiago en la provincia de Chile, como a las ciudades de importancia regional, como Saña y Arequipa en Perú y Querétaro y Oaxaca en Nueva España (véase la figura 7). En esas ciudades la élite se desarrolló más tarde y tendió a ser más homogénea. Los tipos sociales característicos fueron el plantador de cacao en Caracas y el criador de ganado en Santiago. Los grandes terratenientes tenían una base económica menos diversificada y, en consecuencia, sus riquezas eran menores que las de las grandes familias de los centros virreinales. Las diferencias entre los propietarios de bienes raíces en las ciudades capitales y los de los centros provinciales no eran, sin embargo, absolutas sino de grado —riqueza, poder, influencia— y, en algunas zonas, de duración.

SURGIMIENTO DE LA ÉLITE TERRATENIENTE

·Los orígenes de la élite terrateniente fueron bastante diversos y reflejaron la variedad del proceso de la colonización. Algunos eran descendientes de la primera élite de la colonia, los encomenderos (receptores de concesiones de trabajo indígena y tributos) en la América española, o los *donatários* (poseedores de las primeras enormes asignaciones de tierras) en el Brasil. Otros, particularmente en regiones lindantes como Saña, una importante ciudad provincial de la costa norte de Perú; o Querétaro, un centro del siglo XVII en Nueva España, fueron colonizadores que habían recibido menores concesiones de tierras de la corona; bien podía tratarse de pequeños propietarios que empezaron como administradores de grandes propiedades y que gradualmente acumularon posesiones propias. Hubo también quienes llegaron tarde a las colonias y, gracias a su influencia virreinal o a otras vinculaciones poderosas, se convirtieron rápidamente en miembros de la élite terrateniente. Y, por último, algunos miembros del grupo terrateniente se iniciaron en otras carreras, como funcionarios, profesionales o comerciantes.

En la América española, después del botín de la conquista, una encomienda (concesión a un encomendero) era la codiciada recompensa de los primeros que ayudaron a Francisco Pizarro, Hernán Cortés y los otros capitanes en la conquista del Nuevo Mundo. La concesión de una encomienda convertía al que la recibía en un poderoso recaudador de impuestos y juez, con una autoridad incomparable, si bien no oficial, para dirimir disputas y, por lo tanto, con poder sobre vidas y haciendas. Le daba derechos ilimitados a los servicios personales de los indios; de hecho, la responsabilidad de estos últimos era mantener al encomendero y a su familia. En cambio, el encomendero tenía que defender a los indios y proporcionarles instrucción religiosa. Era inherente a la concesión la promesa del encomendero a la corona de establecerse en el distrito y mantener un caballo y armas para defender el territorio recién conquistado.

Una encomienda no era una simple concesión de derechos sobre la tierra. Durante las primeras décadas posteriores a la conquista, el encomendero era considerado fundamentalmente un amo de la gente y no un dueño de la tierra. La tierra cultivable no era una mercancía escasa ni particularmente valiosa. En realidad, el encomendero no necesitaba la tierra porque los indios producían alimentos, tejidos y otros artículos obtenidos de la tierra que ellos mismos cultivaban desde hacía muchos años.

La encomienda se convirtió en la base económica del encomendero, su familia y el creciente número de españoles que se unían a su casa como sirvientes personales. Además de producir y entregar los productos alimenticios que el encomendero podía vender en los florecientes mercados urbanos, los indios de las encomiendas eran utilizados para construir ciudades. Levantaban la residencia del encomendero y le servían en calidad de criados. Cultivaban los jardines y los huertos de su amo. El encomendero, una vez satisfechas sus necesidades personales, se valía de la encomienda para iniciar emprendimientos comerciales complementarios. Por ejemplo, ponía a los indios a trabajar en la construcción de viviendas y locales para vender o alquilar, en terrenos que recibía del concejo municipal. El encomendero tenía prácticamente el monopolio de la mano de obra nativa, lo que lo convertía en agente o corredor de mano de obra para el resto de la sociedad colonial. Regularmente alquilaba indios a no encomenderos, para que realizaran tareas breves. Además, cuando envejecía y veía próxima su muerte, proporcionaba mano de obra indígena para construir iglesias, conventos y monasterios en las ciudades coloniales. Y, finalmente, dejaba considerables sumas de dinero destinadas a concretar esas obras.

La fase del dominio del encomendero tuvo corta vida, aunque el estilo y las relaciones de ese período habrían de repetirse en contextos posteriores. Durante el primer siglo después de la conquista, se produjeron epidemias: en el virreinato de la Nueva España en 1520-1521, 1545-1548 y 1576-1579; y en Perú en las décadas de 1520, 1540, 1550 y finales de 1560. Estas epidemias diezmaron la población indígena; redujeron la cantidad de tributos pagados con mano de obra y, por tanto, el valor de las encomiendas. Por otra parte, el grupo encomendero se vio amenazado y finalmente condenado por los intentos de la corona española por socavar su influencia. La corona había advertido el incontrolado crecimiento del poder de los encomenderos, primero en Santo Domingo, después en Nueva España y en Perú. Intranquila por este desarrollo y por los informes que recibía acerca de los malos tratos, la excesiva exacción de tributos, los grandes padecimientos y elevados índices de mortalidad de la población nativa, la corona adoptó una política dirigida a reducir el poder de los encomenderos y poner fin a la explotación de los indios. Al comienzo, el plan contempló la posibilidad de abolir la encomienda, pero la corona había subestimado la reacción de los encomenderos, y finalmente se limitó a redefinir las relaciones entre el encomendero y la comunidad, especificando y restringiendo las obligaciones de los indígenas.

Dados los controles, la creciente población urbana y la existencia de un mercado seguro para los productos agrícolas, los encomenderos más previsores invirtieron en empresas subsidiarias, principalmente granjas y establecimientos ganaderos. La producción se desplazó de los cereales y las legumbres al trigo, el vino y el aceite de oliva, para satisfacer las preferencias culinarias de los inmigrantes europeos. En ese proceso, los encomenderos y sus descendientes y sucesores se convirtieron en los primeros españoles poseedores de grandes extensiones de tierra, en los primeros hacendados. No todos ellos tuvieron éxito en la transición de recolectores de impuestos a agricultores o estancieros. Las familias menos afortunadas vieron disminuir sus ingresos, y los hijos se encontraron reducidos a peticionar favores a la corona o engrosar el número cada vez mayor de criollos pobres.

La política real influyó sobre la formación del grupo de hacendados también en otro aspecto. Favoreció el establecimiento de zonas de frontera, especialmente por parte de recién llegados que obtenían tierras por concesión, compra o usurpación. Los pioneros recibieron terrenos relativamente pequeños (menos de 300 acres), que les eran entregados por representantes de la corona para colonizar la región, fomentar la producción agrícola y constituir un grupo social independiente que limitaría la influencia de los encomenderos. A diferencia de lo sucedido en la costa del nordeste brasileño y en los primeros asentamientos españoles que tuvieron desde el comienzo un carácter aristocrático, en las provincias apartadas la formación de las élites terratenientes fue más gradual.

Poseedores de poco capital, estos colonos llevaron una existencia dura en los primeros años de la colonia y a menudo solo tenían recursos suficientes para trabajar una parte de la concesión original. Algunos empezaron como empleados, mayordomos o administradores al servicio de otros. Estos individuos lograban adquirir tierras de cultivo con las ganancias obtenidas de su duro trabajo y un bono anual de ovejas y cabras; las tierras de pastoreo siguieron siendo comunes. Otros, que habían llegado como comerciantes y después se quedaron, aportaron capitales relativamente pequeños para integrar los fondos necesarios que les permitieran adquirir una propiedad rural. Muchos continuaron criando ganado, vendiendo cueros y comerciando, para estar en condiciones de comprar herramientas, semillas y carros y contratar mano de obra adicional. En Saña transcurrieron de 40 a 60 años antes que los colonos hubiesen acumulado suficiente capital —individualmente o, con mayor frecuencia, en parcería— para comprar plantaciones de azúcar a los empobrecidos descendientes de los encomenderos. Algunos tardaron aún más tiempo en comprar esclavos y equipamiento, construir molinos y, finalmente, reemplazar el trigo por la caña, con el propósito de entrar en el negocio más lucrativo y por cierto más prestigioso de la producción de azúcar. Más tarde, cuando se establecieron las jerarquías eclesiásticas y burocráticas, los estipendios y contribuciones del clero, los salarios y a veces las exacciones ilegales de los altos funcionarios, también fueron invertidos en tierra.

El trigo estaba expuesto a plagas. Piaras de cerdos y rebaños íntegros de ovejas y cabras podían morir de enfermedades en una sola estación. La producción de azúcar sufría las fluctuaciones de precio provocadas por los cambios en la oferta y la demanda. Por lo tanto la transición de pequeño a gran productor solía ser difícil. Las ganancias de los años buenos debían ser invertidas para mantener o aumentar la producción. Por estas razones, y porque pocos tenían capital adicional o acceso a créditos, hubo gran movilidad en las filas de los primeros granjeros y hacendados.

De manera que hasta mediados del siglo XVII la élite terrateniente local en las provincias se hallaba aún en proceso de formación. No constituía una clase establecida, como lo había sido el grupo encomendero hereditario que la precediera. En los comienzos del período colonial, tanto el proceso acumulativo de inversión como el modesto riesgo que implicaba convertirse en hacendado mantuvieron al grupo terrateniente relativamente abierto al ingreso de recién llegados adinerados y bien nacidos.

Pese a la relativa fluidez de la composición del grupo terrateniente, los hacendados tuvieron desde el principio poder para controlar los asuntos de sus localidades. Ser granjero o hacendado en el contexto del siglo XVI implicaba más de lo que indicaría una interpretación estricta de estos términos. La organización de la producción en las propiedades convertía automáticamente a los dueños en manufactureros de azúcar, alimentos conservados, vino, jabón, cueros finos y otros productos. En Lima y Saña, Perú, así como en Puebla y Oaxaca, Nueva España, un importante número de hacendados realizaba también otras actividades. En Saña, en la primera mitad del siglo XVII, la quinta parte de los 179 terratenientes estudiados comerciaban o eran mercaderes, con tiendas o negocios de importación y exportación. Veinte por ciento más eran sacerdotes: la mitad de los eclesiásticos de la región.[1] Un número significativo de terratenientes se desempeñaban como notarios, eran funcionarios de alto nivel de la corona o trabajaban para otros como mayordomos. En las zonas de producción de plata y oro no era raro que los mineros poseyeran tierras.

En Brasil y en la América española, el importante papel económico que desempeñaban hacía de los grandes terratenientes una

---

[1] Archivo Regional de Trujillo/Palacios, 26-II-1611; Archivo Nacional del Perú/Real Audiencia, 1.24, c.82, 1609, 48-48v y 65; Archivo Arzobispal de Trujillo/Capellanías, 1650, y Testamentos, 1789, 114v.

fuerza social poderosa que, en muchos casos, era la dominante. Como criadores de ganado y granjeros, eran los mayores empleadores de mano de obra no calificada de la región. Contrataban y despedían a los mayordomos que administraban las fincas, de un día para otro. Sus actividades en otras ocupaciones reforzaban su posición central al ponerlos en contacto con miembros de otros grupos y al proporcionarles fuentes adicionales de dinero efectivo.

Además, la élite terrateniente asumió las posiciones de mando en la milicia local, pese a que con frecuencia los oficiales tenían que comprar una comisión y pagar a sus hombres. En el Brasil y en la América española, los grandes terratenientes se incorporaron ansiosamente a la milicia tan pronto esta fue organizada, porque el rango militar había sido un importante signo de pertenencia a la élite desde los días de los primeros colonizadores. Más que un medio de defensa, la milicia era para el hacendado o *fazendeiro* una oportunidad de vestir uniforme y desfilar a la cabeza de las columnas en las celebraciones públicas, para deleite y respeto de los espectadores. La imagen del gran propietario de tierras se veía engrandecida por sus convicciones y por el apoyo de la iglesia. Por ejemplo, el cargo de síndico (tesorero lego de un cuerpo eclesiástico) casi siempre era desempeñado por un terrateniente próspero. Los propietarios de bienes raíces se disputaban el prestigioso cargo de familiar (representante laico) de la Inquisición. Muchos viudos ingresaban en las órdenes religiosas y llevaban a sus hijos a vivir en los monasterios. La élite llegó a ser famosa por sus legados a la iglesia, y el monto de estas donaciones era indicio de su riqueza y estatus.

El concejo municipal brindaba también a los propietarios un foro político, y esa participación era un signo distintivo de su elevada posición. En las reuniones de concejo se discutían principalmente los asuntos de la ciudad. La tarea de establecer la ciudad y reglamentar su vida ocupó la atención colectiva del cabildo durante los primeros años. Los miembros dedicaban sesiones íntegras a actividades tales como considerar las peticiones de recién llegados que aspiraban a convertirse en vecinos, y aceptar a los individuos más calificados; planificar la expansión urbana; fundar y administrar el hospital, y garantizar el abastecimiento de comida. Los concejales se beneficiaban personalmente de esta participación adjudicándose con sus votos terrenos para vivienda o jardines y asignaciones de agua para riego. Ellos establecían los precios de los productos de primera necesidad que fabricaban y combatían la vagancia con la esperanza

de incrementar la oferta de mano de obra. En suma, tanto los encomenderos que participaron de los primeros cabildos de Lima, Santiago y México como los primeros plantadores de Recife y Bahía se
valieron de los concejos municipales para apropiarse de los recursos
rurales y de la mano de obra necesaria para la expansión agrícola y
para controlar el mercado urbano en su propio beneficio.

A lo largo de los años la élite terrateniente estableció un poder
informal a través de estrechas relaciones personales con los personajes claves. La familia extensa se convirtió en el medio para influir
sobre los acontecimientos locales y los parientes de confianza participaban juntos en empresas comerciales. No era solo por razones
humanitarias que los hacendados o *fazendeiros* ayudaban a sus hermanos, primos y sobrinos ambiciosos pero sin tierra, consiguiendo
para ellos cargos en la administración pública, el cabildo, el *senado
da câmara* o la iglesia: esa ayuda ampliaba el radio de acción de su
poder informal. Establecer una capellanía para mantener a un hijo
o un sobrino como estudiante de seminario rendía, más tarde, grandes dividendos, ya que era una fuente de información por adelanta-
do sobre la disponibilidad de fondos para hipotecas, y también un
canal de comunicación con los indios o los negros de las parroquias.
El hecho de tener un primo que fuese vicegobernador, jefe de la policía o comisario rural garantizaba la rápida ejecución de ciertas instrucciones y la captura de los esclavos fugitivos.

Debido a que los miembros de la familia constituían una importante reserva de influencias y recursos, y el parentesco político era
tan fuerte y vinculante como el consanguíneo, los grandes terratenientes planificaban escrupulosamente los matrimonios, considerándolos movimientos estratégicos que ampliarían su gama de contactos.
Además de unir a dos personas, el matrimonio convertía a todos los
parientes de un cónyuge en parientes del otro. Los casamientos entre
familias de terratenientes eran frecuentes. En Saña, por ejemplo,
Juan Rodríguez Vejete, dueño de las estancias de Pomalca y Calupe,
casó a su hija con Fernando de Obregón, dueño del ingenio azucarero
de Nuestra Señora de la Candelaria. Juan Martínez Palomino, propietario de un viñedo en Sárrapo, arregló que su hija Clara se casase
con Roque de Saldaña, dueño del establecimiento de cría de caballos
vecino. Los recién llegados nacidos en la península, entre ellos mercaderes y burócratas, eran candidatos firmes a la mano de la hija de
algún propietario. Diego de Vera, tesorero provincial de Perú, se casó
con la hija de su socio y finalmente llegó a ser el único dueño del inge-

nio azucarero de Santiago de Miraflores. En Caracas, inmigrantes como Diego de Ovalle y Pedro de Liendo, hombres de considerable experiencia comercial y que habían viajado mucho, se casaron con niñas de la élite terrateniente.

Para mantener una amalgama de intereses y garantizar que las personas sin tierra siguieran siendo aliados gustosos, los grandes terratenientes buscaban oportunidades de favorecer a conocidos que ocupaban cargos importantes. Al respecto, las contradicciones dentro del sistema de gobierno obraban a favor de los terratenientes. Como los salarios de los funcionarios de la corona, de corregidor (gobernador de distrito) para abajo, eran por lo general insuficientes para permitirles vivir según sus aspiraciones, y debido a que frecuentemente esos salarios tenían atrasos de años, muchos funcionarios reales, sobre todos los que no tenían oportunidades de recaudar tributos ocasionales para sufragar sus gastos cotidianos, o los que se encontraban en los peldaños inferiores de la jerarquía burocrática, terminaban por depender de la élite propietaria para obtener crédito, préstamos y subsidios. Con frecuencia los terratenientes daban crédito a los funcionarios cuando sus salarios eran demorados. Para el funcionario, esto representaba un favor personal muy especial; en cambio, para el acaudalado propietario era solo una pequeña cortesía que implicaba riesgo y costo escasos. Los favores y la ayuda que los burócratas aceptaban de los terratenientes servían para socavar su imparcialidad.

Los grandes terratenientes eran también fiadores de profesionales (como cirujanos-farmacéuticos y notarios) y garantes de funcionarios sin tierra como tutores, a quienes designaban albaceas de sus bienes. Estas relaciones, tan deliberadamente construidas y asiduamente mantenidas, ligaban a los profesionales con los señores de la tierra y extendían la influencia de estos más allá del parentesco, llegando incluso a vincularlos con jueces de la corona en las ciudades capitales.

En la América española las relaciones de los terratenientes con los indios asumían otras formas. Parejas de la élite eran compadres (padrinos) de niños indígenas, estableciéndose así obligaciones mutuas entre ellos y los padres de los niños. La creciente especialización de las fincas, ligadas a una economía de exportación, dio lugar a la expansión de un mercado local para los productos cultivados por los indios, cuya distribución favorecía contactos más frecuentes y personales entre los dos principales grupos étnicos de la zona.

Esta amplia gama de contactos personales, junto con sus posiciones de liderazgo, permitían al terrateniente asegurarse la posesión de recursos naturales y mano de obra adicionales y, en gran medida, explica la consolidación y concentración de la propiedad. El acceso a la mano de obra indígena, por ejemplo, dependía de las buenas relaciones que se tuvieran con el corregidor o, en su lugar, con el teniente, y de las conexiones en la capital. En ciertas zonas había una permanente escasez de mano de obra indígena. El corregidor la asignaba a los peticionantes locales, después de un breve interrogatorio destinado a indagar si realmente la necesitaba, con la condición de que la concesión fuera confirmada por el virrey. La información que el corregidor hacía llegar al virrey influía para la confirmación; de allí, entonces, que tanto el corregidor como los terratenientes necesitaran mantener relaciones cordiales, lo que ayuda a explicar la buena voluntad de los grandes terratenientes para demorar el cobro de los pagarés del corregidor.

Los cargos y los contactos personales de la élite terrateniente servían también para conseguir más agua de riego. Cuando el agua era insuficiente, los terratenientes solían tomar más de lo que les correspondía. Los hacendados respondían a las protestas de los indios contra esta usurpación amenazando con destripar a quien se atreviese a interrumpir el flujo del agua hacia sus campos. Tales amenazas de violencia se fueron haciendo cada vez más raras con el transcurso del tiempo, a medida que los hacendados consolidaban su poder y adoptaban métodos más sutiles para conseguir los mismos fines. En Saña, los hacendados, a través del cabildo, eligieron al comisionado de las aguas hasta 1638, y aun después, contribuían para su salario. Era comprensible, pues, que este dudase en tomar medidas contra quienes privaban indebidamente del agua a los demás, pese al hecho de que esta usurpación perjudicaba a los indios que se encontraban río abajo.

El poder, la posición y los privilegios de los hacendados son más evidentes aun en los registros de la tierra; también en este caso, a los efectos de la adquisición de tierras, la situación formal de poder de los hacendados en el concejo municipal o en la milicia era menos importante que sus contactos personales claves. El crecimiento territorial de las fincas no consistía, simplemente, en una compra directa de tierra. En Perú, las ventas de tierras propiedad privada de indígenas —a diferencia de las transacciones entre súbditos españoles— solo eran permitidas con aprobación del comisionado real de Indias y el corregidor local y protector de los indios. También estaba autorizada la venta de tierras comunales, que alguna vez habían sido consideradas indivisibles e inalienables, pero con aprobación desde Lima y previo anuncio público con 30 días de antelación. Las tierras debían ser rematadas si valían más de 30 pesos. Si valían menos, el corregidor tenía la facultad de autorizar la venta. Por lo tanto, las leyes ponían al corregidor y al protector en una posición central en lo concerniente a la venta de tierras indígenas a los hacendados españoles. Los registros existentes de ventas entre españoles e indígenas indican que por lo general los dos funcionarios actuaban de acuerdo.

La relación entre encomienda y hacienda, y el período en que surgió esta última, varió enormemente según las regiones, en la América española colonial. Aunque los hacendados solían afirmar que eran poseedores de sus tierras y haciendas desde tiempos inmemoriales, el crecimiento de la hacienda, así como la concentración de propiedades en manos de un número limitado de familias emparentadas y de instituciones eclesiásticas fue un fenómeno que se produjo en un momento determinado.

En el virreinato de la Nueva España, la formación de haciendas comenzó en la primera zona de la colonización española. En el Valle de México los colonos adquirieron parcelas dispersas de tierras de cultivo y de pastoreo por medio de concesiones reales, compra y usurpación, y después, lentamente, fueron unificándolas en fincas enormes. La mayor parte de la consolidación tuvo lugar entre 1550 y 1625. Más al sur, en el fértil valle de Oaxaca, la apropiación de tierras por parte de los españoles empezó más tarde. Entre 1570 y 1643, se establecieron 41 haciendas. En el siglo XVII tuvo lugar cierta concentración, pero la máxima expansión se produjo en el siglo XVIII. Alrededor de Querétaro, Zacatecas y otras ciudades norteñas, la hacienda surgió entre 1610 y 1640, y la consolidación tuvo lugar durante los siguientes 50 años.

En el virreinato del Perú las cosas fueron muy parecidas. Los terrenos suburbanos de los alrededores de Lima fueron cultivados en la primera década después de la fundación de la ciudad, a mediados de la década de 1530. Los encomenderos de Perú invirtieron en empresas agrícolas y ganaderas por las mismas razones que lo hicieron sus pares de Nueva España en la década de 1550. Hacia el norte y el sur de Lima, a lo largo de la costa, la fundación de ciudades en las décadas de 1550 y 1560 despertó el interés de los españoles por los fértiles e irrigados valles circundantes. En la costa central había ya haciendas florecientes en 1580, y el proceso de consolidación se realizó en 1630. Hacia el sur, en el Valle de Cañete, haciendas relativamente grandes salpicaban el paisaje a comienzos de la década de 1590, y siguieron creciendo por lo menos hasta después de 1630. En la costa norte, las propiedades individuales tomaron su forma definitiva y alcanzaron su tamaño característico en el último cuarto del siglo XVII.

En la periferia del Imperio Español, donde las poblaciones indígenas grandes y sedentarias no existían o habían desaparecido, y donde los costos del transporte a mercados distantes eran prohibitivos, la formación de haciendas se demoró. En la provincia de América Central la tierra era una mercancía casi inútil y, por lo tanto, fue de escaso interés antes de 1650. En el reino de Chile, en el siglo XVII la tierra no se consideraba valiosa ni era codiciada. Documentos del área de Caracas, de la provincia de Venezuela, muestran que hacia 1580 se exportaba trigo cultivado en haciendas. No obstante, la expansión del cultivo del cacao se postergó hasta el siglo XVII, lo que significó que la hacienda no asumiera su forma característica hasta mucho más tarde, cuando desapareció la frontera.

En el Brasil, la formación de grandes propiedades siguió el modelo general de la América española, si bien en ese país el gran terrateniente y las plantaciones que producían para la exportación parecen haber ocupado un lugar más prominente en la sociedad colonial. La corona portuguesa consideraba al Brasil y su temprano comercio con palo brasil como de menor valor que otras partes de su imperio de ultramar, y por ello confió la primera colonización a individuos privados. La corona dividió el Brasil en 15 distritos paralelos, que se extendían tierra adentro hasta la línea imaginaria trazada en el Tratado de Tordesillas. Los distritos fueron entregados a 13 nobles portugueses, ricos y bien relacionados, llamados *donatários* o señores propietarios, para que los colonizaran. Ellos, a su vez, instaron a sus seguidores a establecerse, con promesas de concesión de tierras. Cuando Martim Afonso, por ejemplo, fundó el primer asentamiento permanente en São Vicente en 1532, distribuyó enormes parcelas de tierra entre sus seguidores. La mayoría de estos intentos iniciales e indirectos de colonizar el Brasil fracasaron, y hacia mediados del siglo XVI la corona decidió administrar sus posesiones directamente, para no perder sus dominios del Nuevo Mundo por intrusiones extranjeras.

El representante de la corona en esta empresa, el gobernador general Tomé de Sousa, estableció su cuartel general en Bahía. Esta ciudad y su región interior captaron muy pronto la atención europea como importantes proveedores de azúcar. La caña de azúcar había sido importada de la isla africana de São Tomé poco después del descubrimiento en el siglo XVI. El creciente y lucrativo mercado del azúcar en Europa, el perfeccionamiento de las técnicas de producción y la legislación favorable convirtieron muy pronto la fértil tierra costera en una inmensa plantación de azúcar. Hacia fines del siglo más de 50 ingenios azucareros salpicaban la campiña bahiana. El *senhor de engenho* (literalmente, señor del ingenio) se convirtió así en el terrateniente arquetípico del Brasil y al principio desplazó casi totalmente a los cultivadores y estancieros poco capitalizados y por lo general menores que vivían fuera de las ricas zonas productoras de azúcar.

LOS TERRATENIENTES EN SU EDAD DE ORO

Hacia fines del siglo XVI en Brasil y el centro de la Nueva España; a comienzos del siglo XVII en la zona costera del centro y el sur de Perú; y a mediados del siglo XVII en Saña, Querétaro, Caracas y Santiago, el gran terrateniente representaba la esencia misma del éxito criollo y desempeñaba un papel descollante en la principal ciudad de su región. El tamaño y valor de la propiedad variaban según la zona. Los 20 a 30 hacendados que dominaban Saña poseían fincas de unas 550 fanegadas (casi 4000 acres), en la segunda mitad del siglo XVII. Estas propiedades eran grandes comparadas con las posesiones de los indígenas locales o con los viñedos que españoles y criollos poseían desde Ica hasta el sur. Comparadas con las propiedades de la Nueva España, las posesiones de Saña tenían más o menos el mismo tamaño que las que podían encontrarse en Oaxaca en el siglo XVIII, pero eran minúsculas comparadas con las del marqués de Aguayo en la misma época en el norte del virreinato, o con las concesiones de tierras en Bahía en el siglo XVI, que se calculaban en millas cuadradas y en cientos de miles de acres. Y no era raro que un hacendado fuera propietario de varias haciendas simultáneamente.

Los elementos que determinaban el valor de una propiedad eran: tamaño, proximidad del agua, calidad del suelo y dinamismo de los mercados accesibles. En las regiones donde no había mineros ni mercaderes ricos, los grandes terratenientes eran las personas más ricas de la sociedad. En Saña el valor promedio o el precio de venta de una finca típica de la segunda mitad del siglo XVII era de 29 971 pesos.[2] Los dueños de varias estancias eran, como es obvio, mucho más ricos. Las posesiones del capitán Martín Núñez de Arze, por ejemplo, representaban una fortuna de más de 158 000 pesos. El valor de los bienes raíces de don Francisco de Palma y Vera estaba bastante por encima de los 175 000 pesos. João Pais Barreto, uno de los pioneros de la industria del azúcar en el nordeste de Brasil, y considerado el *senhor de engenho* más rico de la zona, poseía en el año 1610 siete plantaciones de azúcar, valuadas entre 300 000 y 400 000 *cruzados*.

La brecha entre el nivel de vida y la riqueza personal de estos terratenientes por un lado y los de los profesionales, funcionarios menores, artesanos y las masas, por el otro, era enorme. Ningún funcionario en el Perú provincial, con un salario anual que oscilaba entre 200 y 1650 pesos, podía vivir como Palma y Vera. El salario de más de 200 pesos pagado al curaca (jefe indio) de una comunidad indígena grande, como Lambayeque, lo convertía en un individuo rico y respetado entre los habitantes de esa comunidad; y en las comunidades menores, como Jayanca, Pacora y Mórrope, salarios equivalentes a la mitad del anterior conferían a los funcionarios indígenas una posición social similar. Aun en el sector español, los mayordomos, con un salario anual de 200 a 300 pesos, además de casa, comida y el usufructo de pasturas y de una parcela de tierra con riego, no podían permitirse educar a un hijo en Lima.

Esta riqueza permitía a los hacendados y *fazendeiros*, como gustaban hacerse llamar, establecerse como la élite hereditaria dentro de la cual se concentraba el poder y el prestigio de una zona. En muchas ciudades de la América Latina colonial, casi todos los aspectos de la economía y de la política local se hallaban bajo la influencia de un gran terrateniente, directamente en su papel de cultivador o hacendado, sacerdote, abogado o funcionario, de corregidor o *capitão mor* (dirigente civil y militar brasileño) hacia abajo; o bien indirectamente, a través de la red de alianzas formada con personas de diferentes niveles de la estructura social.

---

[2] Susan E. Ramírez, *Provincial patriarchs: land tenure and the economics of power in colonial Peru*, Albuquerque, University of New Mexico Press, 1985, Apéndice III.

El acceso de estos terratenientes a los recursos productivos de sus regiones, tanto en la campaña como en la ciudad, se tornó cada vez más complejo y calculado. El poder político formal, la corrupción oficial, el matrimonio y las alianzas entre compadres, todo cumplía su función en la expansión de sus aspiraciones y en el empeño de dar más brillo a sus nombres. En la América española, aun cuando los concejos municipales del siglo XVII no decidían asuntos de gran importancia, la élite terrateniente mantuvo su presencia en estos organismos. La regulación de la provisión de alimentos y la cuestión de la salud pública siguieron siendo funciones importantes, y el prestigio de esos cargos aumentaba la influencia de los hacendados. Si alguno de ellos decidía no participar personalmente, mantenía los cargos municipales dentro de su familia extensa. Los cargos se heredaban, como la tierra, a través de generaciones, y en ciertas ciudades más pequeñas —como Saña y, en menor medida, Querétaro (antes de 1650)— los hacendados dirigían el concejo municipal como si fuera un club privado. En el Brasil costero, donde los cargos en el concejo nunca se vendieron, la escasez de individuos calificados y las amplias redes de parentesco de la oligarquía del azúcar permitieron un control constante por parte de los *senhores de engenho*, pese a la legislación real destinada a evitar que un solo grupo dominara los *senados*. Así, durante todo el siglo XVII, los dos magistrados, los tres regidores y el procurador municipal de Bahía casi siempre se elegían entre las familias de terratenientes y plantadores establecidas desde hacía mucho tiempo en la región.[3]

El concejo municipal no era el único órgano del gobierno en el que los grandes terratenientes tenían influencia. Muchos siguieron ocupando altos cargos burocráticos. Más de la décima parte de los hacendados de Saña de los que se sabe que tuvieron otras ocupaciones en la segunda mitad del siglo XVII se desempeñaron como tesoreros, contadores, corregidores y jueces de la burocracia real. En Popayán, cuatro miembros de la familia Hurtado del Águila y tres de la familia Aguinaga tuvieron el cargo de vicegobernador en el siglo XVII.[4] Ade-

[3] Stuart B. Schwartz, "Cities of empire: Mexico and Bahia in the sixteenth century", *Journal of Inter-american Studies* 10, 1969, págs. 635-636, y *Sovereignty and society in colonial Brazil*, Berkeley, University of California Press, 1973, pág. 116.

[4] Héctor Llanos Vargas, "Surgimiento, permanencia y transformaciones de la élite criolla de Popayán (siglos XVI-XIX)", *Historia y espacio. Revista de estudios históricos regionales* 1:3, 1979, págs. 82-85.

más de conferirle al poseedor poderes amplios y extraordinarios para hacer cumplir las decisiones reales, estos cargos otorgaban la posición social inherente a una designación firmada por las más altas autoridades.

La milicia fue también para muchos terratenientes un medio de engrandecer su imagen y satisfacer un preciado sentido de "servicio al Rey". En Bahía, antes de 1718, la codiciada posición de coronel solo era alcanzada por terratenientes y plantadores. En Saña, aproximadamente siete de cada diez propietarios aptos para el cargo tenían alguna posición de mando. Ellos superaban a los no hacendados, en cargos de sargento mayor hacia arriba, en una proporción de ocho a uno. Los militares tenían derecho al fuero militar (privilegios corporativos concedidos a los militares), que incluía el juzgamiento por cortes militares, lo que casi siempre significaba un trato más benévolo que el habitual ante las cortes civiles. Otra distinción importante era el derecho a usar el rango militar como título. Anteponer al nombre un título militar de jerarquía suficientemente alta aumentaba el prestigio de una persona ante los ojos de su comunidad. Los que no conseguían el título de un cargo en el concejo municipal usaban su título militar para agregar respetabilidad a su nombre. Estos títulos generalmente precedían al título de don, es decir, caballero o señor. En algunos casos, un individuo se identificaba a sí mismo como general o capitán y su hijo asumía el título de don.

En diversos lugares de la América española se encuentran grandes terratenientes con actuación en diversas esferas de la vida local. En Popayán, los terratenientes eran también comerciantes y mineros. Por ejemplo, Alonso Hurtado del Águila, que fue uno de los cuatro miembros de su familia que ocupó el cargo de vicegobernador, llegó a Popayán a comienzos del siglo XVII y se convirtió en un poderoso comerciante. Se casó dos veces, ambas con mujeres de familias locales antiguas y destacadas. Al hacerlo adquirió el control de haciendas y ganado, bienes raíces urbanos y, por lo menos, una mina. En el siglo XVII los hacendados y granjeros de Querétaro solían ser comerciantes, manufactureros y funcionarios políticos. Entre los miembros de las familias nobles de México era frecuente que la misma persona fuese comerciante, minero, financista y terrateniente.

La carrera de don Juan Bonifacio de Seña ilustra la gama de posiciones que un individuo podía ocupar. Don Juan fue un español de Burgos que llegó a la costa norte de Perú antes de 1661. Muy pronto él y un pariente poseían extensas propiedades en Piura. Una de sus primeras vinculaciones en la zona de Saña parece haber sido su casamiento con una mujer de la región. Después, sirvió en la milicia como capitán (1670), como gobernador de armas (1694) y como general y mariscal de campo (1697). Fue designado inspector militar en 1681, se desempeñó como vicegobernador de la provincia en 1684 y nuevamente en 1694, y actuó como corregidor en 1696 y 1697. Al finalizar su mandato como corregidor, compró las estancias de Pomalca y Samán y las salinas o minas de sal conocidas como Santa Rosa de Acarleche.

No todos los propietarios de Saña eran tan activos o se encontraban en una situación tan ventajosa para ejercer presión en tantos ámbitos de la vida local como Juan Bonifacio de Seña. Los sacerdotes, que representaban una proporción significativa de todos los grandes terratenientes en muchas regiones de Perú —9% en Abancay en 1689— durante este período, no podían, en virtud de sus votos, ocupar cargos en el concejo municipal y mucho menos en el ejército. Las mujeres —16% en Abancay en 1689 y 17% en Saña durante todo el período colonial— estaban excluidas de toda participación en la vida pública. No obstante, sacerdotes y mujeres eran minoría. Más de tres cuartas partes de los propietarios de Saña tenían formación profesional, desempeñaban actividades comerciales no agrícolas, integraban el concejo municipal, comandaban la milicia o aceptaban cargos en la burocracia, en un momento o en otro.

Durante el siglo XVII, en Nueva España, Nueva Granada, Perú y Brasil la familia seguía siendo importante para los grandes terratenientes y, dado que podían usar el parentesco para controlar los recursos productivos de los distritos, estaban siempre dispuestos a invertir en estos. Los hacendados mantenían un estrecho contacto con las ramas sin tierra de su familia extensa, que muchas veces no tenían buena posición económica, porque algunos de estos parientes solían desempeñar cargos en la burocracia real o en el concejo municipal, o eran profesionales competentes y, por lo tanto, una fuente de ayuda muy importante. Para retribuir los favores de sus "parientes pobres", los hacendados hacían generosas contribuciones a las dotes de sus hijas, los invitaban a los eventos sociales o los nombraban beneficiarios de una dotación, especie de administración de una donación a una capilla. El compadrazgo reforzaba las relaciones de parentesco lejano, como también lo hacían los tratos financieros y legales. Los matrimonios entre primos parecen haber sido una suerte de estrategia para consolidar patrimonios, preservar la riqueza y elevar la condición social de la familia. Más allá de la posición que cada uno ocupara, o de los bienes que poseyera, las diversas ramas se consideraban parte de una sola gran familia y cooperaban entre sí, valiéndose del parentesco como base para actuar en forma mancomunada y elevar la posición del grupo.

Desde luego, los terratenientes cooperaban también con personas ajenas a la familia. Era frecuente que un hacendado se desempeñara como agente comercial para uno o más amigos y asociados. Juan Bonifacio Seña, por ejemplo, compraba azúcar a los hermanos don Juan y licenciado don Félix Rodríguez Carrasco, dueños del establecimiento llamado La Punta, y la comercializaba por su cuenta. Para aumentar su volumen de compra, daba crédito a otros productores azucareros y permitía que le pagaran en especias. Las personas que viajaban a mercados importantes, como el de la ciudad de México, Veracruz, la feria de Portobelo y Lima, gestionaban importaciones para los que permanecían en la región. En los registros notariales de la época aparecen con frecuencia transacciones en las que un hacendado o *fazendeiro* vendía productos importados, especialmente esclavos, a otro. Asimismo, los grandes terratenientes se servían de garantes unos a otros. En cuestiones legales, se concedían recíprocamente poderes para comprar y vender mercaderías y tierras, cobrar deudas, extender facturas y representarse ante la ley. Para establecer y consolidar sus posiciones en las escasas áreas que no controlaban, los hacendados cultivaban cuidadosamente estrechos vínculos con personas ajenas a su círculo privilegiado, sobre todo con comerciantes (en la medida en que estos constituían un grupo aparte) y con funcionarios.

El matrimonio también servía para aliar a la familia con extraños que podrían resultar útiles. Los casamientos de don Bonifacio de Seña y de Alonso Hurtado del Águila vincularon a individuos nacidos en la península con familias criollas pudientes y bien relacionadas. Esta pauta regía no solo en Perú y Nueva Granada sino también en Brasil. Durante todo el siglo XVII y hasta el XVIII, era común que las hijas de prominentes cultivadores y hacendados se casaran con comerciantes portugueses prósperos, una alianza ventajosa para ambas partes. El comerciante Manuel Mendes Monforte heredó de su suegro uno de dos ingenios azucareros. Asimismo, Domingos Alvares de Araújo recibió tierras valuadas en 5000 cruzados, en calidad de dote, cuando se casó con la hija de un plantador. De este modo los comerciantes se introdujeron y fueron aceptados entre los miembros tradicionales de la sociedad, y estos, a su vez, presumiblemente usaron su capital, acceso al crédito y vinculaciones comerciales para favorecer los intereses de la familia. Es importante destacar, sin embargo, que las familias tradicionalmente gobernantes del Brasil, cuyos intereses y poder databan del siglo XVI, nunca fueron suplantadas por los comerciantes prósperos. Ellos admitían en su ambiente a los recién llegados, pero con criterios muy selectivos.

Igualmente esenciales para la red informal de relaciones de los grandes terratenientes eran las vinculaciones con funcionarios influyentes y de alto nivel en las ciudades capitales. Cursar estudios en Lima daba a los hacendados provinciales la oportunidad de alternar con los miembros de la corte virreinal. Unos pocos residentes de Saña, como los doctores don Juan de Samudio y Villalobos y Mendoza y Juan de Saavedra Cavero, se diplomaron como abogados y se desempeñaron en la capital antes de regresar a su ciudad. Las amistades y relaciones entabladas en Lima les resultaron posteriormente muy útiles a estos hacendados cuando recurrieron a ellas para resolver problemas legales. Otros hacendados tenían parientes que eran abogados o jueces en la *audiencia*. Asimismo, se fomentaban los casamientos con altos funcionarios virreinales. Doña Magdalena Estrada y Hurtado, una viuda rica, se casó con don Alonso de Castillo de Herrera, juez de la audiencia en Quito; más tarde, él llegó a ser gobernador de Huancavelica, un distrito de las tierras altas de Perú, y juez en la audiencia de Lima, y terminó su carrera como presidente de ese influyente cuerpo. En Bahía, el hijo y homónimo de João Pais Barreto se casó con Ana Corte Real, hija del *capitão mor* de Paraíba; y su hija, Catarina, contrajo matrimonio con *dom* Luis de Sousa Henriques, hijo del ex gobernador general del Brasil y sobrino del undécimo gobernador general, *dom* Luis de Sousa, que había llegado a Pernambuco en 1617. En virtud de estas vinculaciones, João Pais hijo llegó a ser uno de los hombres más influyentes del Brasil.

En el siglo XVII los vínculos con la iglesia seguían siendo importantes. Los grandes terratenientes se desempeñaban gustosamente como administradores de hermandades religiosas, representantes laicos de monasterios y conventos para tratar con acreedores y con las cortes judiciales legas, síndicos de fondos especiales o sacristanes, a cambio del prestigio que esas funciones les daban y de la información reservada a la que tenían acceso sobre la disponibilidad de fondos hipotecarios. Un miembro de la familia Arboleda y Ortiz, de Popayán, después de dedicarse durante años a empresas agrícolas y mineras, ingresó en la iglesia y llegó a ser vicario genera del obispo (1661), tesorero (1665) y finalmente chantre (principal) y archidiácono (1668). Gran número de descendientes de la élite terrateniente ingresaban en órdenes religiosas o se hacían clérigos seglares. Además, tanto en la América española como en el Brasil la iglesia poseía tierras y dependía directamente de las contribuciones, donaciones y subsidios de los ricos.

La prosperidad les permitía a los grandes propietarios ser generosos. La iglesia se beneficiaba especialmente de las donaciones de los últimos miembros de antiguas familias sin descendientes directos que habían heredado sus fabulosas fortunas, a veces amasadas a lo largo de más de un siglo y medio. En Nueva Granada, Dionisia Francisca Pérez Manrique quedó viuda dos veces: una, de un descendiente de quinta generación de la importante familia Velasco de la Popayán de los siglos XVII y XVIII, y la segunda, de un gobernador de distrito nacido en la península. Como sobrevivió a sus hijos, donó sus vastas y ricas propiedades a los jesuitas. En Perú, Palma y Vera decidió dejar sus posesiones para fundar una escuela jesuítica en Saña, como último homenaje a su estirpe. Doña Leonor de Saavedra y Monroy, decepcionada después de dos matrimonios sin hijos —uno con un juez de la audiencia de Quito que despilfarró miles de pesos de su patrimonio—, encargó a su albacea testamentario que fundase otro convento. El licenciado Rafael Suaso y Ferrer construyó una iglesia para los indios de Callanca, invirtiendo en ello su fortuna. Estas relaciones fomentaban la idea generalizada de que lo que era bueno para la élite terrateniente lo era también para la iglesia.

Para apreciar el alcance de estas vinculaciones, la amplia influencia que ejercían y el lugar central en que estaban ubicados ciertos terratenientes y sus familias, solo es preciso identificar y enumerar las posiciones sociales que ocupaban los miembros de una familia así como su relación con otras figuras de la sociedad local, importantes pero sin tierra. Los ocho hacendados que constituían la familia inmediata de Blas Fragoso, de Saña, incluían un abogado, un sacerdote, un notario y el contador y tesorero real de la provincia. Siete de los ocho ocupaban cargos en la milicia, con grados que iban desde alférez hasta general y mariscal de campo. Cuatro integraban el concejo municipal, en calidad de regidor, magistrado, condestable rural y defensor de menores, respectivamente. El último fue comisionado por el concejo para recuperar los registros que el último corregidor se había llevado consigo a Lima para defender sus acciones contra el pirata Edward David. Uno representaba a la Inquisición. Tenían numerosos tratos comerciales entre sí y no vacilaban en concederse recíprocamente poderes de procuración. Asimismo, con frecuencia estaban vinculados con otros miembros de la élite y con personas sin tierra. Eran fiadores o garantes de ganaderos, mayordomos, granjeros contribuyentes, corregidores diversos y funcionarios gubernamentales; se asociaban en empresas de ganadería y curtiembre prestaban dinero a amigos de amigos o les conseguían empleos. Cinco de los ocho eran padrinos de hijos de funcionarios de Indias, burócratas españoles o profesionales. Finalmente, estas ocho personas poseían bienes en Piura, fábrica de jabón y curtiembres en las cercanas localidades de Lambayeque, Chiclayo, Motupe y Sechura, y eran también propietarios de las estancias de Illimo, Mamape, Collús, Saltur, Luya, Sasape, La Punta, Ucupe y San Cristóbal. La situación de las principales familias o clanes era similar, ya que sus contactos y cargos se multiplicaban.

En toda la América Latina colonial la poderosa posición de los hacendados y *fazendeiros* se reflejaba en la opulencia con que vivían, en su estatus educacional y en los matrimonios y carreras de sus hijos (véase la figura 8). Además de sus haciendas y anexos, los grandes terratenientes poseían residencias urbanas confortablemente amuebladas, con tapices, pinturas y divanes con almohadones. Palma y Vera, por ejemplo, vivía entre el convento de La Merced y la plaza central del distrito capital de Saña, en una mansión cubierta de alfombras, con muebles tapizados y espejos de marco dorado. Un ejército de esclavos domésticos le servía las comidas en vajilla de plata sobre una mesa alumbrada con candelabros. Se enorgullecía de su capilla personal, que contenía una valiosa colección de cuadros antiguos, y de su biblioteca. Se vestía con las más finas telas importadas de Inglaterra, Nápoles y Francia. Pese a ser dueño de estancias y curtiembres que producían miles de libras de jabón por año, prefería bañarse con jabón importado y secarse las manos con toallas inglesas. Para viajar montaba una mula enjaezada con montura con adornos de plata, o bien se trasladaba en un carruaje con cortinas de color escarlata. Las descripciones de la élite de la América Latina colonial coinciden en mostrar a estos personajes adornados con joyas, ricamente vestidos, montados en soberbios caballos y rodeados por esclavos de librea.

Estos hacendados y *fazendeiros* eran lo suficientemente ricos como para hacer realidad sus sueños. Mandaban a sus hijos al seminario o a la universidad, muchas veces con asignaciones iguales o mayores que los ingresos anuales de numerosos funcionarios locales. A diferencia de la situación que imperaba en Saña durante la primera mitad del siglo XVII, cuando algunos hacendados no sabían siquiera firmar su nombre y muy pocos poseían educación formal, en la segunda mitad casi todos eran instruidos (es decir, capaces de escribir su nombre) y una cuarta parte de ellos poseía estudios más avanzados. Debido a que en esa época no existían escuelas en la ciudad de Saña, para estudiar había que residir durante varios años en la capital provincial de Trujillo o en la capital virreinal de Lima, lo que confería a quien obtuviera algún título la distinción suplementaria de ser un hombre muy mundano. Para sus hijas, estos terratenientes arreglaban matrimonios con personas de rango, como los hijos de los jueces de la audiencia y hasta con los jueces mismos. Las uniones ventajosas se aseguraban, además, con la concesión de ricas dotes, de más de 16 000 pesos, que incluían lo necesario para poner una casa, y vestidos y joyas suficientes para toda una vida.

La concentración de poder, prestigio y riqueza en manos de tan pocas personas significaba una creciente exclusividad de la élite terrateniente y, en consecuencia, menos oportunidades de ascenso social para los sin tierra. A los recién llegados les resultaba cada vez más difícil establecerse porque las posibilidades de progresar se esfumaron rápidamente en la segunda mitad del siglo XVII.

En muchas zonas la frontera había desaparecido, los cargos burocráticos estaban cubiertos y no se creaban nuevos. Las posiciones que quedaban vacantes en el concejo municipal dominado por la élite permanecían dentro de las mismas familias. Además, las pocas familias antiguas, privilegiadas y poderosas que controlaban los ingenios azucareros mayores y más rentables y las mejores haciendas, así como las tierras más productivas, habían establecido la pertenencia a familias distinguidas como criterio para ser miembro de la élite. El prestigio mayor era el de las familias que podían reivindicarse como descendientes de los colonizadores originales de la zona, probablemente porque esos descendientes eran escasos. En Saña, solo una familia, fundada por el encomendero de Túcume, Francisco de Samudio Mendoza, podía exhibir seis generaciones de antepasados dueños de haciendas. Más de 100 encomenderos habían vivido en Cuzco en 1570, pero a fines del siglo XVII el encomendero había prácticamente desaparecido como tipo social. Eran más comunes, en cambio, las familias que podían rastrear sus orígenes hasta los primeros colonizadores de la región, no encomenderos. Los descendientes de Fragoso, que se estableció como caballero hacendado adquiriendo la estancia llamada Mamape, fueron dueños de tierras por cinco generaciones antes de 1719. La familia de Diego de Rodríguez Cavanillas, al igual que la mayoría de las "viejas" familias de la época, solo databa de la década de 1630. La mayoría de las familias del siglo XVI habían retenido su condición de terratenientes durante no más de una o dos generaciones.

Las familias establecidas en Saña a mediados del siglo XVII fueron más estables. Los Rodríguez Cavanillas, por ejemplo, siguieron siendo dueños de Cayaltí por cuatro generaciones, hasta la muerte del licenciado don José Núñez de Arze, un sacerdote sin herederos. Otros miembros de la misma rama mantuvieron la tradición terrateniente al comprar otras estancias en la zona, que poseyeron hasta mediados del siglo XVIII. Los hombres que lograron ingresar al grupo de los hacendados en el siglo XVII habían desempeñado más cargos públicos que los terratenientes de segunda y tercera generación. La función pública aumentaba su prestigio, reputación y contactos, elementos fundamentales para aumentar sus posibilidades de ingresar en la élite terrateniente. Aun así, adquirieron menos tierras durante sus carreras que los hacendados de las familias más antiguas, y compraron, además, propiedades más baratas. El 65% de las propiedades de estos terratenientes advenedizos valía menos que el promedio del período.

LA ÉLITE TERRATENIENTE DEL PERÍODO COLONIAL TARDÍO

Tan amplia y duradera fue la reputación colectiva de hacendados y *fazendeiros* durante lo que podría llamarse la edad de oro de los terratenientes, que llegó a oscurecer su pasado y a hacer olvidar los orígenes de muchos individuos ricos y famosos. Asimismo, la mística que rodeaba a los principales hacendados en ciertas regiones ocultaba la realidad de la declinación de sus fortunas y trasladaba constantemente hacia un futuro lejano las acciones legales que sancionarían su bancarrota.

Sin duda, a comienzos del siglo XVIII o varias décadas antes en algunas zonas, las condiciones económicas habían empezado a cambiar. La industria azucarera del continente estaba en decadencia. Ya hacia la segunda mitad del siglo XVII el sector azucarero de Bahía había entrado en un período de declinación generalizada, si bien desigual, atribuible a una combinación de mayores costos, sobreexpansión, creciente competencia de la producción caribeña y al hecho de que Europa del norte se apoyaba cada vez más en sus propias fuentes coloniales de productos tropicales. La industria azucarera peruana había perdido ya sus mercados del norte como resultado de la declinación del sistema de transporte marítimo y el fin de la decaída feria comercial de Portobelo. En estos enclaves de exportación de azúcar, así como en el de Caracas, productor de cacao, los plantadores se quejaban de la caída de los precios y de una grave escasez de mano de obra, debido a que el tráfico de esclavos del Atlántico se había interrumpido por las guerras, y la provincia de Cuba y otros productores caribeños ofrecían más dinero por la mano de obra negra.

También en otros lugares los agricultores enfrentaban una mala época. El trigo, el sebo y el cuero de la provincia de Chile comenzaron a entrar en los mercados peruanos con serias consecuencias para la producción del interior y la costa septentrionales. Los hacendados de Popayán se vieron afectados por la disminución de sus beneficios, los altos costos del transporte y la mano de obra, y por la regulación de los precios, que supuestamente beneficiaba a los mineros. La depresión que se produjo en América Central a comienzos del siglo XVII se profundizó progresivamente en la década de 1660, reduciendo a muchos hacendados a una situación de virtual subsistencia. Las estancias de Oaxaca sufrieron una combinación de sequías, heladas, plagas del trigo y una mortífera epidemia entre el ganado vacuno y lanar a principios del siglo XVIII. La producción declinó, el valor de las propiedades cayó y varias fueron hipotecadas y finalmente vendidas.

A comienzos del siglo XVIII empezaron a hacerse sentir los efectos negativos del sistema testamentario, el impacto acumulativo de las hipotecas y rentas vitalicias eclesiásticas y los rendimientos relativamente bajos e inciertos. A lo largo de los años, muchas estancias llegaron a estar tan abrumadas por las capellanías y otras obras piadosas, que una parte significativa de las ganancias debía destinarse al pago de intereses. En Oaxaca, el promedio de los gravámenes de la iglesia ascendía al 67% del valor de capital de las propiedades.[5] En Saña, el promedio para 1720-1820 fue de 68%, 63% más que los 50 años anteriores. Los menores índices de ganancias, aquí y en otras regiones, eran también consecuencia del achicamiento de los mercados y de los mayores costos de transporte y de mano de obra, que los propietarios no podían controlar.

La mejora de la situación económica de los grandes terratenientes se haría esperar hasta las últimas décadas del período colonial. En la provincia de Venezuela la industria del cacao empezó a recuperarse en la década de 1680, pero en la mayoría de las otras regiones las condiciones solo mostraron signos de mejoría a fines del siglo XVIII.

En el Brasil los plantadores se beneficiaron abasteciendo a los mercados europeos. Los precios del azúcar subieron hasta casi duplicarse entre 1776 y 1781; asimismo, se expandieron otros sectores de la economía, especialmente el algodón y el tabaco. En el sur de la Nueva España, la producción de cochinilla experimentó un auge súbito. El pulque, bebida alcohólica obtenida de la fermentación del jugo de un cactus, se convirtió en un producto comercial con el que la nobleza de Nueva España hizo fortunas. Los productores de cereales, por su parte, encontraron alivio en la expansión de los mercados urbanos y en una renaciente economía minera en las provincias norteñas. En la región de Guatemala, la demanda extranjera de índigo hizo subir el valor de las propiedades rurales. En el norte de Perú, la industria ganadera parece haber sido estimulada por un repunte de la minería en las tierras altas adyacentes.

En la América española, las reformas borbónicas fueron responsables por una parte de esta mejora. Uno de los objetivos económicos de la corona era estimular la producción, y con tal propósito patrocinó las misiones mineras extranjeras y alentó la importación de tecnología europea para expandir la extracción de minerales. Se fundaron clubes para introducir y divulgar información sobre nuevas cosechas y técnicas de agricultura científica. Sin embargo, la

---

[5] William B. Taylor, "Town and country in the Valley of Oaxaca, 1750-1812", en: Ida Altman y James Lockhart (comps.), *Provinces of early Mexico*, Los Ángeles, UCLA Latin American Center, 1976, pág. 84.

corona daba con una mano y quitaba con la otra: el deseo de incrementar el flujo de ganancias hacia España hizo que los Borbones elevaran las tasas generales sobre las ventas y los impuestos al ron, el pulque y el azúcar. Pero aun fue peor el decreto de consolidación, promulgado a fines de 1804 en Nueva España, que equivalía a restablecer todas las hipotecas impuestas a las propiedades. Los fondos debían ser cobrados en dinero efectivo y enviados a España. En el reino de Chile el decreto fue considerado tan explosivo que el cabildo de Santiago nunca lo promulgó. En Perú, en cambio, su impacto en el período colonial no fue muy significativo.

Las reformas políticas borbónicas recortaron la defensa política de los grandes terratenientes. Los intentos por revitalizar al ineficaz cabildo llevaron a que algunos cargos hereditarios fueran expropiados por la corona; en otras áreas, se agregaron al cuerpo nuevos cargos. En algunos lugares, como la ciudad de México, los miembros salientes elegían a los nuevos, y lo hacían entre sus familiares y otras personas con quienes estaban unidos a través de vínculos de compadrazgo o simplemente económicos. En consecuencia, el cabildo llegó a ser una "fracción de primos". Sin embargo, en otras regiones los nuevos miembros no representaban necesariamente los intereses de los viejos hacendados, lo cual socavaba su poder. Los intentos de centralizar el poder reemplazando al corregidor por un intendente (gobernador provincial) limitaron aun más el poder informal ejercido por la élite establecida. El intendente, un burócrata de carrera con un salario mayor y muchas veces a cargo de una región también mayor que su predecesor, se mostró menos sensible a las necesidades y reclamos de los hacendados.

En combinaciones diversas, estas circunstancias hicieron del siglo XVIII una época de gran agitación social. En Saña, el descuido de los negocios, los gastos improductivos y una serie de inundaciones y otros desastres naturales, durante un período de deterioro de las condiciones económicas, inició un ciclo de endeudamiento y quiebras que arruinó las haciendas y puso fin al legendario grupo de hacendados de la región. Los terratenientes no tuvieron ni la visión ni los recursos para recuperarse y reconstruir sus dañadas propiedades. Asimismo, la declinación de los precios produjo una compresión de la relación costos-precios, que dificultó cada vez más que los grandes terratenientes —especialmente los productores de azúcar, que se habían endeudado para reconstruir sus propiedades después de las inundaciones de 1720 y 1728— pudieran afrontar sus crecientes compromisos. Finalmente, las condiciones financieras de la mayoría de los hacendados de Saña no les dejaron más alternativa que suspender los pagos no solo de los préstamos sino también de los intereses. Pese a una actitud tolerante por parte de la iglesia y otros organismos, los acreedores empezaron finalmente a ejecutar las hipotecas para recuperar lo que podían de sus capitales originales. Las bancarrotas significaron costosas interrupciones de la producción, pleitos judiciales prolongados y mala administración. La influencia personal y las vinculaciones les fallaron a las viejas familias terratenientes cuando más las necesitaban. Las propiedades se vendían una tras otra, a precios drásticamente reducidos, para pagar deudas.

Así, los perturbadores efectos del desorden económico permitieron en el siglo XVIII que los inmigrantes y algunos nativos de familias sin tierras adquirieran propiedades. En Saña, en la época de la Independencia, los nuevos propietarios constituían casi la mitad de la población que poseía tierras y haciendas. De los dos tercios de personas que eran inmigrantes en la región, más de la mitad (55%) había llegado desde España; el resto, de otros países europeos, de Panamá, Quito y otras provincias del dominio español. Su posición e ingresos les habían permitido el acceso al cabildo revitalizado gracias a la política de los Borbones. Gradualmente, los inmigrantes llegaron a igualar y por último a sobrepasar a los miembros de las viejas familias, tanto en número como en poder en el concejo. Asimismo, los nuevos propietarios llegaron a superar en número a las viejas familias en el ejército, aunque nunca las igualaron en rango.

Del mismo modo, la región aledaña a Cuzco, en el virreinato del Perú, sufrió una importante modificación del grupo hacendado. Al parecer, los nuevos propietarios adquirieron las haciendas de Calca y Lares en el siglo XVIII. Ni uno solo de los apellidos de los terratenientes de fines del siglo XVII aparece en una lista de los terratenientes del distrito en 1786, aunque debe recordarse que los apellidos no son necesariamente indicio de continuidad familiar en la élite terrateniente. En la ciudad de México, el distrito minero del norte, y el Bajío, los mineros y comerciantes ascendieron a la clase de los "nuevos ricos" y compraron su aceptación social a cambio de tierras. Además, en la segunda mitad del siglo XVIII los comerciantes bahianos compraron plantaciones de azúcar y, con frecuencia, los

descendientes de estos comerciantes propietarios fueron identificados como *senhores de engenho*.

En Saña, el ingreso de los nuevos propietarios a las filas de la
clase de los grandes terratenientes no significó necesariamente
que fueran tan ricos como lo había sido el viejo grupo que ellos
desplazaran. Si bien no es posible comparar la riqueza neta de los
dos grupos, la información acerca del valor de sus haciendas y del
grado de concentración de la propiedad indica que, en muchos
casos, los nuevos terratenientes no disfrutaban de la misma posición económica que los viejos. A diferencia de los descendientes de
las viejas familias terratenientes, los nuevos ricos no habían nacido en general con los recursos necesarios para comprar tierras.
Tres de cada cuatro personas de las que se sabe que ejercieron una
profesión habían sido funcionarios, sacerdotes o comerciantes
antes de convertirse en hacendados. Estas eran las profesiones
dentro de las cuales las personas que ambicionaban ascenso social
tenían mayores posibilidades de éxito. Los Borbones habían abierto la burocracia al talento, y los tecnócratas nacidos en la península empezaron a llegar a la región, en número considerable, poco
después de mediados de siglo.

El comercio, sobre todo, ofrecía grandes ganancias a los individuos trabajadores y hábiles para hacer buenos tratos. De hecho, es
a fines del siglo XVIII cuando los comerciantes comienzan a destacarse como grupo importante en Saña: primero en la condición de
modestos tenderos, y después, hacia fines del siglo, como ricos y
respetados importadores-exportadores. Si bien eran pocos, aparecen cada vez con mayor frecuencia en los registros públicos, pujan-
do en los remates por el derecho a cobrar diezmos, por los efectos
personales de personajes fallecidos o por las propiedades endeuda-
das de la vieja élite terrateniente. En el siglo XVI, la mayoría de los
comerciantes se había establecido en Trujillo, y los vendedores
ambulantes atendían la región. Durante la mayor parte del siglo
XVII algunas circunstancias limitaron las actividades comerciales:
la institución denominada repartimiento de comercio del corregidor
(venta forzosa de mercaderías a los indios), la preferencia de los
hacendados por manejar sus propios embarques, y la tendencia de
sus agentes comerciales a traficar con mercancías de Panamá o
Lima. En el siglo XVIII, cuando estas prácticas finalizaron, los
comerciantes de Saña se convirtieron, por derecho propio, en personajes de gran influencia local.

Tanto los profesionales en ascenso como los inmigrantes emprendedores pudieron comprar las haciendas de la antigua élite terrateniente con ingresos que hasta entonces habían sido considerados modestos, porque las haciendas se vendían a precios muy bajos y con grandes facilidades. La misma situación se presentó en el centro provincial de Oaxaca, donde los nuevos terratenientes no eran los hombres más ricos de la zona. Era posible comprar una propiedad fuertemente hipotecada pagando una pequeña parte del valor estimado o de mercado. Si bien un ingreso fijo (de una fuente que no fuera la agricultura) o la evidencia de posesión de capital solían bastar para convencer a los acreedores de que el potencial comprador sería capaz de afrontar el pago de los intereses, con frecuencia estos ingresos no alcanzaban para cubrir las continuas pérdidas y tampoco para hacer planes de mejoras. Los comerciantes locales sufrían depresiones económicas periódicas. Los sacerdotes veían disminuir las donaciones y los subsidios, toda vez que se cancelaban o postergaban casamientos y bautismos, y también los perjudicaba la incapacidad de los hacendados para pagar intereses sobre las dotaciones a capillas y otros convenios.

Los individuos en ascenso querían poseer tierras, en parte debido al prestigio que ello confería, y en parte porque confiaban en que, con una buena administración, las haciendas volverían a dar ganancias. Sin embargo, pocos estaban en condiciones de perder dinero continuamente mientras esperaban que sus inversiones comenzaran a rendir frutos. Finalmente, muchos se endeudaron y se vieron obligados a vender. La falta de reservas financieras de los nuevos terratenientes contribuyó al elevado índice de cambio de dueños de las propiedades durante la segunda mitad del siglo XVIII.

Resta aún estudiar el grado en que el modelo de Saña es aplicable a otros lugares. Por cierto, hubo excepciones. En la provincia de Venezuela, las más antiguas familias terratenientes, con propiedades cerca de la costa, continuaron siendo prominentes hasta las revoluciones por la independencia. Allí, los nuevos hacendados tuvieron que afincarse en el interior y se arruinaron por los elevados costos del transporte de carga y por los bajos precios. Al convertir sus propiedades en posesiones no enajenables y al diversificar su base económica, algunas de las familias tradicionales de la ciudad de México perduraron como élite terrateniente hasta el siglo XIX. Con todo, los últimos años del siglo XVIII parecen haber sido una época de considerable movilidad dentro del gran grupo terrateniente en muchas ciudades de la América Latina colonial.

Pese a la inestabilidad social del siglo XVIII, el ideal del magnate terrateniente se mantuvo. Los nuevos hacendados emularon a los viejos en varios aspectos obvios, de modo que los estereotipos se mantuvieron inalterados. Participaban en el concejo municipal y en el ejército, representaban a la iglesia y establecían vínculos extrafamiliares a través del compadrazgo. La vida en la ciudad siguió siendo una medida del éxito de un hacendado. No obstante, si bien la posición y la fortuna se asociaban aún con la posesión de tierras, estas eran solo una parte de la base económica de la mayoría de los nuevos miembros de la élite. Los grandes terratenientes eran y siguieron siendo personas de extracción social y económica muy diversa, que establecían alianzas especiales con grupos de diferentes intereses al mismo tiempo. De hecho, hacia el fin de la época colonial, muchos de ellos, al parecer, utilizaban los ingresos provenientes de otras actividades económicas para subsidiar al sector agrícola. Aunque los apellidos y los rostros de la élite terrateniente cambiaron en casi todas las regiones, subsistió la misma imagen y las modalidades del poder a nivel local quedaron en gran medida inalteradas.

Conclusiones

La investigación minuciosa, específicamente dirigida a las élites terratenientes se inició no hace mucho; sin embargo, algunos estudios recientes indican que, en líneas generales y teniendo en cuenta las variaciones temporales y geográficas, la historia de los grandes hacendados es muy similar en todas las regiones de la América Latina colonial. Cerca de los centros virreinales de la ciudad de México y Lima, los orígenes de una élite terrateniente se remontan a los primeros encomenderos y colonizadores. Los primeros utilizaban mano de obra nativa y el capital que ella generaba para invertir en agricultura y ganadería a medida que sus ingresos por la encomienda disminuían. Ellos establecieron algunas de las primeras granjas que producían trigo, uvas y azúcar de caña, alimentos destinados a satisfacer los gustos españoles. Algunas de las familias fundadas por estos individuos sobrevivieron, a través de la herencia y de la diversificación de su base económica, hasta llegar a convertirse en aristócratas o nobles en los siglos XVII y XVIII. Los jefes de estas familias no eran considerados solo hacendados o agricultores, sino más bien "personas de negocios". Sus descendientes pudieron exhibir grandes antecedentes genealógicos y niveles de riqueza excepcionalmente elevados desde la cuna. En el Brasil, la contrapartida fueron los plantadores de caña y los barones hacendados de mediados del siglo XVI.

Los colonos menos poderosos de estas regiones compraron tierras e iniciaron sus actividades agrícolas algo más tarde. Algunos fueron muy hábiles e hicieron fortuna, llegando a convertirse en magnates rurales. Sin embargo, fueron pocos los individuos que alcanzaron a igualar al primer grupo basándose exclusivamente en la agricultura.

Los colonizadores de las fronteras agrícolas, próximas a ciudades provinciales como Querétaro y Saña, se iniciaron más tarde y con extensiones de tierra menores. Limitados por mercados en general menores y por la escasez de capital, su pertenencia a la élite fue más breve y la mayoría de ellos nunca alcanzaron la riqueza y la ostentación de las familias aristocráticas de las capitales. No obstante, a lo largo del tiempo estos caballeros hacendados y agricultores lograron brillar en sociedad. Fuera de los centros virreinales los colonizadores y sus descendientes no se veían ensombrecidos por las primeras familias, y allí se observa con toda claridad cómo alcanzaron selectivamente una posición social elevada, riqueza y poder, convirtiéndose en una élite terrateniente.

Con excepción, quizá, de algunos plantadores de caña de azúcar del Brasil colonial temprano, y de unos pocos grandes terratenientes de regiones apartadas, que no producían grandes cantidades de productos para el mercado, la mayoría —tanto los nobles de la ciudad de México o de Lima como sus pares provinciales más modestos— no residían de forma permanente en sus posesiones, sino que preferían las poblaciones grandes y las ciudades. Debido a su condición de residentes urbanos, los grandes hacendados funcionaban como mediadores entre la ciudad y el campo o, dicho de otro modo, entre la sociedad no europea y la europeizada. Y es en el medio urbano donde se puede documentar mejor el poder de los terratenientes. Ninguna esfera de la vida ciudadana les fue ajena: en muchos centros urbanos coloniales eran el grupo social dominante; influían sobre el empleo y los precios y hacían transacciones comerciales, si bien no siempre con fortuna. Desde los primeros tiempos de la colonización, se desempeñaron activamente en el gobierno de las ciudades, la administración de justicia y el comando de las milicias. Los que eran al mismo tiempo sacerdotes, manejaban la opinión pública. Además de la utilidad inherente a los cargos formales de poder que la élite terrateniente ocupaba, sus vinculaciones —las redes de familiares, amigos y subordinados— resultaban fundamentales para manejar la política local. En algunas ciudades los grandes propietarios se encontraron con una competencia mayor. Los mineros de Potosí y los comerciantes de Buenos Aires tenían el poder que en otras regiones era disfrutado por la élite terrateniente. En Antioquía la agricultura era menos importante como base para la riqueza y el poder que las actividades mineras o comerciales. En estos centros, otros grupos siguieron las estrategias originalmente desarrolladas por la élite terrateniente en las ciudades más viejas.

Salvo las familias que heredaban posesiones, la élite propietaria era relativamente abierta. Las familias de muchas generaciones (tres es una cifra que se encuentra con frecuencia en la bibliografía) eran minoría. La élite terrateniente nunca se cerró completamente a los recién llegados talentosos, bien nacidos y enérgicos; se renovaba constantemente, aunque con mayor velocidad en ciertos momentos. En los comienzos de la época colonial la posesión de tierras era el requisito previo para pertenecer a la élite: solo los propietarios de bienes raíces podían ser residentes urbanos con plenos derechos; solo las familias prósperas podían ocupar cargos municipales mal pagos y establecer la influencia informal que era esencial para perpetuar su poder. Posteriormente, más avanzado el período colonial, la tierra siguió siendo una suerte de confirmación de una posición lograda por otros medios. Así, la adquisición de grandes fincas era tanto un preludio como un epílogo de la pertenencia a la élite, según la región, la época y las familias en cuestión.

Finalmente, los "hombres nuevos", o nuevos ricos, que progresaban económica y socialmente convirtiéndose en grandes terratenientes, por lo general no lo hacían con el objetivo de destruir el aura de sus predecesores, los antiguos ricos, ya que esto habría socavado sus propias ambiciones sociales. Estos hombres no aspiraban a superar el círculo consagrado, sino a ingresar en él. Es decir que si bien algunas familias pueden haber tenido historias relativamente breves, también hubo muchas de larga trayectoria en la élite terrateniente en su conjunto.

LECTURAS COMPLEMENTARIAS

Existe un número cada vez mayor de estudios sobre los grandes terratenientes como grupo en la época colonial. Entre los trabajos publicados de mayor utilidad figuran Rae Flory y David Grant Smith, "Bahian merchants and planters in the seventeenth and early eighteenth centuries", *Hispanic American Historical Review* 58:4, 1978, págs. 571-594; Mario Góngora, *Encomenderos y estancieros*, Santiago, Universidad de Chile en Valparaíso, 1970, excelente monografía sobre los hacendados en el Chile colonial; y Ann Twinan, *Merchants and farmers in colonial Colombia*, Austin, Tex., University of Texas Press, 1983. Doris Ladd, *The mexican nobility at independence, 1780-1826*, Austin, Tex., University of Texas Press, 1976, aunque limitada al período colonial, es una notable contribución al estudio de algunos de los mayores terratenientes y sus familias en México. Herbert Klein, "Hacienda and free community in eighteenth century Alto Perú: a demographic study of the aymara population of the districts of Chulumani and Pacajes in 1786", *Journal of Latin American Studies*, 7, 1975, págs. 193-220, estudia a los hacendados en la misma época aproximadamente en un artículo que es útil para establecer comparaciones.

Las referencias a la costa norte de Perú se basan en los resultados de la investigación del autor, desarrollados más a fondo en Susan E. Ramírez, *Provincial patriarchs: The economics of power in colonial Peru*, Albuquerque, University of New Mexico Press, 1985; y en "Instability at the top: a social history of the landed elite in colonial Peru", a publicarse en las *Actas* de la Conferencia "Unity and Diversity in Colonial Latin America", Nueva Orleans, Middle American Research Institute, Tulane University, 1985.

Pueden consultarse dos guías genealógicas útiles del Perú en Jorge Zevallos Quiñones, "Lambayeque en el siglo XVIII", *Revista del Instituto Peruano de Investigaciones Genealógicas* 1:1, 1948, págs. 89-152; y en Guillermo Lohmann Villena, "Informaciones genealógicas de peruanos seguidas ante el Santo Oficio", *Revista del Instituto Peruano de Investigaciones Genealógicas* 8:8, 1955, págs. 7-110 y 9:9, 1956, págs. 115-252.

Asimismo, son dignas de ser destacadas tres disertaciones inéditas pero muy importantes. La primera es Madelaine Glynne Dervel Evans, "The landed aristocracy in Peru, 1600-1680", tesis de doctorado, Londres, University College, 1972; la segunda es Julia

Linn Bell Hirschberg, "A social history of Puebla de Los Angeles, 1531-1560", tesis de doctorado, University of Michigan, 1976; y la tercera, Edith Boorstein Couturier, "Hacienda of Hueyapan: the history of a mexican social and economic institution, 1550-1940", tesis de doctorado, Columbia University, 1965.

James Lockhart, *Spanish Peru*, Madison, Wis., University of Wisconsin Press, 1968; y Fred Bronner, "Peruvian encomenderos in 1630: elite circulation and consolidation", *Hispanic American Historical Review*, 57:4, 1977, págs. 633-659, son dos fuentes estándares sobre los orígenes del grupo terrateniente en esa región.

Todas las obras citadas tratan los múltiples papeles que cumplen los hacendados. David A. Brading, *Miners and merchants in Bourbon Mexico, 1763-1810*, Cambridge, Cambridge University Press, 1971; y John Fisher, *Silver mines and silver mines in colonial Peru*, Liverpool, Center of Latin American Studies, University of Liverpool, 1977; Héctor Llanos Vargas, "Surgimiento, permanencia y transformaciones de la élite criolla de Popayán (siglos XVI-XIX)", *Historia y espacio. Revista de estudios históricos regionales* 1:3, 1979, págs. 19-104; y Ann Twinam, "Entreprise and elites in eighteenth-century Medellín", *Hispanic American Historical Review* 59:3, 1979, págs. 444-475; y *Miners, merchants...* también examinan la superposición, pero tratan la propiedad de tierras como periférica respecto de otras especialidades ocupacionales. Para formarse una idea del lugar que los terratenientes ocupaban en la estructura social colonial en general, véase John K. Chance y William B. Taylor, "Estate and class in a colonial city: Oaxaca in 1792", *Comparative Studies in Society and History* 19:4, 1977, págs. 454-487.

Para comparar ejemplos de propiedad institucional, consúltese Herman Konrad, *A jesuit hacienda in colonial Mexico: Santa Lucia, 1576-1767*, Stanford, Stanford University Press, 1980; y los tres volúmenes de Nicolas P. Cushner sobre los bienes raíces de los jesuitas: *Lords of the land: sugar, wine, and jesuit estates of Coastal Peru, 1600-1767*, Albany, State University of New York Press, 1980; *Farm and factory: the jesuits and the development of agrarian capitalism in colonial Quito, 1600-1767*, Albany, State University of New York Press, 1982. También es un trabajo esclarecedor el de Stuart B. Schwartz, "The plantations of St. Benedict: the benedictine sugar mills of colonial Brazil", *The Americas* 39:1, 1982, págs. 1-22.

Los estudios dedicados a la institución de la hacienda contienen también información sobre sus dueños. El relato clásico es

64   SUSAN E. RAMÍREZ

Francois Chevalier, *Land and society in colonial Mexico*, Berkeley, University of California Press, 1970. Este estudio esbozaba una serie de investigaciones similares. Las monografías sobre México de enfoque regional incluyen William B. Taylor, *Landlord and peasant in colonial Oaxaca*, Stanford, Stanford University Press, 1972; Charles A. Harris III, *A mexican family empire: the latifundio of the Sánchez Navarros, 1765-1867*, Austin, Tex., University of Texas Press, 1975; y Eric Van Young, *Hacienda and market in eighteenth-Century Mexico*, Berkeley, University of California Press, 1981. Otra contribución notable es la de Ida Altman y James Lockhart (comps.), *Provinces of early Mexico*, Los Angeles, UCLA Latin American Center, 1976. Los autores de los artículos caracterizan las diversas élites regionales y discuten su base económica, que a menudo incluye riqueza en tierras.

Algunos estudios análogos para Perú son Manuel Burga, *De la encomienda a la hacienda capitalista*, Lima, Instituto de Estudios Peruanos, 1976; y Robert G. Keith, *Conquest and agrarian change*, Cambridge, Harvard University Press, 1976, que caracteriza a los terratenientes durante 1650. Magnus Mörner escribió también un valioso estudio: *Perfil de la sociedad rural del Cuzco a fines de la colonia*, Lima, Universidad del Pacífico, 1978, que incluye un capítulo sobre haciendas y, por extensión, hacendados.

Para información sobre las plantaciones de azúcar y los plantadores del Brasil, véase Alexander Marchant, "Colonial Brazil", en H. V. Livermore y W. J. Entwistle (comps.), *Portugal and Brazil: an introduction*, Oxford, Clarendon Press, 1953; Gilberto Freyre, *The masters and the salves*, Nueva York, Knopf, 1956; y Stuart B. Schwartz, *Sovereignty and society in colonial Brazil*, Berkeley, University of California Press, 1973, y "Cities of empire: Mexico and Bahia in the sixteenth century", *Journal of Inter-american Studies*, 1969, págs. 616-637; E. Bradford Burns, *Latin America: a concise interpretive history*, Englewood Cliffs, Nueva Jersey, Prentice Hall, 1977; John N. Kennedy, "Bahia elites, 1750-1822", *Hispanic American Historical Review* 53:3, 1973, págs. 415-439; y Dwight E. Petersen, "Sweet success: some notes on the founding of a brazilian sugar dynasty, the Pais Barreto family of Pernambuco", *The Americas* 40:3, 1984, págs. 325-348.

Deben mencionarse también las contribuciones sobre otras áreas de América Latina. El estudio decisivo de la América Central de los Habsburgo es Murdo J. MacLeod, *Spanish Central America:*

a socioeconomic history, 1520-1720, Berkeley, University of California Press, 1973. Robert J. Ferry, "Cacao and kindred: transformations of economy and society in colonial Caracas", tesis de doctorado, University of Minnesota, 1980, y "Encomienda, african slavery and agriculture in seventeenth-century Caracas", *Hispanic American Historical Review* 61:4, 1981, págs. 609-635, son trabajos muy bien documentados sobre la sociedad de los plantadores de café de la primera época colonial de Venezuela. Otros dos estudios redondean el conocimiento sobre el Chile colonial. Son ellos Mario Góngora, "Urban social stratification in colonial Chile", *Hispanic American Historical Review* 45:3, 1975 y Mario Góngora y Jean Borde, *Evolución de la propiedad rural en el Valle de Puangue*, Santiago, Editorial Universitaria, 1956.

2. COMERCIANTES

CATHERINE LUGAR

INTRODUCCIÓN

LA ESTRECHA VINCULACIÓN entre el surgimiento de las ciudades y el comercio, la vida urbana y la economía comercial, que se advierte en la temprana historia moderna europea, tienen su natural resonancia en la América Latina colonial. Las clases mercantiles fueron un elemento central en el escenario urbano, desde los grandes comerciantes que vivían suntuosamente formando parte de las élites locales, hasta los mercaderes cuyas tiendas eran parecidas a las de los barrios comerciales de los centros europeos, que empezaron a surgir a medida que las sociedades coloniales hundían sus raíces en el suelo americano. Los vendedores ambulantes y los buhoneros recorrían las poblaciones y la campiña ofreciendo variados artículos y constituían redes comerciales que se extendían a través del Atlántico, pasando por los puertos locales, hasta los centros europeos de producción.

Un abismo separaba —en principio, si bien no siempre en la práctica— a los comerciantes propiamente dichos de los mercaderes, tenderos y vendedores ambulantes. Los comerciantes que se consideran en este capítulo son fundamentalmente los comerciantes importantes o mayoristas, por lo general oriundos de la península, que manejaban el comercio de larga distancia. A lo largo del tiempo hubo alguna variación en los términos español y portugués que designaban la élite comerciante, pero a fines del siglo XVIII, en la América española y portuguesa, la palabra comerciante identificaba a los grandes importadores-exportadores. Sus conexiones internacionales, su manejo de productos tanto europeos como americanos, y la supervisión de las más importantes rutas comerciales, establecieron su preeminencia y los diferenciaron de los mercaderes, que vendían en el mostrador, y de los tratantes, pequeños operadores comerciales regionales. Si bien era una línea comercial importante para muchos grandes comerciantes en el Nuevo Mundo, el comercio al por menor consistía en esperar dócilmente que llegaran los clientes, y esto era considerado indigno de un comerciante mayorista próspero. Los operadores, vendedores de mostrador y empleados de depósito de los negocios de ramos generales, pulperías y bazares, engrosaban las filas de la población dedicada al comercio urbano, pero estos empleados menores eran dirigidos por los verdaderos caballeros comerciantes.

En los siglos XVI y XVII, los principales destinos de las rutas transoceánicas de las flotas del Atlántico en el comercio español —la carrera de Indias— eran las ciudades puertos de las costas. Las islas eran abastecidas por barcos que se separaban de la flota transatlántica al entrar al Caribe. Las embarcaciones de carga destinadas a la parte continental de América del Sur navegaban hacia el istmo de Panamá, hacia las primeras factorías creadas en Nombre de Dios, y más tarde, después de 1598, en Portobelo y Cartagena de Indias. El puerto atlántico oficial de Nueva España era Veracruz, en San Juan de Ulloa, sobre la bahía de Campeche. Del lado del Pacífico, el galeón *Manila*, el buque mercante autorizado en el comercio México-Filipinas, navegaba desde y hacia Acapulco, Nueva España, después de las conquistas orientales y el inicio del comercio español a partir de la década de 1560. Desde Panamá, sobre el golfo del mismo nombre, una flota auxiliar vinculaba la ruta atlántica con la costa occidental de América del Sur a través del puerto del Callao, Lima, que contaba con su propia vinculación con Arica para abastecer al Alto Perú. Las flotas volvían a reunirse en La Habana, en la Cuba colonial, para el viaje de regreso en convoy a España. Los puertos menores, que no tuvieron la suerte de ser designados puertos de llamada para las flotas de las Indias, decayeron como consecuencia del fluctuante desarrollo de las regiones interiores a las que servían, ya como subsidiarios, ya en competencia ilegal con el cuerpo principal del comercio transoceánico.

Las ciudades factorías, localizadas en tierras bajas insalubres, solo revivían con la celebración de la feria comercial, a la llegada de las flotas, cuando los comerciantes y los hombres de mar llenaban sus calles y colmaban las casa de alojamiento temporario. Cuando los muelles quedaban vacíos y las últimas mulas de carga se alejaban del pueblo junto con las ruidosas caravanas de carros, estas localidades volvían a sumirse en una especie de sopor tropical hasta la feria siguiente. Los principales centros de consumo y distribución en la América española eran las capitales administrativas, sobre todo las ciudades virreinales de México y Lima, y los centros mineros regionales, en Nueva Galicia y el Alto Perú.

En el Brasil, por lo contrario, los puertos marítimos importantes eran también las principales ciudades de la colonia, y abastecían a las regiones de plantaciones agrícolas de las tierras costeras interiores. La política portuguesa permitía la exportación directa de productos brasileños a los puertos europeos durante los primeros años, pero hacia fines del siglo XVI, a medida que aumentaban las necesidades de defensa, las travesías en convoy se hicieron también necesarias, se regularizaron bajo el dominio de la Compañía Brasil (1649-1684) y se prolongaron hasta bien entrado el siglo XVIII, bajo la supervisión de una *junta do comércio* (junta de comercio) establecida en Lisboa. Las flotas abastecían a todos los puertos importantes, desde Belém y São Luis en el norte hasta Olinda-Recife y Bahía en el nordeste y Río de Janeiro en el centro-sur. En el Brasil el sistema de factorías y ferias no afectó a la red urbana como en la América española.

Los productos transportados por las rutas del comercio atlántico pueden clasificarse en seis rubros: 1) productos de consumo familiar (vino, aceite, bizcochos, cerveza, quesos, salchichas, bacalao salado, cereales, ajo y frutas conservadas), algunos de los cuales fueron finalmente reemplazados por la producción colonial; 2) manufacturas tradicionales de los países de origen (zapatos, sombreros, lencería, jabones, cera, cuerdas, equipajes, herramientas, armas, resinas, arreos y monturas), que también, con el tiempo, llegaron a ser imitadas por artesanos locales; 3) manufacturas reexportadas, fabricadas en Europa y Asia y embarcadas vía Sevilla-Cádiz y Lisboa, y que consistían fundamentalmente en gran diversidad de productos textiles: seda, raso, terciopelo, damasco, hilo, encaje, ropas bordadas y algodones de la India; 4) drogas medicinales y especias exóticas de origen diverso (europeo, americano y asiático): lavanda, quinina, té, canela y pimienta; 5) cargamentos de esclavos, desde África occidental, y 6) mercancías de producción americana (oro y plata, perlas, tinturas, azúcar, tabaco, cacao, algodón, cueros, maderas, índigo y cochinilla).

Los comerciantes mayoristas que manejaban los segmentos más importantes de las principales rutas actuaban por su cuenta o en sociedad, y a veces como comisionistas de los grandes comerciantes de los puertos ibéricos; con frecuencia operaban con diversas modalidades. Las compañías mencionadas en las cartas de los comerciantes ibéricos de la época colonial rara vez eran las organizaciones de grandes accionistas según la idea actual de lo que es una empresa. Eran, más bien, simples asociaciones de dos o tres individuos, o pocos más, establecidas por acuerdos contractuales respecto del capital invertido y la distribución de responsabilidades entre las partes interesadas, y cuya duración generalmente se limitaba a unos pocos años. Los comerciantes solían tener una serie de contratos de este tipo para compras, ventas y embarques en gran escala. Además, muchas veces estaban comprometidos en un expendio minorista, que formaba parte de la empresa comercial mayor. Esto era una práctica común en las colonias, en contraste con la costumbre europea que distinguía más claramente entre comercio mayorista y minorista. Por otra parte, los comerciantes importadores-exportadores en gran escala eran a veces propietarios o accionistas de una o más embarcaciones transoceánicas, y algunos empleaban sus propias recuas de mulas y carros en el comercio interior. El gran comerciante se cuidaba muy bien de dedicarse a actividades demasiado especializadas, porque ya era riesgo suficiente invertir en empresas cuyas operaciones podían demorar varios años en completarse. Las ventas en mercados sobreabastecidos o subabastecidos, dependientes del sistemas de flotas, podían ser extraordinariamente rentables, pero no siempre eran confiables.

Los grandes comerciantes a los que aquí se hace referencia son aquellos que tenían la capacidad, la experiencia, el crédito, la habilidad y los contactos necesarios para desempeñarse también como financistas, prestando dinero en efectivo y dando crédito a comerciantes menores, mineros, plantadores, hacendados y otros empresarios. Ellos recolectaban ciertos impuestos en la colonia, abastecían a instituciones eclesiásticas y de la corona y legaban impresionantes donaciones filantrópicas, ayudando así a la estabilidad del Estado y el enriquecimiento del patrimonio social. La generosidad que mostraban con conventos, monasterios y fundaciones piadosas permitía que estas instituciones fueran a su vez importantes fuentes de crédito en la colonia. Entre las clases comerciales, solo los grandes mayoristas tenían oportunidad de emular, frecuentar y hasta, eventualmente, vincularse a través del matrimonio con las familias de las aristocracias locales de terratenientes y encomenderos, depositarios de las concesiones de tributos y mano de obra indígena, herederos del tesoro de los albores de la conquista.

Los comerciantes dominaban la vida de un mercado que, en la América española y portuguesa, era sinónimo de ciudad. Mientras más amplias fueran las actividades administrativas, productivas y culturales de los centros urbanos latinoamericanos, mayores eran las poblaciones europeas y europeizadas que residían en ellos y, por lo tanto, más refinados los barrios comerciales. Los comerciantes impusieron un ritmo vital en la escena urbana: por sus reuniones en las grandes ferias de Portobelo y Cartagena cuando llegaban los barcos, por la regularidad de los horarios comerciales y de los días de mercado, y por el aprovisionamiento estacional de las poblaciones populosas con las cosechas del campo. Sus funciones comerciales eran fundamentales para la economía local, regional e imperial, y a ella estaban integradas. La ciudad era su base.

Así, la historia social de la ciudad, escenario comercial y centro del tráfico de mercancías, estaría incompleta sin un análisis del papel que los comerciantes desempeñaron en la América Latina colonial. Ellos aparecen como personajes claves desde los primeros días de la sociedad colonial, pasando por el crecimiento y la evolución del siglo XVII, hasta el gran período de reforma administrativa y expansión económica del siglo XVIII, en vísperas de la independencia.

LAS FUNDACIONES DEL SIGLO XVI

La conquista y colonización de las Américas por dos naciones ibéricas, España y Portugal, fue una empresa comercial en su concepción, si bien montada como campaña militar y justificada como misión religiosa. Cristóbal Colón se había propuesto establecer un puesto comercial en Oriente, no descubrir un Nuevo Mundo. La expresiva frase: "Por Dios, por la gloria y por el oro", capta muy bien los sentimientos y el entusiasmo de los participantes. Las primeras agencias del Imperio fueron la *Casa da India* de Lisboa, organizada hacia 1501 y que incorporó otras organizaciones creadas para el tráfico africano, y la Casa de contratación, establecida en Sevilla en 1503. La inspiración comercial era fuerte, y las formas comerciales, esenciales para la organización y conducción de las expediciones conocidas como compañías, fueron militares en el estilo y comerciales en la orientación.

Fueron comerciantes profesionales, junto a hombres con experiencia en los negocios y vinculaciones, quienes proporcionaron la financiación y actuaron como abastecedores y agentes para el envío del botín a la metrópoli. Cristóbal Colón se valió de la ayuda de ciudadanos genoveses de la casa bancaria comercial de Spinola y di Negri para garantizar los préstamos que posibilitaron su primer viaje. La aventura siguiente fue financiada en parte con el producto de la venta de los esclavos indígenas que él había llevado desde el Caribe.

Los agentes mercantiles se establecieron durante los primeros años de la conquista en la próspera localidad de Santo Domingo, la capital de La Española, que abastecía la región del Caribe, o bien en otros puertos más peligrosos de la región. Luego de ceder una primera provisión de abastecimientos para preparar las expediciones, algunos hombres, como el comerciante de Burgos Hernando de Castro, iniciaron un tráfico comercial de pequeña escala con dinero efectivo y crédito, mientras esperaban con impaciencia el éxito de las expediciones y el momento de fundir el oro recolectado, lo que haría posible la concreción de ventas adicionales. Estos hombres esperaban obtener espléndidas ganancias en esta etapa, pero el verdadero beneficio fue la participación en el comercio de las colonias establecidas. En 1520, Hernando de Castro le escribía desde Santiago, Cuba, a su socio en Sevilla, que esperaba "Dios mediante, hacer negocio con Francisco de Garay como gobernador y capitán [de Jamaica] de modo que, tal como ya te escribí, tú y yo proporcionaríamos todas las mercaderías de Castilla necesarias para esa isla. Si esto se cumple, te prometo que será provechoso, y quiera Dios que sea en su servicio, amén."[1]

Fundamentales para la conquista, los comerciantes también lo fueron para la construcción de la sociedad colonial española por su condición de participantes y socios en dos instituciones pilares del orden social y económico: la ciudad española y la encomienda indígena. La fundación de ciudades permitió que el reparto de los despojos se convirtiera en poder político. Por su parte, la institución de la encomienda posibilitó que los europeos concretaran su explotación de las Indias por medio de la perpetuación de sus derechos al

[1] James Lockhart y Enrique Otte (comps.), *Letters and people of the Spanish Indies: the sixteenth century*, Cambridge, Cambridge University Press, 1976, págs. 30-31.

tributo y la mano de obra de la población nativa. Los encomenderos fueron los primeros vecinos de las ciudades, los acaudalados terratenientes que constituían el cuerpo elegible para desempeñarse en el cabildo como regidores y alcaldes. Los comerciantes, por su condición de no combatientes, eran excluidos de la concesión de encomiendas. Asimismo, como habitantes transitorios o como individuos con potenciales conflictos de intereses, se les negó el derecho a ejercer cargos en el cabildo, institución que regulaba las cuestiones del comercio local. Sin embargo, las excepciones abundaban, en parte debido a la creciente comercialización de la economía y la sociedad.

En un sentido, la encomienda era "feudal", esto es, una institución precapitalista semejante al feudo medieval europeo. Su poseedor tenía derecho a cobrar tributos a cambio de los servicios militares que prestaba a la corona. No obstante, dentro del contexto de la economía colonial atlántica, la encomienda adquirió un valor comercial y su poseedor se convirtió en empresario. Una encomienda valiosa era no solo la que tenía gran número de contribuyentes indígenas, sino también la que le daba a su dueño la posibilidad de transformar los tributos en mercancías comerciables. El encomendero podía explotar en su provecho la mano de obra indígena en minas, en la agricultura o en talleres textiles. Los grandes encomenderos, como Hernán Cortés, conquistador de México, y los Pizarro en Perú, empleaban a administradores asalariados, o mayordomos, que manejaban sus asuntos comerciales. Otros contrataban agentes comerciales, se asociaban con comerciantes o directamente emprendían actividades comerciales, como Juan de Guzmán (importante encomendero de la región de Socunusco, en la América Central colonial, durante el auge del cacao a mediados del siglo XVI) que enviaba su cacao al mercado de Nueva España en sus propias embarcaciones.

El fenómeno del cacao produjo el crecimiento de muchas ciudades españolas, pequeños puertos sobre el Pacífico para la construcción de barcos y asentamientos comerciales como la factoría de Huehuetlán, residencia temporaria de intermediarios o expendedores del comercio del cacao. La gran población de Sonsonate tenía 400 vecinos, principalmente comerciantes y mercaderes, en la década de 1570, y solo era aventajada por la capital regional de Santiago de Guatemala, que tenía unos 500 vecinos españoles, incluyendo una próspera élite de encomenderos y encomenderos-comerciantes vinculados al cacao.

La minería, y no la agricultura, constituyó el principal impulso para la expansión colonial española. El tráfico transatlántico se incrementó con la moderada afluencia de gente decidida a explotar el oro aluvional en el Caribe. Las ganancias, tanto reales como imaginarias, basadas en los minerales, aseguraron la continuidad de las conquistas y colonizaciones por parte de los europeos. El descubrimiento de importantes minas de plata en Potosí en 1545 y en Zacatecas en 1546 establecieron la pauta para el interés comercial por las Indias a largo plazo: plata en lingotes a cambio de mercaderías importadas de España.

La explotación minera era con frecuencia una empresa conjunta entre encomenderos que tenían acceso a mano de obra y mayores facilidades para adquirir tierras con minas, y comerciantes "aviadores" o habilitadores, es decir, los aprovisionadores, que contribuían con el capital que requería el abastecimiento, el equipamiento y los salarios necesarios para extraer y refinar el mineral. La parte de metálico en barras o acuñado que estos últimos recibían a cambio era enviada a España en trueque por productos españoles y extranjeros.

La mayoría de las minas eran asentamientos industriales sin pretensiones urbanas; no obstante, a medida que se multiplicaban, provocaron la inversión europea en producción agrícola en grandes haciendas y comprometieron a una vasta red comercial de intermediarios en el aprovisionamiento de los campamentos. Comerciantes y mercaderes proliferaban en las crecientes poblaciones de las ciudades nuevas, que eran cuarteles generales regionales o estaciones de paso en las rutas de aprovisionamiento. Una de las ciudades más espectaculares del auge fue Potosí, con una población de 120 000 a 160 000 habitantes en su mejor momento, verdadero paraíso para los comerciantes mucho antes del fin del siglo. Insignificante en comparación pero importante por derecho propio, la capital de la plata en Zacatecas había atraído 200 comerciantes y 50 minoristas hacia el año 1600.

El desarrollo de la economía colonial y el aumento de la población europea se reflejó en el crecimiento del comercio de Indias. Su valor se cuadruplicó entre la década de 1540 y la de 1560, a medida que los comerciantes cambiaban la carga de sus barcos, pasando de las provisiones básicas, voluminosas y de bajo valor, a mercaderías más lujosas. Como proveedores de mercancías, y también colonos, los comerciantes fueron parte importante de la corriente migratoria hacia el oeste. Entre 1520 y 1539 constituían menos del 2% de los pasajeros desde Sevilla, pero desde 1540 hasta 1559, un pasajero de cada 20 era comerciante, y entre 1560 y 1579, uno de cada 16 entraba en esta categoría. Durante todo el período colonial el comercio fue la ocupación preferida de los inmigrantes, y la mayor parte de la élite mercantil de toda la comunidad había nacido en la península.[2]

Los comerciantes que viajaban a las colonias lo hacían en calidad de socios o agentes de los comerciantes españoles de Sevilla, la capital de Andalucía, puerto fluvial sobre el río Guadalquivir, que dominaba el comercio de Indias a través del control de las agencias supervisoras situadas allí y en el puerto marítimo, y más grande, de Cádiz, ubicado al sur sobre la costa. Los comerciantes de Sevilla consiguieron un monopolio del comercio colonial y la confirmación de un fuero corporativo, o privilegio legal, con la institución del consulado en su ciudad, en 1543. El consulado funcionaba como tribunal o corte autorizada para resolver los litigios emanados de las transacciones comerciales, y como gremio o cofradía, es decir, una representación para defender los intereses de sus miembros y emprender proyectos en nombre de la corporación. Los comerciantes de Sevilla estaban en la cumbre de la intrincada y múltiple red comercial compuesta por innumerables asociaciones de comerciantes grandes y pequeños, cada una de ellas constituida por unos pocos individuos y limitada en el tiempo y el alcance. El monopolio ordenado por el Estado les permitía dirigir la provisión de mercaderías y créditos para las Indias. Hacia fines del siglo, la élite comercial que constituía la capa más alta de esta red en las colonias había peticionado y recibido la pertinente autorización para establecer consulados en la ciudad de México en 1592-1594 y en Lima en 1612-1613. Si bien se fijaron límites a su autonomía mediante la regulación del comercio imperial, los comerciantes del consulado americano redujeron a los que estaban en Sevilla al papel de intermediarios dependientes de ellos para la obtención de mercaderías y crédito, y lograron desalentar toda alteración legal de este sistema durante 200 años.

Tan grande era la demanda de mercaderías en las colonias, y tan inadecuadas las vías de provisión, que por todas partes se

---

[2] Sobre el ascenso del comercio, véase J. H. Paerry, *The Spanish Seaborne Empire*, Nueva York, Knopf, 1969, págs. 120-123; sobre la emigración, véase Peter Boyd-Bowman, "Patterns of spanish emigration to the Indies until 1600", *Hispanic American Historical Review* 56, 1976, págs. 592-596.

abrieron canales de tráfico ilegal. El comercio atrajo incluso a funcionarios poderosos, que a través de él obtenían un complemento necesario y eficaz para los salarios de los cargos oficiales. El obispo de Cuzco comerciaba con hojas de coca, que enviaba a las minas de Potosí; los sacerdotes traficaban el cacao de la América Central colonial; y los gobernadores pasaban por alto las reglamentaciones para obtener una tajada de los beneficios.

El comercio puso su sello en la costa brasileña en 1501, cuando Portugal inició la explotación con un contrato para la tala de palo brasil a favor de Fernão de Noronha, pero la América portuguesa se retrasó considerablemente en comparación con los territorios españoles como mercado atractivo para los productos europeos. Primero llegaron mercaderes de paso, que se dedicaron al trueque de mercancías con los indios y a cortar palo brasil, lo que dio su nombre, Brasil, a la colonia. Esta madera producía una tinta roja muy estimada por la creciente industria textil europea. Los asentamientos comerciales temporarios, conocidos como *feitorias*, eran sitios efímeros. La colonización permanente se inició con las concesiones de tierras y el establecimiento de plantaciones de azúcar, trabajadas por esclavos, primero indios y después negros, desde la década de 1530. Hacia fines del siglo XVI había 130 ingenios azucareros esparcidos a lo largo de la costa central y norte, sobre todo en Pernambuco y Bahía, que podían embarcar unas 7000 toneladas de azúcar por año hacia los mercados europeos; gran parte de ese volumen era transportado por embarcaciones extranjeras, especialmente holandeses.[3]

El éxito de los portugueses con el azúcar de Brasil se debió a su experiencia previa en el cultivo de la planta en las islas atlánticas, al interés de los europeos, principalmente los holandeses, en la inversión de capital y en el embarque, y al acceso de los portugueses a la mano de obra negra que se había originado en los mercados de esclavos de la costa africana desde el siglo anterior. La obtención de esclavos era lo suficientemente importante, y los riesgos lo suficientemente grandes como para que el tráfico latinoamericano de esclavos hacia puertos americanos tendiera a estar dirigido a través de monopolios, concedidos a contratistas individuales y, más tarde, a compañías autorizadas por el Estado. Si bien los portugueses fueron

[3] Pueden consultarse estimaciones de la producción brasileña de azúcar en Frédéric Mauro, *Le Portugal et l'Atlantique au XVIIᴱ siècle, 1570-1670*, París, SEVPEN, 1960, pág. 236.

los principales impulsores del comercio en el siglo XVI, los traficantes genoveses, españoles, holandeses, franceses e ingleses compitieron con ellos al incorporarse gradualmente al aprovisionamiento de las colonias. El tráfico de esclavos en los mercados americanos era una de las muchas ramas a las que los comerciantes se dedicaban. Traficaban con esclavos, de a pocos por vez, al mismo tiempo que comerciaban con otras mercaderías. Aunque se presume que el comercio absorbió buena parte del capital comercial, también posibilitó el establecimiento de centros de producción que habrían sido inconcebibles sin mano de obra forzosa.

El azúcar y los esclavos modelaron el carácter urbano de Brasil en mayor medida que todos los demás factores. La especialización en la plantación de caña, con su base esclava, desalentó la evolución de una sociedad colonial que fuera verdaderamente un microcosmos de la metrópoli. La corona estableció una administración civil y eclesiástica en Bahía en 1549. Como capital colonial nominal, el asentamiento atrajo a una gran población europea blanca: 12 000, cuando Pernambuco tenía 8000, en el año 1600, aun cuando la región de este último puerto producía más azúcar. El comercio no estaba centralizado; ningún puerto logró un predominio total durante el período, y el carácter de la actividad comercial del Brasil siguió siendo la transitoriedad durante algunos años.

Cuando el interés de los portugueses por su comercio con el Lejano Oriente empezó a declinar, las Indias españolas se tornaron más atractivas que el Brasil como mercados para los comerciantes portugueses. Con el acceso del español Felipe II al trono portugués, después de una crisis de sucesión en 1580, durante el período de la Unión de las dos Coronas, o "cautiverio babilónico" (1580-1640), los comerciantes portugueses irrumpieron en las Indias, legal e ilegalmente. Abrieron un tráfico subrepticio a través de Buenos Aires en 1582, y lograron acceso a los mercados españoles por la concesión, en el año 1595, del asiento de esclavos, o contrato, que les permitía desembarcar esclavos en la cuenca del Río de la Plata y en otros puertos designados, como Cartagena.

Mientras la histórica Unión de las dos Coronas tendía a borrar las distinciones nacionales entre los grupos mercantiles ibéricos, la presencia de los "nuevos cristianos" influyó para dividir a estos grupos. Los nuevos cristianos constituían una categoría social originada a fines del siglo XV por las conversiones forzadas de judíos amenazados de expulsión, primero de España en 1492, y después de Portugal en 1497. El Santo Oficio de la Inquisición floreció en la península ibérica desde la década de 1480, y se desplazó hacia las colonias en el siglo XVI para erradicar a los "judíos secretos". Dada la inseguridad que los amenazaba en la patria, los comerciantes nuevos cristianos, más que los viejos cristianos, respondieron al atractivo de las oportunidades comerciales en el Nuevo Mundo. Si bien la expresión "nuevo cristiano" no era sinónimo de "comerciante", como alguna vez se creyó, ellos constituyeron casi la mitad de los comerciantes con antecedentes étnicos identificables que actuaban en Bahía en el siglo XVII, por ejemplo, y fueron un sector influyente de la élite en otras regiones de las Indias.

El carácter internacional de las comunidades mercantiles atlánticas, la participación en el comercio por parte de muchas personas que, de otro modo, no se habrían dignado a considerarse comerciantes, y el amargo antagonismo engendrado por la persecución de los nuevos cristianos, fueron factores muy poderosos en lo que respecta a la creación de la particular posición social que los comerciantes ocuparon en la jerarquía de la sociedad urbana colonial. La posición social ambigua —menos que nobles pero más que plebeyos— fue el legado de su situación histórica en los comienzos de la Europa moderna. El estigma aún vinculado al comercio era el confuso producto de los orígenes artesanales de los traficantes y de las prohibiciones de la iglesia católica medieval contra la usura, con su implícita identificación de prestamista con judío. Quienes emprendían actividades comerciales eran personas ambiciosas que no gozaban de los privilegios de un cargo o de una familia de alto rango y, más aun, se los consideraba de origen innoble por su condición de nuevos cristianos. Esta mancha en el honor de un individuo solo podía borrarla la riqueza, aunque siempre existía el temor de ser descubierto tarde o temprano. Ello no evitó el surgimiento de formidables comunidades mercantiles en la península ibérica. Sin embargo, los comerciantes ibéricos no disfrutaban del mismo grado de aceptación pública que la burguesía comercial de Inglaterra, y eran aun menos aceptados que en Francia, país también católico, donde predominaba la intolerancia.

Los comerciantes coloniales compartían los antecedentes, las desventajas y las ventajas de los comerciantes metropolitanos, que eran sus parientes, socios y competidores, pero los primeros estaban sujetos a las condiciones del Nuevo Mundo. La importancia del comercio para el desarrollo de las Indias produjo la inmigración de muchos comerciantes, que efectivamente lograron ascender en las sociedades regionales, donde el comercio era una actividad económica fundamental, los hombres capaces escaseaban, la piel blanca monopolizaba los privilegios, y los matices que diferenciaban a los encomenderos empresarios de los comerciantes eran insignificantes. Los comerciantes empezaron a figurar en las élites, incluso como miembros de los concejos locales, desde Santiago de Chile —una localidad relativamente rural— hasta Lima, la capital virreinal, hacia la década de 1580, lo que indica el éxito relativo de la actividad comercial en cuanto a la superación de las tradicionales sanciones sociales contra ella.

LAS TRANSFORMACIONES DEL SIGLO XVII

> Muchos comerciantes, que tienen un tesoro de trescientas o cuatrocientas barras de plata, cada una de las cuales vale unos quinientos *escudos,* tiran sobre ellas su colchón y las usan como cama para dormir.
>
> (CARLETTI, Lima, 1595)

> La actividad comercial de Lima es considerable tanto por tierra como por mar. Todas las cosechas y todos los productos manufacturados del reino llegan a este centro, y las mercaderías salen de él por tierra y por agua hacia todas partes del Perú, el Reino de Nueva Granada, Tucumán y el Reino de Chile.
>
> (PEDRO DE LEÓN, Portocarrero, c. 1615)

> Las calles de la Cristiandad no deben compararse con aquellas en anchura y limpieza, pero especialmente en las riquezas de los comercios que las adornan.[4]
>
> (T. GAGE, ciudad de México, 1625)

Era común que quienes viajaban por la América española y portuguesa en el siglo XVII informaran sobre la prosperidad regional en función del volumen de comercio, el número y el aspecto de los establecimientos comerciales y las enormes fortunas de los comerciantes en las

---

[4] Irving Leonard (comp.), *Colonial travelers in Latin America,* Nueva York, Knopf, 1972, págs. 83, 102-103; J. Eric S. Thompson (comp.), *Thomas Gage's travels in the New World,* Norman, Okla., University of Oklahoma Press, 1958, pág. 67.

principales ciudades y poblaciones. Este singular inventario era menos una pauta objetiva que la consecuencia de una fascinación por demostrar la verdadera riqueza de las fabulosas Indias. Las impresiones de este tipo carecían del sustento de los registros estadísticos que los economistas políticos, más ilustrados, de fines de siglo XVIII usaron para redactar sus tratados. Así, con la mirada puesta más bien en el lector corriente, los autores permitieron que la exageración de la leyenda invadiera sus relatos. Los comerciantes, los mercados y el comercio tuvieron cada uno su papel en el desarrollo urbano del siglo XVII, pero no siempre según los modelos previstos o deseados por las administraciones metropolitanas.

Pese al fuerte apoyo al monopolio de Sevilla, los intereses extranjeros invadieron el comercio de Indias en todos los aspectos posibles. Si no conseguían la licencia especial necesaria para viajar a América, intentaban entrar subrepticiamente. Si no disponían de barcos propios y construidos en España, barcos extranjeros transportaban las mercaderías. Los clientes criollos, que conocían los codiciados artículos de manufactura extranjera a través de los comerciantes españoles, buscaban buena calidad a precios más baratos en el comercio ilegal, con los contrabandistas brasileños que, en connivencia con los traficantes holandeses, enviaban los productos por tierra hacia el Alto Perú pasando por Buenos Aires, y con los contrabandistas ingleses y franceses que frecuentaban los puertos piratas del Caribe. La guerra comercial contra España se convirtió en una política de asentamiento colonial, encabezada por los holandeses. Con la conquista de Jamaica por los ingleses en 1655, los extranjeros se aseguraron una base permanente desde la cual incursionar y comerciar, y los criollos encontraron en ella una factoría más próxima que Sevilla para sus compras habituales.

La demanda colonial sostuvo al contrabando y promovió la competencia de los traficantes tanto coloniales como extranjeros. Comerciantes de Perú aparecían en Sevilla con capital excedente, dispuestos a comprar productos independientemente de sus socios de España, para disgusto del consulado local. Los mercados de Perú absorbían el comercio ilegal de artículos suntuarios asiáticos a través del tráfico entre Nueva España y las Filipinas, y sus comerciantes desafiaban las prohibiciones tocando regularmente Puerto del Marqués, al norte de Acapulco, pese a que la proscripción formal de este tráfico hacia Perú estaba en vigencia desde 1631. El resultado de estas circunstancias —el fraude favorecido por el monopolio y la insaciable demanda colonial de productos extranjeros, y los efectos de las depredaciones enemigas— fue la contracción del comercio español transatlántico legal, que comenzó a ser grave en la década de 1620 y nunca mejoró después de 1650.

A medida que el tradicional vínculo comercial con la península se debilitaba, los comerciantes de la América española intentaron una reorientación que se caracterizó por un desarrollo diversificado, sobre todo en la agricultura. Invirtieron sus ganancias en alimentos, ganado, ovejas, tabaco, cacao, índigo y cochinilla, y produjeron para los mercados internos y para exportar, lo que condujo a una mayor comercialización y al incremento de la inversión en tierras. Las haciendas querían obtener ganancias en el mercado, no solo ser autosuficientes. Esto, a su vez, estimuló el tráfico intercolonial, que el monopolio de Sevilla había tratado en general de restringir, y fomentó el crecimiento en áreas y en industrias que de otro modo habrían sido descuidadas. Los comerciantes coloniales contribuyeron con préstamos y donaciones para la defensa, pero también se enriquecieron como contratistas e inversores en la industria local. Además de comprar tierras de valor comercial, pudieron adquirir puestos burocráticos, como los cargos en el concejo municipal, que se vendían para obtener ingresos para la corona. Así, los comerciantes cumplían con los requisitos necesarios para su aceptación y posterior incorporación a las élites urbanas locales: prolongada residencia, posesión de bienes raíces y fuentes de ingresos que no dependieran tan directamente de los azares del comercio.

El concejo municipal, una institución primaria de influencia local, era escenario de conflictos. Las luchas podían llegar a ser violentas, como ocurrió con las "guerras civiles" que estallaron en Potosí entre 1622 y 1625, en las que los mineros vascos, que defendían su control del cabildo, hicieron frente a las acciones predatorias de las facciones no vascas. En ciertos casos las posiciones de los comerciantes se vieron favorecidas. Los concejos municipales antes inaccesibles para los comerciantes, dejaron de serlo. En el cabildo de Zacatecas aparecieron comerciantes en 1654 y 1660. En otros casos, como en Santiago de Guatemala, una vez finalizado el auge del cacao centroamericano la influencia de los comerciantes se vio eclipsada por la de una nueva élite de terratenientes y burócratas reales.

El surgimiento de los comerciantes-terratenientes coincidió con el fenómeno de la "desaparición de comerciantes", es decir, de los reiterados fracasos que sufrían muchos comerciantes prósperos al intentar establecer empresas comerciales que luego serían transmitidas de padres a hijos. En cambio, la inversión de las ganancias del comercio en bienes raíces proporcionó una nueva fuente de patrimonio familiar y una oportunidad para que los hijos de criollos abandonasen la profesión de sus padres. En el siglo XVII, en Popayán, un centro de comercio regional de la zona interior, "tener éxito en el comercio era abandonarlo".[5] El comercio posibilitaba el ascenso social; era un productor de riqueza que continuamente creaba y recreaba una élite urbana criolla.

El Brasil siguió siendo una región marginal, donde las plantaciones de azúcar salpicaban las costas cerca de unos pocos puertos, y los aventureros merodeaban el interior selvático en busca de esclavos indígenas y de una dudosa riqueza mineral. El azúcar era la gran fuente de dinero, y los comerciantes prósperos dispuestos a invertir en propiedades rurales muy pronto empezaron a adquirir plantaciones e ingenios azucareros, así como haciendas que abastecían a los complejos de las plantaciones. El comerciante-plantador surgió a comienzos del siglo XVII, como contrapartida obvia del comerciante-hacendado de la América española. Al igual que sus hermanos españoles, los comerciantes brasileños se vincularon al comercio como agentes y socios de sus compatriotas de Lisboa; como principales proveedores de los plantadores de los distritos rurales y de los comerciantes menores de las poblaciones, exportaban azúcar y tomaban a cambio productos europeos. Los pocos que lograron terminar sus carreras como plantadores de caña y dueños de ingenio dieron muchas veces el primer paso casándose con la hija de algún plantador o dueño de ingenio.

Francisco Fernandes do Sim (1593-1664) era un comerciante nacido en Madeira que, en la década del 1620, vivía en Bahía, compraba azúcar e importaba vinos. En la década de 1630 tenía dos barcos en el tráfico de Lisboa y después se casó con la hija de un notable local, dueño de un ingenio azucarero en la isla de Itaparica. Cuando murió, en 1664, era propietario de tres plantaciones de azúcar, un ingenio, una hacienda y diez casas en la ciudad; sin embargo, no había abandonado sus actividades comerciales. Su posición económica le permitía mantener bien a su familia, inclu-

---

[5] Peter Marzahl, "Creoles and government: the cabildo of Popayán", *Hispanic American Historical Review* 54, 1974, pág. 648.

yendo a un hijo que era también plantador y a una hija que se casó con otro comerciante de Madeira. Además, había donado a la casa de caridad de la ciudad, la *santa casa da misericórdia,* un legado para proporcionar dotes a niñas huérfanas y para atender a los enfermos indigentes en el hospital de la institución. El comercio le permitió ganar un lugar para sus herederos en la élite local al ingresar en el círculo terrateniente, sin lo cual habría seguido siendo un simple representante de intereses comerciales.

La crisis del siglo XVII afectó también al Brasil, alterando gradualmente el carácter de su economía. Este país, así como los puertos comerciales africanos y asiáticos del imperio comercial portugués, bajo la autoridad nominal de España hasta la Restauración en 1640, sufrió intervenciones y usurpaciones territóriales por parte de sus competidores holandeses, ingleses y franceses. El Lejano Oriente no fue totalmente abandonado, pero los esfuerzos por recuperar el control de la costa azucarera del nordeste brasileño, ocupada por los holandeses entre las décadas del 1630 y 1654, consolidaron los intereses portugueses respecto de sus colonias atlánticas, hacia las que habían sido anteriormente indiferentes, y comprometieron sus fortunas imperiales en la explotación más efectiva de mercancías brasileñas y esclavos africanos. Para la recuperación portuguesa fue fundamental la organización de la Compañía Brasil en 1649, con capital comercial en su mayor parte de nuevos cristianos. Esta compañía se encargó de abastecer a las colonias con alimentos básicos (aceite, vino, bacalao salado, harina) a precios fijos, y de enviar flotas de barcos mercantes a Portugal, cargados con azúcar, tabaco, algodón y cueros. En pago por estos servicios, la compañía recibía el tráfico de esclavos y el monopolio del palo brasil, junto con muchos privilegios por su condición de contratista de la corona en la colonia. Esta centralización del comercio fue una medida oportuna, porque el azúcar del Caribe había empezado a desalojar al producto brasileño de los mercados europeos, y se vio además acompañada por renovados esfuerzos por descubrir yacimientos valiosos en el interior del Brasil. Aun que la depresión amenazó al comercio atlántico en el último cuarto del siglo XVII, prevaleció sin embargo una cierta estabilidad. El clima comercial fue lo suficientemente promisorio como para que los aliados de Portugal procurasen el derecho de establecer representantes comerciales en los puertos brasileños. En Bahía, el tráfico del tabaco ocupó el vacío dejado por la declinación del azúcar y la ciudad experimentó una serie de mejoras urbanas. Las vetas auríferas encontradas en el interior, en la década de 1690, en la región después conocida como Minas Gerais (minas generales), proporcionaron una bonanza largamente esperada, y en la corrida del oro que siguió, los comerciantes de Bahía fueron los primeros en dirigir el tráfico de esclavos africanos y de productos europeos hacia las minas.

Hacia fines del siglo XVII, el mundo social que los comerciantes latinoamericanos habitaban era similar en lo que respecta a las oportunidades que ofrecía y las tensiones que lo definían. Había también cierta simetría en las contribuciones que los comerciantes y la vida mercantil hicieron a la geografía física de la ciudad colonial en la América española y portuguesa. El barrio comercial cercano al mercado principal era un elemento tan fundamental para la vida de la población como el gobierno municipal y la catedral. Una calle principal, que generalmente se llamaba Calle de los Comerciantes o Calle del Comercio, atravesaba el distrito, que solía tener pocas cuadras de extensión. En las ciudades portuarias, esta calle corría paralela al puerto, junto a los muelles, desembarcaderos y depósitos (véase la figura 9). En las factorías de tráfico regulado, la aduana oficial era un edificio imponente; en Portobelo, por ejemplo, la singular construcción de piedra se levantaba entre insignificantes estructuras de techo de paja. En la época de la gran feria, las tripulaciones de los barcos armaban grandes tiendas para exhibir los productos de los comerciantes y los pocos residentes permanentes de la población abandonaban sus viviendas para arrendarlas a los visitantes a precios escandalosamente elevados.

En la ciudad de México, el mercado principal estaba situado frente al palacio virreinal, en la plaza principal, y atraía a todo el comercio de la ciudad. Vendedores de comida, pequeños traficantes y minoristas competían por el espacio debajo de las arcadas del "Parián". El nombre del mercado era el mismo que el del barrio chino de Manila, corazón del comercio oriental suntuario. Los puestos de los artesanos y de los minoristas se congregaban en calles próximas.

¿Acaso los comerciantes de Lima dormían sobre sus lingotes como creía Carletti? Los vínculos entre el hogar y el negocio subsistían aun en los rangos superiores del comercio. Los grandes comerciantes vivían en dependencias situadas sobre sus tiendas: los edificios de dos pisos indicaban que sus moradores pertenecían a la élite local. En la planta baja estaban la tienda, la oficina y las habitaciones de los sirvientes y los esclavos, mientras que el comerciante y su familia disfrutaban de mayor privacidad en el piso alto, cuyas habitaciones daban a patios traseros o interiores. En Bahía, donde el término *mercador de sobrado* (comerciante de casa de dos pisos) identificaba a la élite mercantil, persianas de madera separaban los vestíbulos del ruido y la suciedad de las calles. En Buenos Aires, el clima, la escasa densidad demográfica y la costumbre alentaron a los comerciantes del siglo XVIII a disfrutar de viviendas más espaciosas, pero aun en los establecimientos más formales, de un solo piso, en el centro de la ciudad, los comerciantes mantenían tiendas en la esquina y talleres en los fondos de sus hogares.

El espectáculo de la ciudad comercial, que sorprendía a los viajeros del siglo XVII como un inesperado signo de la riqueza del tráfico colonial, se convirtió durante los siglos XVIII y XIX en una visión de insoportables privaciones en los puertos tropicales. La congestión del barrio comercial de la Ciudad Baja de Bahía, pese al parecido de la ciudad con algunas de las mejores vistas de Lisboa, desagradaba a otros, disgustados por la mercancía humana que se exhibía en los puestos de los comerciantes en esclavos, y por el punzante olor de las fábricas de rapé, del café tostándose y de la basura esparcida en las calles.

Pocos forasteros eran admitidos en la intimidad de los hogares de los miembros de la comunidad mercantil en el Brasil; los que accedían a ella quedaban fuertemente sorprendidos por el contraste entre el tumulto exterior y el aislamiento doméstico, entre la opulencia pública y la simplicidad privada. Pero el comercio permitía un estilo de vida que incluía lo mejor de lo que el tráfico colonial proporcionaba: amoblamiento importado, ropas finas, séquitos de esclavos y mesas servidas con todas las refinadas vitualla de la cocina europea. Con la extensión del bienestar económico en ciertas áreas durante el transcurso del siglo XVIII, algunos comerciantes adoptaron refinamientos acordes con los títulos de nobleza que su actividad les había proporcionado. Las casas de la ciudad se convirtieron en mansiones, los patios en jardines, y las literas llevadas por esclavos fueron reemplazadas por carruajes tirados por caballos (véase la figura 10). Pero, por lo general, solo se podía ver tanta elegancia en las ciudades consulares de la ciudad de México y de Lima, y en los principales puertos brasileños, Bahía y Río de Janeiro. En el Brasil, la ostentación vulgar que acompañó al *boom* minero había disminuido hacía ya tiempo, y un estilo más sobrio caracterizaba a los típicos caballeros comerciantes de la época colonial tardía.

EL DESARROLLO DEL SIGLO XVIII

En el siglo XVIII ambos imperios ibéricos debieron enfrentar una intensificación de la rivalidad internacional en el mundo atlántico que obligó a las autoridades centrales a poner en práctica proyectos de desarrollo económico y modificaciones de los impuestos, a fin de asegurarse más ingresos para defensa. Los esfuerzos, que se iniciaron intermitentemente a fines del siglo XVII y culminaron en las grandes reformas de la América española bajo el reinado de Carlos III (1759-88) y sus ministros, y en el Brasil durante la regencia del marqués de Pombal, primer ministro de José I (1750-1777), apuntaron a convertir los sistemas comerciales coloniales en las principales fuentes de ingresos. Las reformas afectaron principalmente las estructuras del comercio, sus modalidades de desarrollo y las personas que lo realizaban. Asimismo, se modificó el sistema de incentivos con el cual se recompensaba a los comerciantes por sus contribuciones económicas al Estado y a la sociedad.

Los cambios estructurales incluyeron la creación de compañías comerciales patrocinadas por el gobierno, y otros alicientes para incrementar las exportaciones agrícolas tradicionales (azúcar, tabaco, cacao y cochinilla) y para desarrollar nuevos rubros como índigo, algodón, cáñamo y cueros. La explotación de la plata se reactivó en respuesta a los incentivos tecnológicos y de capital. La mejor calidad de las manufacturas peninsulares satisfizo más a los clientes de las colonias. Con el gradual abandono de los engorrosos sistemas de flotas, la comunicación a través del Atlántico mejoró, los fletes bajaron (abaratando los productos peninsulares) y más puertos americanos y peninsulares entraron en la red del tráfico legal.

Se introdujeron medidas que fortalecieron la profesión de comerciante frente a la competencia de los extranjeros, los nativos menos experimentados o con menos capital, las corporaciones religiosas privilegiadas y los funcionarios gubernamentales vinculados al tráfico clandestino. Pombal revivió una Junta de Comercio portuguesa en Lisboa a la que ingresaron los comerciantes, muchos de ellos protegidos suyos. Entre sus actividades de supervisión, registró a los comerciantes mayoristas en el comercio brasileño, lo que posibilitó que se tratara con dureza a los viajeros comerciales conocidos como *comisarios volantes*, famosos por servir de cobertura a los traficantes extranjeros. La expulsión de los jesuitas de Iberia y sus posesiones hacia 1760 fue un rudo golpe para una entidad corporativa que tenía considerable dominio sobre la tierra, la mano de obra y los mercados coloniales. Otra ola de secularización protoliberal de la economía se produjo después de 1800, con los decretos de consolidación, el cobro de importantes préstamos hechos a casas religiosas, conventos, monasterios y fundaciones piadosas, y el establecimiento del crédito civil y las instituciones bancarias en la península y las colonias.

En la América española se hicieron esfuerzos por suprimir la práctica del repartimiento de comercio, en virtud de la cual los corregidores habían monopolizado el comercio con las comunidades indígenas, en connivencia con los comerciantes del consulado. Estos últimos financiaban la compra de los cargos de corregidores, quienes, en su condición de recolectores de impuestos, actuaban como agentes mercantiles, comprando a los productores indios mercancías vendibles y obligándolos a recibir en trueque mercaderías europeas, a precios enormemente aumentados. La eliminación de esta práctica abusiva debería, teóricamente, devolver este sector del mercado a la libre competencia. Las reformas proyectadas, que formaron parte de la implementación de la Ordenanza de Intendentes en la década de 1780, tocaron el centro neurálgico del sistema colonial de explotación y, por lo tanto, fueron resistidas, trabadas y, finalmente, no se aplicaron.

Esta profesionalización y secularización del comercio fue apoyada por ciertos intentos de mejorar la situación de los comerciantes eliminando las barreras legales que se oponían a su progreso. El ennoblecimiento de la profesión de comerciantes había sido proclamado en España ya a principios del siglo XVII, pero se vio claramente reforzado bajo el gobierno de Carlos III, cundo aun los artesanos fueron declarados candidatos elegibles para optar a títulos. En Portugal, Pombal hizo un tardío gesto en el mismo sentido, al eliminar las barreras al ennoblecimiento de los comerciantes y anular las prácticas discriminatorias contra los nuevos cristianos.

En el siglo XVIII, las reformas comerciales, y los cambios económicos coloniales en general, afectaron los sistemas urbanos. Donde se produjo desarrollo regional, florecieron ciudades y poblaciones.

En el ascenso de La Habana y Caracas puede rastrearse la actividad de compañías comerciales autorizadas que se instalaron en esas ciudades. Con la declinación de las flotas, las ferias del istmo desaparecieron. Portobelo siguió a Nombre de Dios en orden de desaparición. El control alguna vez ejercido por las ciudades consulares de la ciudad de México y de Lima se deterioró. La reorganización administrativa que creó el virreinato del Río de la Plata en 1776 confirmó la victoria de Buenos Aires sobre las pretensiones del consulado de Lima de dominar el destino del comercio en la cuenca del Río de la Plata.

Con la ruptura del monopolio de Andalucía los centros regionales presionaron para liberarse del control del consulado. Los representantes de los comerciantes de Guadalajara argumentaron que el "urbanismo" se había estancado en esa ciudad a causa de la indiferencia de la ciudad de México hacia sus necesidades. En respuesta a antiguos reclamos y como parte de un programa general de creación de instituciones para fomentar el desarrollo económico, a partir de la década de 1790 se crearon nuevos consulados en Caracas y Guatemala (1793), Buenos Aires y La Habana (1794) y Cartagena, Guadalajara, Veracruz, Santiago y Concepción (1795). Estos no eran solo cuerpos mercantiles, ya que la corona, con un espíritu de compromiso, exigió que los intereses agrícolas también estuvieran representados y en ciertos consulados como La Habana y Caracas, predominaron los intereses de los plantadores. Creadas para promover el comercio y el desarrollo, estas instituciones emprendieron con entusiasmo la construcción de caminos, puentes y otras obras públicas, instando a los consulados más antiguos (ciudad de México y Lima) a hacer lo mismo. Sin embargo, en la mayoría de los casos las perturbaciones del comercio que se produjeron poco después de la creación de los nuevos consulados y que se extendieron a través de los años de la independencia postergaron sus buenas intenciones y muchos fueron víctimas de los gobiernos liberales bajo los primeros regímenes nacionales.

En el Brasil, los esfuerzos por establecer instituciones semejantes (los cuerpos corporativos de los comerciantes representaban sus intereses) se habían visto obstaculizados durante todo el siglo XVIII por la capitulación de la corona ante la presión de los comerciantes de Lisboa. No obstante, existía una institución paralela; se trata de las cuatro *mesas de inspeção*, juntas de inspección de mercancías, creadas en los puertos de Río, Bahía, Pernambuco y

Maranhão, encabezadas por un juez de la corona, en las que también estaban representados los plantadores. Estas juntas, que establecían los precios y supervisaban la calidad, cumplían también determinadas funciones comerciales, actuando *in loco* para la Junta de Comercio de Lisboa con autoridad para intervenir en litigios comerciales en primera instancia, y generalmente certificando todas las peticiones comerciales a medida que eran enviadas a Lisboa. Asimismo, estaban encomendadas por los gobiernos coloniales para participar en programas de desarrollo económico, hacia el final del período, e iniciaron obras públicas muy similares a las de los consulados. Las mesas sirvieron como prototipos para las Cámaras de Comercio establecidas en 1810 (véase la figura 11).

Además del papel que desempeñaron en las tendencias de desarrollo a largo plazo dentro de las colonias durante el siglo XVIII, los comerciantes coloniales no solo compartieron estilos de vida similares sino también redes de relaciones sociales. Estas incluían la confianza en los vínculos familiares, una participación casi unánime en asociaciones religiosas y fraternales, y similitudes en el cumplimiento de las obligaciones militares, junto con una amplia gama de experiencias informales que contribuían a una experiencia común y colectiva.

Organización familiar, vida doméstica y negocios

La red de relaciones personales a través de la cual se realizaban las transacciones comerciales durante la era colonial ponía especial énfasis en la importancia de los vínculos familiares. La familia, y las relaciones que la creaban y la extendían, no tenía rival como institución, tanto para los comerciantes como para otros grupos sociales. Los lazos familiares ayudaban a los jóvenes inmigrantes a asegurarse una posición comercial en las colonias. Ellos fomentaban la responsabilidad personal por el manejo de los negocios en mercados distantes y anónimos, mal atendidos por las cortes comerciales. Los comerciantes necesitaban de los vínculos del parentesco cercano para alcanzar el éxito social y financiero.

En la medida de lo posible, los comerciantes elegían a parientes cercanos —padres, hijos, tíos, sobrinos y primos— para que manejaran sus asuntos. Es notable cómo se repiten los apellidos en los registros de poderes de administración que pemitían a los comerciantes designar agentes para que actuaran en su nombre en transacciones comerciales o procesos judiciales. Las relaciones por afinidad, es decir, las matrimoniales, constituían un círculo adicional de vínculos familiares. En el siglo XVIII, los comerciantes inmigrantes se casaban con las hijas de otros comerciantes, nacidos en las colonias, estableciendo así relaciones que unificaban el capital comercial y ampliaban las redes de corresponsales comerciales confiables. Además, los vínculos de parentesco ritual establecían compromisos a través, por ejemplo, del compadrazgo. Esta asociación de por vida empezaba con la selección de los patrocinadores espirituales, los "padrinos" de la práctica católica, que participaban en los bautismos de los niños y en los casamientos de los adultos. En estas ocasiones, los comerciantes y sus esposas designaban a sus pares y a sus parientes para representar a sus hijos en la ceremonia. La élite mercantil se expandía, en su calidad de padrinos de los hijos de colegas menores, empleados y clientes, en una expresión mutuamente satisfactoria de *noblesse oblige*, que reforzaba aun más la cohesión de la sociedad mercantil.

En estas circunstancias, el matrimonio y la formación de una familia eran una oportunidad única en una carrera profesional. Constituían un medio importante en virtud del cual los comerciantes inmigrantes, que llegaban en sucesivas oleadas desde los primeros días de la colonia, alcanzaban una posición social. En muchos casos, el inmigrante soltero de entre 30 y 40 años de edad elegía por esposa a una mujer nacida en la colonia, con frecuencia de la mitad de su edad, que podía proporcionarle el ingreso en una familia local, a cambio de su capital comercial. Aun cuando el capital no fuera demasiado grande, la dote de su esposa, en bienes o en dinero, era considerada una correcta retribución por su abolengo europeo y sus dotes comerciales. Para un hombre blanco nacido en Europa, el matrimonio podía ser un vehículo de considerable movilidad social y económica. Los comerciantes ponían gran cuidado en el trato con los posibles candidatos de sus hijas, y los escogían de entre el círculo de sus subordinados y socios. Un hombre joven que trabajara a su servicio debía demostrar durante varios años se probidad y valía.

Mientras que los intereses económicos y los usos sociales promovían los matrimonios entre pares y las empresas comerciales conjuntas en la amplia base de la comunidad mercantil, en los niveles superiores la élite mercantil solía tener expectativas de acceder a otros sectores privilegiados de la sociedad colonial, por medio del casamiento. Hacia fines del siglo XVIII, en las capitales virreinales, en las ciudades con audiencia y en los centros comerciales y administrativos, los comerciantes ricos no encontraron obstáculos para ingresar a los niveles más altos de las élites regionales. Los matrimonios entre comerciantes inmigrantes y mujeres criollas fundían los diversos intereses comerciales y las influencias políticas de los estratos superiores, cada vez más integrados, constituidos por funcionarios de la corona, grandes terratenientes y magnates mineros, con fortunas amasadas en el comercio de ultramar. Según la ciudad, los comerciantes prósperos podían casarse y adquirir tierras que tuvieran cierto valor comercial, o bien antes de un matrimonio "afortunado" o como consecuencia de este. Los comerciantes de Buenos Aires, por ejemplo, rara vez invertían en tierras de pastoreo en el interior, aunque sí compraban propiedades rurales que les rendían los productos del jardín y de la huerta y les brindaban, además, a ellos y a sus familias, la oportunidad de tener una "residencia de vacaciones". En Bahía, hacia fines del siglo XVIII el comerciante-cultivador era un fenómeno raro. Menos de 10% de los comerciantes importantes eran al mismo tiempo dueños de ingenios; y de estos, un tercio habían nacido en el Brasil. Había casos, no obstante, que ejemplificaban el principio de que el matrimonio era el principal vínculo entre los intereses rurales y urbanos y las élites económicas y políticas.

Las familias de Antonio Cardozo dos Santos y Pedro Rodrigues Bandeira son ejemplares en este aspecto. Bandeira, nacido en el puerto portugués de Viana do Castelo alrededor de 1710, era un comerciante próspero en Bahía hacia mediados del siglo. Con negocios en África y Lisboa, y actividad en la provisión de centros mineros, se casó con la hija viuda de un importante exportador de tabaco que tenía propiedades en el Reconcavo, en el interior del estado. De sus cuatro hijos, dos de las tres mujeres estaban casadas: la mayor con Custodio Ferreira Dias, un empleado de Bandeira que más tarde prosperó en los negocios; la segunda, con Francisco Vianna (hijo de un comerciante, Frutuoso Vincent Vianna), hombre con formación universitaria. El cuarto hijo, un varón, permaneció soltero y se destacó como dueño de ingenios y opulento comerciante-empresario, partidario de la causa brasileña en la época de la independencia y distinguido como comendador del régimen. Antonio Cardozo dos Santos era también del norte de Portugal, nacido hacia 1716, hijo de cultivadores en Vila Nova de Gaia, distrito de Oporto. Siendo muy joven fue enviado con un tío que vivía en el Brasil y que le consiguió empleo como aprendiz en la casa comercial de la familia Cruz, conocidos comerciantes de Bahía. Se casó tarde, casi a los 60 años, con una mujer joven, perteneciente a una familia vinculada al tráfico africano, que le dio dos hijos. Cardozo murió en 1786. La viuda siguió atendiendo los negocios, y después se casó con un oficial de artillería de la zona, mientras que su hija desposó a un teniente coronel de infantería, Feliberto Calderia Brant Pontes, también oficial de carrera, y futuro marqués de Barbacena. Los dos hombres se unieron al heredero, Pedro Antonio Cardozo dos Santos, en la producción de azúcar, el comercio y ciertas empresas con Bandeira y, al igual que este último, fueron conspicuos partidarios y beneficiarios de la independencia brasileña. El conocimiento que se tiene de los asuntos financieros de estas familias es notoriamente superficial, pero el proceso es claro: una alianza de la riqueza comercial de fines del siglo XVIII con las posesiones de la aristocracia terrateniente de comienzos del imperio.

El matrimonio y la familia, agentes fundamentales para la transferencia de riqueza, decidían también el destino de los bienes de los comerciantes. Como muchos comerciantes se casaban con mujeres más jóvenes que ellos, por lo general tenían familias numerosas cuyo número solo se veía limitado por la infertilidad y la mortalidad infantil, esta última mucho menos grave entre los estratos sociales más acomodados. Según los casos mejor documentados, en Buenos Aires, a fines del siglo XVIII, las parejas en las que el esposo era comerciante solían tener un promedio de siete hijos, de los cuales 4,7 llegaban a la edad adulta; los sobrevivientes eran más mujeres que hombres.[6] Los riesgos propios del comercio colonial y las leyes de partición de la herencia del mundo ibérico impedían que la riqueza ganada en el comercio se transfiriera intacta. La propiedad completa, o mayorazgo, estaba limitada a aquellos que poseían grandes propiedades rurales. Sin esa protección las posesiones de los comerciantes eran divididas a su muerte: la viuda recibía la mitad, y los hijos partes iguales del

6 Susan Socolow, *The merchants of Buenos Aires, 1778-1810*, Cambridge, Cambridge University Press, 1978, pág. 48. El minucioso estudio de Socolow es la fuente de las referencias que se hacen en este capítulo sobre las actividades sociales de los comerciantes de Buenos Aires en el período.

resto. Hasta una quinta parte de los bienes podía ser destinada a subsidios especiales, donaciones para obras de caridad y gastos de exequias. Con frecuencia los comerciantes sin hijos eran los filántropos más destacados de la época. Cuando se tenía una familia grande era necesario tomar recaudos para evitar la total disolución de las propiedades.

Los hijos de los comerciantes tenían dos alternativas: seguir en el comercio o abandonarlo. Por lo menos uno de los hijos de los comerciantes continuaba con las actividades paternas, pero gracias a la fortuna familiar, los otros podían abandonarlas para hacer carrera en el ejército, la iglesia o la función pública, dejando el futuro de los negocios en manos de sus yernos. Los hijos de criollos que preferían continuar con la actividad de sus padres lo hacían en circunstancias más parecidas a aquellas en que la generación anterior había empezado. Eran enviados a temprana edad como aprendices y empleados de otros parientes o colegas, en diferentes ramas del comercio, así como sus padres lo habían hecho antes, aunque ahora con la seguridad que les daba la posición de sus progenitores.

El papel de las mujeres para asegurar la continuidad de la empresa familiar eran sorprendentemente importante. La mayoría de las hijas de comerciantes se casaban, ya que a fines del siglo XVIII la vida en el convento era una opción menos atractiva que antes. Además, las viudas de comerciantes estaban más dispuestas a volver a casarse que otras mujeres de su mismo grupo de edad. Las casas comerciales de base familiar dependían de los contactos personales, gozaban de una credibilidad efímera y su clientela solía desaparecer en forma inadvertida. Los matrimonios concertados, en los que las mujeres tenían muy poco que opinar, garantizaban la extensión de los negocios y crearon algunos de los más notables clanes comerciales que florecieron en el siglo XVIII. Las mujeres eran más bien instrumentos claves que agentes activas en los negocios y la organización social del período. El derecho de las viudas a realizar transacciones comerciales constituía una acción excepcional y limitada, presumiblemente llevada a cabo bajo estrecha supervisión de familiares.

En el caso del comerciante próspero que no se casaba o no dejaba herederos directos, las estrategias familiares incluían un mecanismo eficaz para la herencia del negocio: las relaciones tío-sobrino. Estos casos no eran los más comunes, pero constituían sin duda uno de los fenómenos más notables de la sociedades mercantil. Los tíos solteros recibían a los hijos de sus hermanas como aprendices, y a su muerte, o al retirarse de la colonia, dejaban el negocio al más capaz. Los tíos casados favorecían los matrimonios de sus hijas con los sobrinos inmigrantes. Mientras más se ascendía en la escala de la riqueza comercial, más vínculos familiares de todo tipo se establecían. Prácticamente 90% de los comerciantes de nivel medio y alto de Buenos Aires estaban vinculados por algún tipo de parentesco por lo menos con un comerciante porteño.

En el siglo XVIII, las poderosas familias mercantiles, algunas justificadamente llamadas clanes comerciales, sobresalían en todos los centros importantes de comercio. En dichas ciudades estos clanes participaban del poder local de base urbana, monopolizando el comercio, actuando en los asuntos cívicos, comprando cargos gubernamentales, literalmente adquiriendo títulos de nobleza y disfrutando del más elevado prestigio. Los ejemplos son legión, pero estas familias incluían a los Basavilbaso y Lezica en Buenos Aires, el conde de Bassoco y el marqués de Inguanzo en la ciudad de México, la familia Septién en Guanajuato y las familias Cardozo dos Santos y Rodrigues Bandeiras en Bahía.

El marqués de Aycinena, de la ciudad de Guatemala, es un ejemplo excelente de un comerciante ambicioso que, en la época de la reforma, logró gran prominencia para su familia. Juan Fermín de Aycinena emigró a Nueva España a los 19 años y se dedicó al tráfico de mulas y a la concertación de matrimonios estratégicos durante años, hasta dominar el comercio del índigo en Guatemala. Figuró entre los más prominentes comerciantes que impulsaron el traslado y la reconstrucción de la capital después del terremoto, en la década de 1770, y que usaron sus millones para comprar el título de marquesado en 1781. Él y sus herederos desempeñaron un importante papel primero del lado liberal y después del conservador, durante la independencia y después de ella.

La manera característica en que los negocios se ponían al servicio de la familia y la familia al servicio de los negocios era un rasgo común de la sociedad mercantil colonial. Esta práctica generó comunidades estrechamente unidas y tradiciones corporativas, aun en los centros del tráfico colonial donde les estaba prohibido organizar consulados. La base urbana de las redes familiares reforzó el papel de la ciudad como centro de influencia no solo política y social sino también económica.

Los comerciantes se destacaban especialmente en la vida religiosa y filantrópica de las ciudades. La tan proclamada "piedad" de la época se expresaba, para los comerciantes y otros miembros de la sociedad, en la creencia en los dogmas de la Iglesia y la aceptación de ciertas obligaciones para con la comunidad que eran cumplidas con miras al reconocimiento en esta vida y en la otra. Como principal institución de la organización de la caridad, la iglesia monopolizaba los canales de integración social y actividad comunitaria. Si bien a fines del siglo XVIII la filantropía estaba parcialmente secularizada y los americanos que conocían el pensamiento de la Ilustración tenían una actitud crítica frente al poder eclesiástico, las organizaciones de la iglesia siguieron siendo importantes vehículos para la actividad cívica y social de los comerciantes. Las hermandades religiosas, o cofradías (*irmandades*, en portugués), actuaban en iglesias parroquiales o en capillas de vecindario. Las Terceras Órdenes, organizaciones laicas ligadas a establecimientos conventuales de órdenes mendicantes como los dominicanos, los franciscanos y las hermandades, eran instancias para la satisfacción de las obligaciones piadosas y la administración de la caridad.

Las hermandades organizaban la participación popular en la vida pública, en épocas anteriores a la secularización de la cultura, cuando el calendario religioso definía el ciclo de los eventos cívicos. Estandartes, imágenes ricamente adornadas de los santos patronos y las cofradías con sus trajes especiales formaban parte de las procesiones anuales de Corpus Christi, en un magnífico despliegue que daba testimonio de la tradición corporativa de la vida urbana. Algunas hermandades poseían más prestigio que otras, pero los comerciantes del siglo XVIII actuaban en los cuerpos gobernantes de estas sociedades en todos los niveles de la escala social.

En Bahía, los comerciantes dedicados al tráfico de esclavos formaron una hermandad dedicada a San Antonio, y construyeron su propia capilla a principios del siglo XVIII, en pleno auge de ese tráfico. En las ciudades, en las principales parroquias del distrito comercial, Conceição y Pilar, y en la capilla de Corpo Santo, los comerciantes se congregaron en una serie de activas fraternidades religiosas. También lograron ingresar en las Terceras Órdenes de los carmelitas y los franciscanos, instituciones dominadas por la élite de los plantadores, si bien en el siglo XVII se les había impedido el ingreso a algunos, por sus orígenes, considerándolos nuevos cristianos. En la década de 1730 fue fundada otra Tercera Orden, la de Santo Domingo; un breve registro de admisiones confeccionado décadas más tarde, de 1817 a 1821, poco antes de la Independencia, indica que al menos la mitad de los nuevos miembros eran comerciantes, algunos empleados de funcionarios de la Orden.[7] Evidentemente, pertenecer a una Tercera Orden era un requisito conveniente para progresar en la carrera comercial.

La élite mercantil de la comunidad de Buenos Aires a fines del siglo XVIII era mucho menos activa en las cofradías de la ciudad que atendían a las cada vez más heterogéneas clases bajas, que en las más prestigiosas Terceras Órdenes. El 40% de los comerciantes eran miembros de una Tercera Orden, mientras que solo 8% eran miembros de cofradías. En estas últimas, los comerciantes estaban por lo general al servicio de los principales funcionarios de las organizaciones de nivel parroquial. En Buenos Aires, la Tercera Orden de Santo Domingo sobrepasaba a las otras en prestigio. El hecho de que los comerciantes fueran miembros demostraba incuestionablemente su aceptación en la sociedad local.

En la categoría de sociedad de caridad casi religiosa, tanto Bahía como Buenos Aires tenían otras dos instituciones socialmente prestigiosas y útiles: la hermandad de la caridad y la *santa casa da misericórdia*. La hermandad, fundada en Buenos Aires en 1743 era, al igual que la santa casa de Bahía —que databa de fines del siglo XVI— una asociación de notables locales autorizada por la corona y por la diócesis para acometer proyectos de gran escala en materia de bienestar urbano. Administraban fondos, recibidos como donaciones o como limosna, para mantener hospitales, farmacias, orfanatos y casas de retiro para mujeres, y para alimentar prisioneros, enterrar a los indigentes, proveer dotes para jóvenes pobres y ayudar a viudas necesitadas. Prestaban dinero, con interés, tomando propiedades urbanas como garantía, y de este modo llegaron a poseer o administrar bienes raíces urbanos. La hermandad de Buenos Aires había adquirido haciendas que pertenecieran a los jesuitas en el norte de Argentina, después de la expulsión de la Orden, en la década de 1760. Su experiencia comercial volvía

[7] Catherine Lugar, "The merchant community of Salvador, Bahia, 1780-1830", tesis de doctorado, State University of New York at Stony Brook, 1980, 224 págs.

atractivos a los comerciantes para actuar como síndicos y directivos financieros de conventos, o delegados de la corona en el manejo de los fondos públicos, y era bien recibida por los religiosos. Los comerciantes daban y pedían préstamos. Ciertos contactos claves entre quienes se encargaban de estos "bancos" coloniales resultaban especialmente útiles para los comerciantes prestatarios. En 1791, los comerciantes constituían 20% de los miembros de la hermandad y 48% de su cuerpo gobernante. En el período 1780-1800, el 61% de las posiciones más elevadas en la Junta de Guardianes de la *santa casa da misericórdia* estaba en manos de comerciantes.

Muchos comerciantes destacados eran, como individuos, generosos benefactores de instituciones públicas locales dedicadas a proveer al bien común. Una parte importante del capital comercial pasaba a manos de la iglesia. Los comerciantes asumían complacidos sus obligaciones religiosas, así como sus deberes cívicos, en espera de recompensas tanto morales como materiales. En venerables corredores y salas de las sociedades benéficas religiosas, que siguen ocupando un lugar importante en la ciudad vieja de Bahía, se exhiben retratos al óleo de caballeros de levita, respetables comerciantes de la última época de la colonia, junto a los representantes de la élite de plantadores, como testimonio del papel que desempeñaron los comerciantes en calidad de dirigentes de esas instituciones.

OBLIGACIONES MILITARES Y CÍVICAS

Como pilares de las economías regional e imperial, los comerciantes fueron convocados a contribuir para la defensa del reino. En el transcurso de las dilatadas contiendas de los siglos XVII y XVIII, debieron soportar levas periódicas de "contribuciones voluntarias", solicitadas por necesidades de defensa. Por lo general tomaban la forma de exacciones contra la comunidad en su conjunto, con donaciones individuales recabadas para completar los fondos. El impuesto de avería al comercio colonial era una recaudación de este tipo, contratado hasta 1641 por el consulado de Sevilla, pero reorganizado después como una contribución directa impuesta a las comunidades de comerciantes a través de sus propios consulados o delegaciones. En las ciudades coloniales los comerciantes eran los principales candidatos para estas recaudaciones. Dos tercios de los contribuyentes para una donación en Bahía, en 1804, eran comerciantes. Sin embargo, los réditos de estas acciones no eran insignificantes, ya que, al igual que las sumas pagadas en concepto de derechos aduaneros al tesoro durante años, estas contribuciones eran consideradas como servicios a la corona cuando los comerciantes procuraban puestos honoríficos y favores especiales del Estado.

Los comerciantes figuraron entre los grupos urbanos convocados para formar milicias en las reformas militares de mediados del siglo XVIII, pero estas compañías constituían formas menos influyentes de participación cívica, y no todos los comerciantes se mostraron entusiasmados. El *regimiento dos homens úteis do estado* (regimiento de los hombres útiles del Estado) en Bahía, por ejemplo, se organizó en la década de 1760. Su principal obligación era vigilar la ciudad, cada vez más populosa, y actuar como reserva en caso de ataque foráneo. La idea misma de comerciantes desempeñándose como soldados de medio tiempo, "tenderos de charreteras doradas", escandalizó a algunas élites criollas y europeas, que interpretaron este servicio patriótico como un intento más de escalar posiciones por parte de personas indignas de los privilegios del fuero militar.

Tal vez en décadas anteriores las obligaciones militares pudieran haber servido a estos propósitos, pero hacia 1800 habían perdido su valor. Los comerciantes establecidos consideraban a estas ocasionales demandas de servir en la reserva como ingratas distracciones durante la estación del auge de la actividad comercial. Por lo general, solicitaban exención, argumentando la mayor contribución al Estado que podían hacer a través del comercio que ejercían. En 1799 se suponía que los comerciantes habían preferido subsidiar a 200 soldados regulares antes que ceñirse a la anticuada tradición de los *regimentos dos homens úteis*.

Más o menos en la misma época, los comerciantes de Buenos Aires se resistieron al compromiso de un recientemente creado batallón de milicias urbanas del cuerpo de comercio, y se esforzaron por obtener la eximición total de las obligaciones militares. En su argumentación, los comerciantes de ambos puertos destacaban puntos similares: ellos desempeñaban una distinguida actividad corporativa que merecía la exención; la práctica del comercio de larga distancia era una contribución a la gloria del Estado; por lo tanto, no necesitaban del honor del servicio militar para aumentar sus merecimientos. Los comerciantes de Buenos Aires obtuvieron su eximición en 1801: el fuero militar era menos importante para ellos que antes.

En las capitales virreinales, en las ciudades portuarias y en los centros comerciales regionales del interior, dondequiera que floreciese el comercio, los comerciantes y sus familias constituían un sector vital de la élite, distinguido por su riqueza, su prominencia en las redes de parentesco y sus numerosas contribuciones a organizaciones y asociaciones de la sociedad urbana. Pese a esta prominencia, durante toda la época colonial hubo reiterados casos de tensión relativos a la presencia de hombres de la clase mercantil en el gobierno municipal, tensión que reflejaba la generalizada ambigüedad respecto del lugar que los comerciantes ocupaban en el orden social y la creciente preocupación de la corona por las manifestaciones del arrogante poder criollo.

El acceso a la influencia en la supervisión del comercio local y la recaudación de impuestos atraía a los hombres de negocios de la península, pero no se daba por sentado que los funcionarios debieran ser comerciantes, y las exigencias de residencia permanente y posesión de bienes raíces descalificaban a los mercaderes de paso. Sin embargo, hacia el siglo XVIII la prescripciones que habían desalentado la participación mercantil se tornaron inexistentes, tanto por la mayor frecuencia con que los grandes comerciantes invertían en propiedades locales y se comprometían a permanecer largas temporadas en la colonia, como por el reconocimiento de la necesidad política de integrar la élite comercial a las estructuras locales de poder, a fin de evitar o prever conflictos entre criollos y peninsulares (personas nacidas en España o Portugal). Así, con el resurgimiento de los intereses comerciales peninsulares en las colonias, la representación mercantil en los concejos urbanos se incrementó. Bastiones de poderosas familias criollas, como el cabildo de la ciudad de México, donde la absorción de los nuevos ricos era un instrumento tradicional utilizado para reforzar el dominio criollo, fueron forzados por la corona a aceptar a comerciantes ibéricos como funcionarios honorarios, a partir de 1770, a fin de aumentar la presencia peninsular. En la América Central colonial, donde la economía había sufrido una reorientación más radical hacia el mercado mundial en el siglo XVIII, la combinación de prosperidad comercial, reformas administrativas borbónicas, y la destrucción de la ciudad de Guatemala por el terremoto de 1773, permitió que los comerciantes peninsulares, actuando a través del cabildo reorganizado, obtuvieran un poder sin precedentes dentro de la comunidad y más allá de ella, llegando finalmente a someter gran parte de la región a su monopolio económico.

En el puerto marítimo brasileño de la ciudad de Bahía, importante centro de exportación de productos de las plantaciones, como azúcar y tabaco, y de importación de esclavos africanos y manufacturas europeas, las grandes familias propietarias de ingenios azucareros y haciendas en el Recóncavo, dominaron tradicionalmente el concejo local. A fines del siglo XVII los comerciantes, sobre todo los comerciantes plantadores, se introdujeron en este dominio hasta llegar a constituir un reducido aunque firme 13%. A comienzos del siglo XVIII, desde 1700 hasta 1739, 23% de los cargos en el concejo fueron ocupados por comerciantes. Más tarde, desde 1780 hasta 1808, los tres puestos de *vereadores* y el cargo de *procurador geral* (concejal y procurador, respectivamente), 106 vacantes en total, fueron llenados por 33 comerciantes, o sea 32%, cifra que se incrementa considerablemente si se tiene en cuenta la regularidad con que un cargo de procurador era ocupado por un comerciante. La verdadera preponderancia produjo en 1808, con la apertura de los puertos, fin *de facto* del sistema colonial y comienzo del aumento del comercio. Entre 1809 y 1820, en vísperas de la independencia, los comerciantes ocuparon 63% de las vacantes para concejal y procurador.[8]

En la transformación que se produce en el siglo XVIII, desencadenada por el crecimiento comercial, dondequiera que hubiese gran desarrollo económico los comerciantes ocupaban puestos de dirección en los gobiernos municipales. El ascenso de San Pablo como centro comercial y de distribución de la meseta interior del sur del Brasil, en la segunda mitad del siglo XVIII, puede atribuirse en parte a la acción conjunta de las familias terratenientes tradicionales y de los comerciantes inmigrantes, que presionaban en el concejo municipal tratando de crear las infraestructuras, carreteras, puertos y proyectos de obras públicas necesarios para el desarrollo del puerto de Santos y que respaldaron el establecimiento de una Casa de la Moneda. Durante este período, los comerciantes y los hombres de negocios representaban entre un tercio y la mitad de los miembros del concejo de San Pablo. Un ejemplo más impactante todavía es el del cabildo de

---

[8] Rae Flory y David Grant Smith, "Bahian merchants and planters in the seventeenth and early eighteenth centuries", *Hispanic American Historical Review* 58, 1978, págs. 590-591. Véase también la obra de Lugar citada.

Buenos Aires, prácticamente un concejo de comerciantes después de 1775. Aun en el centro comercial regional de Guadalajara, hay un claro sesgo hacia la representación de los intereses de los comerciantes, si se tiene en cuenta la composición del cabildo hacia el año 1800.

No obstante, la idea de una preponderancia de los comerciantes en el siglo XVIII es demasiado simple para describir un proceso que ya se había iniciado desde el comienzo de la empresa colonial europea y que también tenía claros límites en la sociedad urbana colonial. Ni los comerciantes individuales ni los comerciantes como clase lograron imponerse a la alguna vez poderosa élite terrateniente de la sociedad colonial. No obstante, en el siglo XVIII el interés del imperio por mejorar el desempeño del comercio impulsó a los administradores coloniales a ofrecer apoyo e incentivos institucionales a los comerciantes, tanto a los grupos peninsulares como a los que actuaban en el exterior. Ello promovió a su vez el éxito de los comerciantes en aquellas ciudades que eran centro de intercambio comercial y de actividades de distribución, no solo porque recogieron los frutos de un comercio mayor, sino también porque se beneficiaron con la desaparición de los últimos prejuicios contra la clase mercantil.

LECTURAS COMPLEMENTARIAS

La mayoría de los trabajos de historia social y económica de la América Latina colonial en alguna medida consideran a los comerciantes como grupo, pero los estudios especializados de los comerciantes y el papel que desmpeñan en los comienzos de la época moderna fueron aumentando hasta constituir en la actualidad un cuerpo de material bastante considerable. Si bien los comerciantes constituyeron un estrato social de élite y fueron relativamente ilustrados como grupo, en ausencia de documentación personal tal como diarios, memorias y correspondencia, la continuidad de la presencia de los comerciantes y el alcance de sus contribuciones no fueron por lo común reconocidos. Debido al creciente interés por la historia social en general y por la utilización de los registros locales de los archivos institucionales y notariales, los grupos de comerciantes, así como algunas personalidades individuales en este campo, ocuparon su justo lugar en la sociedad colonial. La recuperación y publicación de correspondencia, con la descripción pormenorizada de numerosas transacciones, aportó detalles concretos y especificidad a la descripción del comercio colonial y de las vidas de los comerciantes. Se registra aquí una selección de este material, junto con algunas interesantes monografías y artículos que servirán para orientar a quienes quieran informarse más a fondo sobre la historia de los comerciantes.

El carácter de las economías, las estructuras del comercio internacional y las fluctuaciones de las relaciones comerciales en los imperios americanos de España y Portugal, telón de fondo fundamental para comprender el papel de los comerciantes ibéricos y latinoamericanos, están desarrollados en Vitorino Magalhaes Godinho, *L'Economie de l'empire portugaise aux XV^a et XVIe siècles,* París, SEVPEN, 1969; Frederic Mauro, *Le Portugal et l'Atlantique au XVIIe siècle, 1570-1670,* París, SEVPEN, 1960 y Huguette y Pierre Chaunu, *Seville et l'Atlantique (1504-1650),* 8 vols., París, SEVPEN 1955-1959. En cuanto a ciertos aspectos de los cambios del siglo XVIII, véase Antonio García-Baquero González, *Cádiz y el Atlántico (1717-1778),* 2 vols., Sevilla, Escuela de Estudios Hispano-Americanos, 1976; y Fernando A. Novais, *Brasil na crise do antigo sistema colonial, 1777-1808,* San Pablo, Hucitec, 1979. Los mundos de los comerciantes metropolitanos en los primeros años del comercio americano están descritos en Ruth Pike, *Aristocrats and traders: sevillian society in the sixteenth century,* Ithaca, Cornell University Press, 1972; y J. Gentil da Silva, *Stratégie des affairs à Lisbonne entre 1595 et 1607,* París, SEVPEN, 1956; y los orígenes de la institución del consulado, en Robert S. Smith, *The spanish guild merchant (1250-1700): a history of the consulado,* Durham, N.C., Duke University Press, 1940.

Hay ejemplos de correspondencia de negocios de los primeros viajeros comerciantes en la América española en James Lockhart y Enrique Otte (comps.), *Letters and people of the spanish indies: the sixteenth century,* Cambridge, Cambridge University Press, 1976. Comerciantes y encomenderos empresarios están notablemente descritos en James Lockhart, *Spanish Peru, 1532-1560: a colonial society,* Madison, Wis., University of Wisconsin Press, 1968, un modelo de historia social basada en el trabajo pionero del autor en los archivos notariales. La manera en que la industria minera multiplicó la necesidad de servicios comerciales en su vecindad inmediata y forjó un desarrollo de infraestructuras en la región, es un tema que está ilustrado en Peter Bakewell, *Silver mining and society in colonial Mexico: Zacatecas, 1545-1700,* Cambridge, Cambridge University Press, 1971; y Gwendolyn Cobb, "Supply and transportation for the Potosí mines, 1545-1640", *Hispanic American Historical Review* 29, 1949, págs. 25-45.

Los estudios sobre los comerciantes en el período colonial medio son escasos. En "Merchants in seventeenth century Mexico City: a preliminary portrait", *Hispanic American Historical Review* 57, 1977, págs. 479-503, Louisa Hoberman destaca la importancia del comercio filipino para el desarrollo económico de la Nueva España e identifica diferentes pautas de la desaparición de la riqueza mercantil. Rae Flory y David Grant Smith exponen conjuntamente algunas de las más importantes conclusiones de sus respectivas disertaciones en "Bahian merchants and planters in the seventeenth and early eighteenth centuries", *Hispanic American Historical Review* 58, 1978, págs. 571-594. Véase Rae Flory, "Bahian society in the mid-colonial period: the sugar planters, tobacco growers, merchants and artisans of Salvador and the Bahian Reconcavo, 1680-1725", tesis de doctorado, University of Texas, 1978; y Smith, "The mercantile class of Portugal and Brazil in the seventeenth century: a socio-economic study of the merchants of Lisbon and Bahia, 1620-1690", tesis de doctorado, University of Texas, 1975. Eulalia Maria Lahmeyer Lobo, *Aspectos da influência dos homens de negocio na política comercial ibero-americana, século XVII*, Río de Janeiro, Biblioteca do Exército Editora, 1962, examina los canales institucionales abiertos a los comerciantes en el contexto de las cambiantes condiciones económicas y políticas en el comercio atlántico.

Sobre los comerciantes a fines del siglo XVIII, Susan M. Socolow publicó varios estudios sobre Buenos Aires. Véanse los siguientes trabajos de esta autora: *The merchants of Buenos Aires, 1778-1810*, Cambridge, Cambridge University Press, 1978, que trata diversos aspectos de los comerciantes como grupo social; "Marriage, birth and inheritance: the merchants of eighteenth century Buenos Aires", *Hispanic American Historical Review* 60:3, 1980, págs. 387-406; y "La burguesía comerciante de Buenos Aires en el siglo XVIII", *Desarrollo Económico* 18:70, 1978, págs. 205-216. Otros amplios estudios de este período son John E. Kicza, *Business and society in late colonial Mexico*, Albuquerque, University of New Mexico Press, 1983; Miles Wortman, *Government and society in Central America, 1680-1840*, Nueva York, Columbia University Press, 1982; D. A. Brading, *Miners and merchants in Bourbon Mexico, 1763-1810*, Cambridge, Cambridge University Press, 1971; Brian R. Hamnett, *Politics and trade in Southern Mexico, 1750-1821*, Cambridge, Cambridge University Press, 1971; y Ann Twinam, *Miners, merchants and farmers in colonial Columbia*, Austin, Tex., University of Texas

Press, 1983. Dauril Alden, "Vicissitudes of trade in the portuguese atlantic empire during the first half of the eighteenth century: a review article", *The Americas* 32, 1975, págs. 282-291, indaga una amplia gama de temas esclarecidos a partir de los registros de Francisco Pinheiro, un comerciante que residía en Lisboa durante el apogeo del comercio de aprovisionamiento de Minas Gerais, realizado principalmente a través de Río de Janeiro. Los registros de Pinheiro están publicados en la obra *Negócios coloniais, uma correspondência comercial do século XVIII*, 5 vols. Luis Lisanti Filho (comp.), Brasilia, Ministerio da Fazenda, 1973. Las importantes comunidades mercantiles brasileñas cerca del fin de la era colonial están tratadas por Elizabeth Anne Kuznesof, "The role of the merchants in the economic development of São Paulo, 1765-1850", *Hispanic American Historical Review* 60, 1980, págs. 571-592; Eulalia Maria Lahmeyer Lobo, "Rio de Janeiro e Charleston, South Carolina, as communidades de mercaderes no século XVIII", *Journal of Inter-American Studies and World Affairs* 12, 1970, págs. 565-582; y Catherine Lugar, "The Merchant Community of Salvador Bahia, 1780-1830", tesis de doctorado, State University of New York at Stony Brook, 1980. Una serie de estudios utilizaron registros de los consulados tradicionales en México y Lima, así como también los más nuevos, creados en la periferia, para estimar la influencia potencial de los grandes comerciantes y el carácter actual de su papel político en vísperas de la independencia. Ellos incluyen Christiana Borchard de Moreno, "Los miembros del consulado de la ciudad de México en la época de Carlos III", *Jahrbuch für Geschichte von Staat, Wirtschaft und Gesellschaft Lateinamerikas* 14, 1977, págs. 134-160; John T. S. Meltzer, "Kingdom to Republic in Peru: the Consulado de Comercio of Lima and the independence of Peru, 1809-1825", tesis de doctorado, Tulane University, 1978; Rubén Villaseñor Bordes, *El mercantil consulado de Guadalajara*, Guadalajara, El Autor, 1970; Peter J. Lampros, "Merchant planter cooperation and conflict: the Havana consulado, 1794-1832", tesis de doctorado, Tulane University, 1980; Ralph Lee Woodward, Jr., *Class privilege and economic development: the Consulado de Comercio of Guatemala, 1793-1871*, Chapel Hill, N. C., University of North Carolina Press, 1966; y Jay Kinsbruner, "The political status of the chilean merchants at the end of the colonial period: the Concepción example, 1790-1810", *The Americas* 29, 1972, págs. 30-56.

3. BURÓCRATAS

MARK A. BURKHOLDER

INTRODUCCIÓN

DESPUÉS de una prolongada serie de crisis de salud, cada una de ellas capaz de provocarle la muerte, Juan Dávalos y Toledo conversó brevemente con el virrey de Perú y sus colegas en la audiencia de Lima, el 6 de diciembre de 1629. Dos días después, a las cuatro de la madrugada, el alcalde del crimen (juez penal de la audiencia) falleció. Su patrimonio, que aparentemente ascendía a poco más que unos escasos libros, era tan modesto que en su testamento Dávalos había suplicado a los franciscanos que lo enterraran por caridad. El virrey, conde de Chinchón, se sintió tan conmovido por la pobreza del juez que él personalmente proporcionó 300 pesos para ayudar a sufragar los gastos del funeral. Siguiendo su ejemplo, el visitador general y los restantes ministros de la audiencia contribuyeron también con una importante suma. Con similar generosidad, los acreedores del juez condonaron sus deudas. Una matrona de Lima ofreció magnánimamente hospedar a la viuda por el resto de sus días. El 9 de diciembre, el virrey, la audiencia, el tribunal de cuentas y otros tribunales de Lima asistieron al funeral. Después de escoltar hasta su hogar a la acongojada familia, el conde de Chinchón sacó del bolsillo un nombramiento de corregidor de Quispicanche para Pedro Dávalos y Toledo, el hijo mayor del difunto, e informó a Juan, el hijo menor, que poco después le sería entregado un nombramiento de jefe de una compañía de infantería en el Callao.

En otro continente y medio siglo después, las campanas de la catedral tocaron la alarma bastante antes del alba del 15 de octubre de 1685. Un almacén de la calle Santo Domingo, en la ciudad de México, había estallado en llamas y se necesitaban bomberos para combatir el fuego. El edificio, donde se almacenaba azúcar, aceite de oliva y canela, ardió durante más de dos horas. El dueño, Francisco de Rodezno, era un auditor gubernamental que había cambiado el Viejo Mundo por el Nuevo en 1677. Al igual que muchos auditores a fines del siglo XVII, Rodezno había comprado su

105

designación y después se había dedicado a sacar provecho de su inversión. Se casó con una mujer de Puebla en el otoño de 1680, y hacia el fin de la década tenía por lo menos un hijo. Considerado próspero en 1689, Rodezno dejó vastas propiedades en la ciudad de México cuando murió, a mediados de la década de 1730.

Además, por entonces, su hijo José, nacido y educado en América, hacía años que estaba bien establecido. Indudablemente ayudado por el dinero de su padre, José había comprado, siendo aún menor de edad, una designación de juez supernumerario en la audiencia de Guatemala. Así, el auditor inmigrante no solo había prosperado sino que también había colocado a su hijo en una posición aun más ventajosa que la suya.

Lo prolongado del dominio español en América, la cantidad de cargos disponibles y los miles de hombres que los ocupaban hacen posible multiplicar en forma casi interminable los ejemplos como este. Quizás Andrés Pardo de Lago, un individuo oriundo de Nueva Granada, que se desempeñó en las audiencias de Guadalajara y México a mediados del siglo XVII, haya mostrado una integridad aun mayor que la de Dávalos. Cuando fue amortajado para su descanso eterno con su oscuro traje oficial y tocado con el sombrero de borlas de un doctor de la ley civil, Pardo fue llorado por el arzobispo, el virrey, la audiencia, el concejo municipal, los tribunos, los clérigos y "toda la nobleza del reino", como un hombre renombrado, "por su gran bondad y su cristiano proceder".[1] El uso que Rodezno hizo del cargo en beneficio personal fue probablemente mesurado en comparación con José Perfecto de Salas, quien supuestamente ganó más de 2 millones de pesos durante el prolongado desempeño de la función de asesor legal del virrey Manuel de Amat en Perú, a fines del siglo XVIII. Sin embargo, consideradas desde una perspectiva más amplia, las carreras de Dávalos y Rodezno representan los extremos de un continuo de actitud y acción, que va desde aquellos funcionarios que consideraban los cargos oficiales como una obligación cívica hasta quienes los veían como una fuente de lucro privado.

Tanto Dávalos como Rodezno desplegaron una característica común a los funcionarios en general, y particularmente obvia en

---

[1] Gregorio M. de Guijo, *Diario*, 1648-1664, 2 vols., México, Porrúa, 1952; vol. 2, pág. 15.

aquellos que ocupaban posiciones elevadas. Durante la mayor parte de sus vidas de adultos, estas personas habían vivido y trabajado en las ciudades. La participación de los funcionarios en las actividades urbanas sociales, económicas y políticas, así como también en cuestiones administrativas y judiciales, los colocaba, como grupo, en el centro mismo de la vida ciudadana.

En México, Lima, Bogotá, Quito y las otras capitales regionales de la América española, la burocracia colonial floreció en pleno. Por lo general los cargos duraban más que los hombres que los ocupaban, y el número de puestos aumentaba con el tiempo. Si bien la importancia de las familias podía decaer, los poseedores de los cargos más elevados eran, en virtud de su posición, miembros de la élite social y política de las capitales. Así, los burócratas llegaron a ser parte institucionalizada del medio urbano. Mucho más que los famosos conquistadores, los burócratas urbanos representaban la dominación española en las Indias; su presencia, por lo tanto, quedó indeleblemente impresa en el paisaje colonial.

La fundación de una burocracia imperial

El descubrimiento, la exploración y la colonización del Nuevo Mundo enfrentó a la corona española con problemas tradicionales enmarcados en un medio nuevo. La defensa, el establecimiento y el mantenimiento de la autoridad real, la extracción de lucro y la administración de justicia a una población diferente fueron solo algunos de los desafíos que empezaron a presentarse, aun antes de que Cristóbal Colón muriera. Para enfrentarlos, la corona se apoyó fuertemente en los funcionarios diseminados en las ciudades y poblaciones que se habían fundado en los albores de la conquista. La inmensa extensión de las Indias hacía imperioso dividirlas en unidades más manejables. En el lapso de pocas décadas la corona había establecido todo un dispositivo de entes administrativos de diversos tamaño, forma, población e importancia.

Las dos divisiones más importantes, desde el siglo XVI hasta bien entrado el siglo XVIII, fueron los virreinatos de Nueva España y Perú. El virreinato del norte abarcaba desde el límite septentrional de la provincia de Panamá hasta lo que es hoy los Estados Unidos de América, e incluía parte de la provincia de Venezuela y las islas del Caribe. Aun las islas filipinas caían bajo su jurisdicción.

El virreinato del Perú incluía Panamá y abarcaba todas las posesiones españolas en América del Sur, con la excepción de una franja de Venezuela. Cuando la corona creó los virreinatos de Nueva Granada y del Río de la Plata, en 1739 y 1776, respectivamente, los tomó del virreinato del Perú.

Los virreinatos eran famosos por su gran tamaño y por la presencia de ricas regiones mineras en el interior de cada uno de ellos. Sin embargo, la unidad territorial que les seguía en extensión, la audiencia, era en ciertos sentidos más importante. Creados en 1511, con el establecimiento de una corte y cuerpo administrativo también llamado audiencia, en Santo Domingo, estos territorios aumentaron en número a medida que el imperio se expandía territorialmente, y también en población, tanto blanca como de castas, es decir, racialmente mixta. La última audiencia se creó en 1787, cuando las tierras altas peruanas se convirtieron en un distrito administrativo separado con capital en Cuzco. Con este nuevo agregado, el número de audiencias se elevó a trece. Como la siguiente lista indica, con la excepción de Cuzco y Guadalajara, cada una de las principales audiencias llegó a ser, con escasas modificaciones, la base geográfica para un país independiente en el siglo XIX, y su ciudad capital se convirtió en la capital nacional

DISTRITO DE AUDIENCIA	CONTRAPARTE MODERNA
México (y Guadalajara)	México
Guatemala	América Central
Caracas	Venezuela
Bogotá	Colombia
Panamá (hasta la extinción en 1751)	Panamá
Quito	Ecuador
Lima (y Cuzco)	Perú
Charcas (Chuquisaca)	Bolivia
Santiago	Chile
Buenos Aires	Argentina

Las audiencias estaban divididas en distritos menores, llamados corregimientos, alcaldías mayores, gobernaciones y, en la mayor parte del imperio hacia 1790, subdelegaciones. Grupos de estas últimas comprendían las intendencias que, desde su creación a fines del siglo XVIII, formaban unidades de tamaño intermedio dentro de las audiencias. Los distritos pequeños eran administrados desde capitales situadas en cada uno. Dispares en tamaño, población y riqueza, estas provincias, especialmente las más alejadas de las capitales de audiencia, estaban con frecuencia sujetas a un gobierno rapaz por parte de los funcionarios, que se encontraban, efectivamente, fuera del alcance de los administradores que residían en las capitales de audiencia.

Ciudades, poblaciones y otros municipios de nombres diversos eran las unidades territoriales menores y más numerosas del imperio. Al igual que las otras jurisdicciones, estas albergaban funcionarios de diferentes títulos y responsabilidades. Desde luego, el número y la importancia de los oficiales no eran iguales en una capital virreinal que en un pequeño pueblo de provincia. Mientras este último solía tener solo un puñado de puestos locales, el número de funcionarios reales era de más de 400, tanto en Lima como en la ciudad de México, hacia fines del siglo XVIII.

La enumeración de las unidades territoriales de menor a mayor —municipios, provincias, audiencias, virreinatos e imperio— sugiere una estructura piramidal, con su cúspide en la autoridad centralizada en manos del monarca y sus consejeros en España. No obstante, la realidad desmentía este esquema. Una imagen más exacta es la de un conjunto de ruedas con sus ejes en las capitales de audiencia y sus rayos extendiéndose hacia las provincias. La corte española, a su vez, era el eje de una rueda cuyos rayos eran las audiencias. Desde esta perspectiva, la administración imperial estaba sumamente descentralizada.

Para comprender la burocracia imperial en su conjunto es necesario conocer los principales cuerpos administrativos en España. La importancia de los burócratas en el virreinato y en las capitales de audiencia para la formulación, implementación y modificación de la política real, sin embargo, hace que sea fundamental prestar más atención a los hombres que desempeñaban cargos en el Nuevo Mundo. ¿Qué clases de cargos había? ¿Qué responsabilidades implicaban? ¿Cómo se aseguraban los funcionarios sus designaciones? ¿Quiénes eran los funcionarios, y de dónde provenían? ¿Qué tipos de vínculos ligaban a los funcionarios entre sí y con los centros urbanos en los que actuaban? Estas son algunas de las cuestiones que se examinan en el resto de este capítulo.

ORGANIZACIÓN BUROCRÁTICA

Considerando el tema desde una perspectiva amplia, cuatro grupos importantes de funcionarios ejercían la administración y la justicia en el Nuevo Mundo. Tres de estos cuatro grupos residían en ciudades coloniales. El grupo de más alto rango era la administración central, basada en el Consejo de Indias y la Casa del Comercio, con sede en España. En marcado contraste con todos los otros funcionarios, pocos miembros de la administración central habían estado alguna vez en el Nuevo Mundo. El segundo grupo estaba formado por los administradores políticos. Los virreyes, capitanes generales, presidentes y mandatarios provinciales desempeñaban, teóricamente, cargos temporarios, que generalmente duraban menos de seis años. Los burócratas profesionales formaban el tercer grupo de las Indias y eran, en muchos aspectos, los más poderosos. Estos jueces, síndicos de la corona en las audiencias y ministros del tesoro (caja real) y funcionarios contadores (tribunales de cuentas) tenían designaciones vitalicias, revocables solo por enjuiciamiento debido a violación grave de la ética profesional, flagrante abuso del cargo (casi siempre en beneficio personal), o conducta excesivamente escandalosa. Finalmente, había numerosos funcionarios reales menores y locales, que iban desde condestable hasta notario, inspector de pesas y medidas y concejal municipal. Estos cargos eran principalmente honoríficos y solo unos pocos tenían fijado un salario simbólico. Con excepción de los magistrados electos, llamados alcaldes ordinarios, los funcionarios que desempeñaban estos cargos los tenían de por vida, aunque casi todos renunciaban antes de su muerte.

La investigación de los hombres designados para cargos locales y reales durante el período colonial revela que estos nombramientos se hacían por favores privados, herencia, necesidades financieras de la corona y hasta por "mérito". La importancia de cada factor varió con el tiempo y dependía del cargo de que se tratase; pero, en general, los recurrentes quebrantos financieros de la corona tenían un gran efecto sobre las designaciones para estos puestos.

MADURACIÓN

La euforia provocada por la conquista y las riquezas encontradas desapareció bien pronto frente a la necesidad más concreta de explotar sistemáticamente los recursos del Nuevo Mundo. En las primeras décadas de la colonización española, la corona creaba cargos para satisfacer requerimientos específicos. Desde este punto de vista, los funcionarios eran necesarios para supervisar la expansión y la colonización, proveer a la administración general, administrar justicia, recaudar y pagar tributos, desempeñar funciones ceremoniales, y ocuparse de los problemas locales. Por regla general, mientras más importante y de mayor responsabilidad era un cargo para el ejercicio de la autoridad real, más cuidado ponía la corona al llenarlo; en otras palabras, la corona se mostraba reticente a renunciar al control sobre determinado puesto en relación directa con la importancia de este para la administración, la justicia, el tesoro y la defensa. No obstante, las dificultades financieras solían empujar a la corona a hacer excepciones en esta política general, si se trataba de obtener dinero efectivo.

Desde el principio la corona utilizó su indiscutido poder de patronazgo sobre el imperio para pagar los servicios con cargos y no con dinero. Según lo expresaban en la época, tal concesión era una merced, un obsequio que producía una fuente de ingresos para su destinatario y que podía durar hasta su muerte y aun pasar, por herencia, a sus descendientes. Así, por ejemplo, Colón, Pizarro y Ponce de León recibieron, entre otros beneficios, cargos como recompensa para la exploración, conquista y colonización.

En Castilla, las personas beneficiadas con cargos podían "renunciar" a ellos en favor de otra persona, algo que la corona habitualmente, aunque no necesariamente, aceptaba y confirmaba. Sentado este precedente, empezó a resultarles fácil a las personas favorecidas con estos cargos en las Indias obtener un beneficio inmediato vendiéndolos en privado y renunciando después públicamente.

Poco después de la conquista de la Nueva España, la corona dio otro paso que habría de repetirse en incontables oportunidades. En 1525 le dio a Alonso Pérez de Valera el cargo de regidor de la ciudad de México, a perpetuidad. La reiteración de este tipo de nombramientos produjo el fin de la elección de los concejales y, hacia 1529, un número excesivo de funcionarios. En resumen, aun antes de que la conquista del Perú hubiese terminado, la compra de cargos y los puestos hereditarios existían ya en el Nuevo Mundo.

La idea que la corona tenía de los cargos para las Indias cambió significativamente en 1558. Siguiendo una vez más el precedente sentado en Castilla, decidió vender cargos para las Indias por su cuenta. Felipe II, si bien continuó concediendo la mayoría de los puestos como merced, inmediatamente después de la bancarrota de la corona en 1557 introdujo el concepto del cargo como renta, o fuente de ingresos para el tesoro real. Los primeros puestos que la corona vendió fueron los de escribano y alférez, o sea abanderado municipal. El primero podía ser vendido de por vida; el segundo, en perpetuidad, si el precio ofrecido era lo suficientemente alto.

La enajenación de los cargos por parte de la corona se amplió en 1581, cuando, en un esfuerzo por aumentar las ventas, Felipe II aceptó que todos los escribanos pudiesen renunciar a sus puestos por una sola vez y por un estipendio de un tercio del valor del puesto. Si bien había tratado anteriormente de habilitar más cargos para la venta, fue después que la derrota de la Armada de 1588 hubo exacerbado las dificultades económicas de la corona, cuando el rey aprobó —en 1591— la venta sistemática del cargo de regidor y de otras posiciones municipales afines, por una sola vez en la vida.

Un decreto real (cédula) sancionado en 1606 perfeccionó la venta de cargos locales, proceso este que se había iniciado tímidamente en 1559. Hacia 1606, la lista de puestos vendibles incluía toda una gama de cargos municipales, honoríficos y de recaudación de impuestos. El decreto establecía que los compradores presentes y futuros retendrían los oficios vendibles y renunciables en plena propiedad y disfrutarían de todos los derechos de renuncia a perpetuidad, mediante el pago de sumas adecuadas. En el momento de la primera renuncia se pagaba la mitad del valor de un cargo vendible. Posteriormente, el impuesto era de un tercio del valor del puesto. Si bien el decreto ponía los puestos fuera del control de la corona, al mismo tiempo instituía una segura fuente de ingresos para las arcas reales, siempre vacías. También garantizaba, por supuesto, que las familias pudieran retener una posición durante generaciones. El atrincheramiento de las familias nativas en los cargos locales fue bendecido por la ley.

Aunque los peninsulares ocuparon los primeros cargos de regidor y alcalde ordinario en los concejos municipales de México y Lima, muy pronto la herencia y las ventas hicieron que predominaran los nativos. La mayoría de los regidores de la ciudad de México entre 1590 y 1699 eran hombres nacidos en América y, más aun, casi exclusivamente en Nueva España. La hegemonía criolla continuó durante el resto de la época colonial. De hecho, enfrentada a un virtual monopolio por parte de los nativos, la corona creó en

PRINCIPALES CIUDADES DE SUDAMÉRICA COLONIAL

Maracaibo

Cartagena

Caracas

Medellín

• Tunja
• Bogotá

• Popoyán
• Pasto

NUEVA GRANADA

• Quito

Guayaquil • Riobamba

Belem

• Cuenca

São Luis

Tumbez • Loja

Paita

MARANHÃO

Sana
Trujillo

Olinda
Recife

PERÚ

Lima

Callao • Huancavelica

• Cuzco

Bahia

Arequipa • La Paz

• Cochabamba

Porto Seguro

BRASIL

Potosí • La Plata (Chuquisaca)

Ouro Preto

São Joao del Rei • Espíritu Santo

Barbacena • Cachoeira

OCÉANO PACÍFICO

Salta •

Itu •

São Paulo Río de Janeiro

Asunción •

Tucuman •

• Santiago del Estero

Catamarca

Porto Alegre

San Juan Córdoba

Santa Fe Río Grande

Valparaíso • Mendoza

• Santiago Buenos Aires

Colonia do Sacramento

OCÉANO ATLÁNTICO

Montevideo

RÍO DE LA PLATA

Concepción

PRINCIPALES CIUDADES DE MÉXICO COLONIAL,

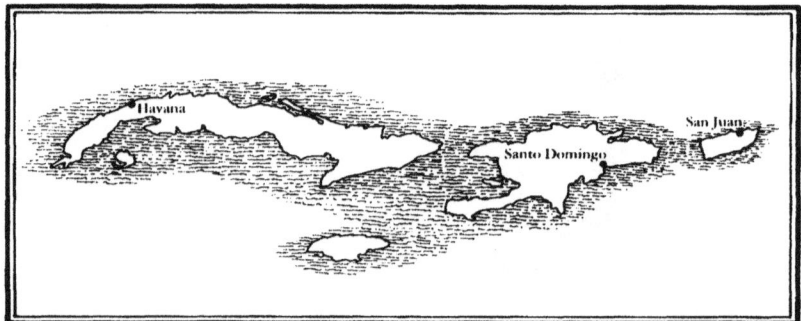

- Durango

Zacatecas •

• San Luis Potosí

Lagos • León •
• Guanajuato
Guadalajara • Celaya • • Querétaro

Zamora •
Valladolid •
Mexico City • Tlaxcala • Jalapa
Puebla • • Veracruz
Orizaba • Córdoba

NUEVA ESPAÑA

• Oaxaca

• Acapulco

OCÉANO PACÍFICO

Havana

Santo Domingo

San Juan

AMÉRICA CENTRAL Y EL CARIBE

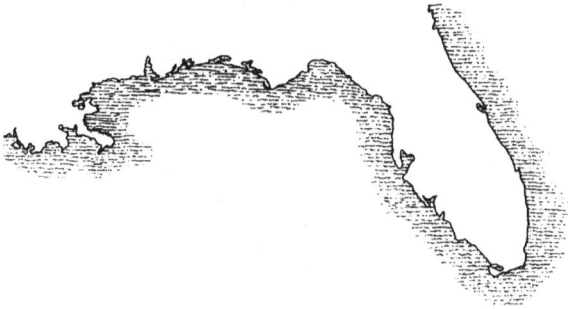

OLFO DE MÉXICO

Havana

Mérida

Campeche

MAR CARIBE

San Cristóbal

Guatemala City

Comayagua

San Salvador

León

Granada

Nombre de Dios

Portobelo

Panama City

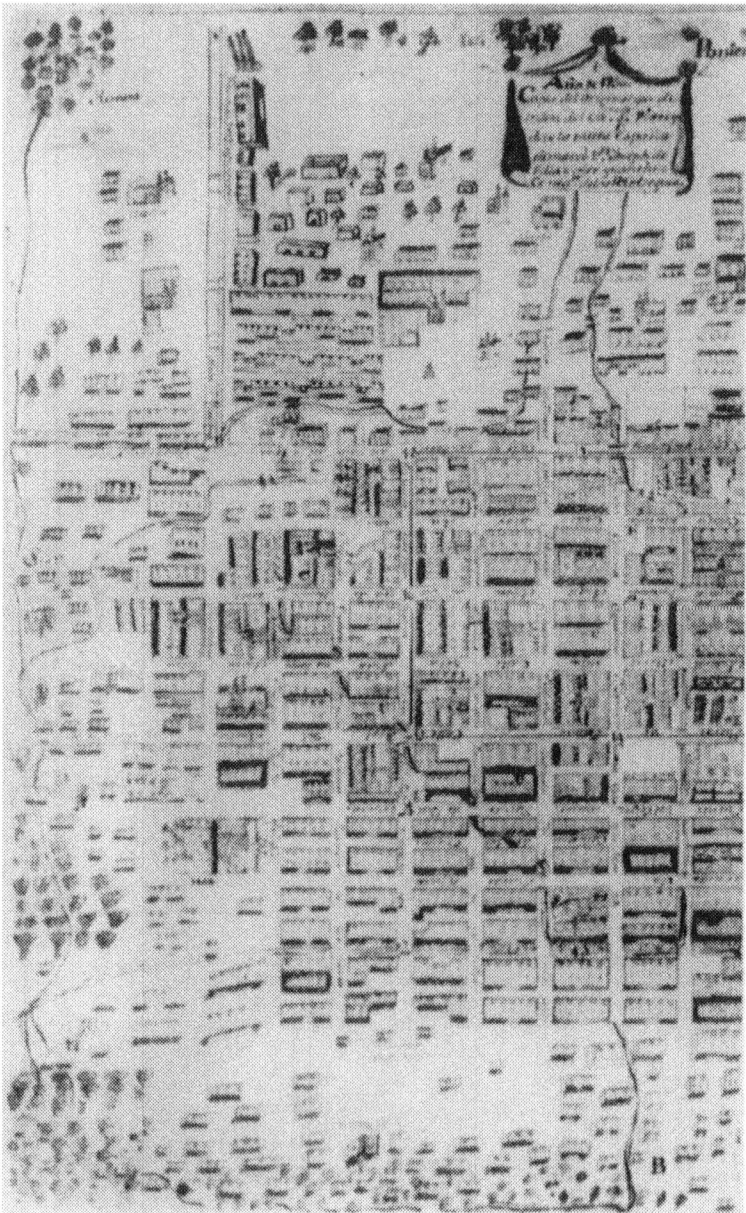

1. Mapa de la ciudad de México, 1751. Archivo General de Indias, Mapas y Planos, México, 178 (en lo sucesivo citado como AGI, M y P).

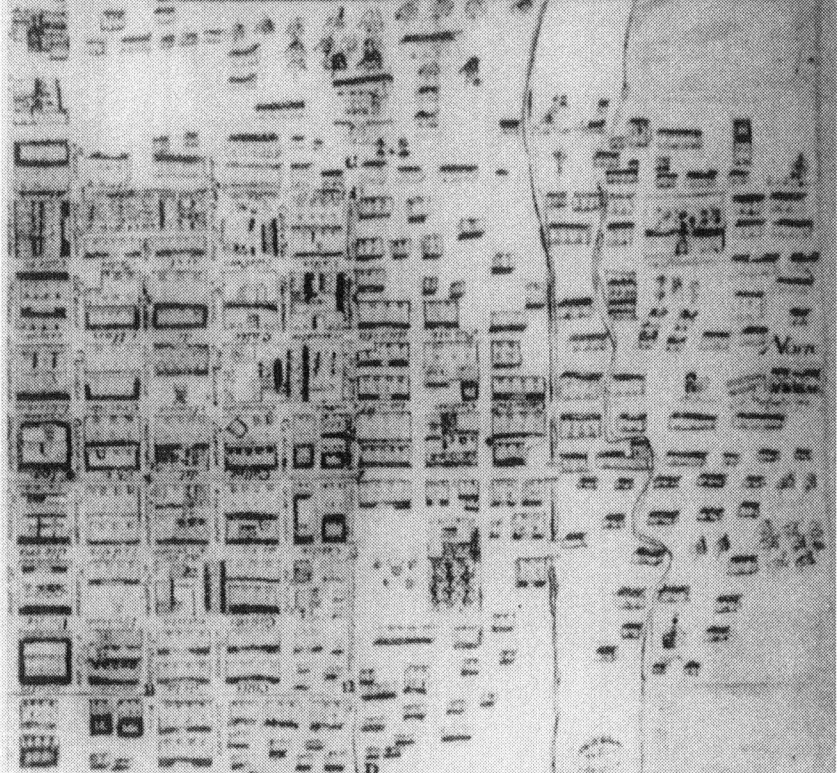

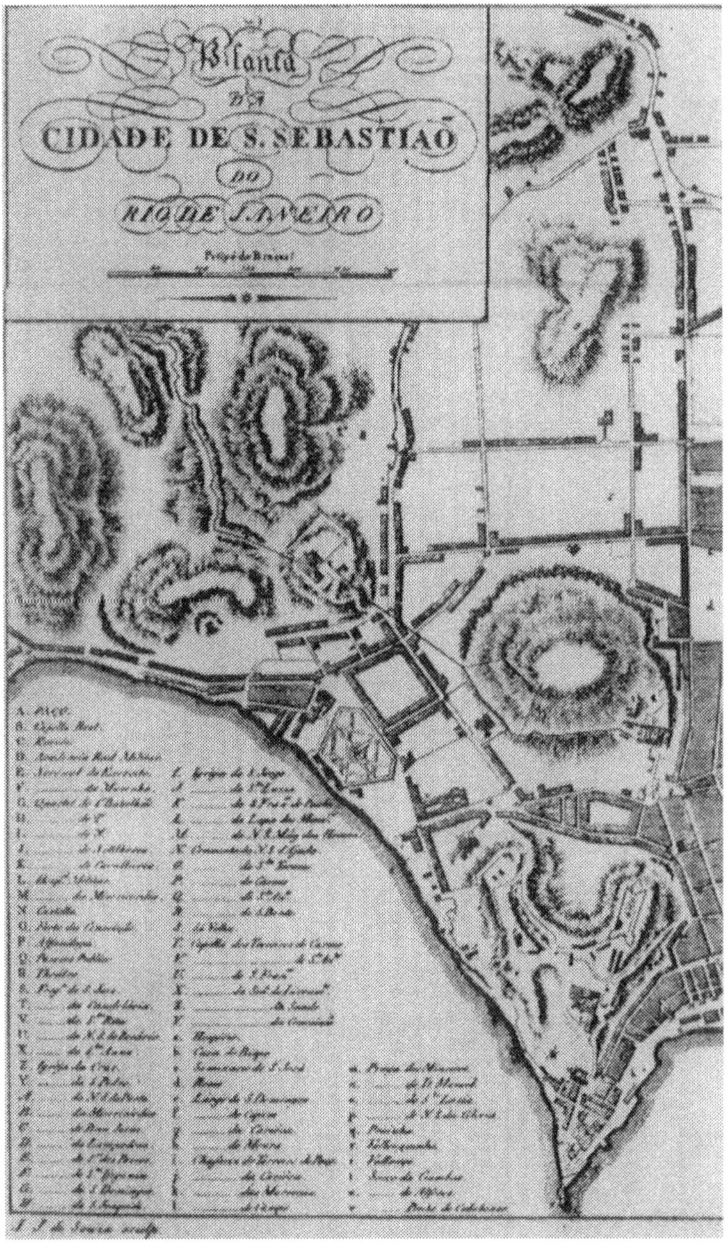

Fig. 2. Mapa de Río de Janeiro después de 1818. *Álbum cartográfico do Rio de Janeiro (seculos XVII e XIX)*, Lygia da Fonseca Fernandes de Cunha (comp.), Rio de Janeiro, Ministerio da Educação e Cultura, 1978.

Fig. 3. Ciudad Alta y Ciudad Baja, Bahía, comienzos del siglo XVIII. Archivo Histórico da Câmara Municipal. Bahía (en lo sucesivo citado como AHCM, Bahía).

COLLEGIO S JOÃO (lado Posterior) BAHIA

Fig. 4. Casa construida por un comerciante rico, Bahía, siglo XVIII. AHCM, Bahía.

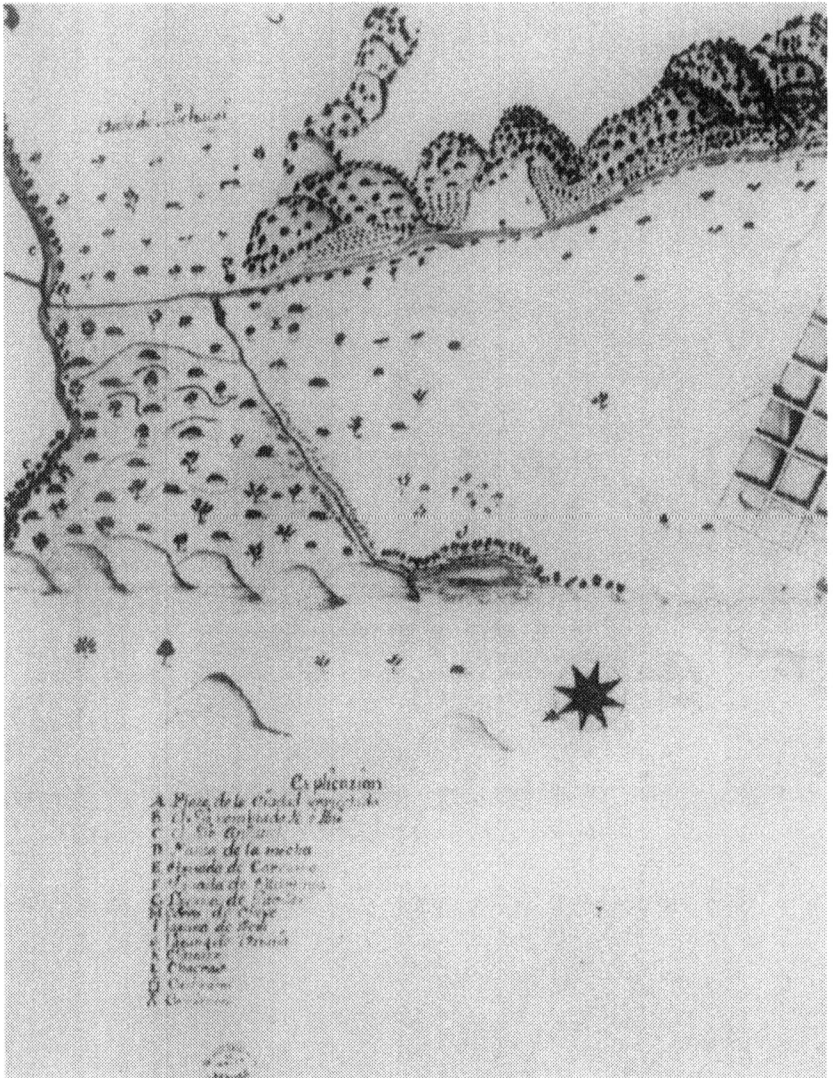

Fig. 5. Mapa de Concepción de Chile, siglo XVI. AGI, M y P, Perú y Chile, 35.

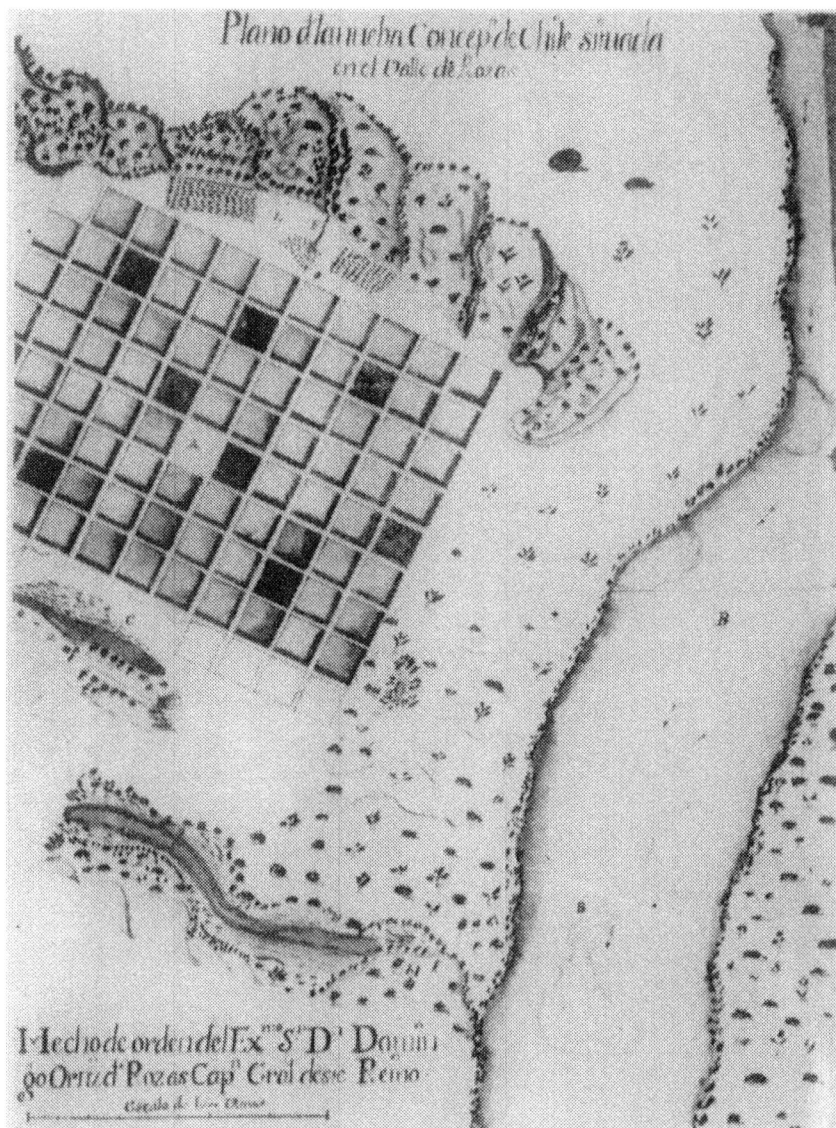

Plano d'la nueba Concep.p de Chile situada en el Valle de Laxas

Hecho de orden del Ex.mo S.r D.n Domingo Ortiz d' Rozas Cap.n Gral d'este Reino

Escala de ... Baras

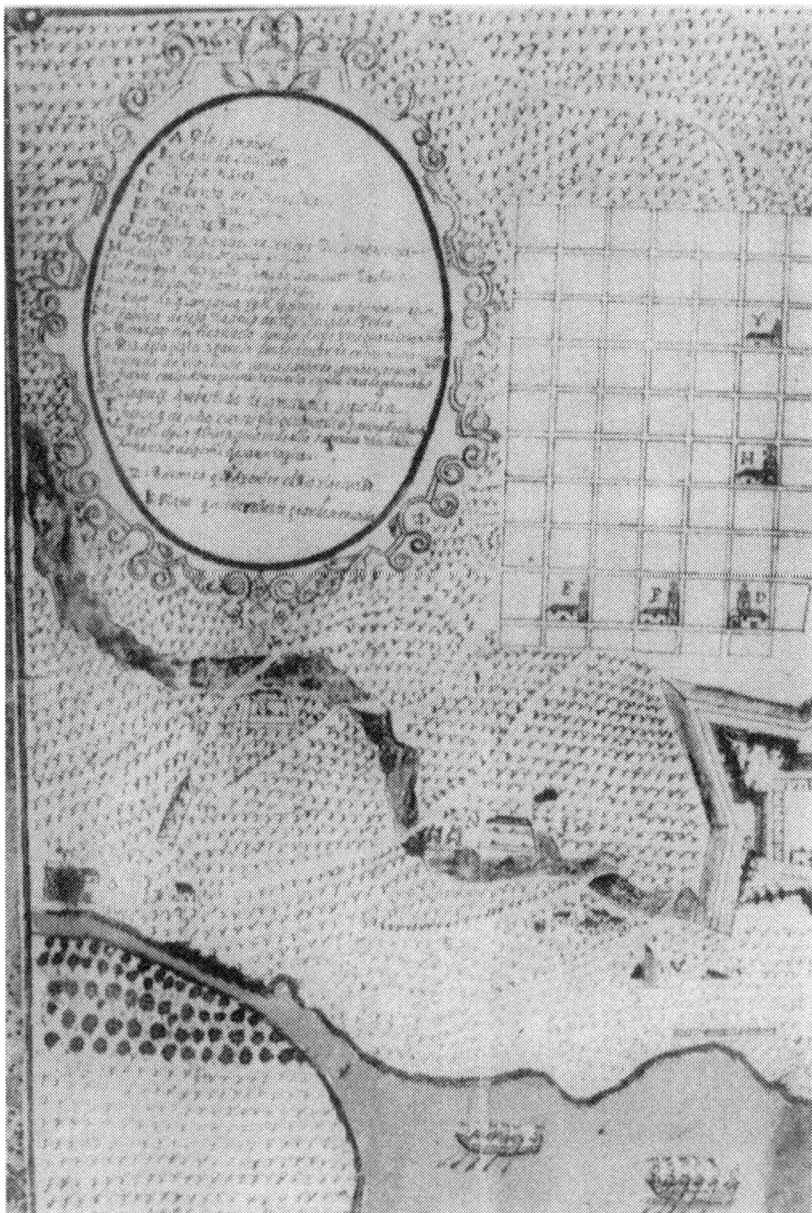

Fig. 6. Mapa de Buenos Aires, 1713, AGI, M y P, Buenos Aires, 39.

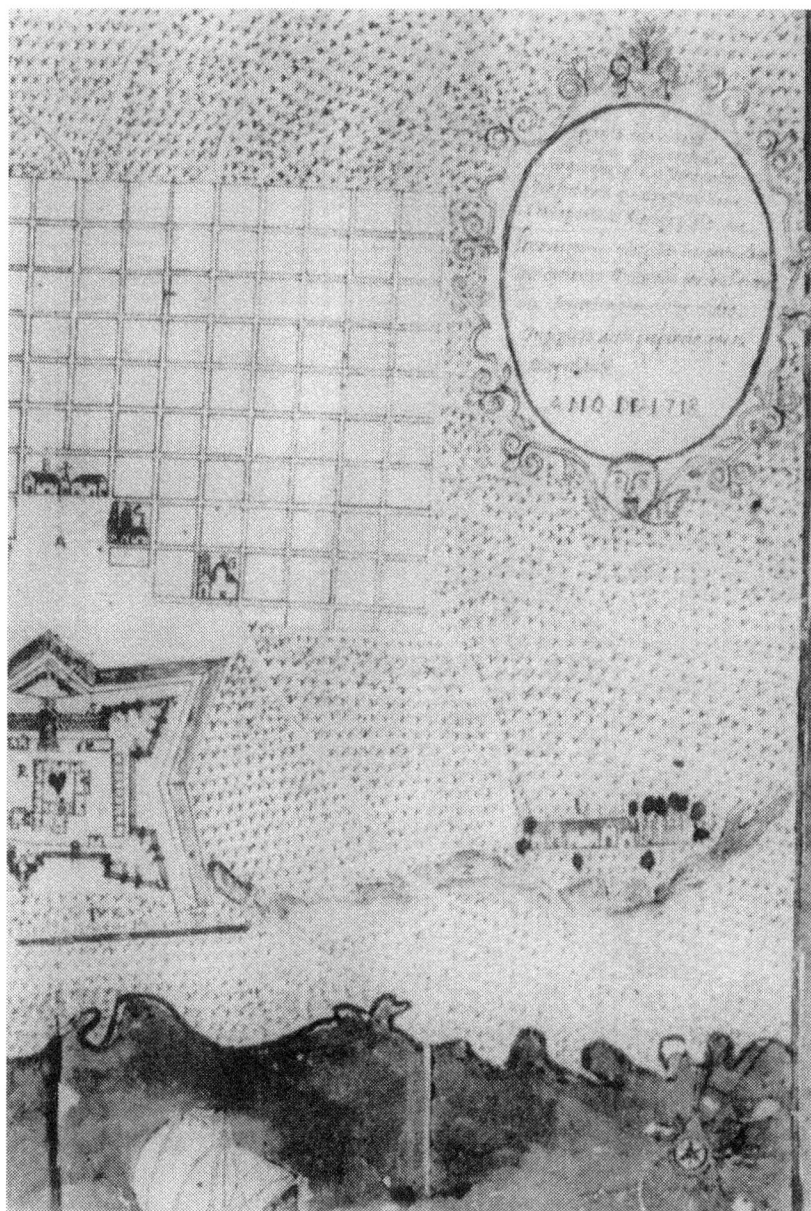

Fig. 7. Ciudad de Saña, comienzos del siglo XVII. Felipe Guaman Poma de Ayala, *Nueva crónica y buen gobierno*, París, Universidad de París, 1936.

Fig. 8. Damas y caballeros asisten a la procesión, ciudad de México, siglo XVIII. Detalle, La Plaza Mayor de la ciudad de México, Anónimo, Museo Nacional de Historia (en lo sucesivo citado como Plaza Mayor).

Fig. 11. (Arriba) Cámara de Comercio, Bahía, 1818. AHCM, Bahía.

Fig. 9. (Página arriba) Vista de Bahía a comienzos del siglo XIX. AHCM, Bahía.

Fig. 10. (Página abajo) Casa con patio construida por un comerciante rico, Bahía, siglo XVIII. AHCM. Bahía.

Fig. 12. Altos funcionarios en su carruaje y espectadores representantes de diversos grupos sociales, ciudad de México, siglo XVIII, Detalle, Plaza Mayor.

Fig. 13. Francisco de Pauls Sanz, superintendente del Virreinato del Río de la Plata, c. 1785. Pintura, Museo Histórico Nacional, Buenos Aires.

Fig. 14. El obispo Quiroga y un franciscano. Florian Baucke, S. J., *Iconografía colonial rioplatense, 1749-1767,* Buenos Aires, 1935.

Fig. 15. Jesuitas y sus pupilos. Baucke, *Iconografía*.

Fig. 16. Hábitos de las religiosas del Virreinato de Nueva España, siglo XVIII. Anónimo, Archivo Fotográfico del Instituto Nacional de Antropología e Historia, ciudad de México.

Fig. 17. Gallegos de España. Baucke, *Iconografía*.

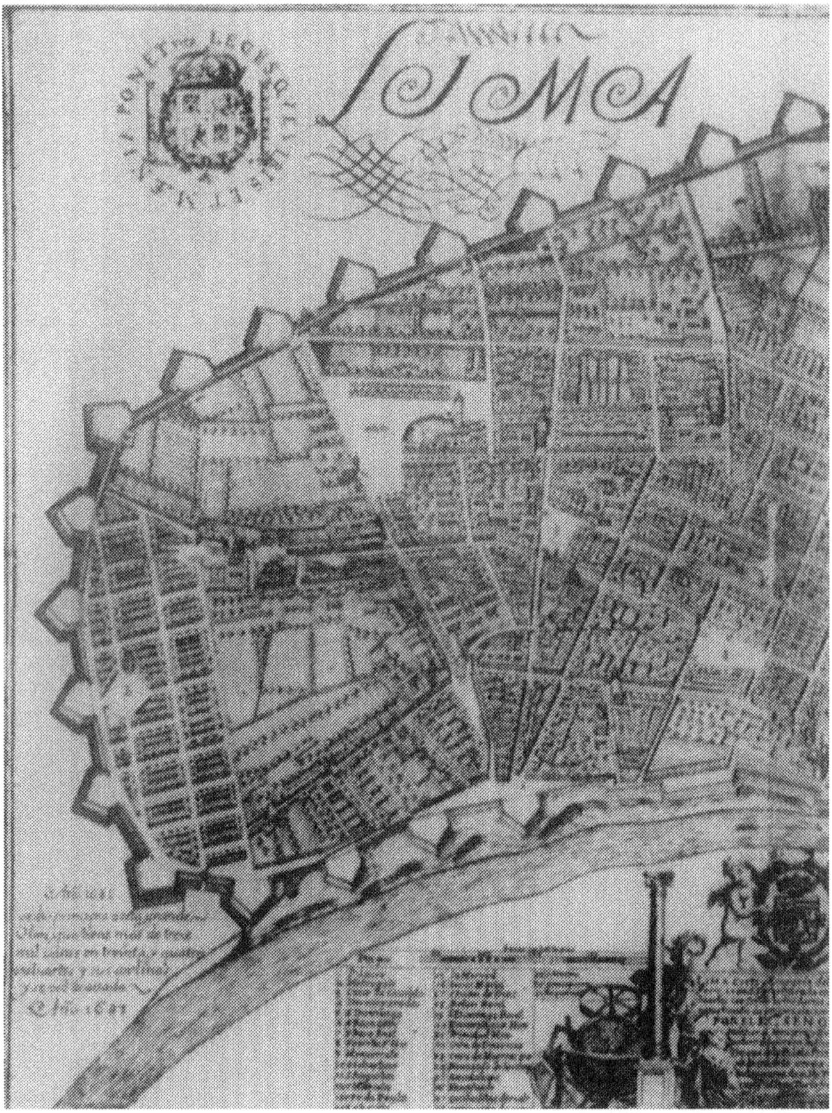

Fig. 18. Fortificación de Lima, 1687. AGI, M y P, Perú y Chile, 13.

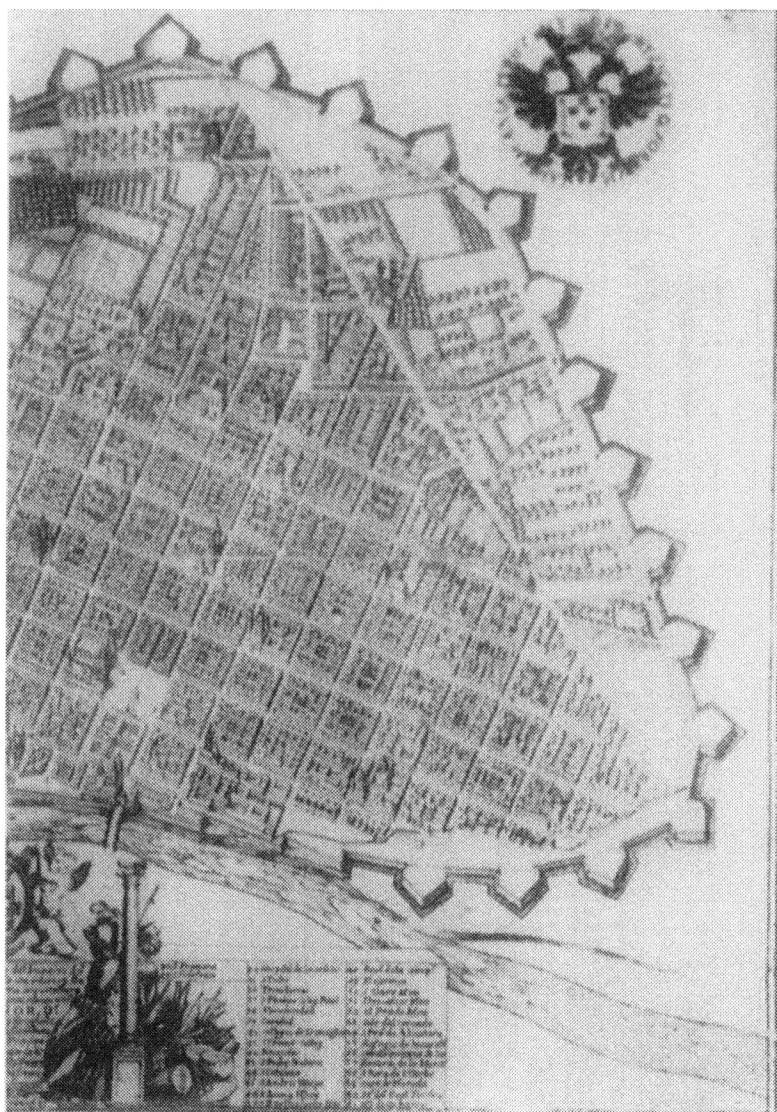

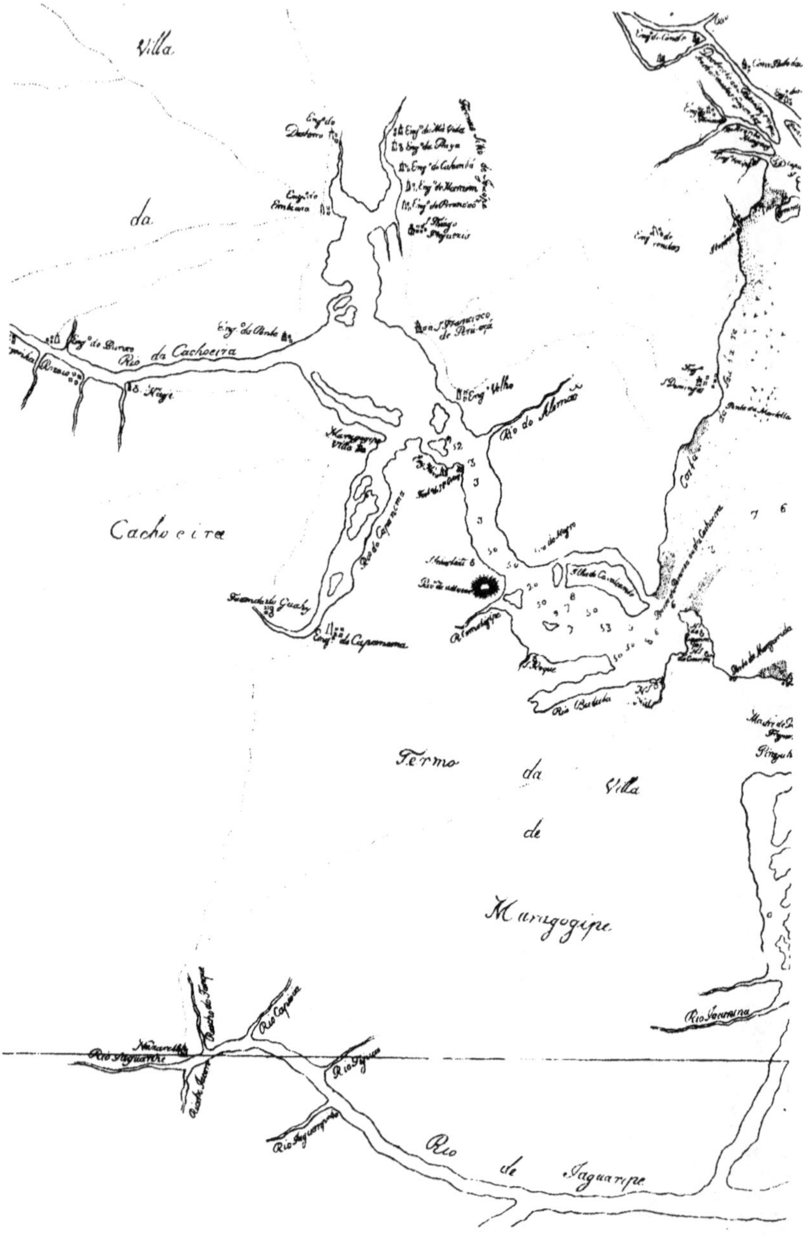

Fig. 19. Fragmento de la costa bahiense y vías fluviales adyacentes. Luiz dos Santos Vilhena, *Recopilação de notícias,* Bahía Imprensa Oficial do Estado, 1921.

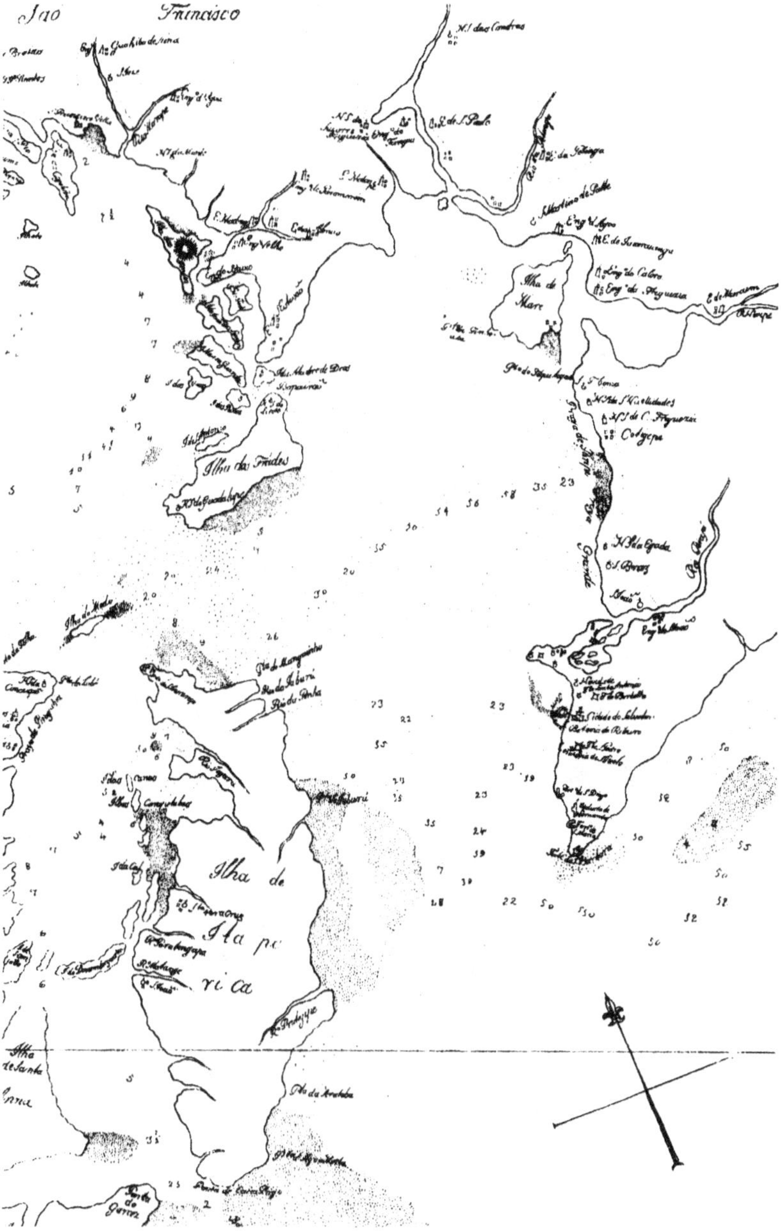
São Francisco
Ilha de Mare
Ilha dos Frades
Cotegipe
Ilha de
Ita pa
ri ca

Fig. 20. Escena en el mercado, Río de Janeiro, 1820. Anónimo.

Fig. 23. Mujeres indígenas vendiendo frutas y verduras en sus puestos; hombres vendiendo pescado, Ciudad de México, siglo XVIII. Detalle, Plaza Mayor.

Fig. 21. Aguatero, mujeres vendiendo comida y hombres vendiendo ropa, ciudad de México, siglo XVIII. Detalle, Plaza Mayor.

Fig. 22. Ladrones mal vestidos y armados intentan huir mientras caballeros acomodados los persiguen, ciudad de México, siglo XVIII. Detalle, Plaza Mayor.

Fig. 24. Proyecto para el edificio del Concejo Municipal, incluyendo plano del piso superior, Luján, Río de la Plata, 1788. AGI, M y P, Buenos Aires, 288.

1772 seis cargos electivos de regidor honorario, tres de los cuales debían ser ocupados por peninsulares. El resultado fue que el concejo municipal empezó a elegir tres radicados, peninsulares atrincherados en la sociedad de la ciudad de México y más vinculados a los intereses locales que a los reales.

En Lima las familias locales también llegaron muy pronto a dominar el cargo de regidor, por las mismas razones que en México. Un examen detallado de los hombres elegidos para el puesto de alcalde ordinario muestra un desplazamiento del predominio peninsular hacia el nativo. Mientras que solo 13 de 70 alcaldes eran oriundos de Perú en los años 1535 a 1599, las cosas cambiaron drásticamente en el siglo XVII, cuando los peninsulares representaban solo 31-20% de los hombres elegidos, y los nativos de Perú, 71%. La preponderancia de nativos siguió aumentando a expensas de los peninsulares en el siglo XVIII y principios del XIX, elevándose a 81% desde 1700 a 1799; y a 88% desde 1800 hasta 1821.

Los puestos locales vendidos tenían un valor muy variable, y por lo tanto también variaba su precio. Los cargos de regidor en la ciudad de México se vendían por cifras que oscilaban entre 3000 y 6000 pesos a fines del siglo XVI. No obstante, en virtud de las disposiciones sobre la herencia que se promulgaron en 1606, el precio aumentó rápidamente hasta 10 000 pesos. El valor de un cargo también podía disminuir con el tiempo. Por ejemplo, en Lima un regimiento se vendía por 11 000 pesos en 1700, pero por solo 6000 en el año 1760. La autorización para cobrar honorarios, implícita en algunos cargos, aumentaba mucho su precio. En 1737, por ejemplo, el puesto de escribano mayor del concejo de la ciudad de Lima se vendía por 45 000 pesos. En comparación, el mismo cargo en Huancavelica en 1740 solo valía 9500 pesos. En la ciudad de México el puesto de alguacil mayor del tribunal de cuentas era altamente valuado. Pedro Mejía compró el puesto en 1655 por la suma de 45 000 pesos. El cargo incluía el derecho a nombrar un lugarteniente y a recibir el salario de contador mayor (contador principal del tribunal de cuentas). Uno de los precios más altos pagados en Lima por una posición fue 80 173 pesos escudos, pagados en 1702 por el conde de San Juan de Lurigancho por el puesto de tesorero de la Casa de la Moneda de Lima. En 1629 un consorcio de comerciantes había financiado la compra del puesto similar en México por 140 000 pesos.

Desde el año 1591, cuando los oficios vendibles y renunciables empezaron a aparecer como un ítem separado en los resúmenes de cuentas para el tesoro central en la ciudad de México, hasta 1808, el producto de las ventas y tasas sobre estos cargos ascendió a más de 9 millones de pesos. Si bien el ingreso anual medio era de aproximadamente 42 000 pesos, las cifras oscilan desde un máximo de 300 342 pesos en 1606-1607 hasta un mínimo de 826 pesos en 1614-1615. A medida que una proporción mayor de los ingresos empezó a ser generada por las transferencias y no por la venta inicial del cargo, los ingresos mismos disminuyeron. Por ejemplo, los beneficios anuales producidos por los oficios vendibles y renunciables habían sido superiores a 10 000 pesos nueve veces desde 1591 a 1630; desde 1631 hasta 1713, esa suma solo fue sobrepasada cuatro veces, y posteriormente, no se la alcanzó nunca. Después de 1750, el rendimiento anual medio de los oficios vendibles en Nueva España estuvo por debajo de los 24 000 pesos.

Ahora bien, había posiciones que estaban excluidas de la categoría de oficios vendibles y renunciables; eran precisamente aquellas que la corona consideraba —acertadamente— fundamentales para el mantenimiento de la autoridad, los ingresos y la seguridad: las desempeñadas por administradores políticos y funcionarios profesionales. Sin embargo, bajo la inexorable presión financiera, la corona fue gradualmente convirtiendo estos cargos en una nueva fuente de ingresos, aunque nunca llegó a enajenarlos a perpetuidad.

Pero la reiterada participación de la corona española en las guerras europeas hacía estragos en las finanzas reales; así, llegó un momento en que la demanda de cargos y la necesidad de dinero de la corona llegaron a coincidir. En 1633, bajo la constante presión financiera, la corona comenzó a vender designaciones para puestos de tesorería y tribunales de cuentas. Los cargos administrativos provinciales se incorporaron en bloque en 1677. Una década después, a fines de 1687, empezó la venta sistemática de nombramientos para audiencias. Hacia 1700, la corona llegó incluso a vender el cargo de virrey.

El efecto de la venta de cargos y nombramientos sobre la composición de la burocracia y sus actividades fue enorme. En primer lugar, determinó quiénes serían los funcionarios. Desempeñarse en el lugar de origen, si se conseguía una buena posición, era mucho más atractivo, tanto para los peninsulares como para los criollos, que servir en otro distrito o del otro lado del Atlántico. Así, un resultado inmediato de las ventas fue incrementar el número de individuos que se desempeñaban en su tierra natal (hijos nativos) y de otros residentes de largo plazo que ocupaban cargos burocráticos. El corolario de esta situación fue una disminución de la capacidad de la corona para controlar a sus funcionarios. Además, la compra de un cargo aumentaba la presión del interesado para obtener no solo una renta segura sino también un beneficio. Teniendo en cuenta la modestia de los salarios de los cargos que no brindaban comisión, la tentación de recurrir a fuentes ilegales de ganancia fue irresistible para muchos funcionarios. Y ello iba también en contra de los intereses de la corona.

Poco después del arribo de cada conquistador al Nuevo Mundo, se mandaba un funcionario real para que asegurase a la corona su parte de beneficio y la remitiese a España. Si bien se establecieron redes de administración económica provincial, tanto para Nueva España como para el Perú, las oficinas centrales estaban localizadas en México y en Lima. Hacia el siglo XVII, el Ministerio de Hacienda de Lima tenía tres funcionarios jefes que recaudaban impuestos: un contador, que supervisaba la recaudación y los gastos; un tesorero, que manejaba los fondos, y un factor, o gerente, responsable de la venta de productos confiscados, la recolección de los impuestos pagados en especies en subasta pública, el almacenamiento de armas en Lima y Callao, y el manejo de otras transacciones comerciales vinculadas al Ministerio de la Hacienda. Ayudados por sus subordinados y muchas veces por un funcionario supernumerario en espera de una vacante, los oficiales reales, como se llamaba a todos los funcionarios de rango, eran responsables por la administración eficiente y honesta de las finanzas del rey. En 1605 la corona ordenó el establecimiento de tribunales de cuentas en Lima, México y Bogotá. Estos tribunales, constituidos por un pequeño número de auditores, no solo servían como supervisores de las finanzas y los funcionarios del tesoro, sino que también recaudaban impuestos atrasados.

Los funcionarios y auditores del tesoro de los tribunales de cuentas tenían cargos vitalicios. Si bien estos funcionarios casi siempre recibían salarios más bajos (y, por lo general, mucho más bajos) que los ministros de audiencia, su compensación era considerablemente mayor que la de los empleados gubernamentales comunes. Debido al salario, el rango, la seguridad y —por lo menos en algunos casos— las oportunidades financieras que se le presentaban a una persona con acceso a los fondos gubernamentales, había una considerable demanda de cargos.

Antes de 1633, los peninsulares consiguieron muchos más nombramientos para las tesorerías y tribunales de cuentas que los criollos. No obstante, si el caso de Lima es representativo, la mayoría de los peninsulares designados ya eran residentes en Indias en el momento del nombramiento. Las recomendaciones virreinales eran particularmente importantes en la designación de peninsulares, ya que los sucesivos virreyes trataban de asegurarles puestos a sus amigos y a sus partidarios. Solo había dos criollos, ambos hijos nativos, entre los 20 hombres que se desempeñaron en el tribunal de cuentas de Lima desde su iniciación, en 1607, hasta 1633.

Antes de 1633, los designados eran por lo general servidores públicos experimentados, con servicios anteriores en cargos políticos locales o regionales como, por ejemplo, los funcionarios de los tribunales reales o empleados del tesoro en subtesorerías regionales llamadas cajas. A diferencia de los ministros de audiencia, estas personas rara vez tenían educación universitaria. Lo que contaba era la experiencia, y los individuos nombrados para trabajar en Lima solían jactarse de ello durante años. Por ejemplo, Bartolomé Astete de Ulloa dejó su España natal y fue al Perú a la edad de 20 años. Llegó en 1598, y luego de cumplir con el servicio militar y desempeñar puestos menores llegó a ser tesorero del distrito de Potosí. Después de trabajar como factor y posteriormente —a partir de 1623— como corregidor de Potosí, fue contador del Ministerio de Hacienda, o Tesorería, de Lima, puesto que conservó hasta su muerte, acaecida en 1662. Es decir que antes de llegar a la tesorería de Lima, tuvo tres décadas de servicios como funcionario.

Hacia 1633, en un esfuerzo por obtener unos pocos pesos más con destino al erario español, exhausto por las guerras, la corona apeló al recurso desesperado de vender sistemáticamente puestos de hacienda (o sea, del tesoro real), incluyendo los de tesorero y contador. A diferencia de la venta de oficios vendibles y renunciables, que en muchos casos se hacía en subasta pública, la venta de nombramientos de hacienda se efectuaba por negociación privada entre el comprador y la corona. La decisión de vender los cargos dio por resultado un cambio en la composición del grupo de candidatos, y también una notable declinación de las exigencias impuestas a los postulantes a cargos en el ministerio central y en los tribunales de cuentas de Lima. El temor del Consejo de Indias de que las ventas produjesen la designación de funcionarios incapaces y deshonestos, cuyos intereses nada tenían que ver con el bienestar financiero de la corona, resultó ser justificado. La expansión de los vínculos locales que siguió a las ventas debilitó el control real de estas importantes instituciones y frustró los esfuerzos por implementar un aumento de los impuestos en el virreinato.

Los individuos designados después de 1633 eran con frecuencia más jóvenes e inexpertos que sus predecesores. Esto significaba menos madurez y menos conocimientos pero, excepto en los casos de muerte prematura, aseguraba décadas íntegras de servicio. Además, como el dinero había reemplazado al mérito como criterio principal para el nombramiento, los compradores potenciales buscaban los puestos más codiciados —los de Lima— con particular avidez. Los hijos nativos se mostraban ansiosos por asegurarse los cargos y, una vez que los ocupaban, eran reacios a abandonarlos. A medida que las antiguas pautas de promoción caían en desuso, los funcionarios de las subtesorerías regionales permanecían tranquilamente en sus puestos y creaban o reforzaban lazos sociales, políticos y económicos con las principales familias locales.

Solo entre 1701 y 1744 la corona vendió por lo menos 31 designaciones de regente, auditor y oficial del tribunal de cuentas y de la tesorería central de la ciudad de México. Aquí, como en otras partes, los hijos nativos se valieron de las dificultades económicas de la corona y compraron con dinero efectivo un puesto vitalicio. En 1708, José Benito de Terreros Ochoa pagó 5 000 pesos escudos por un cargo supernumerario como auditor del tribunal de cuentas, con salario y requisitos previos completos. Tres años después, su hermano Antonio, que ya era relator (funcionario de la corte) de la audiencia de México, se aseguró una designación como oidor supernumerario en ese tribunal, probablemente por medio de un pago en efectivo. En 1740, Francisco Miguel de Berrio y Saldívar, otro hijo nativo, compró una designación de auditor del tribunal de cuentas por la suma de 15 500 pesos fuertes.

Desde luego, estas ventas le proporcionaban a la corona ingresos inmediatos. En el siglo XVII, el precio pagado por las designaciones en la oficina del tesoro de Lima oscilaba entre 5 375 pesos y 18 750 pesos. Los nombramientos en el tribunal de cuentas costaban de 2 500 a 20 000 pesos. El puesto de regente del tribunal de cuentas rendía 26 000 pesos fuertes en 1733. Doce años más tarde Simón de Ontañón, conde de las Lagunas, pagó 31 200 pesos fuertes por una futura, o sea una promesa de sucesión, del mismo cargo. El precio pico para el cargo en la ciudad de México fue pagado en 1740, cuando Juan Crisóstomo de Barroeta entregó 38 000 pesos fuertes a cambio de la designación y el derecho a nombrar a un hombre que lo reemplazara eventualmente.

El puesto de administrador provincial —llamado de alcalde mayor, corregidor o gobernador— fue el siguiente que se vendió. En el siglo XVI la corona había introducido administradores provinciales que residían en los centros urbanos del interior, tanto para proporcionar apoyo a los no encomenderos y a los encomenderos pobres (que recibían tributo y mano de obra indígena) como para ampliar la autoridad real, llevándola desde las áreas urbanas a las rurales y haciéndola sentir sobre la población indígena. Los puestos eran numerosos: 88 en el Perú en 1633 y alrededor de 200 en Nueva España. Si bien se pueden encontrar casos de hombres que se desempeñaban, o habían sido designados para desempeñarse como administradores provinciales en dos o más localidades, lo más común era una sola designación y un servicio de cinco años. En España, la corona nombraba abogados para muchos corregimientos, pero en el Nuevo Mundo prefería ocupar esos cargos con individuos que tuvieran antecedentes militares, o al menos en la milicia.

Durante casi un siglo, después de la estabilización de estos cargos provinciales entre 1570 y 1580, la mayoría de los hombres nombrados recibieron sus designaciones de virreyes u otros residentes en Indias. Durante el siglo dominado por la provisión virreinal de cargos se arraigó el famoso sistema del repartimiento de comercio. Si bien establecidos a diversas distancias de las capitales virreinales, los administradores provinciales mantenían vínculos económicos estrechos con ellas. Los funcionarios utilizaban productos que los comerciantes de México y de Lima les anticipaban, para participar en el rentable repartimiento de mercancías en virtud del cual se obligaba a los indios a comprar mulas, ropa, comida y otros ítems, los necesitasen o no. Además, al menos en algunas regiones, su producción estaba también sujeta a un control monopólico por parte de funcionarios rapaces.

Algunos administradores provinciales estaban vinculados a las capitales virreinales por razones de nacimiento o de residencia. En el siglo XVII, por ejemplo, alrededor de 24 alcaldes ordinarios de la capital, nacidos en Lima, se desempeñaron como corregidores durante sus carreras. En Nueva España y Perú los descendientes de los conquistadores y de los primeros colonizadores obtuvieron nombramientos de corregidor. El hecho de que los virreyes disfrutaran del derecho de patronazgo sobre la mayoría de los cargos sirvió para ayudarles en su intento de conseguir nombramientos, pese a las designaciones de partidarios o sostenedores de los virreyes que se producían.

Hacia 1677, una corona aún más desesperada financieramente empezó a vender cargos de corregidor y alcalde mayor. El resultado fue que alrededor del año 1700 casi todos estos cargos habían pasado a ser de provisión real. Tal como en el caso de los cargos de hacienda, la corona vendía los nombramientos de corregidor y alcalde mayor sobre una base individual, con precio y condiciones variables. En 1708, por ejemplo, Eugenio de Alvarado compró un cargo para suceder a Pedro de Alzamora como corregidor de la ciudad de Trujillo, en el virreinato del Perú, por 6 000 pesos. Por ese precio Alvarado se aseguró el derecho a nombrar un reemplazante y la certeza de que la corona no se retractaría debido a alguna reforma posterior. Nicolás Antonio Clerque, sin embargo, pagó solo 1 000 pesos por una designación de corregidor de la Villa de Santa, en el Perú. El derecho a la futura posesión del cargo —mucho más codiciado— de corregidor de la ciudad de México, y un rango de coronel, se vendió en 1731 por 16 000 pesos, mientras que una designación en 1735 aseguró una futura de alcalde mayor de Tacuba a Matías García de Gismeros, por 1 000 pesos. García de Gismeros obtuvo también el derecho a nombrar un reemplazante que se desempeñara eventualmente en su lugar.

En contraste con la situación correspondiente a los puestos locales y de contaduría, los criollos parecen haber conseguido menos cargos oficiales cuando la corona empezó a vender designaciones en 1677. Esto pudo deberse a que los criollos ricos y educados, especialmente los que fueron a España, dedicaron su atención a asegurarse las posiciones más prestigiosas de audiencia o de hacienda, o bien cargos hereditarios. Además, la íntima vinculación entre el repartimiento de mercaderías y los funcionarios oficiales hacía que fuera particularmente ventajoso para los comerciantes monopólicos de España prestar el dinero necesario para la compra y los gastos de viaje a hombres a quienes conocían personalmente y que sin duda distribuirían sus productos: es decir, hombres por lo general nacidos en España.

Las designaciones temporarias significaban que los funcionarios provinciales rotaban con frecuencia. Por el contrario, las audiencias exhibían una notable continuidad de personal. Los tribunales eran las cortes supremas de sus distritos y estaban obligados a apelar ante el Consejo de Indias solo en casos que involucraran grandes sumas de dinero. Además, tenían responsabilidades administrativas y financieras. Evidentemente, las audiencias eran la institución civil más importante de las colonias.

Desde 1511, fecha de la fundación de la primera audiencia en Santo Domingo, hasta 1808, apenas menos de 1 300 hombres fueron nombrados para desempeñarse en los tribunales del Nuevo Mundo. Residentes de ciudades capitales que llegaron a ser los principales centros urbanos del imperio en el continente americano, estos hombres constituían la rama más educada y profesional de la administración real. Ataviados con sus características vestimentas de color negro, los ministros formaban parte visible y prominente de la vida urbana. Además de cumplir funciones judiciales, legislativas y ejecutivas, participaban en desfiles, celebraciones, funerales, bautismos y otras actividades sociales (véase la figura 11). A diferencia del puñado de virreyes nacidos en América, ninguno de los cuales se desempeñaba en el distrito de audiencia de su nacimiento, muchos de estos ministros consiguieron nombramientos en sus distritos nativos.

Transcurrieron casi 75 años y se produjeron algo más de 200 designaciones iniciales de audiencia antes que los primeros criollos fueran nombrados en tribunales del Nuevo Mundo. En 1585, Antonio Ribera Maldonado, nativo de la ciudad de México, y Hernando de Saavedra Valderrama, nativo de Lima, fueron seleccionados para las cortes de Manila y México, respectivamente. Dado el pequeño número de criollos nacidos antes de 1560, y teniendo en cuenta que era requisito tener más de 25 años de edad para merecer una designación tan elevada, estas primeras selecciones demuestran que el lugar de nacimiento no evitaría que los nacidos en América recibieran cargos de alto rango y responsabilidad. El hecho de que Ribera y Saavedra fueran designados en cortes fuera de sus distritos de origen, por otra parte, presagiaba correctamente que, independientemente de la legislación general que aconsejaba designar en los cargos a hijos nativos, la corona tenía poca disposición a aplicar estos requisitos a las audiencias.

Solo después de haber nombrado a dos criollos más para tribunales fuera de sus distritos de origen, la corona designó a un hijo nativo. Alonso Bravo de Saravia consiguió una designación para la audiencia de Lima, además de la posición inicial de alcalde del crimen en 1602. Alonso, el hijo de Melchor Bravo de Saravia, el octavo oidor, o juez civil, nombrado para Lima, nació alrededor de 1570. Cuando niño fue a España con sus padres y pasó algunos años en el hogar familiar en Soria. Estudió en la Universidad de Salamanca, asegurándose así la educación formal necesaria para postularse a un cargo. Caballero de Santiago desde 1611, fue transferido desde Lima a la ciudad de México, en 1620, para servir allí como oidor.

La designación inicial de Alonso Bravo como hijo nativo fue la única en 35 años. Antes de 1687, solo seis hombres empezaron sus carreras de audiencia en sus distritos de origen. Aunque parca con los nombramientos de hijos nativos, la corona designó a americanos en todas las décadas entre 1580 y 1820. Después de 1607, solo dos veces, con anterioridad a la finalización de la Guerra de la Sucesión Española en 1713, pasaron más de dos años calendarios sin por lo menos una designación americana.

El cuadro 1 muestra tres importantes períodos de nombramientos de americanos para las cortes del Nuevo Mundo. El primer período, que se inició con el nombramiento de cuatro americanos entre 1610 y 1611, se extiende hasta la iniciación de la venta sistemática de designaciones de audiencia a fines de 1687. Así, se establece y consolida un período exitoso para los americanos, durante el cual los criollos reciben casi uno de cada cuatro nombramientos iniciales durante la mayor parte del siglo XVII. En este período los americanos se beneficiaron con la existencia de universidades en las principales ciudades del Nuevo Mundo, especialmente la Universidad de San Marcos en Lima.

Inspiradas en los modelos de las instituciones españolas, las importantes universidades de San Marcos y México habían ofrecido la formación necesaria en derecho civil y canónigo para ocupar posiciones de audiencia, desde la segunda mitad del siglo XVI. Como indica el cuadro 2, los sudamericanos en general y los nativos del Perú en particular dominaron en las filas de los americanos designados durante este período. La Universidad de San Marcos proveía los títulos necesarios para la mayoría de estas personas, así como también el consenso informal en la corte en beneficio de sus alumnos. Durante este período se consolidó la costumbre de que los americanos viajaran a España para ocuparse de sus propios casos. Una prolongada permanencia en la corte solía significar la adquisición de valiosos vínculos sociales, comerciales y hasta familiares, para los americanos que se casaban con mujeres de la península. Un nombramiento de audiencia era un objetivo difícil de alcanzar, pero si un americano tenía buenas vinculaciones en la corte y persistía en su intento, tenía muchas más posibilidades de lograrlo que los que se quedaban en el Nuevo Mundo.

La designación del limeño Miguel Núñez de Sanabria como alcalde del crimen de la audiencia de Lima en noviembre de 1687, a cambio del pago de 17 000 pesos, inició el segundo período, una "era de impotencia", que duró hasta 1750. Durante la mayor parte de este período la corona no pudo conformar las audiencias con la clase de nombramientos que hubiera preferido. Cediendo a la necesidad económica, siguió un modelo que ya había sido usado para puestos en el tesoro y cargos en las administraciones provinciales: entró en tratos privados con los compradores. El precio pagado variaba según dónde estuviera situado el cargo, y también según las condiciones que el comprador pretendía. El precio más alto fue pagado por Domingo de Orrantia en 1749. Orrantia, nativo de Lima, pagó 47 500 pesos por un nombramiento de oidor supernumerario y una dispensa por tener menos edad que la exigida, casarse con una nativa del distrito y poseer propiedades en él. Pero en 1740 el peninsular Juan José Martínez Patiño pagó solo 8 000 pesos por un nombramiento de oidor supernumerario para la audiencia de Guatemala.

Las ventas que empezaron en 1687 permitieron a un número récord de americanos, incluyendo cifras sin precedentes de hijos nativos, llegar a las cortes del Nuevo Mundo.

El cuadro 1 destaca la creciente representación de americanos en general y la importancia de las ventas en sus nombramientos. El cuadro 2 revela tanto la prolongada preponderancia de nativos del Perú como las cifras sin precedentes de designaciones de hijos nativos que fueron un resultado de las ventas. Si bien las ventas no explican todos los ingresos de americanos a las cortes, ellas fueron responsables de una importante mayoría de las designaciones de criollos nombrados durante la era de impotencia.

La interrupción de las ventas a mediados de siglo inició una era de autoridad que se extendió hasta 1808. Durante estos años, que se caracterizaron por reformas en muchos campos, la corona siguió una política firme, y a veces hasta dramáticamente puesta en vigor, de incrementación de la representación peninsular y reducción de los vínculos entre los ministros y los distritos en que se desempeñaban. Los cuadros 1 y 2 revelan la influencia de esta política y la resultan-

CUADRO 1. *Orígenes de los nuevos funcionarios designados para audiencias americanas, 1610-1808*

	1610-1687		1687-1750 Todas las designaciones		1687-1750 Designaciones iniciales*		1751-1808		Total	
	Núm.	(%)	Núm.	(%)	Núm.	(% de todas las asignaciones)	Núm.	(%)	Núm.	(%)
Peninsulares	108	(28,0)	158	(50,5)	13	(8,2)	203	(76,0)	469	(48,7)
Criollos	93	(24,2)	139	(44,4)	103	(74,1)	63	(24,0)	295	(30,6)
Origen desconocido**	184	(47,8)	16	(5,1)	5	(31,3)	—		200	(20,7)
Total	385	(100,0)	313	(100,0)	121	(38,7)	266	(100,0)	964	(100,0)

*Hombres que compraron su designación inicial para audiencia, y porcentaje de compradores. Otros 12 hombres, todos criollos, probablemente compraron sus designaciones iniciales.

**Casi todos los ministros de origen desconocido fueron, indudablemente, peninsulares.

CUADRO 2. *Distrito de nacimiento de los americanos designados para audiencias americanas, 1610-1808*

	1610-1687		1687-1750		1751-1808			Total	
	Núm.	H. N.*	Núm.	H. N.*		Núm.	H. N.**	Núm.	H. N.**
Buenos Aires	—	—	—	—	—	3	—	3	—
Caracas	—	—	—	—	—	4	—	4	—
Chile	5	—	5	2	2	9	4	19	6
Charcas	7	1	6	2	—	3	—	16	3
Cuzco	—	—	—	—	—	1	—	1	—
Guadalajara	—	—	5	2	2	1	—	6	2
Guatemala	—	—	2	—	—	3	—	5	—
Lima	51	3	73	27	25	10	1	134	31
Manila	—	—	—	—	—	—	—	—	—
México	6	—	26	11	8	5	—	37	11
Panamá	7	—	6	4	2	—	—	13	4
Quito	3	—	3	3	3	1	—	7	3
Bogotá	7	1	4	1	1	11	3	22	5
Santo Domingo	4	—	8	1	—	10	1	22	2
Desconocido	3	—	1	—	—	2	—	6	—
	93	5	139	53	43	63	9	295	67
	(5%)		(38%)			(14%)		(23%)	

* Hijos nativos. Designados en un tribunal de su lugar de origen por nombramiento inicial. Los hombres que se trasladaron a su tribunal de lugar de origen con una segunda o subsiguiente designación *no* son contados como hijos nativos en este cuadro.
** Hijos nativos que compraron una primera designación para Audiencia.

te declinación en los nombramientos de criollos en general y de hijos nativos en particular. Al reconocer el impacto de la política que se siguió después de 1750, las partes afectadas protestaron, los individuos que veían perjudicadas sus carreras objetaron las medidas, a veces violentamente. También se elevaron quejas y reclamos desde los concejos municipales, que se daban cuenta de la pérdida de oportunidades de trabajo para los hombres de la zona y de la reducción de la influencia local en la administración.

Hacia 1687, la venta de nombramientos para cargos por contrato con la corona había alcanzado proporciones enormes. Ese año se vendieron 75 puestos en el virreinato del Perú. Aunque en los años siguientes se produjeron menos ventas, el total para 1688-1695 fue de más de 230. Como un nombramiento para el Consejo de Indias ya había sido vendido en 1675 por 50 000 doblones, la única posición expectable que quedaba sin vender era la de virrey.

El cargo de virrey contenía la mayor concentración de autoridad y responsabilidad en el Nuevo Mundo. Establecido en Nueva España en 1535, en un esfuerzo por someter a los conquistadores y establecer la autoridad real, el cargo se extendió a Perú en 1543. La corona creó un tercer virreinato para Nueva Granada en 1739, y un cuarto para el Río de la Plata en 1776. Como cúspide de la autoridad dentro de sus respectivos dominios, los virreyes tenían la responsabilidad de atender las cuestiones financieras, administrativas, militares y judiciales.

Desde 1535 hasta 1808 la corona concedió designaciones regulares solo a 92 hombres para los puestos de virrey de Nueva España, Perú, Nueva Granada y el Río de la Plata. Especialmente en los primeros tiempos, tuvo especial cuidado de nombrar hombres de impecable extracción social y reconocida capacidad. Tres de los primeros cuatro virreyes de Nueva España, Antonio de Mendoza (1535-1550), Luis de Velasco "El Mayor" (1550-1564) y Martín Enríquez de Almansa (1568-1580) fueron administradores fuertes y capaces. Luis de Velasco "El Menor" (1590-1595 y 1607-1611) también fue una personalidad distinguida, pero muchos de sus sucesores fueron mediocres. Estos cuatro hombres, si bien descendían de familias nobles, no tenían títulos académicos. Por el contrario, un examen de sus sucesores revela que, con excepción de un arzobispo de México, todos los anteriores al bailío* fray María de Bucareli y Ursúa (1771-1779) llevaban los títulos de conde, marqués o, en seis casos, duque. Además, muchos pertenecían a alguna orden militar. Lustre similar tenían los virreyes del Perú, nueve de los cuales habían servido anteriormente en Nueva España.

Desde el siglo XVI en adelante, muchos virreyes exhibieron calificación militar. La extensión de los conflictos europeos al Nuevo Mundo llevó a la corona a poner énfasis en la experiencia militar de los hombres que nombraba. Una de las consecuencias del interés de la corona por la capacidad y el liderazgo militar demostrados en el

---

* Caballero profeso de la orden de San Juan (N. T.).

Nuevo Mundo fue una declinación de la extracción social de los virreyes. El servicio en el Nuevo Mundo no era considerado deseable por los europeos, y era frecuente que los cargos fueran desempeñados por individuos sin títulos de nobleza. En general, el mayor peso dado a la capacidad por sobre el origen produjo virreyes que, como grupo, desempeñaron sus cargos satisfactoriamente.

Aunque Mendoza, Velasco "El Mayor" y Enríquez de Almansa sirvieron más de una década cada uno, el desempeño promedio de un cargo de virrey en los siglos XVII y XVIII era de seis a siete años. En los nuevos virreinatos de Nueva Granada y del Río de la Plata, el término medio fue de seis a siete años para el primero y de menos de cuatro para el segundo. Los casos extremos de duración del servicio iban desde el conde de Superunda en Perú, que se desempeñó durante algo más de 16 años (1745-1761), hasta el duque de Veragua, en Nueva España (1673), que murió al mes de haber llegado a Veracruz. Con pocas excepciones, los virreyes fueron hombre nacidos y criados en España.

Recibidos a su llegada con fastuosas recepciones, y alojados en un palacio en la plaza central, todos los virreyes tenían una elevada posición social y política en su ciudad capital. Era costumbre que los virreyes se trasladaran a su destino escoltados por familiares, amigos y partidarios. Casi siempre trataban de usar su cargo para beneficiar a estas personas, no obstante la legislación en contrario. El patronazgo que ejercían, aunque limitado en el tiempo, ofrecía oportunidad de favorecer a sus allegados, así como de ganar sumas importantes por medio de la venta privada de nombramientos y favores. Los virreyes nombraban reiteradamente a sus íntimos para desempeñar lucrativas comisiones, los designaban para corregidores u otros puestos, y sonreían complacidos cuando sus favoritos desposaban a encomenderas locales o cuando las damas de compañía de sus esposas concretaban matrimonios favorables. Al usar su cargo de este modo, daban un ejemplo que otros funcionarios trataban de seguir, lo mejor posible, dentro de las limitaciones de sus familias y sus relaciones.

Es digno de destacarse especialmente el hecho de que el cargo de virrey fuera desempeñado durante un tiempo limitado. Ello contrasta con las designaciones de por vida de la mayoría de los cargos reales. Si bien el rey podía trasladar a los ministros de audiencia y a los funcionarios del tesoro, el nombramiento en sí les garantizaba un empleo para toda la vida, excepto en caso de exoneración por justa causa. En la práctica, las audiencias, las tesorerías centrales y los tribunales de cuentas tenían ministros que se habían desempeñado más tiempo en la capital regional que el mandatario principal. Teniendo en cuenta la autoridad, el prestigio y el salario de que disfrutaban por el cargo, además de la habitual duración del mismo, estos ministros solían casarse convenientemente y en circunstancias que les permitían beneficiarse económicamente al establecer vínculos locales. La mayoría de los que no eran hijos nativos —nacidos en la región en la que cumplían sus funciones— desarrollaban este tipo de vínculos y llegaban a ser radicados; así, eran mejor vistos, por lo menos en algunos sectores, que a su llegada como forasteros.

En los últimos cinco años del siglo XVII la corona puso finalmente a la venta su más importante puesto administrativo. Con la venta del nombramiento de virrey del Perú al conde de Cañete a mediados de la década de 1690, la corona completó el camino iniciado con la venta autorizada de escribanías en 1558. Si bien no se ha descubierto ninguna venta de nombramiento de virrey en el siglo XVIII, la corona sí vendió designaciones para el Consejo de Indias durante la Guerra de la Sucesión Española y, por lo menos en una ocasión, en el transcurso de la contienda con Inglaterra conocida como la guerra de la oreja de Jenkins, en 1739.

Hacia mediados del siglo XVIII la mejora de las finanzas de la corona permitió poner fin a la venta de nombramientos de audiencia, gobernaciones, corregimientos, alcaldías mayores y cargos de tesorería. No obstante, el legado de las ventas anteriores habría de afectar la composición de la burocracia hasta fines de siglo. Aunque en todas las décadas el rey había conferido algunos cargos sin pago en moneda, fue precisamente el hecho de que se llegara a confiar demasiado en las ventas como recurso fiscal lo que hizo que la corona se viera a punto de perder su control sobre las colonias. En suma, las ventas dieron como resultado un acceso al poder, tanto directo como indirecto, de la población local, inédito desde que la corona estableció una organización burocrática en el Nuevo Mundo.

LOS BURÓCRATAS REALES

Burócratas y funcionarios locales estaban diseminados por todo el imperio, con mayor concentración en las capitales de audiencia y virreinales. Lima y México, sobre todo, albergaban prominentes burocracias, cuya presencia era frecuentemente destacada a través de la participación de los burócratas de alto rango en las innumerables procesiones que ponían color, alegría y diversión en la vida urbana. Una celebración religiosa, la llegada o la partida de un nuevo virrey o arzobispo, un funeral, un auto de fe o *auto-da-fé* (castigo público de personas condenadas por los tribunales de la Inquisición) y otras ocasiones propiciaban desfiles que tenían la facultad de reunir a personas de todos los grupos de la sociedad, para participar o simplemente mirar (véase la figura 12). La recepción pública de un virrey del Perú en 1674 fue particularmente pomposa. Compañías de caballería, representantes de los colegios reales (escuelas secundarias) de Lima, de la Universidad de San Marcos y de la fraternidad de los comerciantes, los funcionarios del tesoro y los ministros de la audiencia, luciendo sus sombrías vestiduras negras, desfilaron frente al virrey, que estaba sentado en un estrado. Cuando todos hubieron pasado, el virrey montó un caballo conducido por dos magistrados de la ciudad vestidos de terciopelo rojo, y se unió a la procesión, cabalgando cerca de un gran palio sostenido por el alcalde de la ciudad. Una compañía de lanceros formaba la retaguardia. En diferentes momentos se hacían presentes aristócratas, miembros de las órdenes militares y lacayos y pajes lujosamente ataviados. Los funcionarios locales y reales, con las vestiduras propias de sus cargos, desfilaban en el medio de la procesión, destacando así la centralidad tanto tangible cuanto simbólica de la autoridad real y de los burócratas en la vida urbana.

Las oficinas más importantes estaban siempre alrededor de la plaza central en las ciudades, lo que subrayaba la importancia de los burócratas en las ciudades coloniales. Los funcionarios que recibían nombramientos directos del rey para desempeñar cargos elevados formaban el meollo de la burocracia: ministros de audiencia, oficiales del tesoro, auditores jefes y, a medida que se los creaba, los directores de algunos departamentos importantes, como el del monopolio del tabaco. Por debajo había una hueste de funcionarios de apoyo, cuyo número aumentó lentamente hasta el siglo XVIII. Entonces, especialmente desde mediados del siglo, tuvo lugar una rápida expansión de la burocracia.

Pese a la diversidad de responsabilidades, salarios y prerrogativas de que disfrutaban, los miembros de las burocracias reales en las capitales tenían varias características comunes. El hecho de que todos los funcionarios fueran del sexo masculino era algo tan obvio que ni siquiera suscitaba comentarios. También se daba por sentado, aunque no se ponía en vigencia tan rigurosamente, que los burócratas debían tener una extracción social aceptable. Se requería ser hijo legítimo y no tener vestigio alguno de sangre morisca o judía, si bien ocasionalmente algunos bastardos famosos y ciertos descendientes de familias de dudosa estirpe hispánica desempeñaron cargos.

Los antecedentes familiares de los funcionarios gubernamentales variaban de forma considerable dentro de los segmentos peninsular y criollo de la sociedad. No se han hecho exámenes sistemáticos de las familias de grandes grupos de burócratas, pero el espectro de la posición social de los padres de los ministros de audiencia en Lima ilustra bastante bien la extracción de los hombres que llegaron a la cúspide de la burocracia. Oficiales del ejército y la milicia, funcionarios de alto rango, miembros de órdenes militares, individuos con títulos de nobleza y comerciantes eran los padres de la mayoría de las familias investigadas. La posición más baja fue la de escribano público en Lima. Una característica notable de los hijos nativos designados para la audiencia de Lima desde 1687 hasta 1750 fue que casi dos tercios de aquellos fueron primera generación de criollos por parte paterna. Un hijo nativo "típico" designado para desempeñarse en Lima durante estos años era hijo de padre peninsular del norte de España y madre limeña. El padre tenía una comisión militar o un puesto en el gobierno local. La familia disponía de recursos suficientes para haberle procurado al hijo una formación universitaria en derecho en Lima, un viaje a España, cierto tiempo en la corte y, probablemente, al menos una parte del costo de una designación.

La edad de los funcionarios era variada. Dejando de lado a los ministros de audiencia y a los funcionarios que se habían iniciado como comerciantes, los burócratas solían empezar sus carreras antes o poco después de los 20 años, a veces trabajando como entretenidos (aprendices) con escaso o ningún salario hasta que la muerte de un funcionario o el ascenso les abrían las puertas a una posición inicial. Dado que la corona no ofrecía planes de retiro y por lo general consideraba el retiro solo para hombres que habían quedado ciegos, sordos o incapacitados, la burocracia tenía siempre cierto aire de geriátrico.

El reiterado ingreso de muchachos jóvenes en los escalones más bajos de la burocracia indica que la calificación educacional requeri-

da iba desde la instrucción mínima para cargos en los que era necesario saber leer y escribir hasta los títulos universitarios y los docto-
rados de algunos ministros de audiencia. Las exigencias académicas
para matricularse en una universidad eran: conocimientos profundos de latín y por lo menos un curso de retórica. Como la memoriza-
ción era un requisito fundamental para llegar a graduarse de
bachiller, había jóvenes que por poseer esa facultad en alto grado llegaban a graduarse mucho antes de los 20 años. No es sorprendente
entonces que la carrera burocrática se iniciara tempranamente.

El establecimiento de los colegios secundarios más famosos en
capitales regionales significó que los estudiantes fueran atraídos
desde áreas menos pobladas hacia los principales centros urbanos.
El famoso colegio jesuita de San Martín de Lima, por ejemplo, atraía
estudiantes desde casi 20 localidades diferentes, en 1618. Estaban
representadas Chile, Panamá, Chuquisaca, Quito, Paita, Saña, Arequipa, Cartagena y varias regiones de España, mientras que un
contingente numeroso de estudiantes procedía de la misma Lima.
Una de las consecuencias de este hecho fue que los estudiantes
adquirían las actitudes y los puntos de vista propios de la ciudad
capital mucho antes de llegar a ser burócratas. Indudablemente, la
mayoría de los estudiantes salían de las casas de estudio converti-
dos en individuos urbanos, con intereses y expectativas basados en
los placeres y oportunidades de la capital.

Si bien algunas ciudades, como Buenos Aires, carecían de universidades, hacia el final del período colonial ya se habían fundado
25 en América. Aunque la mayoría de estas universidades no tenían
las cinco facultades principales (filosofía, teología, leyes, derecho
canónico y medicina), en conjunto proporcionaban a miles de hombres jóvenes un acceso a la educación superior, títulos y las consi-
guientes oportunidades laborales. No menos de 150 000 jóvenes
recibieron títulos universitarios durante el período colonial.

Los cargos burocráticos proporcionaban un ingreso, seguridad
y, al menos en el caso de los más elevados, prestigio. Los salarios
eran muy diversos. Con excepción de la remuneración de los virreyes, que disfrutaban de sumas principescas que llegaban hasta
60 500 pesos, las diferencias salariales eran importantes. Durante
la mayor parte del período colonial, los ministros de audiencia fueron los burócratas mejor pagos, con salarios que alcanzaron hasta
5 000 pesos en Lima. Los auditores jefes de los tribunales de cuentas en Lima recibían 3 645 pesos en 1 774. Los funcionarios del

tesoro ganaban algo menos, 3 240 pesos, y otros auditores solo llegaban a 2 000. No obstante, la gran mayoría de los empleados ganaba menos de 1 000 pesos por año, suma que estaba apenas por encima del salario de un capitán del ejército regular.

La corona fijaba algunas variaciones en los salarios en función del lugar de trabajo del burócrata. Según el auditor jefe de las Indias en 1772, Tomás Ortiz de Landazuri, Lima era el destino más codiciado para un ministro de audiencia. No solo era el tribunal de mayor rango en América, sino que la corte disponía de un salario generoso, oportunidades de compensaciones extraordinarias, un "clima agradable" y gran disponibilidad de bienes de consumo y alimentos. La ciudad de México, por el contrario, tenía salarios más bajos, menores comisiones, mayores gastos y una carga laboral más pesada.

Vale la pena destacar el valor de un salario (normalmente pagado con cierta regularidad). Producir el salario de 5 000 pesos de los ministros de audiencia de Lima, después del ajuste salarial de 1776, habría requerido una propiedad que rindiese una renta aproximada de 100 000 pesos. Pocas personas disponían de ese capital de inversión; excepto las hipotecas libradas por los cuerpos religiosos, prácticamente no había inversiones que ofrecieran una seguridad comparable a la de un salario gubernamental. Aun cuando la remuneración fuese la única característica atractiva del empleo, era indudable que los altos funcionarios eran considerados como candidatos matrimoniales convenientes.

Para los empleados de rango inferior, los salarios eran muy modestos. Un funcionario que ganaba 500 pesos por año en la ciudad de México se veía en apuros para llegar a fin de mes. El alojamiento, la alimentación, un sirviente (al que solo se le pagaba 5 pesos por mes), velas, zapatos y botas, ropas y los servicios de un barbero, consumían íntegramente ese salario. Debido a los gastos adicionales que implicaba tener una familia, muchos funcionarios no se casaban.

No se dispone de cifras generales de los burócratas que se casaban. La mayoría de los virreyes lo hacían, aunque algunos ya eran viudos al asumir el cargo. Los datos de los censos del período colonial tardío para la ciudad de México revelan que aproximadamente un tercio de los burócratas permanecían solteros. Al parecer, entre los funcionarios era más común el matrimonio entre los 30 y los 40 años de edad, debido a los modestos salarios que percibían.

Entre las ventajas de ocupar una posición burocrática de alto rango estaba, para los solteros, la posibilidad de casarse con una mujer que aportara una rica dote. Por ejemplo, cuando Bravo de Saravia se casó con Juan Jiménez de Montalvo, un oidor de Lima, ella aportó una dote de 24 000 pesos. Más o menos al mismo tiempo, Águeda de los Ríos i Lisperguer se desposó con Blas Torres Altamirano, y llevó al matrimonio una dote de 50 000 pesos. Al menos la mitad de los ministros de audiencia nombrados desde 1687 hasta 1808 eran casados, muchos con mujeres nacidas en el Nuevo Mundo. Los beneficios que el servicio real podía proporcionar estaban directamente relacionados con el rango que se tenía en la jerarquía burocrática. Así, un ministro de audiencia se encontraba en mejores condiciones para enriquecerse que un funcionario de menor nivel.

La amplia gama de salarios que recibían los empleados gubernamentales hacía que vivieran en diferentes zonas de una ciudad capital. Sus residencias abarcaban una especie de abanico, con el centro en la plaza mayor. En la ciudad de México, por ejemplo, la catedral y el palacio virreinal quedaban frente mismo a la plaza. Al igual que en Lima, el virrey, que vivía con esplendor en un palacio por el que no pagaba renta, era el mejor ejemplo de proximidad con su lugar de trabajo y centralidad dentro del marco urbano. Había también un pequeño número de funcionarios que residían en los edificios donde trabajaban; pero pagaban renta. El superintendente de la aduana en México, por ejemplo, pagaba 830 pesos anuales por un pequeño departamento en el edificio mismo de la Aduana, a comienzos del siglo XIX.

Una vivienda situada cerca del centro de una ciudad era considerada de buen nivel, y los funcionarios de mayor rango solían vivir a corta distancia de sus oficinas. Algunos oidores de Lima se instalaban, por ejemplo, en la cuadra próxima a las oficinas. Otros se alejaban, pero nunca más de seis cuadras, del palacio real donde trabajaban. En 1613, el correo mayor, varios regidores del concejo municipal y el administrador del impuesto a las ventas vivían a solo dos cuadras. Las pautas habitacionales de la ciudad de México, y probablemente las de otros lugares, brindaban alojamientos bien integrados para un amplio espectro de grupos económicos y sociales. Mientras los funcionarios mejor pagados solían tener viviendas privadas, muchos residían en departamentos y edificios de renta distribuidos por toda la ciudad.

Los sueldos percibidos por los empleados gubernamentales hacían de ellos importantes compradores de servicios locales y de una amplia gama de artículos de consumo. Los funcionarios mejor remunerados se esforzaban por mantener un estilo de vida acorde con su posición. En consecuencia, compraban esclavos e importaban artículos suntuarios, además de emplear sirvientes.

Los esclavos domésticos formaban parte de la comitiva familiar de los ricos y aun de muchas personas de menores recursos. Desde el virrey hasta los empleados, muchos burócratas eran dueños de esclavos. Los que se trasladaron a Perú desde España en el siglo XVI recibieron gran cantidad de las licencias que se otorgaban para importar esclavos. El número de esclavos que se podía importar variaba según el rango del funcionario; a la mayoría se les permitía tener dos o tres. Además, los burócratas estaban autorizados a comprar esclavos en el Nuevo Mundo. Los esclavos no solo realizaban las tareas hogareñas de rutina sino que también servían durante años como escuderos armados a los funcionarios de alto rango. Semejante despliegue público alimentaba la vanidad de los funcionarios al tiempo que estimulaba el deseo de emulación en los otros ciudadanos (véase la figura 13).

Si bien los salarios gubernamentales eran modestos, ofrecían una seguridad mínima. Esto, junto con una designación vitalicia, hacía que los burócratas de cualquier nivel fueran la envidia de sus coetáneos. Para obtener una posición en los escalones más altos de la jerarquía burocrática la competencia era grande, y los pretendientes solían hacer grandes gastos y dedicar años de esfuerzo para lograr el puesto codiciado.

En 1670 el virrey del Perú designó a 52 corregidores de entre 600 candidatos; ello ilustra la fuerte competencia por los cargos, especialmente aquellos que ofrecían posibilidad de ingentes beneficios en un período breve de tiempo. La competencia por los cargos altos en la capital podía llegar a ser aun más dura. Pero para los puestos que la corona cubría directamente, el escenario de la competición se desplazaba desde las capitales regionales a la corte misma.

Los hombres oriundos de cualquier región del imperio estaban en desventaja en la persecución de posiciones de alto nivel. Por lo general, su mayor aspiración era conseguir un nombramiento dentro de su distrito de origen. En otras palabras, trataban de llegar a ser hijos nativos. Si se los nombraba para otro distrito, ingresaban como forasteros, sin vínculos sociales ni económicos con la región, tal como un peninsular. Sin embargo, hasta las mayores burocracias de América, las de Lima y México, tenían pocas vacantes en la cima.

Tanto en las posiciones de la tesorería central como en las audiencias había pocas oportunidades de conseguir un cargo. Desde 1620 hasta 1700, solo fueron nombrados 20 funcionarios para la tesorería central de Lima. Durante esos mismos años, el rey nombró a 75 hombres para los 8 puestos de oidor de la audiencia de Lima y, coincidentemente, un número igual de oidores para la audiencia de México. Como algunos de los nombramientos de oidor recayeron en hombres que ya estaban desempeñándose en estas cortes como alcaldes del crimen o como fiscales (abogados de la corona), el número real de cargos disponibles en los tribunales era aun menor. La muerte era la principal causa de que el cargo quedara vacante, de manera que durante períodos muy largos dichas vacantes no se producían.

En casos específicos, y especialmente cuando vendía nombramientos, la corona acostumbraba designar ministros supernumerarios o concedía promesas de un futuro nombramiento regular. Esto beneficiaba a los designados, pero sobrevenían períodos aun más largos sin nombramientos. Entre 1695 y 1699, por ejemplo, no se nombraron nuevos oidores para la audiencia de Lima. Por otra parte, la práctica significaba una incertidumbre adicional para los pretendientes en general y una carga potencialmente mayor para los aspirantes americanos en particular.

Hasta ahora se ha prestado mucha más atención al desplazamiento de peninsulares hacia el Nuevo Mundo que al de criollos hacia España. Para los americanos que aspiraban a ocupar un alto cargo en las capitales virreinales o de audiencia, sin embargo, un viaje a España y una estada en la corte eran, si no indispensables, por lo menos muy convenientes. La costumbre de viajar a España empezó muy pronto. Algunos americanos se inscribían en la Universidad de Salamanca, o en otra, pero casi todos iban principalmente para solicitar un cargo u otra demostración de la generosidad del rey. Esta práctica, que se había iniciado con cuentagotas, hacia el siglo XVII se convierte en una fuerte corriente.

Los burócratas de alto rango pertenecían por definición a la élite gobernante de las ciudades capitales en las que se desempeñaban, pero su capacidad para transmitir su estatus a sus herederos era variable. Probablemente las oportunidades fueran mayores para aquellos que se casaban después de haber sido designados, porque entonces les daban a sus hijos una vida signada por el prestigio del cargo. Los ministros cuyos hijos eran pequeños en el momento del nombramiento también se beneficiaban de su situación e influían sobre sus hijos. Pero aquel que había sido nombrado tardíamente en la vida y cuyos hijos ya estaban crecidos, y hasta a veces empleados, en el momento de la designación, no tenían tantas posibilidades de ayudar a sus herederos. En resumen: la oportunidad en el tiempo desempeñaba un papel en la transmisión del estatus de élite de los burócratas a sus herederos.

Algunos funcionarios lograban no solo transmitir su elevado estatus sino también establecer una suerte de sucesión dinástica en la burocracia. Ciertas familias, como la del limeño oidor Miguel Núñez de Sanabria, su hijo, oidor Gregorio Núñez de Rojas, y su nieto, oidor José Antonio Villalta y Núñez, actuaron en la misma rama de la burocracia a lo largo de generaciones.

Los matrimonios solían generar redes de vínculos familiares dentro de la burocracia que se extendían a veces entre varias importantes capitales regionales. El mencionado José Antonio Villalta y Núñez, oidor en Charcas, se casó con la hija de un oidor de Lima, José de Santiago Concha; por vía de su matrimonio, Villalta y Núñez pasó a tener dos cuñados y un sobrino que eran ministros de audiencia. Los parientes se desempeñaban en las cortes de Charcas, Chile y Lima. El sobrino José de Santiago Concha Jiménez Lobatón permaneció en el tribunal de Chile hasta que las guerras de la independencia terminaron por desalojarlo.

Los lazos familiares vinculaban a funcionarios con clérigos, comerciantes, hacendados, funcionarios municipales electos y otros grupos de la sociedad. Los alcaldes del concejo municipal de Lima eran hijos, nietos o yernos de ministros de audiencia. Era frecuente que los hermanos alcanzaran prominencia en diferentes ramas de la burocracia local. Tomás de Querejazu y Mollinedo, hermano de un oidor de Lima en el siglo XVIII, perteneció a la iglesia catedral de la ciudad. José Borda y Echevarría fue el auditor jefe del tribunal de cuentas y hermano del juez del crimen Manuel Antonio de Borda. Si bien no todos los ministros de audiencia estaban emparentados con otros funcionarios, es conveniente destacar la vinculación familiar de funcionarios reales y locales como factor de cohesión de la élite.

Muchas veces los funcionarios prominentes estaban también vinculados por matrimonio y parentesco a los intereses financieros más poderosos de la colonia en la que servían. El oidor de México, Francisco Leandro de Viana, se casó con la hija de un marqués y obtuvo el control de prósperas propiedades. José de Tagle, oidor de

Lima, e hijo de uno de los más ricos comerciantes de la ciudad, era propietario de una importante hacienda, arrendaba propiedades urbanas y se dedicaba al comercio. Su familia amplia y sus intereses financieros lo vinculaban prácticamente con lo más granado de la sociedad de Lima.

Una de las muestras más importantes de lustre personal y familiar en gran parte de la época colonial era la pertenencia a una orden militar: Santiago, Calatrava o Alcántara. Para entrar en una orden, el candidato debía haber sido autorizado por el rey, ser de origen legítimo y probado linaje noble; libre de rastro alguno de sangre morisca o judía, condena de la Inquisición o empleo en una ocupación baja; y debía también poseer suficientes recursos económicos para mantener el honor con dignidad. Pero por lo general, se podía obtener la dispensa de uno de estos requisitos personales pagando un precio.

El número de miembros en el Nuevo Mundo nunca fue grande, lo que aumentaba el atractivo de entrar a una orden. Las capitales virreinales de México y Lima se enorgullecían de las mayores concentraciones, pero aun en estas ciudades el número era pequeño. La ciudad de México tenía solo 33 miembros en 1653; Lima tenía 40 en el año 1700. A las órdenes ingresaban tanto peninsulares como criollos, pero los hombres de origen americano eran menos del 5% (865 miembros) del total. La pertenencia a una orden militar era codiciada y muchos individuos la consideraban suficiente recompensa por prolongados servicios a la corona.

Los funcionarios de alto rango, especialmente los de las audiencias, las tesorerías y los tribunales de cuentas, eran conspicuos candidatos al ingreso en las órdenes militares y, más tarde, en la Orden de Carlos III. Esta orden civil, establecida en 1771, con el propósito específico de reconocer servicios civiles meritorios, redujo el énfasis sobre la exigencia de ser descendiente de nobles; ciertas personas que no podrían haber satisfecho las exigencias genealógicas para el ingreso a una orden militar eran admitidas de todos modos, sobre la base de su servicio burocrático. Como resultado de su creación, pocos burócratas de alto rango ingresaron en órdenes militares después de mediados de siglo, y fueron en cambio admitidos en la Orden de Carlos III.

Al igual que aquellos que tenían títulos nobiliarios, los burócratas que entraban a una orden civil o militar se colocaban indiscutiblemente entre las personas más prominentes de los centros urbanos, y formaban parte de las élites sociales y políticas de cada capital regional. Los casamientos de los altos funcionarios y de sus hijos, las posesiones que tenían, los ingresos que percibían, las residencias en las que vivían, los carruajes en que transitaban y su prominencia en los desfiles y ceremonias públicas revelaban su estatus. Algunos mineros, comerciantes y hacendados, especialmente en la ciudad de México en el período colonial tardío, eran mucho más ricos, pero los funcionarios de alto rango de todas las capitales regionales eran representantes poderosos y visibles de la autoridad real. Solo las guerras de la independencia a comienzos del siglo XIX lograron destruir la estabilidad, flexibilidad y tranquilidad que miles de burócratas, de todos los niveles, habían conseguido establecer y conservar.

LECTURAS COMPLEMENTARIAS

Los historiadores prestaron más atención a las instituciones gubernamentales y administrativas que a los burócratas como individuos o como grupo. C. H. Haring, *The spanish empire in America*, Nueva York, Oxford University Press, 1947, presenta la discusión clásica de gobierno y administración, en todos los niveles. John Leddy Phelan, "Authority and flexibility in the spanish imperial bureaucracy", *Administrative Science Quarterly* 5:1, 1960, págs. 47-65, explica en términos generales cómo funcionaba realmente el sistema. Ernesto Schäfer, *El consejo real y supremo de las Indias*, 2 vols., Sevilla, Escuela de Estudios Hispanoamericanos, 1935-1947, proporciona un rico material que incluye listas de los consejeros de Indias, virreyes, capitanes generales, presidentes y ministros de audiencia hasta el año 1700. La influencia de los consejeros con experiencia americana está tratada en Mark A. Burkholder, "The Council of the Indies in the late eighteenth century: a new perspective", *Hispanic American Historical Review* 56:3, 1976, págs. 404-423.

J. H. Parry, *The sale of public office in the Spanish Indies under the Habsburgs*, Berkeley, University of California Press, 1953, es una interesante discusión breve sobre el tema. Sus conclusiones acerca del impacto de las ventas sobre la corrupción fueron cuestionadas por John Leddy Phelan, *The kingdom of Quito in the seventeenth century*, Madison, Wis., University of Wisconsin Press, 1967. Francisco Tomás y Valiente, *La venta de oficios en Indias*

(1492-1606), Madrid, Instituto de Estudios Administrativos, 1972, es un trabajo valioso para comprender la progresión de las ventas desde sus precedentes en Castilla hasta 1606. Kenneth J. Andrien, "The sale of fiscal offices and the decline of royal authority in the viceroyalty of Peru, 1633-1700", *Hispanic American Historical Review* 62:1, 1982, págs. 49-71, describe la influencia adversa de las ventas sobre la autoridad real en Perú. Si bien San Agustín era apenas urbano, Amy Bushnell, *The king's coffers: proprietors of the Spanish Florida Treasury, 1565-1702,* Gainesville, Fla., University Presses of Florida, 1981, es el único estudio a fondo de un Ministerio de Hacienda, o del tesoro, en el imperio. Guillermo Lohmann Villena, *El corregidor de indios en el Perú bajo los Austrias,* Madrid, Ediciones Cultura Hispánica, 1957; Alfredo Moreno Cebrián, *El corregidor de indios y la economía peruana del siglo XVIII,* Madrid, Instituto Gonzalo Fernández de Oviedo, 1977; Alberto Yalí Román, "Sobre alcaldías, mayores y corregimientos en Indias: un ensayo de interpretación", *Jahrbuch für Geschichte von Staat, Wirtschaft, und Gesselschaft Lateinamerikas* 9, 1972, págs. 1-39; y Brian R. Hamnett, *Politics and trade in southern Mexico, 1750-1821,* Cambridge, Cambridge University Press, 1971, son útiles para estudiar la administración provincial.

En la bibliografía en inglés existen pocas biografías eruditas de virreyes. Lewis Hanke, *Guía de las fuentes en el Archivo General de Indias para el estudio de la administración virreinal española en México y en el Perú, 1535-1700,* 3 vols., Colonia, Böhlan Verlag, 1977; y *Los virreyes españoles en América durante el gobierno de la casa de Austria,* 12 vols., Madrid, Biblioteca de Autores Españoles, 1976-1980, presentan una bibliografía relevante y una invalorable documentación.

J. H. Parry, *The Audiencia of New Galicia in the sixteenth century,* Cambridge, Cambridge University Press, 1948; Phelan, *The Kingdom of Quito*; y Constance Ann Crowder Carter, "Law and society in colonial Mexico: Audiencia judges in mexican society from the Tello de Sandoval Visita General, 1543-1547", tesis de doctorado, Columbia University, 1971; y para Brasil, Stuart B. Schwartz, *Sovereignty and society in colonial Brazil: the High Court of Bahia and its judges, 1609-1751,* Berkeley, University of California Press, 1973, son enfoques modernos de las audiencias. José María Restrepo Sáenz, *Biografías de los mandatarios y ministros de la real audiencia (1671-1819),* Bogotá, Cromos, 1952; Abraham de Silva i Molina,

Oidores de la real audiencia de Lima en el reinado de los Borbones (1700-1821), Sevilla, Escuela de Estudios Hispanoamericanos, 1974, presenta información biográfica sobre los ministros de tres cortes. Mark A. Burkholder y D. S. Chandler, *From impotence to authority: the Spanish Crown and the American Audiencias, 1687-1808*, Columbia, Mo., University of Missouri Press, 1977, examina los casi 700 ministros nombrados para todos los tribunales del Nuevo Mundo, así como los cambios en las designaciones y en la política de nombramientos, y proporciona listas de designaciones para 135 años. Los esbozos biográficos de los ministros que están incluidos en *From impotence to authority* figuran también en la obra del mismo autor *Biographical dictionary of Audiencia ministers in America, 1687-1821*, Westport, Conn., Greenwood Press, 1982. La saga de la lucha de un peruano por conseguir un nombramiento para la audiencia de Lima está contada en Mark A. Burkholder, *Politics of a colonial career: José Baquijano and the Audiencia of Lima*, Albuquerque, University of New Mexico Press, 1980.

John Preston Moore, *The Cabildo in Peru under the Habsburgs*, Durham, N. C., Duke University Press, 1954; y *The Cabildo in Peru under the Bourbons*, Durham, N. C., Duke University Press, 1966; y Dominic Azikiwe Nwasike, "Mexico City town government, 1590-1650: study in aldermanic background and performance", tesis de doctorado, University of Wisconsin, 1972, considera el gobierno local en dos centros del imperio. Peter Marzahl, *Town in the Empire: government, politics and society in seventeenth century Popayán*, Austin, Tex., University of Texas Press, 1978, examina una ciudad de provincia. Para un análisis de la respuesta del cabildo a la crisis urbana, véase Louisa S. Hoberman, "Bureaucracy and Disaster: Mexico City and the Flood of 1629", *Journal of Latin American Studies* 6:2, 1974, págs. 211-230.

Consúltese un estudio general del sistema de intendencia en Luis Navarro García, *Intendencias en Indias*, Sevilla, Escuela de Estudios Hispano-Americanos, 1959. Los estudios regionales incluyen: John Lynch, *Spanish colonial administration, 1782-1810: the intendant system in the Viceroyalty of the Río de la Plata*, Londres, University of London Press, 1958; J. R. Fisher, *Government and society in colonial Peru: the intendant system, 1784-1814*, Londres, The Athlone Press, 1970; D. A. Brading, *Miners and merchants in Bourbon Mexico, 1763-1810*, Cambridge, Cambridge University Press, 1971; y Hamnett, *Politics and trade*. El único análisis de una burocracia virreinal en su conjunto es el de Linda J. Arnold, "Bureaucracy and bureaucrats in Mexico City, 1742-1835", tesis de doctorado, University of Texas, 1982.

Las interrelaciones entre los burócratas y la sociedad local pueden descubrirse en Guillermo Lohmann Villena, *Los americanos en las órdenes nobiliarias (1529-1900)*, 2 vols., Madrid, Instituto González Fernández Oviedo, 1947. Las implicaciones de estos vínculos están expuestas en John Leddy Phelan, *The people and the king: the Comunero Revolution in Colombia, 1781*, Madison, Wis., University of Wisconsin Press, 1978; y, como el mejor ejemplo de una historia política integrada, véase Jacques A. Barbier, *Reform and Politics in Bourbon Chile, 1755-1796*, Ottawa, University of Ottawa Press, 1980.

4. RELIGIOSOS

PAUL GANSTER

INTRODUCCIÓN

EN EL HORIZONTE de las ciudades de la América española se recortaban las siluetas de sólidos edificios y altas torres: eran los numerosos establecimientos eclesiásticos. Las campanas de esas torres llenaban las ciudades con una marea de sonidos cuando tocaban para recordar las obligaciones cotidianas del culto o para proclamar algunos eventos sociales, como la imposición de una interdicción por parte del obispo o el arzobispo, o el nacimiento de un nuevo heredero del trono. Más abajo, en la calle, la presencia de la iglesia era también inocultable. En las ciudades grandes del imperio americano de España, como Lima y México, y también en las más pequeñas, la arquitectura religiosa tenía por lo general una zona abierta al frente: la plaza central o una plaza pequeña en una calle lateral. Estos espacios abiertos no solo proporcionaban una cómoda perspectiva para apreciar las maravillas de las puertas magníficamente talladas, las fachadas adornadas y las torres de las iglesias, sino que también albergaban fuentes públicas y mercados y eran escenario de festividades religiosas y cívicas. Las plazas eran centros de la vida urbana, donde se mezclaban representantes de todos los grupos raciales y sociales, siempre a la sombra de los edificios religiosos que simbolizaban la piedad y la devoción de la comunidad.

Entre la activa muchedumbre que se podía encontrar a ciertas horas del día en todas las zonas urbanas había un grupo de hombres que se distinguían de las otras personas por su manera de vestir. Algunos eran clérigos regulares, miembros de algunas de las órdenes de monjes que seguían ciertas reglas y vivían dentro de una comunidad religiosa. Otros eran clérigos seculares, que formaban parte de las organizaciones encabezadas por obispos y arzobispos. Estos hombres estaban encargados de proveer a las necesidades espirituales de la población, todos los días. Además de los monjes y los clérigos seglares había un grupo grande de hombres que no habían hecho votos religiosos formales en ninguna orden ni habían sido ordenados por un obispo, pero que vestían ropas de algún modo religiosas, o lucían un hábito, y trabajaban con las monjas y los sacerdotes como ayudantes, o se desempeñaban en puestos específicos en los diversos establecimientos eclesiásticos.

El número total de religiosos en las ciudades coloniales no era insignificante; de hecho, los viajeros comentaban la gran cantidad de eclesiásticos urbanos que habían visto. Las zonas urbanas, al menos para los forasteros, parecen haber estado siempre llenas de sacerdotes. Es difícil determinar cuántos clérigos había en las ciudades, porque faltan censos o son imprecisos. No obstante, se dispone de datos suficientes como para hacer algunas estimaciones generales.

La ciudad de Trujillo, sobre la costa norte del Perú, tenía una población de 9 289 almas en 1763. De esa población, 140 personas, o sea 1,5% del total, eran monjes o clérigos. Aunque esta cifra no parece elevada, debe señalarse que en esa ciudad había 3650 esclavos y mulatos, 2 300 mestizos, 289 indios y solo 3 050 personas reconocidas como blancas, es decir españoles nativos o descendientes de españoles, llamados españoles. Dado que, como se verá más adelante en este ensayo, la gran mayoría de los clérigos de la América española pertenecían a la categoría de "español", una proporción más significativa sería la de los clérigos respecto de la población total de descendientes de europeos, que es de 4,6%. Más aun, si se tiene en cuenta que la mitad de la población española era del sexo masculino, entonces 9,2% de los hombres blancos de la ciudad, o sea aproximadamente uno de cada 11, eran clérigos. Y si incluyéramos a los que no eran técnicamente clérigos pero llevaban vestimenta religiosa, la cifra sería mucho mayor: uno de cada siete u ocho hombres laicos españoles.

Los porcentajes de religiosos en segmentos selectos de la población en otras ciudades coloniales son semejantes. En Nueva España, Puebla tenía una población de 14 500 indios, 34 095 castas y 19 710 españoles, o blancos, para un total de 67 765 en 1781. Allí, los sacerdotes ordenados eran 1,4% de la población total; 5,2% de los españoles; y 10,4% de los españoles nativos o descendientes de españoles. En otras palabras, uno (o algo más) de cada 10 de los hombres españoles de Puebla eran sacerdotes. En la ciudad de México, 1,4% de los 113 234 habitantes, en 1790, eran clérigos regulares o seculares. Allí, la proporción de clérigos para la población blanca era, probablemente, similar a la de Puebla. En Mérida, la aislada capital de la península de Yucatán, donde los españoles eran minoría, los 133 clérigos regulares y seglares comprendían solo

0,45% de la población de la ciudad en 1794. Pero la población clerical era 3,9% de la población española, y 7,8% de los hombres blancos, cifras similares a las de otras ciudades de la América española.

Como las cifras lo indican, en las ciudades había gran número de establecimientos eclesiásticos. Lima, que en el siglo XVIII tenía una población de 50 000 habitantes, poseía una magnífica catedral, 6 iglesias parroquiales, 11 hospitales, 15 conventos de monjas, 19 monasterios, un retiro para mujeres divorciadas, un oratorio, varios noviciados y colegios, y algunas casas de retiro. Trujillo, con una población de algo más de 9 000 habitantes en el siglo XVIII, tenía una presencia eclesiástica similar: una catedral, cinco iglesias parroquiales, un seminario, cinco monasterios, un hospital, un colegio y dos conventos. Esta proporción de instituciones y edificios eclesiásticos parece haber sido también característica de otras zonas urbanas de la América española.

La concentración de clérigos en las áreas urbanas del imperio español no es sorprendente; se puede observar una pauta similar en España durante el período de la conquista, y es evidente también desde los primeros tiempos en las Indias. En Perú los clérigos llegaron ya durante la fase militar de la conquista. Poco después de la fundación de cada ciudad, se establecía una iglesia con uno o más sacerdotes, y algunos monasterios. A lo largo de todo el período de la conquista, los sacerdotes seculares eran más numerosos que los regulares, y ambos se inclinaban por abandonar la campiña, donde eran más necesarios, y congregarse en las ciudades. Esta situación se ha prolongado hasta hoy en la América española.

El grupo de los religiosos en la América española se caracterizó por la concentración urbana y una gran presencia tanto en la vida cotidiana cuanto en la social de los centros urbanos. ¿Quiénes eran estos hombres, tan prominentes en las ciudades y poblaciones del imperio americano? ¿Qué los diferenciaba de los demás? ¿Qué era lo que constituía el estado clerical? ¿Cuáles fueron los principales rasgos de la historia y el desarrollo de la iglesia institucional en la América española? ¿Cuáles eran los requisitos para ser admitido en la unión clerical? ¿Cómo era la carrera clerical, y a qué actividades se dedicaban los clérigos para ganarse la vida? ¿Cuál era la extracción social y familiar de estos hombres de la iglesia? ¿Qué posición ocupaban los clérigos, individual y colectivamente, en la sociedad urbana? Tomando como base la información resultante de la investigación sobre el clero de Nueva España y Perú en el siglo

XVIII y material semejante para otros períodos y áreas de la América española urbana, este capítulo propone una visión general de los hombre que constituyeron la iglesia en las ciudades coloniales.

LA PRESENCIA DE LA IGLESIA EN LAS INDIAS

La presencia de la iglesia fue tan obvia en los grandes eventos épicos de la conquista de Perú y de la Nueva España, que muchas veces se da por sentado que la participación eclesiástica se dio a nivel institucional y tuvo lugar desde los primeros viajes españoles de descubrimiento y expansión en las Indias. Esta suposición es errónea porque durante más de una década después del descubrimiento de las Indias la presencia de la iglesia fue sorprendentemente limitada e ineficaz. No solo los rudos marineros de los viajes del descubrimiento tenían poca necesidad de sacerdotes; ya antes los monarcas españoles habían emprendido un claro esfuerzo por reformar a la corrupta y decadente iglesia española, política que solo podía llevarse a cabo por medio de un creciente control de la iglesia por parte de la corona. Los reyes católicos no estaban dispuestos a permitir el establecimiento de una estructura religiosa fuerte y permanente en sus nuevas posesiones hasta tanto el papado le diera a la corona las concesiones necesarias para asegurar la dominación real de una iglesia institucionalizada en las Indias. España solo pudo negociar las concesiones que deseaba hacia 1508, y para entonces la declinación de las poblaciones indígenas y los cambios en la colonización hispánica hicieron que el desarrollo de una iglesia organizada en las Indias fuese difícil hasta la década de 1520.

Desde la perspectiva real, la demora en establecer firmemente a la iglesia valió la pena: la paciencia y las duras negociaciones dieron por resultado que la corona obtuviese un derecho total de patronazgo para la iglesia en las Indias. Este patronazgo de la corona, o patronato real, significaba que el papado garantizaba a la corona el privilegio de fundar y organizar la iglesia en ultramar y el derecho de nombrar a todos los clérigos y otorgar los puestos eclesiásticos que suponían ingresos, tales como el de párroco, miembro del capítulo de la catedral y obispo. En resumen, el patronato aseguraba que la iglesia en las colonias americanas de España estuviera controlada casi totalmente por el gobierno real (excepto en cuestiones de dogma) y que funcionara eficazmente como brazo del Estado. En las Indias, la iglesia serviría a las necesidades del Estado.

Con el desplazamiento de importantes contingentes de españoles hacia las tierras interiores, que comenzó en 1520, la corona siguió por lo general la política de establecer un episcopado junto con la colonización de toda nueva región. A veces, el nuevo episcopado crecía con las olas de la conquista, solo para levantar sus tiendas y desplazarse toda vez que se incorporaban nuevas y ricas zonas. La primera diócesis, o episcopado, que se estableció en el continente fue la de Darien en 1513 (posteriormente trasladada a la ciudad de Panamá en 1524). En 1519 se creó una diócesis para la zona aledaña a la ciudad de México, pero luego fue trasladada a Tlaxcala en 1525, y de allí a Puebla. El episcopado de México se estableció recién en 1530, y desde allí las diócesis irradiaron hacia las regiones o ciudades de Comayagua (Honduras) en 1531, León (Nicaragua) en 1531, Guatemala en 1534, Oaxaca en 1535, Michoacán en 1536, Chiapas en 1538, Guadalajara en 1548, y Yucatán en 1561. La misma pauta se observa en América del Sur, con la fundación de los episcopados de Túmbez en 1529, Cuzco en 1536 y Lima en 1539. Hacia el fin del período colonial había 10 arquidiócesis y 38 diócesis en la América española, todas firmemente arraigadas en los centros urbanos del imperio.

La estructura eclesiástica de las nuevas fundaciones era similar a la de España que, por lo general, seguía el modelo de Sevilla, excepto por las provisiones del patronazgo real. Cada área que se conquistaba era dividida en grandes unidades territoriales, llamadas episcopados u obispados, y dirigidas por el obispo o arzobispo, que se establecía en la principal ciudad de la región. Después, cada una de estas unidades territoriales era dividida en cierto número de unidades espaciales menores, según la población, llamadas parroquias. Esta era la unidad eclesiástica básica, porque era el párroco quien tenía contacto cotidiano con la población y administraba los sacramentos necesarios para la salvación. Solo un sacerdote, el párroco, o eventualmente otros con su autorización, podían administrar los sacramentos dentro de los límites de la parroquia. Este monopolio de los servicios garantizaba al clérigo poseedor de un beneficio, o prebenda, un ingreso adecuado, y lo protegía contra las intrusiones de otros sacerdotes ordenados, que constituían un problema potencialmente serio en ciudades llenas de sacerdotes.

El obispo era ayudado en el gobierno de su diócesis por una

burocracia central y un determinado número de cortes eclesiásticas, entendidas en cuestiones que iban desde acusaciones contra
clérigos hasta divorcios o testamentaría de posesiones dejadas
por fieles. El capítulo, o junta, de la catedral también proporcionaba una colaboración importante en el gobierno de la diócesis.
Este grupo de hombres estaba encargado de mantener a la iglesia principal del episcopado y vigilar la permanente observancia
de las horas canónicas en la catedral. Además, el capítulo se ocupaba de la recolección de los diezmos sobre los productos agrícolas, que era una importante fuente de ingresos para la estructura
diocesana. Por último, este cuerpo gobernaba la diócesis en ausencia del obispo, lo que era frecuente en una época de malos
transportes y elevados índices de mortalidad entre los religiosos.
Teniendo en cuenta todos estos deberes y poderes, es evidente
que los miembros del capítulo tenían un gran prestigio en las
ciudades de la América española.

Junto con las conquistas y las fundaciones de iglesias llegaban
muchos clérigos seculares, incluyendo aquellos que eran portado-
res de designaciones para la nueva sede y los que se valían de sus
propios recursos para conseguir posiciones en las jerarquías recién
establecidas. Los historiadores creyeron en algún momento que la
gran mayoría de los religiosos en las Indias durante gran parte del
siglo XVI eran regulares, pero ahora se sabe que frailes y clérigos
seculares estuvieron presentes en Perú durante el período de la
conquista en números casi iguales. Asimismo, es probable que la
preponderancia de regulares en Nueva España no fuera tan grande
como alguna vez se creyó. Además, los seculares parecen haber tenido más tendencia que los regulares a concentrarse en las zonas
urbanas, de modo que fueron un elemento igualmente vital en las
ciudades de las Indias desde el comienzo.

Los frailes, que estuvieron presentes en el Caribe desde una
época temprana, llegaron al continente en gran número. Las tres
órdenes mendicantes, los franciscanos, los dominicos y los agusti-
nianos, se establecieron en Nueva España poco después de la conquista (en 1523, 1526 y 1533, respectivamente) e inmediatamente
iniciaron su trabajo de conversión de millones de indígenas (véase
la figura 14). Muy pronto se habían repartido el país recién conquistado, pero la competencia por las almas era siempre más intensa en
las zonas ricas y densamente pobladas alrededor del principal centro urbano de la colonia: la ciudad de México. El rey Felipe II se

quejaba de esto en 1561, señalando que: "los religiosos prefieren establecerse en las ricas praderas próximas a la ciudad de México, dejando desatendidas extensiones de hasta 20 o 30 leguas, porque los religiosos evitan las regiones inhóspitas, pobres y calurosas".[1]

Hacia la década de 1570 se había logrado una tremenda expansión de las órdenes regulares en las Indias, particularmente en Nueva España. En ese momento había más de 200 establecimientos religiosos en Nueva España; la mayoría estaba en poblaciones indígenas, con dos o tres monjes y hermanos legos que supervisaban a cientos de indios a su cargo. Al mismo tiempo, las fuerzas centrípetas de las ciudades se habían hecho evidentes, aun entre los motivados mendicantes. Las ciudades principales del reino tenían grandes establecimientos religiosos con poblaciones considerables, sostenidas por sistemas de posesiones rurales. Si bien los elementos urbanos eran necesarios como apoyo para el proselitismo llevado a cabo, en la primera instancia, en la campiña, muy pronto se llegó a un punto en que los establecimientos urbanos adquirieron vida propia. Después del brote inicial de actividad rural, el gran florecimiento de las órdenes se produjo en las ciudades de Nueva España. Con algunas variantes, se advierten pautas similares en otros lugares de las Indias españolas, de modo que la presencia de las órdenes en un paisaje urbano fue significativa. La proporción de religiosos urbanos respecto de los rurales siguió creciendo durante todo el período colonial.

Como institución, entonces, la iglesia se estableció rápida y permanentemente después de las principales conquistas. Hacia el último cuarto del siglo XVI, eran visibles los rasgos característicos de la jerarquía secular y las órdenes regulares. Había empezado una amarga rivalidad entre regulares y seglares, que solo cedió tardíamente en el período colonial, con el creciente control estatal sobre ambas ramas de la iglesia. Tanto regulares como seglares estaban firmemente arraigados en las zonas urbanas. Ambos extraían riqueza de la campiña, en forma de productos de las haciendas, o por medio de la recolección de diezmos. Hacia fines del siglo XVI, la mayoría de los hombres de ambas ramas, la regular y la seglar, o lega, pasaban casi todo su tiempo en las ciudades.

---

[1] Robert Ricard, *The spiritual conquest of Mexico*, Berkeley, University of California Press, 1966, pág. 82.

LOS RELIGIOSOS URBANOS

Los religiosos que vivían en las ciudades eran de diverso origen regional y social, y desempeñaban diversos papeles dentro de la iglesia. Al mismo tiempo, eran diferentes de los otros individuos, y disfrutaban de una identidad corporativa. El mundo español y católico estaba dividido en dos grupos de población: los clérigos y los laicos. Como el estado clerical era considerado un ordenamiento divino, la distinción entre los hombres comunes y los de sotana era de origen también divino y, por lo tanto, incuestionable. De allí entonces que sea comprensible el considerable prestigio de que gozaban todos los religiosos de la América española colonial.

La transición del orden mundano al divino estaba reglamentada por requisitos legales y prácticas universalmente aceptadas. Para los sacerdotes seglares, la tonsura marcaba el ingreso a la orden clerical, en calidad de novicio, por un período de prueba. La tonsura era una ceremonia sagrada en la que se cortaba el cabello del aspirante de modo de dejar un círculo calvo en la parte superior de la cabeza. Para el clero regular, el ingreso estaba marcado por la incorporación a una comunidad religiosa dentro de la que se debía vivir según las reglas de la orden y en obediencia a un superior.

En el momento en que un hombre ingresaba a la rama secular o regular de la iglesia, se le exigía que vistiera las ropas adecuadas a su nueva condición. Para los seglares, un hábito negro, largo hasta los talones; para los regulares, más o menos lo mismo, pero con variaciones de color y detalles según las prácticas de las diversas órdenes. Las autoridades civiles y eclesiásticas daban gran importancia a esta exigencia, y durante todo el período colonial hicieron enormes esfuerzos para que se cumpliera. La brecha entre el clero y los legos era enorme, y los signos exteriores de esta diferencia eran considerados de extrema importancia. El Concilio de Trento declaró: "aunque el hábito no hace al monje, es necesario que los eclesiásticos lleven vestimenta adecuada a su estado, a fin de que manifiesten la honestidad interior de sus costumbres a través de la decencia exterior de sus ropas".[2] Y era precisamente esta vestimenta especial la que hacía tan notorios a los religiosos entre las muchedumbres urbanas y

---

[2] Justo Donoso, *Instituciones de derecho canónico americano*, París, Librería de Rosa y Bouret, 1868, vol. I., pág. 211.

daba la impresión de que constituían una parte tan grande de la población de las ciudades (véase la figura 13).

La primera tonsura, o sea el ingreso a una orden religiosa, le acordaba a un hombre la protección del fuero eclesiástico, o privilegios corporativos de que disfrutaban los religiosos. Un detalle importante era que por lo general estos privilegios exceptuaban al clérigo de la jurisdicción de las cortes civiles y disponían que cualquier caso legal sería ventilado ante los tribunales eclesiásticos. Al mismo tiempo, como parte de su incorporación a la unión eclesiástica, cada hombre era puesto bajo la supervisión de determinada autoridad eclesiástica, regular o seglar. Esto aseguraba que cada religioso urbano dependiera directamente de un superior en la zona geográfica de su residencia.

LAS ÓRDENES SACRAS

Las tonsura y la simple afiliación a una orden religiosa incorporaban a un hombre a la unión clerical, y ambos requisitos se cumplían con relativa facilidad. No obstante, estos pasos no eran irrevocables, porque el clérigo regular podía abandonar su comunidad y dejar el hábito. En cuanto a los seglares, podían perder la tonsura por negarse a usar el hábito o por diversas transgresiones legales y morales. La admisión en la comunidad clerical en este nivel tenía la ventaja de no ser permanente. Pero la participación plena en la vida de la iglesia solo podía ser obtenida por los seglares a través del proceso de la ordenación, que en la práctica era un requisito para los que pretendían ocupar los cargos más importantes en la iglesia secular: cura párroco, miembro del capítulo de una catedral, obispo o arzobispo. Los regulares debían atravesar un período de entrenamiento y prueba, el noviciado, y después profesar solemnemente los votos de pobreza, castidad y obediencia. Solo así un individuo se convertía cabalmente en un monje de una de las órdenes. Los regulares podían también atravesar el proceso de la ordenación y llegar a ser sacerdotes capaces de administrar los sacramentos, y a desempeñarse como curas párrocos en las parroquias indígenas reservadas al cuidado de los religiosos regulares.

Tradicionalmente el sacerdocio ha sido definido como un sacramento por medio del cual un hombre recibe la autoridad de perdonar los pecados, ofrecer el sacrificio de la misa y administrar otros sacramentos de la iglesia, con excepción de la ordenación y la confirmación, que están reservadas a los obispos. En esta posición de mediador entre Dios y los hombres, el cura párroco entendía tanto en los asuntos de rutina como en las cuestiones de fe, y participaba en los eventos críticos de las vidas de los fieles: bautismo, matrimonio y muerte. También era un elemento indispensable en la continua ronda de celebraciones que constituía el calendario religioso de cada parroquia.

El sacramento de las órdenes sacras se recibía en pasos sucesivos o grados, agrupados de modo general en órdenes mayores y menores. Las órdenes menores eran revocables, pero aquellos individuos que recibían las órdenes mayores se consagraban y dedicaban irrevocablemente a la iglesia; a ellos se les exigía que observaran perpetua castidad. El hecho de no trascender las órdenes menores mantenía abiertas algunas opciones. Muchas veces un hombre tomaba las órdenes menores con el propósito de obtener las rentas de una capellanía, o debido a presiones de sus padres, solo para descubrir más tarde que no tenía verdadera vocación para ordenarse sacerdote. Por lo tanto, es evidente que muchos individuos recibían la tonsura y las órdenes menores simplemente para acogerse a la protección brindada por el fuero eclesiástico. La tonsura y las órdenes menores otorgaban a un joven un prestigio social modesto y cierto apoyo institucional como miembro de la comunidad eclesiástica; por eso mismo eran consideradas convenientes. Así, aunque muchos hombres cumplían con todos los pasos del proceso de ordenación, otros solo tomaban la tonsura o las órdenes menores o incluso ambas, y continuaban viviendo prácticamente como laicos. El proceso de ordenación era lo suficientemente flexible como para atender las necesidades de los individuos, sus familias y la sociedad.

Los requisitos legales y consuetudinarios para la ordenación eran numerosos, y restringían mucho el número de hombres que podían llegar a ser sacerdotes. Se suponía que todos los candidatos debían ser personas de buena conducta, y se les exigía que presentaran testigos que avalaran sus condiciones de carácter y sus circunstancias generales. Además, un candidato tenía que ser hijo legítimo, pertenecer a un linaje cristiano antiguo y comprobable, y no tener mancha de sangre morisca, judía, indígena o negra (limpieza de sangre). Tampoco debía haber en su familia individuos que hubieran sido procesados por la Inquisición. Es cierto que hubo algunos casos de clérigos de origen racial mixto, pero ello tuvo lugar principalmente en las poblaciones provinciales, en las lindes

del imperio, o ya a fines del período colonial, cuando hubo una rela-
jación de las exigencias. Ocasionalmente un hombre de origen ilegítimo recibía una dispensa eclesiástica y era ordenado. Pero por lo
común todas las exigencias eran escrupulosamente respetadas, sobre todo en las ciudades importantes.

Para ser aceptado como sacerdote era necesario adquirir determinado nivel de educación, y en la práctica existió una tendencia
hacia los niveles educacionales cada vez más altos para los hombres que eran ordenados, lo cual se mantuvo durante todo el período colonial. En Nueva España, los niveles educacionales de los
clérigos mejoraron desde fines del siglo XVI en adelante. El 23% de
los 95 sacerdotes de la arquidiócesis de México en 1569 tenía títulos universitarios, principalmente grado de bachiller. Seis años después, el número de sacerdotes de parroquia había aumentado a 115,
y el porcentaje de hombres con título universitario había crecido a
29%. Durante el mismo período, en la diócesis aledaña de Puebla se
observó una tendencia similar. Hacia el siglo XVIII, la mayoría de los
hombres ordenados en Lima y México se habían graduado en algún
colegio y tenían título universitario. Algunos párrocos de estas diócesis solo habían obtenido el título de bachiller (el primero que otorgaban las universidades) o de licenciado (grado posterior al
anterior); pero la gran mayoría eran doctores en teología o en derecho civil y canónigo. En la aislada provincia de Yucatán, en la segunda mitad del siglo XVIII, el nivel académico de los sacerdotes era
mucho más modesto. Un estudio de un grupo de 288 sacerdotes reveló que 234 afirmaban haber estudiado filosofía, teología o artes,
pero solo 44 declararon haber obtenido un título de bachiller. Por lo
tanto, apenas una pequeña proporción de los sacerdotes de Yucatán tenía título de bachiller, y los que eran licenciados o doctores
eran escasísimos y residían habitualmente en Mérida, la ciudad
más importante de la península.

Gran parte del período colonial responde a un modelo claramente definido. Los sacerdotes con mayor nivel educacional estaban
concentrados en las áreas urbanas, particularmente en las ciudades
más importantes de los virreinatos, como Lima y México. En las
ciudades de provincias y en las zonas rurales, el clero tenía un nivel
menor de educación formal. Esto es absolutamente lógico, porque
las ciudades importantes eran lugares más deseables para vivir y
trabajar. Así, la competencia por los puestos era más intensa y los
candidatos más calificados tenían, desde luego, mayores posibilida-

des de conseguirlos. Al mismo tiempo, estas capitales tenían las mejores infraestructuras educacionales, y era más conveniente residir en ellas para alcanzar objetivos educativos ambiciosos.

La instrucción primaria de los futuros clérigos era impartida por tutores privados, por escuelas informales establecidas por clérigos, o bien por las escuelas que funcionaban en los conventos y a las que se podía asistir desde la edad de 4 años (véase la figura 15). La educación secundaria era proporcionada, en las ciudades más grandes, por los seminarios diocesanos y por escuelas, llamadas colegios, dirigidas por diversas órdenes religiosas. Por lo general, los colegios de los jesuitas ofrecían la mejor educación. Desde luego, los destinatarios eran, inevitablemente, hijos de familias nobles o de familias de elevado rango social. Todas estas instituciones otorgaban becas para estudiantes pobres, pero los que no conseguían una debían pagar aranceles, alojamiento y comida. En consecuencia, dar educación secundaria a los descendientes del sexo masculino era una empresa onerosa y difícil para las familias de origen humilde y escasos recursos. Del mismo modo, financiar educación universitaria para los hijos varones era muy difícil para los miembros de los estratos más bajos de la sociedad. En resumen, los costos de la exigencia educacional limitaban el sacerdocio secular a los hijos de las familias relativamente acomodadas de la sociedad colonial. En los niveles más bajos, puede incluirse dentro de esta categoría a los pequeños comerciantes, los artesanos prósperos y otras personas de similares recursos y posición.

Otra exigencia fundamental para la ordenación sacerdotal era que el individuo interesado demostrara que poseía una *congrua*, es decir, un ingreso económico vitalicio, debidamente garantizado. Esta regla, destinada a evitar el desarrollo de una clase de clérigos indigentes, era generalmente aplicada por los obispos. En Lima y en la ciudad de México a fines de la época de la colonia, el ingreso requerido ascendía a 200 pesos anuales, cantidad que bastaba para que un sacerdote se mantuviera en un nivel mínimo de decencia. Había varias maneras de cumplir este requisito de la posesión de una congrua. La persona podía obtener un beneficio, por ejemplo un puesto en la parroquia o una posición en el capítulo eclesiástico, pero esto era raro. Ocasionalmente, un hombre podía satisfacer la exigencia de la congrua declarando, simplemente, que pertenecía a una familia rica y que ello le aseguraba un apoyo económico vitalicio. De vez en cuando las grandes dotes intelectuales de una persona eran aceptadas como prueba de que siempre tendría un empleo ventajoso. Pero la fuente más común para conseguir una congrua eran las *capellanías*. Básicamente, una capellanía era una fundación, o dotación, en virtud de la cual el sacerdote que la obtenía tenía obligación de decir cierto número de misas por año en beneficio de las almas del fundador y sus parientes. La suma destinada a la capellanía se descontaba del interés anual pagado sobre un censo, que era en realidad una hipoteca sobre inmuebles urbanos o rurales.

Había diferentes tipos de capellanías, con distinta estructura legal. Algunas estaban directamente bajo el control de la iglesia, otras constituían parte de los recursos de una familia y funcionaban como pequeñas herencias para mantener cierto nivel de riqueza dentro del linaje. La importancia de las capellanías como parte de la estructura colonial no debe ser subestimada. Hacia el final del período colonial, una proporción importante de las propiedades urbanas y rurales estaba comprometida con censos que otorgaban los fondos necesarios para las capellanías. Estas servían para canalizar la riqueza rural hacia las ciudades y para mantener a gran número de religiosos urbanos. Probablemente la mayoría de los sacerdotes ordenados dependían de diferentes formas de capellanías para su subsistencia. Algunos sacerdotes tenían varias dotaciones, y por lo tanto disfrutaban de un buen pasar, mientras que otros alcanzaban un buen nivel de vida reuniendo los ingresos de la capellanía con los de otros empleos.

Otra manera de cumplir lá exigencia de la congrua era hacerse ordenar sobre la base del conocimiento de una lengua indígena, capacitación esta conocida como título de suficiencia de lengua. Había una escasez crónica de sacerdotes para las parroquias indígenas rurales, ya que la inmensa mayoría de los hombres preferían la vida urbana, y por lo general cualquiera que tuviera un conocimiento suficiente de alguna lengua indígena podía fácilmente obtener un beneficio. Pero la escasez de sacerdotes que supieran las lenguas indígenas persistió durante todo el período colonial. Era frecuente que los religiosos aprendieran una lengua nativa para su ordenación como tales, sirvieran brevemente en una parroquia indígena y después escaparan hacia un puesto urbano en la primera oportunidad. Aunque había exceso de sacerdotes en las ciudades, había también beneficios vacantes para las áreas rurales; no obstante, casi todos preferían tener un empleo y hasta un subempleo en la ciudad que confinarse en la campiña.

El Concilio de Trento no estipuló exigencias de edad para la tonsura y las órdenes menores; en cambio, el nivel de educación determinaba cuándo podrían conferirse esos títulos. Esto significaba que tanto la tonsura como las órdenes menores podían obtenerse a una edad temprana. A veces, la tonsura se recibía ya a los 10 años, pero lo más frecuente era que los primeros pasos hacia el sacerdocio se dieran entre los 15 y 20 años, cuando el joven había iniciado sus estudios en un colegio. Algunos esperaban hasta los 25 años, y otros obtenían las órdenes menores y las mayores en rápida sucesión. Ocasionalmente, un hombre mayor cuya esposa había fallecido y cuyos hijos eran ya independientes, solicitaba la ordenación. En última instancia, la edad a la que un individuo recibía sus órdenes menores dependía de la edad a la que formulase su propósito de seguir esa carrera. Evidentemente, algunos eran destinados por sus padres a la carrera eclesiástica a una edad temprana. Estos hombres obtenían capellanías y se les concedían las órdenes menores mientras eran muy jóvenes. Otros postergaban la decisión hasta una edad más avanzada. Para las órdenes mayores había exigencias específicas. Los primeros pasos no podían darse sino hasta los 21 años, y la ordenación no se concedía a los menores de 25 años.

El resultado general de muchos de estos requisitos habría de tener una profunda influencia sobre la composición social y racial del grupo de sacerdotes ordenados que hubo en las ciudades coloniales. La calificación racial exigía que los sacerdotes fuesen de origen totalmente europeo, o lo que pasaba por ser europeo. En cuanto a la congrua y al nivel educativo, por lo general solo podían acceder los miembros de familias prósperas. Por lo tanto, los sacerdotes urbanos eran blancos y provenían de los niveles más altos de la sociedad colonial. Los pocos ordenados de origen humilde o evidentemente mestizo eran excepción, y solo se los encontraba en las zonas periféricas del imperio.

Orígenes regionales del clero

Una característica básica de los religiosos era su origen regional. La cuestión tenía bastante importancia para la gente de la colonia y además ha sido objeto de especial atención por parte de los investigadores actuales. Desde luego, al principio todos los miembros de la iglesia en las Indias eran españoles o nacidos en Europa, y llegaban al Nuevo Mundo como miembros de la iglesia o se incorporaban a ella posteriormente. Sin embargo, poco tiempo después de la conquista, la cantidad de criollos en las filas del clero había aumentado considerablemente, al punto de que en el último cuarto del siglo XVI superaba a los peninsulares en la mayoría de las regiones de las Indias.

El predominio de criollos en el clero secular se prolongó durante todo el período colonial. La única excepción era la de los obispos y arzobispos, que eran mayoritariamente peninsulares. Por ejemplo, de los 159 obispos que sirvieron en las Indias españolas en el período entre 1504 y 1620, 84% eran oriundos de España, 14% eran criollos y 2% eran de origen regional desconocido. Casi los dos tercios de estos obispos eran monjes y solo un tercio pertenecía a la iglesia secular. Evidentemente, la corona seguía la política de favorecer las designaciones de clérigos nacidos en la península para desempeñarse en las sedes del Nuevo Mundo, y hay evidencias de que esta situación se prolongó durante toda la dominación española en América.

Los mejores datos disponibles sobre los orígenes regionales de los miembros de capítulo son los de las catedrales de Lima y México en el siglo XVIII. Entre 1700 y 1799 los criollos constituyeron aproximadamente 85% de las designaciones en el capítulo de Lima; para el mismo cuerpo pero en la ciudad de México, la cifra fue de 70%. La mayoría de los hombres eran nombrados para los puestos más bajos y luego ascendidos a través de un lento y ordenado sistema de promoción llamado ascenso. Rara vez se designaba a alguien directamente para los puestos más elevados y poderosos. Así, como para los capítulos se nombraba preferentemente a criollos, muchos de ellos sobrevivían para ocupar posiciones de liderazgo. La norma para Lima y México en el siglo XVIII era tener un capítulo criollo con conducción criolla.

El dominio criollo en los capítulos era tan grande que las políticas anticriollas de los Borbones tuvieron poco impacto real. Los decretos reales de 1776, que limitaban la participación criolla a un tercio de los puestos del capítulo, al tiempo que invitaban a los americanos a competir por puestos peninsulares, tuvieron un efecto insignificante sobre los capítulos de México y Lima, pese al enorme tumulto suscitado en las Indias por esta legislación.

Las filas de los curas párrocos en las ciudades coloniales también se cubrían principalmente con hombres de la región. Los beneficios urbanos eran, sin duda, los puestos más codiciados en el sistema parroquial, y la competencia era intensa. A diferencia de los capítulos, los puestos parroquiales se cubrían por medio de concursos que se llevaban a cabo en las Indias, de modo que a los intrusos europeos les resultaba muy difícil el acceso a los cargos. Ocasionalmente, un peninsular recién llegado obtenía una parroquia urbana, pero casi siempre era miembro del entorno oficial de un obispo, arzobispo, virrey o gobernador. Estos individuos eran raras excepciones y su rápido ascenso producía considerable irritación local.

El control criollo de los capítulos de cátedra y de las parroquias, cuando se combinaba con largos períodos entre el fin de la gestión de un obispo y el principio de la siguiente ("sedes vacantes"), significaba que los religiosos nacidos en América ejercían gran poder dentro de la iglesia secular colonial. Como estos hombres procedían de las sociedades urbanas locales, el establishment criollo llegó a considerar estos puestos como parte del patrimonio que la corona les debía por la conquista y colonización de las Indias. La iglesia secular no era una institución extranjera impuesta a los americanos. Fue, por el contrario, una parte integrante de la sociedad local, y estuvo constituida principalmente por nativos.

El cuadro de los orígenes regionales de los monjes es mucho más complejo debido a la relativa autonomía de cada orden para establecer las políticas de reclutamiento y gobierno. La experiencia de la provincia del Santo Evangelio Franciscano en Nueva España parece haber sido característica de las órdenes regulares en las ciudades de la América española, con las naturales diferencias espaciales y temporales. Durante sus primeros años de existencia, la orden se componía exclusivamente de monjes que habían llegado desde España y otros lugares de Europa para la gran tarea que se avecinaba. Hacia mediados del siglo XVI, un número cada vez mayor de hombres ingresó a la orden en Nueva España, incluyendo a los nacidos en las Indias y a los que eran oriundos de España pero se habían trasladado a Nueva España solos o formando parte de grupos familiares. A comienzos del siglo XVII habían surgido tres diferentes grupos según su origen: criollos, es decir hombres nacidos en Nueva España y que allí habían tomado los hábitos; hijos de provincia, hombres nacidos en España pero que habían tomado los hábitos en México, y gachupines, nativos de España que se habían incorporado allí a la orden. Todo el siglo XVII se caracterizó por la lucha entre estos tres grupos por el dominio de la provincia y el control de sus importantes cargos, enfrentamiento que también se puede advertir en la historia interna de la mayoría de las otras órdenes religiosas en la América española. La demografía de la Nueva España colonial favoreció al creciente número de criollos. A medida que aumentaban las vocaciones de nativos, y la inmigración española cesaba o se mantenía constante, los gachupines y los hijos de provincia empezaron a luchar duramente para mantener el control. En toda la América española las autoridades se vieron finalmente obligadas a intervenir e imponer una rotación de cargos entre las partes en conflicto. Este esquema se llamó la alternativa. Por lo general tales disposiciones discriminaban a los criollos y favorecían al grupo español, más pequeño, poniendo así de manifiesto la tendencia anticriolla de la corona española.

En la provincia del Santo Evangelio, esta disposición estaba ya institucionalizada hacia la segunda década del siglo XVIII y siguió vigente, con algunos ajustes menores, durante todo el siglo. Los criollos eran una abrumadora mayoría y a veces, como en 1650, no había suficientes monjes españoles para ocupar los cargos asignados a su facción. Hacia 1703, por ejemplo, había 703 hombres en la provincia; 61 eran españoles, 70 eran hijos de provincia, y 559, criollos.

Las ciudades coloniales solían ser lugares turbulentos, y la imagen de la pía calma sugerida por la fuerte presencia eclesiástica se veía muchas veces rota por eventos muy mundanos, como asaltos a mano armada, atracos, duelos, asesinatos. Los religiosos no eran inmunes a estas incursiones en el lado turbio de la vida, ya como víctimas, ya como perpetradores. Dentro de los muros de los monasterios esta inclinación a la violencia se combinaba con las pasiones del regionalismo para producir grandes tumultos, que escandalizaban a las ciudades. En 1680 y 1681 hubo un levantamiento en el convento de los franciscanos en Lima, debido a la imposición de un nuevo provincial, según la alternativa. Solo la intervención del virrey, con tropas apoyadas por la artillería, y el desalojo de una de las facciones enfrentadas devolvió la calma a los claustros.

Los enfrentamientos debidos al regionalismo, que a veces produjeron derramamiento de sangre, fueron más pronunciados en los monasterios de las ciudades coloniales. Aunque estaban situados en los centros urbanos, se trataba por lo común de sitios aislados y, en consecuencia, no se beneficiaban del contacto y la integración social. Las sociedades artificiales formadas por los esquemas de vida comunitaria obligaban a los españoles peninsulares a formar estrechas alianzas mutuas. Por lo general no tenían vínculos sociales o familiares fuera de los muros como para construir redes de contacto con sus colegas criollos. En ausencia de vínculos familiares, predominaban los lazos regionales. Así, las presiones y las frustraciones de la vida conventual eran proyectadas sobre los hombres de la facción opuesta.

Por el contrario, dentro de las filas de la iglesia secular parece no haber existido una animosidad tan intensa entre criollos y peninsulares. La razón de esta profunda diferencia es que las ramas de la iglesia secular absorbían continuamente a los peninsulares, que nunca constituyeron una amenaza seria a los procedimientos normales de promoción y ascenso. Además, los miembros de capítulo criollos y los curas párrocos solían provenir de sociedades criollas locales, que habían aceptado e incorporado inmigrantes españoles durante generaciones. Así, cada miembro de capítulo, o párroco, tenía un padre, cuñado, abuelo o primo que era un inmigrante peninsular y, dada la fuerza de los lazos familiares, era difícil ser abiertamente hostil a los españoles.

Origen social de los religiosos

La importancia de la iglesia en la vida urbana colonial de la América española es obvia. Es también evidente que muchos hombres estaban vinculados a la iglesia en innumerables cargos, pero lo que no está tan claro es quiénes eran esos hombres y por qué ingresaban a la iglesia. Para responder a estos dos interrogantes es necesario hacer un examen no solo de los individuos involucrados sino también del contexto familiar y social del que surgían.

Con frecuencia se ha dado por sentado que las familias grandes eran bien vistas en el período colonial tardío, pero ello no es necesariamente así. Un número elevado de hijos podía consumir rápidamente los recursos familiares, dados los importantes gastos de proveer dotes para las hijas y financiar educación y carrera laboral adecuadas para los hijos. La mayoría de las familias de los grupos urbanos medios y de élite solo necesitaban un hijo y una o dos hijas para transmitir su herencia social y biológica. La mejor estrategia familiar para enfrentar el exceso de hijos era hacerlos ingresar a la carrera eclesiástica.

Había también otras consideraciones implícitas en la decisión de impulsar a los descendientes varones a incorporarse a la iglesia. La religiosidad era muy bien vista en las ciudades coloniales, y ocasionalmente una familia hacía ingresar a todos sus hijos a la iglesia, extinguiendo así su linaje. El prestigio y el poder de una familia se veían acrecentados por las vinculaciones directas con los diferentes elementos corporativos de las ciudades coloniales, que incluían las ramas secular y regular de la iglesia. Los hijos que llegaban a ser sacerdotes, miembros de capítulo u ocupaban alguna otra posición en la jerarquía diocesana podían contribuir significativamente a la riqueza de la familia. Y en el peor de los casos, la carrera eclesiástica era muy conveniente para el hijo de una familia importante. Al mismo tiempo, colocar a un hijo en cualquier nivel del clero mejoraba la situación social de una familia de origen modesto. Muchas familias coloniales colocaron sistemáticamente a sus hijos en cargos dentro del clero secular, generación tras generación, aunque esta pauta varía significativamente de una región a otra y a través del tiempo.

La misma proporción general se aplica a aquellas familias que instaban a sus hijos a convertirse en miembros de la iglesia regular. Pero en este caso, las oportunidades del clérigo de prosperar materialmente y ayudar económicamente a su familia eran, en teoría, inexistentes. No obstante, entrar en una orden religiosa podía proporcionarle a un hombre un buen pasar y, a través de los ascensos dentro de la jerarquía eclesiástica, podía llegar a convertirse en un predicador de renombre, obtener una cátedra en la universidad y lograr un prestigio público que, en última instancia, redundaría también en beneficio de su familia. El religioso ordenado estaba facultado para bautizar, celebrar matrimonios y sepultar a los miembros de la familia. Pero, aunque podía participar en la vida religiosa de su familia, le estaba prohibido ocuparse de la administración de las finanzas de sus parientes. Invariablemente, los religiosos regulares se veían mucho más apartados de su familia y de la sociedad que los seglares.

Por lo tanto, la iglesia, en términos generales, no agobiaba a la sociedad sino que era un elemento clave de la estructura social más amplia y desempeñaba importantes funciones dentro de ella. La relación entre iglesia y familia no era antagónica sino simbiótica, ya que ambas constituían subsistemas claves del orden social colonial.

Como se señaló anteriormente, la gran mayoría de los clérigos ordenados que se encontraban en las áreas urbanas eran blancos o españoles. No obstante, existe poca información sobre el origen racial de los clérigos seculares de los niveles más bajos en las ciudades. Al parecer, había una mayor representación de mestizos, específicamente en el grupo de clérigos tonsurados de baja posición social y de órdenes menores, que realizaban tareas serviles en las iglesias y otros edificios de la rama secular de la iglesia. El deseo de las familias mestizas de colocar a los hijos en la iglesia, en cualquier nivel, es obvio, ya que un hijo clérigo permitía el ascenso social y la aceptación de que gozaban los españoles.

La composición racial de los regulares no era significativamente diferente de la de los seglares, si es que la provincia franciscana del Santo Evangelio, en Nueva España, es representativa de las otras órdenes. Un estudio de 1 200 individuos que fueron admitidos en esa provincia en el siglo XVII reveló que solo había 50 con indicios de ser mestizos, y no más de 10 eran indios. Las restricciones raciales se hicieron más severas en el siglo XVIII, de modo que lo que en el siglo XVII había sido insignificante se convirtió en infinitesimal en el XVIII. Aunque pocos indios y mestizos tomaron los hábitos en la provincia del Santo Evangelio, un gran número de individuos de estos grupos raciales vivían en los conventos de la orden. En el siglo XVI los franciscanos empezaron a admitir indios y mestizos y les permitían vestir un hábito similar al de los hermanos legos vinculados a la orden, pero sin tomarles votos religiosos. A veces eran admitidos simplemente como sirvientes; más tarde, en el siglo XVII, algunos fueron recibidos como hermanos legos y pocos, muy pocos, aceptados como religiosos con votos. En poquísimos casos, un indio de buena posición económica renunciaba a sus propiedades y se retiraba a un convento para dedicarse a una vida de oración, pero aunque se comportaba como un monje, no se le concedía oficialmente ese estatus.

Si bien las características regionales y raciales de los religiosos urbanos son claras, su origen social no lo es tanto. Desde la conquista en adelante, muchos clérigos que llegaban de España mostraban tendencia a ocultar o enaltecer su origen social peninsular. Pese a la confusión que esto causaba, es evidente que durante el período de la conquista los religiosos españoles que tenían título universitario, que se concentraron en las ciudades y que consiguieron los mejores puestos pertenecían al sector hidalgo (el gran grupo de la pequeña nobleza) o a la clase media acomodada. Los curas rurales y los que tenían un empleo urbano de bajo nivel pertenecían, en general, a familias de artesanos, pequeños comerciantes o pequeños hidalgos.

El origen social de los miembros de capítulo nacidos en América puede ser rastreado con bastante precisión para el período colonial tardío. Expresado brevemente: en el siglo XVIII todos los miembros de capítulo de Lima y México cuyo origen social se conoce provenían de los subgrupos de los sectores medios y altos de la escala social.

En la cima estaban los hombres cuyos familiares inmediatos tenían títulos de nobleza; hacia abajo, se encontraban los hijos de antiguas familias aristocráticas, miembros de las órdenes nobles y militares, burócratas de alto rango como jueces de audiencia o funcionarios del tesoro, funcionarios municipales (alcaldes y regidores), prominentes comerciantes mayoristas, mineros, hacendados, militares y algunos profesionales. No hay evidencias de que alguno de estos clérigos proviniese de los niveles más bajos de los grupos urbanos medios, como pequeños comerciantes, granjeros o mercaderes.

El establishment criollo produjo miembros de capítulo que eran socialmente aptos para ocupar tales cargos de importancia en la iglesia. Los miembros de capítulo estaban presentes en todas las grandes celebraciones públicas en las ciudades, junto con los dirigentes del gobierno civil y otros importantes cuerpos corporativos, y con hombres que eran reconocidos simplemente como líderes sociales: los nobles y los caballeros (miembros de las órdenes militares). Funerales, corridas de toros en alguna de las plazas, funciones teatrales, recepción de un nuevo virrey, desfiles militares, celebración del nacimiento de un heredero al trono, dedicación de una nueva iglesia: estos eran los eventos públicos a que los miembros de capítulo asistían, junto con sus pares sociales. Y muchos de ellos estaban acostumbrados a este tipo de acontecimientos desde la infancia.

En gran medida, los curas párrocos urbanos eran cortados por la misma tijera que sus colegas de capítulo criollos, al menos en las principales ciudades del imperio español. Las parroquias urbanas eran beneficios muy codiciados, tanto por su localización en las ciudades como por el hecho de que constituían una vía hacia la conquista de posiciones más elevadas. La competencia por lograrlas era intensa. Muchos de los sacerdotes que estaban estancados en las parroquias rurales, sin embargo, tenían un origen más modesto. Pertenecían a familias de pequeños comerciantes, profesionales de bajo nivel, granjeros, funcionarios sin rango o artesanos prestigiosos que habían podido educar a sus hijos pero nada más. También el nivel educacional de estos hombres era menor, y la movilidad laboral, restringida.

Los antecedentes sociales de los clérigos seculares eran muy similares en las diócesis provinciales y en los centros urbanos, si bien la estructura social provincial era una versión más limitada de la de las principales ciudades del imperio. En las ciudades provinciales faltaban o eran mucho más reducidos en número los nobles con título, los caballeros de las órdenes militares, los funcionarios civiles de rango y los grandes comerciantes. Pero las élites provinciales podían identificarse perfectamente como tales, y enviaban a sus hijos a incorporarse al clero secular, con la intención de que desempeñaran un papel importante en las parroquias locales y en los capítulos de catedrales.

No existe suficiente información confiable sobre el origen social de los religiosos en las ciudades coloniales. La principal excepción es la de los miembros de la provincia del Santo Evangelio, una de las seis provincias franciscanas en el México colonial, en el siglo XVII. Los candidatos que tomaron los hábitos en los noviciados del Santo Evangelio de Puebla y la ciudad de México presentan una sorprendente diversidad de antecedentes socioeconómicos. Solo un número muy pequeño de franciscanos podía exhibir una vinculación directa con los niveles superiores de la sociedad urbana. Unos pocos más procedían de los niveles medio y bajo de la élite, eran hijos de comerciantes ricos y miembros del consulado, grandes terratenientes, profesionales, funcionarios municipales importantes y burócratas virreinales de alto nivel. Pero los miembros de todos estos grupos de élite o de alto nivel solo constituían un pequeño porcentaje de los monjes de provincias.

Lo más sorprendente de los franciscanos del Santo Evangelio es que la mayoría procedía de grupos urbanos medios, y a veces incluso bajos. Las ocupaciones representadas eran: pequeños comerciantes, funcionarios menores locales y muchos artesanos. Algunos de los artesanos, como los herreros y plateros, eran hombres acomodados y de prestigio; otros, como los tejedores, sastres y tejedores de seda, ocupaban una posición intermedia, mientras que los picapedreros, enlosadores y carpinteros no estaban muy por encima de los obreros en cuanto a medios económicos y posición social. No obstante, entre los religiosos había muy pocos hijos de jornaleros pobres. Así, aunque humildes y de recursos modestos, estas familias estaban moderadamente acomodadas, al menos hasta el punto de que eran respetables y podían darles a sus hijos una educación mínima, nunca universitaria.

En resumen, es evidente que la mayoría de los franciscanos que ingresaban en la provincia del Santo Evangelio de Nueva España en el siglo XVII pertenecían a los grupos urbanos medios; había, además, otro grupo, pequeño, perteneciente a los sectores de élite. Ni los niveles más altos de las élites ni los estratos más bajos de la escala social estaban representados. La presencia de indios y mestizos era excepcional, y los españoles pertenecientes a los grupos urbanos de trabajadores pobres, simplemente no estaban presentes. Los franciscanos de la provincia del Santo Evangelio procedían en forma dominante de los sectores medio y bajo de la sociedad urbana. Por lo tanto, eran de origen bastante más humilde que sus pares seculares, los curas párrocos y los miembros de capítulo.

<h3>Pautas de la carrera eclesiástica</h3>

Muchos religiosos seguían pautas definidas en su vida profesional, desde la educación, pasando por la ordenación o la toma de los hábitos, hasta el tipo de trabajos y beneficios y los sucesivos ascensos. En estas carreras había un componente espacial, y las ciudades siempre eran el centro. Había también un elemento temporal, a medida que el sistema eclesiástico se organizaba, desarrollaba y maduraba.

En Perú y en la Nueva España del siglo XVI, el objetivo de muchos clérigos seculares consistía en obtener una parroquia o un cargo de capítulo, preferentemente en la principal ciudad del virreinato. Aunque muchos se desempeñaban en parroquias rurales, y a veces tenían fuertes vinculaciones económicas en las zonas rurales, la mayoría de los sacerdotes prefería aceptar cargos de menor jerarquía con tal de estar en una ciudad. Numerosos clérigos servían en las parroquias rurales solo porque ese servicio tenía gran importancia como antecedente para un nombramiento posterior en un capítulo de catedral. La preferencia por las catedrales de México y Lima era evidente, y estos hombres solían rechazar aun promociones al cargo de obispo en una ciudad provincial solo para permanecer con los cabildos eclesiásticos metropolitanos. En este período de formación de la iglesia en las Indias, había una considerable movilidad geográfica, tanto de un puesto a otro dentro de la diócesis como de una diócesis a otra.

Esta movilidad disminuyó de modo considerable más tarde, debido a diferentes factores. Los procedimientos para las designaciones del clero superior se institucionalizaron, como sucedió, por ejemplo, con el establecimiento de la oposición (examen público) que favorecía a los hijos nativos. Además, a medida que la población criolla crecía, la competencia para estas designaciones y para los puestos de capítulo se intensificó. Respecto a los puestos de capítulo, el resultado fue la implementación de procedimientos burocráticos por parte del gobierno español que hicieron más difícil la movilidad de un individuo de un capítulo a otro. Por otra parte, se desarrolló un sistema de promoción lenta y ordenada dentro de cada capítulo, el sistema de asenso, que produjo gran estabilidad entre el personal.

Hacia el siglo XVIII existían pautas bien establecidas, tanto en la educación como en la carrera del clero secular. En Lima, y también en la ciudad de México, era tradición entre el clero estudiar dentro de su propia diócesis o arquidiócesis. No obstante, el fin de los estudios y la ordenación no garantizaban automáticamente que un joven clérigo ingresara en un puesto parroquial. Aunque muchos de los clérigos de Lima y México aspiraban en primer lugar a un beneficio de parroquia, por lo general transcurrían varios años hasta que esto era posible. En el ínterin, enseñaban en el colegio o en la universidad, como profesores o ayudantes, servían como tenientes o coadjutores del titular de un beneficio parroquial, decían misas para el poseedor de una capellanía, se desempeñaban en puestos menores de la burocracia eclesiástica o trabajaban como abogados en las cortes civiles y religiosas. Esta actividad podía durar unos pocos años o prolongarse durante una década o más. Mientras tanto, el joven clérigo adquiría experiencia, se presentaba a las oposiciones e iba construyendo su *curriculum vitae*. Desde luego, algunos hombres no pasaban nunca de los puestos menores.

Una vez designado para un beneficio de parroquia, el sacerdote por lo general intentaba cambiar de parroquia varias veces, con la esperanza de acercarse a un centro urbano metropolitano. Algunos sacerdotes se quedaban permanentemente en parroquias rurales por propia elección, pero eran muchos más los que permanecían allí porque carecían de la calificación necesaria para la promoción a áreas urbanas. Sin embargo, debe señalarse que muchos hombres poseedores de beneficios rurales pasaban en realidad poco tiempo en aquellos bucólicos parajes atendiendo a las necesidades espirituales de sus fieles. Por el contrario, casi siempre encontraban una manera de vivir en las ciudades. Un esquema común era que los curas rurales se trasladasen a las ciudades que eran asiento del obispo o del arzobispo a fin de participar en los concursos públicos que tenían lugar más o menos cada dos años para llenar vacantes en parroquias. Los concursantes tenían que hacer acto de presencia, y el proceso duraba a veces tres, cuatro, cinco meses y aun más. Un sacerdote hábil podía ingeniárselas para pasar varios meses viajando y un mes o dos atendiendo asuntos personales urgentes. Después conseguía una licencia por cierta enfermedad crónica, que se prolongaba unos cuantos meses, y ello no obstaba para que un concurso público para una cátedra en la universidad lo demorase más tiempo. En consecuencia, era frecuente que un sacerdote rural pasara la mitad o más de su tiempo en la ciudad. Los obispos y sus funcionarios luchaban constantemente contra este estado de cosas, pero aparentemente sin éxito. Las fuerzas que arrastraban a los religiosos a las ciudades eran demasiado poderosas para ser contenidas mediante reglamentaciones y decretos.

Si bien el rumbo más común de la carrera eclesiástica era pasar de una parroquia rural a una urbana y después a un capítulo de catedral, las variantes estaban relacionadas directamente con la extracción social del individuo en cuestión. Por lo general, el joven procedente de una familia colonial importante obtenía su primera parroquia muy pronto, era rápidamente promovido a una parroquia urbana, ingresaba en el capítulo con menos edad y más jerarquía, y ascendía en los rangos de la catedral mucho antes que sus pares de origen social más modesto. Ocasionalmente, un religioso pasaba en forma directa de un puesto urbano menor al capítulo, sin experiencia parroquial alguna: pero se trataba siempre de hijos de familias extremadamente poderosas. Otros, que disponían de recursos suficientes, viajaban a España para hacer carrera en la corte; 20% de los mexicanos coloniales se aseguraban sus nombramientos en la corte, mientras que esa cifra descendía a la mitad en Lima. Este era un lujo posible solo para unos pocos clérigos. La vía más frecuente para el clérigo de condición modesta pero cómoda era el aprendizaje en la parroquia rural y la lenta promoción hasta llegar a la ciudad.

Entre las numerosas alternativas posibles para el clero secular, las más deseables eran el puesto de sacerdote de una parroquia urbana o un cargo en un capítulo de catedral, es decir, una prebenda. Es evidente que solo un pequeño porcentaje de los miembros del clero secular que se ordenaban obtenía estas designaciones; posiblemente solo entre 5 y 10%. Dado que el porcentaje de clérigos que tenían un beneficio o un puesto de capítulo era tan pequeño, es natural preguntarse qué hacían los demás para ganarse la vida.

La mayoría de las parroquias urbanas empleaban a varios sacerdotes asistentes para administrar los sacramentos a los feligreses; el salario era pagado por el sacerdote que tenía el beneficio. Estos cargos, conocidos como tenientes de cura, constituían una valiosa experiencia para un hombre que se iniciaba en la carrera eclesiástica. Con frecuencia el puesto era una ayudantía por muchos años, mientras que otras actividades complementaban los ingresos. El cargo de teniente reportaba un ingreso moderado y cierto prestigio en los grandes centros urbanos; pero en las ciudades menores, le alcanzaba al clérigo para mantenerse en un nivel apenas por encima de la subsistencia. Otro cargo desempeñado por clérigos en las iglesias de parroquia era el de sacristán, que era la persona que se ocupaba de la atención del edificio. Este puesto también proporcionaba un buen pasar en las ciudades grandes, pero en las menores era modesto.

Asimismo, había otras oportunidades de empleo para clérigos en las diversas ramas de la burocracia eclesiástica, particularmente en los centros urbanos que eran asiento del obispo o del arzobispo. El sistema tribunalicio de la iglesia en cada diócesis empleaba un número considerable de clérigos, algunos de tiempo completo y otros de medio tiempo. Los principales tribunales —el juzgado de testamentos (corte de testamentaría), las capellanías y obras pías (cortes de capellanías y fundaciones de caridad) y el vicariato— tenían muchos jueces, notarios, porteros, mayordomos, mensajeros y otros funcionarios. Con frecuencia los jueces eran miembros de capítulo, a veces eran curas párrocos y en ocasiones eran solo sacerdotes con título y práctica en derecho civil y canónigo. La Inquisición tenía una gama similar de cargos para clérigos, aunque también empleaba a un elevado porcentaje de legos. Lo mismo sucedía con el juzgado de la cruzada, organización encargada de la publicación y venta de las bulas de la cruzada en cada diócesis del imperio español en América. Las cortes, tanto eclesiásticas como civiles, proporcionaban gran cantidad de empleos de medio tiempo para clérigos que además fuesen abogados, y a quienes se les encomendaban tareas que iban desde gestionar dispensas matrimoniales en las cortes hasta defender a clientes en juicios civiles y criminales.

Los capítulos de catedral contaban con cierto número de religiosos, además de los canónigos. Como los capítulos tenían a su cargo la importante tarea de recolectar los diezmos sobre la base de los cuales se construían los edificios eclesiásticos y de los que el gobierno civil dependía parcialmente, ellos empleaban a contadores, tesoreros y recaudadores. Algunas diócesis mantenían su propia estructura organizativa para recolectar los diezmos;

otras dejaban el trabajo en manos del mejor postor. En ambos casos se empleaba a numerosos clérigos, y algunos eran destinados a las ciudades en forma permanente.

Los capítulos vigilaban también el mantenimiento de la catedral y su funcionamiento de rutina, tarea que requería la actividad de empleados en número variable según el tamaño y la riqueza de la ciudad. El puesto de capellán del coro era un beneficio de la catedral por el que competían clérigos adecuadamente calificados. Siempre había un gran contingente de músicos, asistentes para los diversos servicios religiosos, organistas, campaneros y muchos otros funcionarios menores. Algunos de estos puestos los ocupaban solo los clérigos; otros estaban abiertos a cualquiera, pero se encontraban por debajo del estatus de clérigo.

Los arzobispos y obispos y sus jerarquías estaban también encargados de supervisar los conventos de monjas, que abundaban en el paisaje urbano. Podía tratarse de comunidades grandes y complejas, que alojaban a centenares de personas, de las cuales solo una parte eran monjas. La iglesia designaba a un clérigo para supervisar cada convento y ocuparse de las numerosas tareas que las monjas enclaustradas no podían realizar. Este religioso se encargaba de una amplia gama de trabajos, tales como dar autorización a una novicia para disponer de sus bienes terrenales y profesar, o iniciar un pleito para cobrar una deuda con el establecimiento. Además, cada convento necesitaba un capellán que dijese la misa todos los días y atendiese las necesidades espirituales de la comunidad femenina. Estos cargos eran pagos y a veces constituían el principal medio de vida de un clérigo ordenado. Los clérigos encontraban también empleo en las casas de caridad urbanas, incluyendo hospitales y orfanatos. Aunque muchas de estas instituciones estaban dirigidas por las órdenes, con frecuencia los religiosos seglares participaban como encargados administrativos o capellanes. Las cofradías, que fueron tan prominentes en el escenario urbano, tenían a menudo clérigos en calidad de miembros o funcionarios.

El sistema educativo de las ciudades coloniales también ocupaba a un número considerable de clérigos. Muchos de los tutores y maestros privados que tenían escuelas de gramática eran religiosos. El cuerpo de profesores de los seminarios estaba compuesto en su mayoría por miembros del clero secular y los profesores universitarios eran en su mayoría hombres de la iglesia secular. Los clérigos también formaban parte de la mayoría de las familias oficiales relativamente grandes de obispos y arzobispos. Cuando el prelado era recién llegado, la mayoría de los miembros de su familia clerical eran españoles, pero, invariablemente, él incorporaba a jóvenes criollos promisorios en calidad de pajes, capellanes asistentes, secretarios o maestros de ceremonias. También había religiosos que eran capellanes o asesores del concejo municipal y hasta del virrey. Con frecuencia estos cargos no eran remunerados, pero el título y el honor eran una compensación que los clérigos consideraban adecuada. Los religiosos podían hacer carrera en cualquiera de las actividades antes mencionadas, y depender principalmente de ellas para su subsistencia. Pero los clérigos, al igual que casi todos los hombres de la sociedad colonial, rara vez concentraban todas sus energías en una sola tarea. Por el contrario, solían desarrollar una amplia gama de actividades lucrativas, por ejemplo, tener una capellanía, ser sustitutos en una cátedra universitaria y actuar como abogados, al mismo tiempo que emprendían aventuras comerciales.

A través de estas múltiples fuentes de empleo, los clérigos seculares se introducían profundamente en el tejido mismo de la vida institucional de las ciudades coloniales. No ocurría lo mismo, en cambio, con los clérigos regulares, quienes, como miembros de las órdenes religiosas, tenían ciertas restricciones. Sus oportunidades de participar en la vida urbana estaban en gran medida limitadas a la educación, el cuidado de los enfermos y otras tareas sociales y de caridad en las que sus órdenes participaban, aunque a veces los monjes trabajaban en funciones diversas con diferentes instituciones seculares. Muchos de los monasterios urbanos poseían escuelas y colegios que brindaban instrucción a sus propios novicios y al público. Además, algunos monjes dictaban cátedra en las universidades y colegios y con frecuencia los intelectuales más destacados de las ciudades coloniales eran religiosos. Muchos de los predicadores renombrados de la época eran miembros de las órdenes y se les pedía que pronunciaran sermones en las celebraciones. Los monasterios realizaban a menudo procesiones, y la inauguración de una nueva iglesia monástica era siempre un evento de gran interés público para todos los grupos sociales. Ocasionalmente, se convocaba a monjes para que se desempeñaran como asesores de los gobiernos virreinales. Los clérigos regulares eran nombrados como representantes reales en los concursos públicos para ocupar puestos parroquiales o los pocos cargos de capítulo que se cubrían de este modo; otros eran nombrados en obispados.

Por medio de estas actividades un religioso podía avanzar en su carrera y obtener considerable renombre. Al mismo tiempo, los monjes estaban muy restringidos para perseguir objetivos laborales que no estuvieran de acuerdo con las reglas de sus órdenes. En los principales centros urbanos, los directores de las órdenes, los obispos y los funcionarios del gobierno civil habían logrado imponer que los religiosos regulares vivieran en sus conventos, no se involucraran en actividades comerciales, etc. Desde luego, había casos de frailes que vivían con gran libertad —como lo describió para la región de Quito en el siglo XVIII Juan y Ulloa—, pero la impresión general es que los religiosos de las ciudades más grandes vivían según las reglas.

Los clérigos regulares constituían una presencia muy visible en el paisaje colonial urbano. Sus desplazamientos cotidianos, desde y hacia los conventos para enseñar, predicar, confortar a los enfermos, asesorar a los funcionarios de gobierno o atender los mil detalles que era necesario tener en cuenta para mantener en funcionamiento los diversos establecimientos religiosos, los ponían constantemente en la calle, ataviados con sus ropas inconfundibles. Ejercían una influencia profunda en la vida educacional, intelectual y religiosa de las ciudades. Al igual que los seculares, su presencia en el escenario urbano era constante y visible para el resto de la población.

Muchos clérigos que ocupaban puestos dentro de la estructura eclesiástica se dedicaban también a negocios diversos. Otros eran fundamentalmente hombres de negocios, en cuyas vidas los deberes eclesiásticos eran solo un elemento menor. Todas estas actividades eran vistas y aceptadas como naturales dentro de la sociedad urbana hispánica. Los sacerdotes y los clérigos eran hombres; como tales, se esperaba de ellos que se ganaran la vida, y las actividades comerciales eran una manera perfectamente aceptable de hacerlo. El tipo social y económico representado por el sacerdote-hombre de negocios estuvo presente desde el período de la conquista. Por supuesto, y como es comprensible, existían límites tanto legales como informales para estas actividades. Un miembro de capítulo de catedral o un cura párroco urbano podía poseer una propiedad rural, y de hecho los religiosos fueron un buen ejemplo del gusto colonial por la posesión de tierras. Pero cuando un hombre que tenía un beneficio empezaba a dedicarse excesivamente a actividades privadas lucrativas en detrimento de sus deberes religiosos, se planteaban cuestiones oficiales. Y si la situación se volvía extrema, solían intervenir las autoridades eclesiásticas y aun las civiles.

Es evidente que, a fines de la época colonial, la mayoría de las actividades económicas de los clérigos estaban concentradas en los bienes raíces. Muchos tenían capellanías cuyos ingresos eran invertidos en censos sobre propiedades urbanas y rurales. Con frecuencia, cobrar estos censos o hipotecas era una tarea que llevaba tiempo. Otros se encargaban de administrar bienes y haciendas familiares, y no faltaban los que invertían en propiedades rurales de todo tipo. Ello se hacía en parte para tener un lugar cercano en la campiña donde pasar los fines de semana y las vacaciones, pero se hacía también por el prestigio que otorgaba la posesión de tierras, y como inversión lucrativa. A veces el clérigo se ocupaba personalmente de su propiedad, y se interesaba por todos los detalles de su funcionamiento. En otras ocasiones, un socio o un administrador contratado se encargaba de las actividades comerciales. Los religiosos solían invertir también en propiedades urbanas, y hasta hubo casos de clérigos que eran dueños de casas de inquilinato de bajo nivel, superpobladas, que les rendían grandes beneficios. Asimismo, era frecuente encontrar posadas entre las inversiones de los religiosos.

Los clérigos se dedicaban intensamente a prestar dinero a interés: su propio dinero, el de parientes y el de viudas y solteronas. Aunque no era común que los clérigos se dedicaran directamente a algún oficio, muchos invertían en curtiembres, talabarterías, imprentas, panaderías y otros negocios, o bien eran dueños de alguno de ellos.

El prestigio social y la respetabilidad de los clérigos era sin duda una ventaja para los que se dedicaban a actividades comerciales. Los religiosos con beneficio poseían ingresos regulares que podían dedicar en parte a inversiones, y al parecer tenían acceso a fuentes de capital controladas por la iglesia, principalmente fondos de hipotecas. Los religiosos que se dedicaban a actividades como recolección de diezmos tenían ventajas en ciertas transacciones económicas, tales como el tráfico de mercancías. También participaban en estas empresas económicas los clérigos que administraban propiedades rurales y comercializaban los productos que ellas producían.

ESTILOS DE VIDA

Los estilos de vida de los religiosos urbanos eran tan diversos como sus actividades económicas. Algunos vivían suntuosamente, como los nobles y los comerciantes ricos. Eran propietarios de mansiones urbanas (casas principales) ricamente amuebladas y dotadas de capilla privada, gran biblioteca, colecciones de pinturas y esculturas, fina vajilla de loza y plata, muebles tallados y tapices exóticos. La hacienda o la casa de campo eran una excelente alternativa para huir del ruido y el polvo de la ciudad. Viajaban en hermosos carruajes tirados por yuntas de caballos o mulas, se ataviaban con lujosas vestimentas y se rodeaban de multitud de criados. No faltaban sin embargo los religiosos ricos que desdeñaban las posesiones materiales y vivían' sencillamente, dedicando considerables sumas a fines caritativos.

En cuanto a la gran mayoría, vivían sin lujo aunque tenían ingresos suficientes, vestían bien pero modestamente, poseían viviendas confortables y suficiente alimentación. No obstante, había un grupo de religiosos que llevaban una vida muy precaria. Si bien todos los que tomaban los hábitos tenían la congrua, a veces la propiedad de la que surgía el dinero del censo estaba demasiado comprometida o se había deteriorado en su capacidad productiva, lo cual significaba una disminución de los ingresos. Con una congrua reducida, sin beneficio u otro puesto remunerado, y sin recursos familiares, estos clérigos llevaban una existencia muy humilde.

Los religiosos criollos solían participar activamente en las cuestiones de familia. Era frecuente que el sacerdote fuera el hombre de más edad de la familia y que asumiera los deberes del patriarca. Él manejaba la riqueza de la familia, vigilaba la educación de los jóvenes, negociaba los matrimonios y ayudaba a los hombres de la familia a encaminarse en el trabajo. Muchos religiosos, tanto criollos como peninsulares, se instalaban con su numerosa familia. Un canónigo acomodado compraba una gran casa principal; llevaba a vivir con él a hermanas, sobrinos y sobrinas; tenía esclavos y sirvientes, con sus hijos, y protegía a parientes lejanos de otra colonia o de España, o a clérigos jóvenes. Todos vivían bajo el mismo techo y, de algún modo, todos dependían del religioso. Hombres, mujeres y niños de diversa extracción social y racial habitaban en una gran vivienda familiar, formando una unidad patriarcal. De este modo, el clérigo establecía una casa poblada, institución conocida en las Indias desde el período de la conquista y que representaba un arraigado ideal social hispánico. En muchos aspectos, estas unidades eran idénticas a otras familias extensas de la élite.

La gama de lo que se podría llamar actividades sociales de los religiosos urbanos era grande. Para los que estaban vinculados a una orden de una rama de la iglesia regular, las actividades religiosas eran fundamentales. Los monasterios, las parroquias y las catedrales tenían un ritual religioso diario que concentraba las energías de sus miembros. Debe destacarse que en las ciudades coloniales la mayoría de las ceremonias religiosas públicas eran también eventos sociales. Ellas daban oportunidad de alternar con todos los grupos sociales, y los individuos con pretensiones sociales solían hacer gala de su estatus exhibiendo ropas costosas y ocupando los mejores lugares, cerca del virrey, el arzobispo y otros personajes importantes. En estos acontecimientos se entablaban amistades, se ponían en evidencia nuevas relaciones y se ventilaban antiguas enemistades. En las actividades religiosas los clérigos desempeñaban el papel principal, pero también se hacían ver en otras ocasiones, tanto colectiva como individualmente. Desde luego, los clérigos regulares estaban más limitados en cuanto a la clase de diversiones en las que podían participar.

A menudo los religiosos participaban en los paseos nocturnos de los residentes urbanos, que se reunían en las plazas públicas o transitaban a lo largo de calles arboladas, por ejemplo la alameda de Lima, para ver y hacerse ver, para charlar e intercambiar chismes. Asistían al teatro, a las corridas de toros y a las polémicas en las universidades. Visitaban amigos por la mañana, para compartir una taza de chocolate, o por la tarde, para comentar las novedades del día. Asistían a excursiones y paseos campestres. Y también compartían las debilidades de los hombres comunes, bebiendo, jugando y alternando con mujeres de dudosa reputación.

Los religiosos, tanto los seculares como los regulares, estaban separados del resto de la gente, en las ciudades coloniales, por su estatus eclesiástico de mandato divino. Pero, al mismo tiempo, la iglesia no fue impuesta a una población reacia, sino que formaba parte del tejido social. Los religiosos vinculados a las órdenes estaban de algún modo limitados en sus actividades por sus votos, pero los seculares participaban plenamente de la agitación de la vida urbana.

LECTURAS COMPLEMENTARIAS

Las fuentes impresas para el estudio de los eclesiásticos urbanos están dispersas, son desparejas en su alcance tanto geográfico como temático, y por lo general no distinguen entre las actividades urbanas y rurales de estos hombres. Hay algunos excelentes estudios generales de la iglesia en la América española. Entre ellos, Antonio Ybot

León, *La iglesia y los eclesiásticos en la empresa de Indias*, 2 vols., Barcelona, Salvat, 1954; el capítulo sobre la iglesia en C. H. Haring, *The spanish empire in America*, Nueva York, Oxford University Press, 1947; Antonine Tibesar, "Church in Latin America", en: *New Catholic Encyclopedia*, vol. 8, Nueva York, McGraw-Hill, 1967, págs. 448-461; y Richard E. Greenleaf (comp.), *The roman catholic church in colonial Latin America*, Nueva York, Knopf, 1971. Hay una fuente muy útil de información sobre la estructura legal de la iglesia colonial y sobre cuestiones tales como los requisitos para la ordenación sacerdotal, en Justo Donoso, *Instituciones de derecho canónico americano*, 3 vols., París, Librería de Rosa y Bouret, 1868.

El tema de los eclesiásticos y su manera de insertarse en la estructura social está analizado en James Lockhart, *Spanish Peru, 1532-1560: a colonial society*, Madison, Wis., University of Wisconsin Press, 1968. Se puede consultar documentación sobre la misma región en los siglos XVI y XVII en Emilio Lissón Chávez (comp.), *La iglesia de España en el Perú*, 5 vols., Sevilla, sin mención de editor, 1943-1947. La historia social e institucional de los seglares en México está tratada por John Frederick Schwaller en varias obras, incluyendo *The origins of church wealth in Mexico*, Albuquerque, University of New Mexico Press, 1985; y *The church and clergy in sixteenth century Mexico*, en prensa, University of New Mexico Press. Richard E. Greenleaf, *The mexican Inquisition of the sixteenth century*, Albuquerque, University of New Mexico Press, 1969, trata de una importante institución urbana. Una obra clásica sobre los clérigos regulares en el México temprano es la de Robert Ricard, *The spiritual conquest of Mexico*, Berkeley, University of California Press, 1966. Francisco Morales, *Ethnic and social background of the Franciscan friars in seventeenth-century Mexico*, Washington, D.C., Academy of American Franciscan History, 1973, proporciona excelente información sobre la historia social de esta orden. Una espléndida fuente de material sobre los clérigos urbanos y el papel de la religión en la Lima colonial, es el libro de Robert Ryal Miller (comp.), *Chronicle of colonial Lima: the diary of Josephe and Francisco Mugaburu, 1640-1697*, Norman, Okla., University of Oklahoma Press, 1975.

Los seglares de Lima y México en el siglo XVIII son exhaustivamente estudiados en las siguientes obras de Paul Ganster: "A social history of the secular clergy of Lima during the middle decades of the eighteenth century", tesis de doctorado, UCLA, 1974; "Social

origins and career patterns of the upper levels of the secular clergy
in eighteenth-century Peru and Mexico", *Proceedings of the American Historical Association*, Ann Arbor, University Microfilms,
1978; "Cristóbal Béquer, Wayward Prebend", en: Gary Nash y David Sweet (comps.), *Struggle and survival in Colonial America*,
Berkeley, University of California Press, 1981 y "La familia Gómez
de Cervantes: sociedad y familia en México colonial", *Historia Mexicana* 122, 1981, págs. 197-232. John Edward Kicza, "Business
and Society in Late Colonial Mexico City", tesis de doctorado, UCLA,
1979, incluye material muy útil sobre el alcance de las actividades
comerciales de los clérigos seglares a fines de la época colonial en
la ciudad de México. También se puede consultar información acce-
soria sobre el papel de los clérigos en las élites familiares en John
Mark Tutino, "Creole Mexico: spanish elites, haciendas and indian
towns, 1750-1810", tesis de doctorado, University of Texas, 1976.
Asimismo, es conveniente consultar para este período el trabajo de
Susan Migden Socolow, *The merchants of Buenos Aires, 1778-1810:
family and commerce*, Cambridge, Cambridge University Press,
1978, N. M. Farriss, *Crown and clergy in colonial Mexico, 1759-
1821: the crisis of ecclesiastical privilege*, Londres, The Athlone
Press, 1968, trata los tardíos esfuerzos de la corona en la era colonial por establecer un mayor control sobre el clero secular. El trabajo de Michael Joseph Fallon, "The secular clergy in the Diocese
of Yucatán, 1750-1800", tesis de doctorado, Catholic University of
America, 1979, es un minucioso estudio de los seglares en la península de Yucatán. Marta Espejo-Ponce Hunt, "Colonial Yucatán:
town and region in the seventeenth century", tesis de doctorado,
UCLA, 1974, ofrece un interesante material sobre la iglesia y la sociedad. Consúltese también Peter Marzahl, *Town in the empire: government, politics and society in seventeenth-century Popayán*,
Austin, Tex., University of Texas Press, 1978. Jorge Juan y Antonio
de Ulloa, *Noticias secretas de América*, Buenos Aires, Ediciones
Mar Océano, 1953, presenta un informe crítico y bien documentado
sobre los clérigos seglares y regulares en Quito y Perú en la primera mitad del siglo XVIII. Una versión inglesa, abreviada, de esta última obra es la de John J. TePaske (comp.), *Discourse and political
reflections on the kingdoms of Peru*, Norman, Okla., University of
Oklahoma Press, 1978.

5. RELIGIOSAS

Asunción Lavrin

Introducción

Los conventos de monjas constituían un elemento importante en el paisaje urbano de las ciudades de la América española. Sus residentes eran consideradas con gran respeto por la población y por las élites sociales, como ejemplo de un desinteresado sacrificio que beneficiaba a toda la comunidad. Piedad aparte, los conventos tenían fuertes vinculaciones con las familias gobernantes, y sus lazos económicos se extendían y adquirían profundidad cuando sus préstamos y sus propiedades en la ciudad y en el campo los ligaban a personas de ambos sexos y de diversa extracción social y étnica.

Las monjas eran el grupo femenino más fácilmente identificable en las ciudades de la América española. Vivían juntas dentro de los límites físicos de una unidad arquitectónica, el convento, y eran un elemento importante dentro de la estructura jerárquica de una de las instituciones más influyentes de la sociedad colonial: la iglesia católica. La iglesia les prestaba su fuerza espiritual, social y económica. Ningún otro grupo de mujeres tenía la coherencia interna, el poder económico o el prestigio social de que disfrutaban las monjas. Así, pese a su número relativamente pequeño dentro de la población femenina total, tenían autoridad y eran respetadas en las ciudades y aun más allá de sus límites.

A diferencia de los monasterios, que podían fundarse en las ciudades o en el campo, rara vez los conventos de monjas se encontraban fuera de las ciudades. Eran instituciones estrictamente urbanas, y no se consideraba conveniente que las mujeres vivieran como ermitañas en zonas rurales, expuestas a riesgos físicos y sin contar con los servicios urbanos: provisión de alimentos, servicios de salud y artesanos hábiles para construir, refaccionar y mantener los edificios. La localización urbana era también necesaria para permanecer cerca de las autoridades eclesiásticas que reglamentaban su vida espiritual y de las fuentes más seguras de apoyo económico: los ricos y los pobres de la ciudad, cuyas limosnas y donaciones sostenían a los cientos de mujeres que vivían dentro de los claustros.

175

La fundación de conventos en la América española comenzó en Nueva España a mediados del siglo XVI, apenas 30 años después de la conquista, y se prolongó hasta los últimos años del período colonial. En 1536, fray Juan de Zumárraga, primer obispo de Nueva España, solicitó a la corona que enviara beatas (mujeres piadosas) o monjas a Nueva España para establecer los fundamentos de la vida cristiana entre la población indígena femenina. La idea de crear conventos para indígenas no prosperó, y las mujeres que llegaron de España muy pronto se incorporaron a la vida secular. Sin embargo, pese a estos inconvenientes, la Orden Concepcionista estableció su primer convento, La Concepción, alrededor de 1550, para hijas de conquistadores y colonizadores. En el Perú, el convento de La Encarnación, que seguía las Reglas de San Agustín, surgió en 1561 de un recogimiento que había sido establecido en 1558.

La atracción de la vida religiosa se prolongó por más de 250 años, y solo empezó a declinar después de la independencia. Las raíces inmediatas de un atractivo tan firme pueden encontrarse en el espíritu religioso que impregnaba la península en el siglo XVI. A comienzos de ese siglo, después de la unficación política y religiosa de España, y antes de la reforma protestante, la iglesia católica de España había iniciado un proceso de reforma interna destinado a recuperar el espíritu de la primitiva iglesia cristiana. Una nueva orden para mujeres, la Concepcionista, fue aprobada por el Papa en 1415, y llegó a ser muy popular, tanto en España como en las colonias. Igualmente importante fue la obra de Santa Teresa de Jesús, que reformó la Orden Carmelita, fundó numerosos conventos en la península y, a través de severas reglamentaciones, restauró la respetabilidad de la vida conventual.

Hacia el siglo XVI, una de las fuerzas espirituales más importantes dentro de la iglesia española era la del recogimiento, el retiro, con el propósito de encontrar a Dios a través de la contemplación mística. Esta idea tuvo gran aceptación entre religiosos y laicos, que la observaban en sus vidas. La palabra recogimiento llegó finalmente a ser usada también para significar un lugar de asilo adonde las mujeres podían retirarse en busca de protección física y desarrollo espiritual. Después del Concilio de Trento (1545-1563), el catolicismo romano resaltó el culto de la Virgen María y los santos, los trabajos, los "hechos" dirigidos a alcanzar la perfección, y la aceptación de la Iglesia como intermediaria entre Dios y la humanidad. Una poderosa corriente religiosa prevaleció en España y sus colonias durante los siglos XVI y XVII, y ello explica el florecimiento de la vida conventual para hombres y para mujeres y la fuerte espiritualidad característica de la época.

Para las mujeres la vida religiosa significaba el enclaustramiento, un completo retiro físico del mundo. Esto era lo opuesto a los objetivos de la mayoría de las órdenes masculinas, que se movilizaban en procura de conquistas espirituales. Sin embargo, el encierro no aislaba a estas mujeres de su mundo ni de su tiempo; por el contrario, las ayudaba a definirse mejor como grupo, quizás un grupo de presencia esquiva, pero con un carácter fuerte y distinto dentro de la sociedad colonial. El nexo con la comunidad circundante se establecía a través de los benefactores que sostenían los conventos; de las vinculaciones sociales de las monjas; de sus relaciones con las autoridades eclesiásticas; de los intereses económicos de los conventos como instituciones, y de la función intelectual que desempeñaban en las ciudades coloniales.

FUNDACIÓN Y PATRONAZGO

El impulso inicial para el establecimiento de conventos de mujeres tuvo lugar durante la segunda mitad del siglo XVI en los principales centros del imperio español, y durante la primera mitad del siglo XVII en las ciudades periféricas. En este período se asistió a una significativa declinación demográfica de la población indígena, pero, al mismo tiempo, al comienzo del desarrollo de una clase propietaria y mercantil que habría de patrocinar estas instituciones durante el siglo XVII. Los conventos no fueron, en modo alguno, un fenómeno tardío en la expansión de la iglesia, aunque estuvieron precedidos por numerosos monasterios y por la iglesia secular misma. Sin embargo, los conventos tuvieron que competir por el patronazgo en un período de transición económica. Esta competencia significó que su establecimiento estuviera sujeto al cuidadoso examen de los concejos municipales, las audiencias y la corona misma. El gobierno estaba ansioso por difundir el cristianismo, pero se preocupaba también por los recursos financieros de la tierra y la población, y por la aplicación de esos medios a fines piadosos y no a empresas mercantiles o industriales. De manera que en muchas ocasiones los concejos municipales, las audiencias y otras órdenes religiosas hicieron evaluaciones negativas de las propuestas de establecimiento de conventos. La corona, en respuesta, promulgó numerosas ordenanzas, rara vez puestas en vigencia, contra la difusión de conventos y monasterios, y se resistió a dar su consentimiento. No obstante, las fundaciones continuaron.

Pese a las circunstancias adversas y a la temporaria falta de apoyo de otras instituciones urbanas, los conventos crecieron continuamente en número a lo largo de los siglos XVII y XVIII. La movilización de capital y recursos humanos para su fundación y el consiguiente apoyo requerido fue uno de los procesos socioeconómicos más notables de la América española urbana. ¿Qué impulsaba a personas de distinto origen a unir fuerzas, recolectar dinero, peticionar a la corona y después esperar, a veces durante varias décadas, para lograr la fundación de estas instituciones? Las razones dadas por los peticionantes abarcan un amplio espectro y ayudan a explicar cómo visualizaba el resto de la sociedad a las monjas y a los conventos.

Los motivos religiosos y devocionales se mencionan con frecuencia, especialmente para la fundación de conventos de carmelitas a fines del siglo XVI y a lo largo de todo el XVII. Santa Teresa murió en 1582 y fue canonizada en 1622. Ambos acontecimientos fueron seguidos por una ola de fervor religioso que inspiró la fundación de numerosos convento de carmelitas. Los rituales más estrictos de la vida religiosa, como los practicados por las órdenes de capuchinas y carmelitas, fueron creados para mujeres dispuestas a seguir una exigente vocación. En general, las peticiones argumentaban que los conventos eran buenos para la "edificación pública". El ejemplo de las mujeres que abandonaban su familia y las preocupaciones mundanas para entregarse a la oración, la pobreza y la castidad, como establecían los votos, ejercía una gran fascinación sobre las mentes de los legos. Constantemente salían desde detrás de los muros de los conventos historias de piedad, prácticas ascéticas y hasta hechos "milagrosos" de algunas monjas. Las historias corrían por las calles de las ciudades creando ráfagas de entusiasmo religioso que tenían por resultado aumentar los patronazgos.

Las razones religiosas eran importantes, pero la condición social de muchas mujeres de origen español, especialmente desde el último cuarto del siglo XVI en adelante, era también relevante en la promoción de los conventos. Muchas hijas o parientes de conquistadores o de los primeros colonizadores, que no habían logrado mantener una buena situación económica, ponían sus ojos en los conventos como lugares deseables para refugiarse o retirarse de un mundo en el que no podían competir con éxito. La importancia de los matrimonios "iguales" aumentó a medida que las diferencias entre ricos y pobres, blancos y no blancos, se acentuaban. Retirarse a un convento se convertía, entonces, en una buena alternativa para doncellas "nobles pero pobres", que no podían casarse bien o que habían quedado en la condición de huérfanas sin recursos. Rara vez hay observaciones explícitas acerca de las alternativas sociales, y las pocas alusiones directas a la vida conventual como una alternativa al matrimonio solo se encuentran en documentos del siglo XVIII. El gobernador de Buenos Aires, por ejemplo, en una petición que apoyaba la fundación del convento de Santa Catalina de Sena, mencionaba los exorbitantes costos del matrimonio para los "ciudadanos honestos". En toda la América Latina colonial se hicieron siempre comentarios ambiguos acerca de la situación de desprotección de mujeres "de calidad" que no debían caer por debajo de sus condición social.

La educación de niñas como uno de los fines de la fundación de conventos se mencionaba con menor frecuencia que lo que sería de esperar, considerando el hecho de que muchas niñas eran colocadas en conventos con ese propósito específico. Solo cuando se establecieron los. conventos de La Enseñanza, en el siglo XVIII, la educación se convirtió en preocupación dominante de algunos fundadores y patrocinadores.

Pero los conventos no se fundaban exclusivamente para satisfacer las necesidades espirituales, educacionales o socioeconómicas de las mujeres que a ellos ingresaban. Respondían también a percepciones individuales y urbanas de prosperidad, y a la idea de que eran un reflejo de la gloria de Dios. Indudablemente, existía una relación entre la riqueza privada, el bienestar de la zona o de la ciudad en su conjunto, la localización geográfica de los conventos ya existentes, y el tamaño de la población de estas instituciones. A medida que las ciudades crecían, y aumentaba el número potencial de patronos ricos, se argumentaba que había suficientes vecinos como para mantener determinado número de conventos a través de donaciones directas o de la caridad diaria, menos visible pero igualmente importante. La riqueza de la zona en productos mineros o agrícolas era un elemento clave en la mayoría de las peticiones, ya que era necesario presentar pruebas de las posibilidades que tenía la región de mantener una o más instituciones contemplativas. Así, el mantenimiento de conventos se convirtió en índice de la riqueza de las ciudades.

El número de conventos ya existentes también era usado como argumento por los futuros fundadores. En contra del razonamiento de muchos concejos municipales, que deseaban poner punto final a las fundaciones de conventos, los patrocinadores privados citaban la superpoblación de algunos de ellos como buen indicio de la necesidad de fundar otro, ya que muchas postulantes potenciales veían frustrados sus deseos por la falta de un lugar donde profesar. Otros reforzaban sus argumentos citando las vastas extensiones de territorio donde solo había unos pocos conventos. Este razonamiento fue utilizado para conseguir la fundación de un convento carmelita en Guatemala, así como de otros en las ciudades de Tucumán y Córdoba, en la Argentina colonial.

Debido a que la corona se mostraba reacia a brindar una ayuda económica sostenida e importante a las instituciones contemplativas, pocas solicitudes dejaban de hacer notar que la nueva fundación no le costaría al erario real absolutamente nada. Los conventos capuchinos o de carmelitas descalzas, que obedecían austeras reglas, destacaban su disposición a recibir niñas pobres, ofreciendo así a mujeres sin recursos económicos la posibilidad de una profesión. El convento capuchino de La Purísima Concepción de Guadalajara fue fundado con la herencia de una mujer de considerable fortuna, que dejó todas sus propiedades para el convento, con la condición de que no se admitieran niñas ricas, excepto cuando no se encontraran niñas pobres que cumplieran las exigencias estipuladas. Estas fundaciones nunca mencionaban el hecho de que los conventos esperaban recibir una importante ayuda financiera de la comunidad. A la inversa, las órdenes que exigían dote para el ingreso insistían en que no serían una carga para la comunidad ni competirían económicamente con otros conventos, precisamente porque las postulantes aportaban sus propios medios de vida. Si bien justificados por razones diversas y a veces antagónicas, los conventos se consideraban una solución para el problema de las mujeres desprotegidas pertenecientes a las clases de élite.

Los fundadores y patronos de conventos eran hombres y mujeres de fortuna que se habían enriquecido con la minería, el comercio o la agricultura y deseaban satisfacer sus aspiraciones religiosas y sociales. Indudablemente, estas personas eran sinceras al afirmar que creían que los conventos eran instituciones muy deseables, tanto por las funciones sociales que cumplían como por los objetivos religiosos que perseguían. Los patrocinadores lograban un gran prestigio social al sostener un convento, y este era un incentivo importante, en una sociedad en la que se daba mucha importancia a la posición social. Los patrocinadores obtenían de los conventos ciertos privilegios, entre ellos, que se dijeran misas por sus almas y las de sus familias, se los enterrara en el cementerio del convento y se les reconociera el derecho de que alguna de sus parientas pudiera ingresar sin dote.

Por otra parte, en muchas fundaciones de conventos estaba presente un elemento de orgullo cívico, dado que muchos patrocinadores querían mejorar y engrandecer las ciudades o localidades en que residían con la presencia de un convento. La mayoría de los conventos fundados en Nueva España en el siglo XVIII estaban situados fuera de la ciudad de México, a veces en poblaciones relativamente pequeñas. Por ejemplo, Manual Tomás de la Canal, un caballero de Calatrava que había hecho fortuna en los negocios, patrocinó la fundación de un convento capuchino en su ciudad de San Miguel el Grande. Murió en 1749, antes de obtener la aprobación real. Cuatro años después, una de sus hijas procedió a fundarlo y, una vez teminados los trabajos, profesó en él.

La cantidad de dinero necesaria para fundar un convento o mantenerlo era considerable. El capitán Diego del Castillo donó 80 000 pesos en 1686 para mantener el convento de Santa Isabel en la ciudad de México. En la misma década, el capitán Esteban Molina Mosquera y su esposa Manuela de la Barrera donaron 400 000 pesos a las carmelitas de Santa Teresa la Antigua en la misma ciudad. Su única hija, monja en ese convento, gastó el resto de la fortuna familiar en fundar otro convento, el de Santa Teresa la Nueva, 15 años más tarde. Otras familias se dedicaron a la construcción o restauración de conventos, gastando significativas sumas de dinero en beneficio de la religión y la posición social. Entre 1613 y 1628, dos ramas de la familia Tejeda, en la ciudad de Córdoba, fundaron dos conventos: Santa Catalina y las Carmelitas de San José. Doña Leonor de Tejeda, hija de uno de los primeros colonizadores, donó todos sus bienes para fundar Santa Catalina. Juan de Tejeda entregó sus casas y 12 esclavos. A lo largo del tiempo, dos de sus hijas, su viuda y tres nietas profesaron en el convento. El obispo Fernando Arias y Ugarte fundó Santa Clara en Santa Fe de Bogotá en 1625, para su hermana y sus sobrinas. No existen evidencias de que se ejerciera coacción sobre estas mujeres. Los conventos patrocinados por algunas familias se convertían en una extensión de esas familias, y eran considerados como los lugares obvios para el retiro de sus mujeres.

Las mujeres desempeñaban un papel importantísimo en las actas de fundación y patronazgo. Eran por lo general viudas o solteras con vocación religiosa, y casi siempre terminaban por profesar en los conventos que patrocinaban o habían ayudado a fundar. Las patrocinadoras sentían simpatía por las súplicas de otras mujeres que deseaban profesar o retirarse del mundo. En Nueva España, 16 conventos fueron fundados o directamente patrocinados por viudas o solteras, entre mediados del siglo XVI y fines del XVIII. Además, otros dos conventos fueron fundados por jóvenes herederas que después profesaron en ellos. Nueve de 13 conventos fundados en Lima entre 1561 y 1732 fueron inspirados o patrocinados por mujeres. También está confirmada la actuación de mujeres fundadoras en otras ciudades de la América española. En Santa Fe de Bogotá, Doña María Caycedo, esposa de un oidor, donó minas de oro en Ibagué, 34 esclavos y una hacienda con ganado y plantaciones de cacao, todo evaluado en 40 000 pesos, para fundar el convento de la Enseñanza. Ella se hizo cargo personalmente de supervisar la construcción del edificio. Otros conventos fundados o patrocinados por mujeres fueron: Santa Inés y las Carmelitas en Bogotá, Santa Clara y Santa Teresa en Cartagena, Santa Catarina de Seña en Quito, los Capuchinos de la Santísima Trinidad en Santiago y Santa Clara y Santa Catalina en Arequipa, por mencionar solo algunos.

También era frecuente que parejas sin herederos fueran patrocinadoras de conventos. El marqués de San Miguel de la Vega y su riquísima esposa, Dionisia Pérez Manrique, unieron sus fortunas para fundar el convento de las carmelitas descalzas de Popayán. Pérez Manrique contribuyó con más de 70 000 pesos de su propio peculio. El convento de Nuestra Señora de los Remedios, en Cuzco, fue fundado por Luisa de Padilla y Jerónimo de Pacheco, y doña Luisa profesó en él cuando quedó viuda. Juan Solano de Herrera y su esposa, Francisca de Vega Monsalve, otra pareja sin hijos, enviaron 30 000 pesos como donación al convento de las carmelitas descalzas de la ciudad de Guatemala. Finalmente, Francisco Aguirre Caballero y su esposa llevaron la orden Santa Brígida a la ciudad de México y gastaron más de 100 000 pesos en su fundación.

El patronazgo de conventos de monjas no se limitaba a los laicos; también los clérigos fueron importantes sostenedores. El obispo Agustín de Ugarte y Sarabia (de la ciudad de Guatemala, Arequipa y Quito) contribuyó con grandes sumas de dinero a las fundaciones de Santa Teresa de Quito y Lima, respectivamente. Según fuentes de la época, la suma osciló entre 140 000 y 180 000 pesos. Fray Melchor Maldonado de Saavedra, obispo de Córdoba, y fray Juan Arguinao, arzobispo de Pamplona, Nueva Granada, fueron patronos de los conventos de Santa Catalina y Santa Inés de Monte Policiano, respectivamente. Ambos donaron dinero y propiedades para esas instituciones, y Arguinao refundó Santa Inés comprando y devolviendo al convento las haciendas que lo sostenían y que habían sido vendidas a consecuencia de un pleito desfavorable.

Como los conventos se consideraban parte de la comunidad, no es sorprendente descubrir que la población en general y los concejos municipales en particular estuviesen involucrados en su fundación y patronazgo. En algunas ciudades se hicieron colectas populares con el objeto de reunir el dinero necesario para determinada fundación; este procedimiento se aplicó con el convento de Nuestra Señora del Carmen y San José en Santiago. Entre la década de 1670 y la de 1680 se acumularon pequeñas donaciones hasta obtener un total de 24 000 pesos, y el convento se fundó en 1684. Los vecinos de La Plata y Potosí reunieron 40 000 pesos para ayudar a fundar un convento de carmelitas en Chuquisaca. Santa María la Gracia, una fundación franciscana de Trujillo, fue iniciada por el virrey conde de villa (Fernando Torres Portugal), pero los habitantes de la ciudad reunieron 20 000 pesos para la fundación. Hasta los cabildos asumieron el patronazgo, en determinadas circunstancias. Los miembros del cabildo, los jueces de la alcaldía y los miembros del regimiento de Oropesa, Perú, donaron más de 20 000 pesos, a mediados del siglo XVII, para la fundación del convento de Santa Clara. En Arequipa, Santa Catalina estaba bajo el patronazgo directo del cabildo, que había promovido su fundación desde 1550, recolectando limosnas y comprando casas para la institución. El virrey Toledo y el obispo de Cuzco habían aprobado su fundación bajo aquel patronazgo secular, pero un siglo más tarde las autoridades eclesiásticas, incómodas con la situación, presionaron al cabildo que, reticentemente, renunció a su derecho al patronazgo.

El proceso de fundación implicaba la ampliación o división desde un convento "madre", del que las monjas salían para formar una comunidad en otra parte. Para las monjas, trasladarse a la nueva sede significaba viajar largas distancias a caballo o lomo de mula, en carreta, coche o barco. Las fundadoras originales de todas las órdenes habían emigrado desde España en pequeños grupos de tres o cuatro monjas, acompañadas a veces por sus criadas. Eran casi siempre miembros de la orden concepcionista, la más popular en la América española, o de las carmelitas o de los franciscanos. Una vez llegadas a destino, asumían la dirección del nuevo convento y recibían a las aspirantes locales. A veces, algunas de las fundadoras volvían a sus conventos de origen; ello sucedía cuando se habían trasladado desde una zona del imperio a otra, y no cuando habían llegado desde España.

Un convento situado en una ciudad principal, como la capital de un virreinato, solía dar origen a otro ubicado en alguna ciudad provincial, como en el caso del convento de las concepcionistas de Quito, a partir del cual se fundaron los de Loja, Cuenca, Riobamba y Pasto. La Concepción de Santa Fe de Bogotá fue fundado por monjas de los conventos de Santa Clara en Tunja, que fue también el centro desde el que surgieron los conventos de San Juan Bautista y Santa Clara en la diócesis de Mérida (provincia de Venezuela). En este caso la ampliación tuvo lugar entre ciudades provinciales y fue desde la ciudad más pequeña hasta la capital de la audiencia. El convento de las claretianas de La Habana fue fundado por monjas de Cartagena, mientras que las fundadoras de las carmelitas de Caracas llegaron de la ciudad de México. Lima sirvió como punto de partida para las capuchinas de Santiago, las carmelitas de Guatemala, las concepcionistas de Panamá y las de Concepción y Santiago. A su vez, Santiago fue el origen para las monjas de La Enseñanza de Mendoza y las carmelitas de Chuquisaca.

Estos viajes solo tenían lugar en el caso de la fundación de conventos. La mayoría de las monjas profesaban en su ciudad de nacimiento o llegaban al convento desde poblaciones cercanas, en jurisdicciones adyacentes. En general, las mujeres viajaban largas distancias para profesar solo en contadas ocasiones, o en el caso de conventos muy especiales, como los reservados para mujeres indias en Nueva España, que atraían novicias de una amplia zona geográfica.

LOCALIZACIÓN Y VIDA CONVENTUAL

Dentro de las ciudades los conventos solían estar situados lo más cerca posible de la plaza central, en buenos terrenos de la zona española. Rara vez se levantaban en los barrios indígenas o en zonas distantes. Antes de la fundación de un convento era obligatorio informar sobre las localizaciones propuestas. Después, las autoridades religiosas y el cabildo aprobaban o no la elección del sitio. Los terrenos debían ser adecuados para construir los claustros y una iglesia, y en caso de utilizarse una estructura ya existente, debía estar en condiciones de sufrir las reparaciones necesarias. Los sitios húmedos, ventosos o muy aislados se rechazaban por considerarse insalubres, inadecuados o incómodos para las monjas. Pese a todas las precauciones, se cometían errores. El convento de Santa Clara en la diócesis de Mérida fue originalmente construido en 1651, fuera de la ciudad, cerca de la confluencia de dos ríos. En 1686, debió ser trasladado al centro de la ciudad, después que una inundación lo dañó seriamente. El crecimiento de la población interna del convento también influyó para el traslado a un edificio más grande.

Al establecer un convento no había preferencia específica por las construcciones nuevas. Muchos de ellos fueron fundados en casas donadas por los patrocinadores para acelerar el proceso de la aprobación real. El convento de Santa Catalina, en Quito, fue establecido en un conjunto de viviendas privadas adaptadas. A medida que el convento se expandía, se compraban propiedades aledañas y se las adaptaba para los usos del convento. Por su parte, el convento de Santa Teresa, en la misma ciudad, fue fundado en casas compradas por la audiencia en 1653, pero el edificio resultó ser húmedo y frío, y la comunidad decidió trasladarse al centro del pueblo. Un capitán vinculado a la orden les donó su casa, con capacidad para albergar una iglesia, jardín, un huerto y pequeñas viviendas de retiro para las monjas, que vivían con gran austeridad y separadas de la comunidad mayor.

Si bien los edificios conventuales variaban mucho en cuanto al estilo, poseían una serie de elementos arquitectónicos en común. Todos tenían una iglesia adyacente a los claustros, que estaba abierta a la totalidad de los fieles. Las monjas oraban en el coro, una habitación separada de la iglesia por persianas y cortinas, pero desde la cual podían ver el altar mayor y oír misa. Las comunidades mayores tenían un coro inferior y otro superior. La comunión se recibía a través de una abertura en la reja del coro. Las ceremonias religiosas para las monjas se llevaban a cabo en estas habitaciones.

Junto a la iglesia estaban los claustros, separados de la calle por altos cercos o, si el convento estaba junto a la vereda, con pocas aberturas hacia el exterior, bien por encima del nivel del piso, porque era fundamental que las monjas permanecieran invisibles. Todos los conventos tenían una portería, o habitación de entrada, donde tenía lugar la actividad cotidiana de recibir la comida y los servicios. La portería era el punto de confluencia entre los claustros y el mundo exterior. Los vendedores ofrecían allí sus mercancías; las personas piadosas se detenían para informarse sobre las monjas, y los sirvientes, los artesanos, los confesores y el mayordomo entraban, para atender a sus ocupaciones en los locutorios. Estos últimos eran las habitaciones donde las monjas recibían a parientes y amigos o a otras personas con las que tenían diferentes cuestiones que tratar; allí los confesores atendían sus necesidades espirituales, los prestamistas laicos requerían su dinero, y los administradores sostenían reuniones de negocios con las monjas. En los conventos de monjas descalzas, o de normas muy rígidas, las religiosas permanecían detrás de cortinas durante estos encuentros con legos, a fin de no interrumpir su reclusión. Pero no todas las órdenes seguían esta práctica.

En el siglo XVII los locutorios se volvieron "mundanos", según la opinión de las autoridades religiosas. En ocasiones especiales se tocaba música, se representaban obras religiosas, se servían refrescos a visitantes especiales, y se realizaban reuniones de familiares y amigos en una atmósfera alegre y animada. Durante este siglo y el siguiente se intentó poner fin a tales prácticas, pero con éxito relativo.

Detrás de los locutorios estaban los claustros, a los que muy pocas personas legas tenían acceso. Los conventos que se ampliaban agregando habitaciones de vivienda a su estructura principal tenían a menudo un aspecto bastante pintoresco debido a la irregularidad de su diseño. Eran comunes los desniveles, con escaleras que vinculaban patios, salitas, salas de trabajo y celdas privadas. La costumbre de comprar las casas aledañas al convento dio por resultado, en algunos casos, la incorporación de calles al interior del convento. Si habían sido construidos según un proyecto, la planta del edificio era más regular. Por lo general los conventos especialmente construidos se organizaban alrededor de un patio grande o varios pequeños, con celdas y salas de trabajo y estudio frente al patio y separadas de él por un gran vestíbulo. Los patios tenían jardines y fuentes, para solaz de las religiosas. El convento de La

Enseñanza, en la ciudad de México, construido a mediados del siglo XVII, tenía una de las plantas arquitectónicas más bellamente concebidas de este período.

En las órdenes menos estrictas, las monjas vivían en celdas privadas y propias, compradas para ellas por sus familias. Las usaban hasta su muerte, momento en que las celdas volvían a pertenecer al convento. Estas celdas tenían una zona de cocina, donde una sirvienta o una esclava preparaba las comidas de la monja. En órdenes de reglamentación más rigurosa, un refectorio y una cocina común reemplazaban estas instalaciones individuales. En la mayoría de los conventos había habitaciones de uso general: la sala de penitencia, la sala de recreo, la enfermería, el capítulo, o sala del consejo, para las reuniones de la comunidad, y las dependencias de lavado y planchado de las ropas. Algunos conventos tenían huertos y pequeñas celdas de retiro, y en otros se criaban aves para asegurarse la provisión de carne y huevos. Otros conventos fabricaban piezas de alfarería para obtener ingresos extras; los talleres y los hornos eran atendidos por sirvientas o esclavas. Algunos se especializaban en la confección de cintas, trabajos de costura o preparación de dulces, lo que exigía instalaciones especiales para el desarrollo de estas actividades. La venta de los productos era una forma más de interrelación con la ciudad, lo que suavizaba el aislamiento teóricamente tan rígido de las mujeres enclaustradas.

Sin embargo, las reglamentaciones religiosas tenían detalles importantes, que determinaban el grado de contacto con el mundo. Las órdenes franciscanas y carmelita tenían algunas ramas muy estrictas, llamadas de monjas descalzas, que exigían un grado más elevado de renuncia personal. Estas monjas vestían hábitos de lana, comían frugalmente en un refectorio común las comidas preparadas en una cocina también común, observaban mayor número de ayunos religiosos, se ajustaban a una severa disciplina personal, y oraban durante más horas que sus hermanas de otras órdenes. La atmósfera de los conventos de monjas descalzas era rígida y austera, exigía mayor fuerza de carácter y atraía a menos mujeres. Para quienes profesaban en estos conventos, solo era posible asegurar la propia salvación a través de estas pruebas de resistencia. Pero las monjas de otras órdenes no se consideraban a sí mismas devotas más tibias. Las autoridades eclesiásticas les aseguraban que había muchas maneras de llegar a Dios, y de este modo se preservaba la armonía dentro del cuerpo de la iglesia (véase la figura 16).

CRECIMIENTO NUMÉRICO

Las paredes del convento separaban el mundo exterior profano del interior, que contaba con su propia jerarquía; divisiones sociales, económicas y étnicas; problemas financieros; querellas entre sus habitantes y confrontaciones con sus superiores y otras instituciones. Los conventos albergaban a cientos de habitantes, de los que las monjas y novicias eran generalmente una minoría. El resto eran esclavos, sirvientes y mujeres legas que buscaban refugio o retiro. En el año 1700, el convento La Concepción, de Lima, tenía un total de 1041 habitantes. Solo 318 eran monjas, novicias o hermanas legas.[1] Se trataba de un convento muy grande, y probablemente no representativo en términos de población. No obstante, en el siglo XVII, había conventos menos prósperos y poblados que tenían entre 50 y 100 monjas.

La población de los conventos aumentó significativamente del siglo XVI al XVII. La Concepción de Lima, que tenía 80 monjas a comienzos del siglo XVII, en el año 1700 tenía ya 247. La población del convento agustiniano de La Concepción, en Santiago, pasó de 10 monjas en 1578 a 150 en 1619. Los conventos de descalzas, debido a los votos de pobreza que exigían, jamás albergaron a tantas monjas. De hecho, su reglamentación establecía un número fijo de monjas, de 21 a 33, y rara vez aceptaban más. En 1733, las carmelitas de Buenos Aires tenían solo 18 miembros. En general, los conventos fundados en el siglo XVIII no se expandieron tan rápidamente como los establecidos en los comienzos del período colonial. El de capuchinas de Señor de San José, de Lagos, Guadalajara, fundado en 1759 con 27 monjas, tenía solo 77 en el año 1781. Los datos disponibles indican que los conventos estabilizaron su población entre 1650 y 1750, y que hacia el final del período colonial ya había empezado en ciertas ciudades una disminución del número real. Santa Clara de México, fundado en 1573, tenía 170 monjas 30 años después, en 1603. Sin embargo, en los 51 años entre 1696 y 1747, solo profesaron 121 monjas, y hacia 1750 el convento albergaba a 79 monjas.[2] A fines del período colonial ha-

1 Rubén Vargas Ugarte, S. J., *El monasterio de La Concepción de la Ciudad de los Reyes*, Lima, Talleres Gráficos de la Editorial Lumen, 1942, pág. 16.

2 Rubén Vargas Ugarte, *La provincia eclesiástica chilena*, Friburgo, Imprenta de la Casa Editorial Pontificia de B. Herder, 1895, pág. 353; Cayetano Bruno, *Historia de la iglesia argentina*, 6 vols., Buenos Aires, Don Bosco, 1970, vol. 4, pág. 458; Salvador Reynoso, *Fundación del convento de Capuchinas de la Villa de Lagos*, México, Jus, 1960, pág. 13.

bía 888 monjas en la ciudad de México. En 1814 el número seguía siendo casi el mismo: 852 monjas en los conventos de la ciudad. Esta sostenida declinación de las profesiones puede explicarse, tal vez, por un creciente espíritu de secularización.

El gran número de habitantes laicos en los claustros fue siempre motivo de preocupación para las autoridades eclesiásticas, que percibían su presencia como perturbadora de la atmósfera religiosa y causa de innumerables transgresiones de la disciplina conventual. Desde mediados del siglo XVII la jerarquía eclesiástica había tratado de restringir el número de sirvientes y residentes legos, pero sin mucho éxito. En la década de 1770, como parte de un plan más amplio de reformas de las normas religiosas, los obispos y los arzobispos de Nueva España adoptaron una franca política de contención del número de personas admitidas en los claustros. Después siguieron varios años de confrontación, porque la mayoría de las religiosas eran reacias a vivir sin sus sirvientas y protegidas. Pero hacia 1790, un número importante de residentes seculares había abandonado los conventos. En ese año, las 888 monjas de México tenían solo 943 sirvientas.

EL MEDIO SOCIAL

Los legos y los sirvientes, libres o esclavos, negros, mulatos, indios y mestizos representaban la heterogeneidad étnica de la sociedad urbana colonial misma. Por otra parte, las monjas, sus protegidas o pupilas, y las mujeres de clase alta que se retiraban a los conventos pertenecían a la capa más elevada de la sociedad, eran descendientes de colonizadores españoles o de sus descendientes criollos. Las estrictas políticas de admisión aplicadas a las postulantes aseguraban que la extracción social y étnica de la mayoría de las monjas de la América española fuese muy homogénea. La única excepción eran los conventos fundados en Nueva España para indias y algunos de los de América del Sur, que admitían a un grupo selecto y pequeño de mestizas.

Recién en el siglo XVII se afirmó la idea de fundar conventos para mujeres indígenas. A comienzos de ese siglo, el marqués de Valero, virrey de Nueva España, dejó una donación para la fundación de Corpus Christi, un convento para indias nobles. Después de algún debate, fue inaugurado en 1724; monjas blancas estuvieron encargadas de dirigir a las primeras profesantes indígenas. Se generó entonces una controversia que duró varios años, porque las monjas blancas trataban de aumentar su número y disminuir el de las indias. Finalmente, la corona se expidió en favor de las indias, y el convento siguió siendo indígena, en su composición. También mantuvo un carácter elitista, ya que solo a las cacicas, es decir, mujeres de la nobleza indígena se les permitía profesar. En 1808 se fundó en la ciudad de México el convento de Nuestra Señora de Guadalupe, para mujeres indígenas de todas las clases sociales, dándoles así la primera oportunidad de profesar a las que no eran cacicas.

Los patronos y fundadores de conventos tenían el derecho de especificar el grupo étnico que podía profesar. Las cláusulas restrictivas, como las impuestas por la orden agustina de Chuquisaca, establecían claramente que no serían admitidas como postulantes mujeres mestizas o que reconocieran tener sangre africana o morisca. Durante los siglos XVI y XVII fueron aceptadas en algunos conventos un cierto número de mujeres mestizas, de alto rango social, pero aparentemente el prejuicio social se fue acentuando a lo largo del siglo XVII y estos casos se tornaron cada vez menos frecuentes. Asimismo, se les exigía a las postulantes que fueran hijas legítimas de padres cristianos; no obstante, según lo atestiguan los registros de Nueva España, se les permitió profesar a algunas mujeres de origen ilegítimo, después de que el obispo o el arzobispo concedieron autorización para pasar por alto su "defecto de nacimiento".

Nunca había restricciones económicas específicas en las reglamentaciones de las órdenes ni en las cláusulas de la fundación. Los conventos eran accesibles para cualquier mujer blanca que pudiera afrontar los gastos de la profesión o que tuviera patrocinadores que lo hicieran por ella. El costo de la profesión variaba, según la orden conventual, la época e, incluso, la posición social de la postulante. Las órdenes de capuchinas y descalzas no favorecían las celebraciones caras y estaban dispuestas a recibir dotes pequeñas. En consecuencia, siempre fueron más pobres que otros conventos. Por otro lado, algunos conventos concepcionistas atraían a mujeres de clase alta, en parte porque las reglas no eran tan rigurosas y permitían un mayor grado de libertad personal dentro de la institución. Las otras órdenes exigían dote en todos los casos, y por lo general celebraban las profesiones con dos ceremonias: una para el ingreso de la novicia en el convento, y la otra para su profesión final como monja de velo negro. Los padres solían comprar una celda para su hija, y los más acomodados acostumbraban colocar cierta suma de dinero con un interés de 5%, que la monja recibía como asignación anual para sus gastos personales en el convento.

La cantidad de dinero exigida como dote se modificó con el tiempo y variaba de una zona a otra. En los siglos XVI y XVII las dotes iban de 1 000 a 2 000 pesos. La inflación y las mayores exigencias financieras de los conventos a fines del siglo XVII dieron por resultado un aumento que llevó las dotes a 3 000 pesos y, hacia fines del período colonial, a 4 000 en algunos conventos. Las dotes se pagaban en efectivo, pero en el siglo XVII algunos conventos permitían a los padres de la postulante gravar sus propiedades, aunque esta no era una práctica generalizada. Las mujeres que profesaban como hermanas legas (monjas de velo blanco) pagaban dotes menores, pero se les exigía que realizaran tareas en el convento. Por lo general se trataba de hijas de familias empobrecidas, que recibían de benefactores el dinero necesario para pagar los gastos de la profesión. Así, las distinciones socioeconómicas se reflejaban claramente en los conventos.

Las mujeres blancas pobres, deseosas de entrar al convento, contaban con los parientes y amigos como una fuente de patronazgo. Otro recurso era la lotería anual organizada por ciertas confraternidades, que géneraba fondos para dotar a ciertas niñas. Estas dotes, que permitían a las mujeres "tomar estado" (el estado matrimonial o el de monja) eran por lo general de 300 pesos. Algunas confraternidades, como la del Santísimo Sacramento de la ciudad de México, reconocían como una de sus misiones dotar a niñas. Hacia el fin del período colonial el Santísimo Sacramento se vanagloriaba de haber invertido más de un millón de pesos en las dotes de varios miles de jóvenes. Había aun otra fuente de patronazgo: hombres y mujeres piadosos que invertían grandes sumas de dinero en préstamos o gravámenes y que usaban los intereses para otorgar anualmente algunas dotes. Ciertos conventos aceptaban jóvenes con habilidades especiales, como por ejemplo una buena voz o el conocimiento de un instrumento musical; se las llamaba monjas capellanas (monjas sin dote) y su talento artístico era puesto al servicio de la institución, en lugar de una dote.

Pese a la presencia de muchas mujeres de limitados recursos dentro de los muros de los conventos, la mayoría pertenecía a familias de buena posición económica. Aunque los estudios profundos sobre el origen familiar de las monjas con votos son escasos, es posible hacer algunas generalizaciones. Las mujeres nobles no mostraban gran inclinación a hacerse monjas, y pocas de familia con título nobiliario tomaban el velo. Debe señalarse, sin embargo, que en la América española los títulos de nobleza comenzaron a aumentar solo a partir de la segunda mitad del siglo XVII, cuando la población de los conventos disminuía. Además, los votos de castidad y la renuncia a las posesiones terrenales implícita en la profesión, si bien no se respetaban estrictamente, impedían la transmisión de la riqueza dentro de las redes familiares de las élites. Aun cuando las monjas no renunciaran a su parte de la herencia, la usaban para beneficiar al convento y no a su familia. Por lo tanto, las mujeres de familia noble no eran estimuladas a tomar los hábitos. Pese a ello, algunas lo hacían. La hija menor del marqués de San Miguel de Aguayo, María Ignacia Azlor y Echevers, profesó en la Orden de María y fue la fundadora del convento de La Enseñanza en la ciudad de México. La marquesa de Selvanevada, viuda, se retiró a la vida conventual y fundó el convento carmelita de Querétaro.

El siguiente escalón descendente en el orden social, el de los miembros de la burocracia, los comerciantes ricos y los terratenientes, proporcionó un importante número de monjas durante el período colonial. En el siglo XVI, los conceptos de jerarquía social no estaban completamente cristalizados. Algunas descendientes empobrecidas de conquistadores y colonizadores accedieron a los conventos a causa de sus dificultades económicas, si bien se las consideraba miembros de la élite social. Ciertos conventos, fundados en ese siglo para brindar refugio a mujeres blancas pobres, llegaron rápidamente a ser asociados con las "mejores" familias. Los conventos de Santa Catalina y de Santa Clara en Quito, por ejemplo, se hicieron muy populares entre los miembros de los estratos más elevados de la sociedad. Santa Catalina fue fundado por la sobrina de Juan Martínez Siliceo, arzobispo de Toledo, la diócesis más rica de España. Inmediatamente atrajo a parientes de burócratas y conquistadores, e incluso a una descendiente de Cristóbal Colón.

Durante todo el período colonial, las hijas de miembros de las órdenes militares, capitanes, concejales y gobernadores, se destacan en los registros de las profesiones en conventos. Pero la mayoría de las mujeres enumeradas en estos registros aparecen simplemente como hijas de cierto don o de cierta doña. Debido a que estos apelativos perdieron gran parte de su significado social con el tiempo, es difícil establecer el nivel social de la familia. No obstante, uno de los pocos estudios de los antecedentes socioeconómicos de monjas con votos, las del convento de Santa Clara en Querétaro, indica que solo 10% de ellas era de familia pobre. La combinación de selectividad social y étnica, el prestigio vinculado a las relaciones de la familia con la iglesia y el creciente poder económico de los conventos después de la segunda mitad del siglo XVII les dio a estas instituciones un nivel social que beneficiaba a sus miembros.

APOYO ECONÓMICO

Las necesidades sociales y religiosas que los conventos satisfacían eran sostenidas materialmente por el patronazgo privado o de la comunidad. La corona ejercía control sobre los aspectos económicos de las fundaciones de conventos, y a fines del período colonial fomentó políticas de reforma espiritual. Sin embargo, no prestaba ayuda económica, porque daba por sentado que las instituciones debían encontrar mecanismos para mantenerse a sí mismas. La ayuda real llegaba en forma de pequeñas sumas de dinero para contribuciones anuales, y por períodos limitados de tiempo, para el mantenimiento de la comunidad o para comprar el aceite de las lámparas del altar mayor. El trabajo indígena en forma de repartimiento era otorgado a algunos conventos mientras estaban en construcción, o para ser reparados. La corona solía también autorizar la transferencia de la mano de obra o el tributo de alguna encomienda indígena en beneficio privado del convento. El primer convento fundado en Nueva Granada, el de Santa Clara de Tunja (1573) recibió fondos del conquistador Francisco de Salguero y su esposa, Juana Macías Figueroa. La pareja tenía un rapartimiento y en 1580 la ciudad de Tunja solicitó a la corona que lo transfiriese en perpetuidad al convento, para su mantenimiento. En Caracas, La Concepción se fundó en 1636, con monjas llevadas desde Santo Domingo. En 1638, los franciscanos peticionaron a la corona para que una encomienda que estaba entonces en manos de la abadesa doña Isabel de Tiedra y Carabajal fuera devuelta al convento. La encomienda proporcionaba mano de obra para atender la hacienda y el ganado que poseían las monjas.

Como los conventos eran parte de la economía urbana y regional, participaban de los ciclos económicos de sus respectivas zonas, y reflejaban la riqueza o la pobreza de ciertas regiones. En las zonas interiores del imperio los conventos tenían menos oportunidades de prosperar que en los ricos centros comerciales, como México o Lima.

No obstante, pese a su localización, los conventos recurrían a la corona en épocas de dificultades económicas; pero sus solicitudes no siempre eran atendidas. Por ejemplo, el primer convento de Santiago, el de La Concepción, fundado en 1564, solicitó una suma anual de 3000 pesos en el año 1568, debido a su falta de dotes y a la inestabilidad de sus ingresos. En 1590, la audiencia de Quito escribió a la corona en nombre del convento de La Concepción, en Pasto, pidiendo la adjudicación de alguna fuente de ingresos para institución tan "ejemplar".

En 1745, el convento capuchino de Nuestra Señora del Pilar, en Buenos Aires, recibió la aprobación real para su fundación, pese al hecho de que carecía no solo de instalaciones adecuadas sino también de un patronazgo pudiente. La esperanza de que la situación financiera del convento mejorara no se concretó, y la corona tuvo que proveer 12 000 pesos para ayudar a construir una nueva iglesia, con sus claustros, en 1769. Tal vez uno de los mejores ejemplos de la correlación entre la economía local y el bienestar financiero de los conventos sea el de las carmelitas descalzas de Puerto Rico, que recibieron una licencia real de fundación en 1646, y abrieron sus puertas en 1651. Si bien los vecinos habían peticionado en favor de la fundación desde la primera década del siglo, una vez establecido el convento no pudieron mantenerlo adecuadamente. En consecuencia, las carmelitas, al igual que los habitantes de la isla, vivieron una existencia de penurias durante los siglos XVII y XVIII, solo aliviada por las esporádicas limosnas de la corona y las contribuciones caritativas del obispo Fernando de Valdivia quien, a comienzos del siglo XVIII, ayudó a mejorar el edificio.

En contraste, varios conventos de la ciudad de México, pese a haberse iniciado en condiciones económicas desfavorables en el siglo XVI y haber sufrido dificultades en la primera mitad del XVII, lograron consolidar su situación económica hacia fines de ese siglo; y cuando terminaba el período colonial eran instituciones riquísimas. Ese fue el caso de los conventos de concepcionistas de La Concepción y La Encarnación, que tenían bienes por más de un millón de pesos cada uno, en casas, préstamos a personalidades selectas y gravámenes sobre numerosas propiedades rurales y urbanas. Hacia mediados del siglo XVIII, 18 conventos de la ciudad de México poseían unos 7 millones de pesos en propiedades, gravámenes y préstamos.[3] Tan estupendo

---

[3] Asunción Lavrin, "La riqueza de los conventos de monjas en Nueva España. Estructura y evolución durante el siglo XVIII", *Cahiers des Ameriques Latines* 8, 1975, págs. 92-122.

crecimiento económico estaba vinculado a la financiación privada. El desarrollo económico de los conventos dependía, en gran medida, del desarrollo de un grupo pudiente de patrocinadores urbanos, que podían mantener no solo sus fundaciones sino también sus necesidades económicas posteriores. En muchas ciudades esta clase social solo empezó a desarrollarse en el siglo XVII, y en consecuencia, fue durante este siglo que el patronazgo laico de instituciones religiosas comenzó a movilizar importantes sumas de dinero a través del establecimiento de capellanías, fondos para dotes, donación de propiedades o dinero en efectivo y establecimiento de gravámenes sobre sus propiedades.

Los conventos fundados en el siglo XVI fueron dotados con dinero suficiente para terminar sus edificios, pero la mayoría no tenía capital para asegurar el crecimiento económico. Se esperaba que el capital fuera obtenido de fuentes diversas y de las dotes de las monjas mismas. El dinero en efectivo era usado para la compra de propiedades, o entregado a individuos selectos en forma de préstamos de largo plazo, con propiedades hipotecadas en nombre del convento como codeudor. Los conventos no estaban necesariamente interesados en la devolución de estos préstamos, siempre que el prestatario pagase puntualmente el 5% de interés. Con frecuencia las propiedades rurales y urbanas permanecían hipotecadas a favor de los conventos por décadas, ya que el gravamen era transferido a otros compradores. Si el convento compraba directamente propiedades urbanas o rurales, las arrendaba por una suma equivalente al 5% de su valor. Los mayordomos administraban estas propiedades para las monjas. Como estaban enclaustradas, ellas dependían de la honestidad de los administradores y de su propia habilidad para los negocios; de otro modo, no podían asegurarse un ingreso regular. Las propiedades alquiladas no rendían beneficios si el arrendatario no las hacía producir lo suficiente para mantenerse a sí mismo y además pagar los intereses anuales al convento. Por otra parte, el arrendamiento de propiedades urbanas involucraba a los conventos en los usuales problemas de demoras en los pagos que afrontaba la mayoría de los grandes propietarios.

Otra forma de conseguir fondos consistía en gravar voluntariamente algunas propiedades en beneficio de un convento. En estos casos no había intercambio de dinero en efectivo; el patrocinador enajenaba la propiedad ante un notario y de allí en adelante pagaba al convento un interés del 5% del gravamen total. Si la propiedad se vendía, el comprador podía pagar en efectivo la deuda contraída o continuar entregando al convento el interés convenido.

La mayoría de estos gravámenes podían ser levantados entregando al convento el capital en efectivo. En el siglo XVI algunos patrocinadores hicieron gravámenes a perpetuidad, o irrevocables, pero más tarde la práctica desapareció o se hizo muy infrecuente.

Hacia fines del siglo XVII los conventos, a medida que prosperaban, tenían dinero suficiente en sus arcas para invertir en préstamos de corto plazo, con fecha fija de devolución. Estos préstamos se otorgaban a comerciantes prósperos y propietarios, que tenían codeudores confiables y el aval de varios garantes. Con el tiempo, los préstamos con fecha fija de devolución (depósitos) se convirtieron en una de las formas preferidas de inversión de los conventos ricos. Hacia fines del siglo XVII ciertos conventos, como el de Jesús María, La Concepción y La Encarnación, de la ciudad de México, tenían varios cientos de miles de pesos cada uno en préstamos. Los beneficiarios de tales préstamos eran los miembros más prestigiosos de las élites urbanas, hombres y mujeres cuyas familias eran o habían sido patrocinadoras de la iglesia, y cuyas mujeres podían aspirar a profesar en algún convento. La mayoría de dichos prestatarios pagaba sus intereses con puntualidad y se apoyaban mutuamente como fiadores. Así se construía una red de intereses mutuos entre los miembros de la élite y los conventos.

La disponibilidad de dinero en efectivo en arcas de los conventos creaba un sistema de crédito, centralizado en la ciudad, que abarcaba a prestatarios rurales y urbanos que iban desde grandes terratenientes hasta pequeños propietarios. Los conventos más grandes y prestigiosos preferían prestarles dinero a los ricos. Los más pequeños, con capital más limitado, atendían las necesidades de miembros menos poderosos de la comunidad. Como instituciones de préstamo o de crédito, los conventos tenían una importante limitación, que impide compararlos con los bancos modernos: nunca pagaban interés a sus donantes o depositantes. Los beneficios que un donante esperaba recibir de estas instituciones eran puramente espirituales; misas por sus almas, la potencial gracia de Dios o su eterna Salvación. Así, los conventos hacían circular dinero en su propio beneficio, y al hacerlo rendían un servicio a una clase socioeconómica específica, la de los propietarios. Los beneficios económicos que los miembros menos acomodados de la sociedad obtenían de los conventos se reducían a los salarios por trabajos de albañilería, carpintería, artesanía o construcción y reparación de claustros e iglesias.

Además de actuar como instituciones financieras de base urba-

na, los conventos desempeñaban otro importantísimo papel como terratenientes urbanos. Debido a que las propiedades rurales estaban
distantes y eran impredecibles como fuente de utilidades, los conventos se inclinaron poco a poco hacia la adquisición de bienes raíces urbanos, si bien muchos conservaron algunas tierras. Además,
la proximidad de los conventos a sus propiedades urbanas hacía que
estas fueran mucho más fáciles de controlar. Los conventos poseían
una_enorme variedad de propiedades urbanas: viviendas individuales, inquilinatos, baños, tiendas e incluso casas muy modestas. Algunos conventos tenían más propiedades que otros, pero en general
controlaban un número considerable de casas. En la ciudad de México, la única para la cual se dispone de datos analíticos, hacia fines
del siglo XVIII había ocho grandes conventos que poseían propiedades urbanas valuadas en más de 7 millones de pesos. El valor total
de las propiedades urbanas que tenían los conventos de la ciudad de
México en el siglo XIX superaba lo 10 millones de pesos. La iglesia
en su conjunto era dueña del 47,08% de todas las propiedades urbanas, y dentro de la iglesia ninguna otra institución controlaba un
porcentaje tan elevado como los conventos.

La posesión de viviendas ponía a los conventos en contacto con
un amplio espectro de la sociedad urbana. Las casas más grandes y
caras estaban ocupadas por familias nobles, burócratas de alto rango,
jueces de audiencia y comerciantes ricos. La renta urbana aumentó
lentamente durante el período colonial. Hacia mediados del siglo XVIII
estas propiedades se alquilaban por sumas entre 500 y 1 000 pesos
por año. Los edificios de tamaño pequeño y mediano se alquilaban a
artesanos, burócratas menores y pequeños comerciantes. La renta de
casas de dos o tres habitaciones oscilaba entre 8 y 20 pesos por mes,
según la localización y las condiciones de la vivienda. Los conventos
también poseían muchas casas de inquilinato, en las que vivían zapateros, lavanderas, panaderos, vendedores de comida y sastres. En general, los inquilinos de los conventos de la ciudad de México tenía
años de atraso en el pago de sus alquileres, pero los conventos eran
propietarios benévolos y no los presionaban demasiado.

Las relaciones de los conventos con la ciudad se extendían más
allá de la posesión de bienes. Para lograr sus intereses económicos,
recogían información sobre propiedades en venta, vecinos que necesitaban préstamos, los negocios de sus inquilinos en la ciudad o en el
campo, el estado de la provisión de alimentos para la ciudad y el precio de productos como ropa, madera, piedra, cera y productos agríco-

las. También tomaban nota de los salarios que se pagaban a obreros y artesanos, a quienes encomendaban toda clase de trabajos: retratos, pinturas, altares, rejas y otros artículos de herrería. De todas estas actividades se ocupaban aquellas mujeres que, pese a haber renunciado espiritualmente al mundo, no dejaban de mantenerse en contacto con él para preservar el apoyo material de su vida religiosa.

LA VIDA RELIGIOSA

Por cierto, no solo los intereses económicos vinculaban a las monjas con el mundo, también lo hacían sus asuntos religiosos. Pese a la habitual sumisión de las monjas a sus superiores, consecuencia de su voto de obediencia, en ocasiones estallaban confrontaciones entre las monjas y sus prelados, creando situaciones de tensión y disgusto no solo dentro del convento sino también de la ciudad misma. Uno de los conflictos más prolongados entre un prelado y su rebaño tuvo lugar en el convento capuchino de Buenos Aires, donde un grupo de monjas se rebeló contra su obispo, alegando que este permitía el ingreso al convento, como monjas, a mujeres mestizas. El obispo se vio obligado a suspender las elecciones y dejar de admitir novicias durante 17 años, para evitar la continuación de los desórdenes internos, que habían trascendido los muros de la institución. El disenso empezó en 1768 y solo después de la muerte del líder rebelde, en 1787, el convento volvió a la normalidad. Ni el obispo, Manuel Antonio de la Torre, ni su sucesor pudieron, durante este lapso, poner orden en la casa religiosa.

La conocida rivalidad entre la iglesia secular y la regular, especialmente en el siglo XVII, involucró tanto a los conventos como a miembros del cabildo y la audiencia. Advertidas de la lucha por el poder entre los frailes y el clero, algunas monjas trataron de resolver los problemas internos de sus instituciones apelando a miembros de los partidos opositores, lo que desencadenaba verdaderas guerras de intereses en su localidad. Tampoco dejaron de comprometerse los parientes de las religiosas, otras instituciones y hasta el gobierno real. Por lo general, mientras los miembros de la iglesia regular y seglar disputaban por el control de los conventos, las normas se relajaban en estos. En lugar de la tranquila devoción que, se suponía, debía imperar en estas casas de retiro, entre sus muros se desarrollaban enfrentamientos que, avivados por la participación de diversos sectores, transformaban a los conventos en centros de agrias disputas ciudadanas. Muchas veces estos conflictos ocasionaban una cadena de violencia en la que tomaba parte toda la ciudad. Uno de los mejores ejemplos es el que tuvo lugar en Santiago de Chile en el siglo XVII.

El convento de Santa Clara, en Santiago, había tenido su origen en un beatario (hogar para mujeres laicas piadosas) en Osorno. Esta primitiva sede debió ser abandonada después de un ataque indio. En 1604, el convento ingresó en la orden claretiana y fue puesto bajo la autoridad franciscana, por el obispo de Santiago. En 1641, disconformes con las reglas de los franciscanos, las monjas enviaron un mensaje secreto a Roma informando sobre su situación. En 1654, cuando aún no habían recibido respuesta, 50 monjas de velo negro y 30 hermanas legas solicitaron que el obispo las pusiera bajo su autoridad secular. Los franciscanos respondieron al intento de secesión atacando físicamente el convento para restaurar su autoridad. El caso fue sometido a dos jueces eclesiásticos, que fallaron en contra de los franciscanos. Luego, los franciscanos apelaron ante la audiencia y el virrey en Lima. El virrey los apoyó, pero la orden fue ignorada por la audiencia de Santiago. Una segunda orden, de Lima, para restablecer la autoridad de los franciscanos, solo fue ejecutada por un oidor, cuando el presidente de la audiencia de Santiago se encontraba ausente. El convento fue rodeado por soldados y se entabló una batalla entre ellos y un grupo de hombres, parientes de las monjas. Mientras tanto, más de 60 religiosas escapaban de los claustros y se refugiaban en el convento agustiniano de La Concepción. Para entonces, todo el pueblo estaba involucrado en la revuelta, que estuvo a punto de convertirse en motín. Finalmente las monjas volvieron a su convento y aceptaron la autoridad temporaria del provincial franciscano, hasta tanto el Papa legislase sobre la solicitud. En 1661 se le concedió al obispo autoridad sobre el convento, por resolución papal.

Estos y otros desórdenes fueron atribuidos por algunas autoridades religiosas de la época a la creciente participación de los conventos en los asuntos mundanos. Lejos de estar aisladas de los intereses del mundo, las monjas se mantenían informadas por intermedio de sus familias, sus amigos y sus protectores. La lucha por la posición y el poder no se detenía en la puerta del convento, había un vínculo entre sus asuntos y los de la ciudad. Las elecciones para cargos en el gobierno de las instituciones implicaban frecuentemente rivalidades de familia y competencia entre facciones opuestas, tanto dentro como fuera del convento. Muchas veces, las abadesas de conventos ricos eran hijas de las mejores familias de la localidad, e intentaban ejercer su influencia para determinar el resultado de tales elecciones. En Lima esto sucedía con tanta frecuencia que las autoridades seculares solían ordenar que los conventos fueran rodeados por soldados hasta que se realizaran las elecciones. Los triunfadores en las elecciones celebraban con música, festejos y carreras de caballos, en los alrededores del convento. Incidentes como estos, junto con otros más personales, como vestir hábitos muy adornados o recibir a familiares y amigos con gran despliegue de comida, o llamar a las orquestas de la ciudad para tocar en los locutorios, suscitaban el repudio de los obispos y arzobispos más estrictos. Pero casi siempre su condena era ignorada.

A fines del siglo XVIII varios arzobispos y obispos de Lima y México emprendieron una serie de reformas eclesiásticas para restablecer la disciplina en los conventos. En Nueva España, el retorno a lo que se llamaba vida común, o vida comunal, fue adoptado unánimemente por las principales autoridades religiosas. La vida común implicaba volver a reglas más simples y renunciar a tener celdas personales, sirvientas, esclavos y otras comodidades materiales.

La consecuencia inevitable fue que se suscitaron confrontaciones personales entre los conventos y las autoridades religiosas, en las que participaban incluso las autoridades laicas y los ciudadanos. La resistencia de las monjas fue finalmente vencida cuando se permitió un sistema doble de normas, quedando las más estrictas para las religiosas nuevas.

LA DIMENSIÓN CULTURAL

Otra dimensión importante del papel desempeñado por las monjas y los conventos en el contexto urbano de la América española es su influencia sobre la cultura colonial. Entre los muros de los conventos se gestaron importantes corrientes culturales, sostenidas por los únicos grupos de mujeres educadas que había en las ciudades coloniales. España había dedicado cierta atención a la educación de las mujeres durante los últimos años del siglo XV y comienzos del XVI, pero en la época en que empezaron a desarrollarse los centros urbanos del Nuevo Mundo, dicha tendencia se estaba debilitando en la península. Las ciudades coloniales no eran un campo propicio para el desarrollo de una élite femenina culta. La mayoría de las mujeres laicas eran analfabetas, o solo recibían una educación que apenas superaba las llamadas artes femeninas: la cocina y el bordado. Eran muy pocas las mujeres laicas capaces de leer otra cosa que el catecismo y casi ninguna podía escribir algo más difícil que una carta breve, con mala caligrafía.

Pero la vida religiosa requería cierta educación, más avanzada que la de la mayoría de las mujeres. Las monjas leían y escribían correctamente, podían hacer cuentas y tenían conocimientos de latín, para las plegarias. Muchas descollaban en sus estudios y llegaban a dominar estos conocimientos más profundamente que lo que se esperaba de ellas. Además, las monjas se desempeñaban como maestras de las alumnas que eran colocadas en conventos para ser educadas hasta la mayoría de edad. Sin embargo, la educación impartida a estas niñas no era sistemática, y variaba de modo considerable según las dotes de la maestra. Aun después de la introducción de los conventos de La Enseñanza, donde las monjas eran preparadas especialmente para enseñar a niñas, la educación femenina siguió siendo limitada, adecuada solo para apoyar el papel de las mujeres como esposas y amas de casa.

Irónicamente, las monjas no ocupan un lugar en la historia de la cultura colonial por su papel de educadoras, sino porque sus confesores las alentaron a escribir acerca de ellas mismas como una manera de comprender sus problemas personales, superar sus debilidades e intensificar su experiencia religiosa. La consecuencia fue la producción de un número considerable de autobiografías, biografías, crónicas de instituciones religiosas, libros de ejercicios espirituales y cartas personales. Como estos trabajos no eran considerados obra literarias sino ejercicios religiosos, permanecieron manuscritos en los archivos de los conventos, o se perdieron, y muchos de ellos solo se recuerdan por estar referidos en otros trabajos. Un buen ejemplo son los escritos de sor Melchora de la Asunción, una de las primeras monjas que profesaron en el convento de las carmelitas de Puebla, conocida en su época como "uno de los mayores talentos de España" en cuestiones de religión. No obstante, no se descubrió ni uno solo de sus manuscritos. Otras fueron más afortunadas y sus obras fueron desenterradas de los archivos de los conventos, después de varios siglos de olvido. Catalina de Jesús Herrera (1717-1795), una monja oriunda de Guayaquil que ingresó al convento dominicano de Santa Catalina, escribió una extensa obra describiendo su experiencia espiritual. Esta obra fue publicada por primera vez en 1950, con el título de *Secretos entre el alma y Dios*. Sor Gertrudis de San Ildefonso (1652-1709), monja claretiana de la audiencia de Quito escribió, a instancias de su confesor, una autobiografía de buena calidad literaria.

En Lima se destacan dos figuras: sor Paula de Jesús Nazareno (1687-1754) y sor Juana María Àzana (1696-1748). Sor Paula, hija de un caballero de Alcántara, ingresó en el convento de Nuestra Señora de las Mercedes en 1719. Escribió una autobiografía, que permanece inédita, y muchos poemas; algunos de estos se publicaron en 1955, es decir, 201 años después de su muerte. Sor Juana era hija del general don Pedro de Azaña. Nacida en Abancar, profesó en el convento de los capuchinos de Jesús María, contra la voluntad de sus padres. Escribió numerosos poemas y algunas piezas teatrales; parte de este material fue publicado.

El género de la prosa mística tuvo su mejor exponente en sor Francisca Josefa de la Concepción de Castillo (1617-1742), monja claretiana de la ciudad de Tunja. Sor Francisca Josefa escribió dos obras importantes: su autobiografía y un diario de su vida espiritual, titulado *Mis afectos*. Su autobiografía fue escrita como un acto de obediencia, y es un valioso documento de la vida del convento y de las dificultades de mantener la vida religiosa. Desde que se publicó, en el siglo XIX, *Mis afectos* ha sido considerada una obra maestra de elegancia y delicada espiritualidad, no superada por ninguna obra escrita por una mujer en este género, durante el período colonial.

Entre las autoras de biografías se encuentra sor María Rosa de Ayala, una de las fundadoras del convento capuchino de Jesús María en Lima. Sor María Rosa escribió la vida de Nicolás Ayllón, más conocido como Nicolás de Dios, fundador del convento. Su hermana en la religión, sor María Gertrudis de Alva, escribió un interersante y singular diario del viaje de las monjas fundadoras de España a Lima. Ambas obras fueron publicadas a mediados del siglo XX.

En Nueva España se conservan, aun en forma manuscrita, las obras de sor Sebastiana Josefa de la Trinidad, una monja franciscana del convento de San Juan de la Penitencia, y sor María Marcela, una capuchina de Querétaro. Ambas relataron su vida espiritual. También permanecen inéditas las obras de algunas monjas que compusieron piezas teatrales para ceremonias de profesión; una excepción, sin embargo, es la de sor María Ana Águeda de San Ignacio,

autora de varios libros de ejercicios y'consejos religiosos, que desplie-
gan una delicada mezcla de ascetismo y misticismo. Sor María obtuvo cierto reconocimiento durante su vida, ya que el obispo de Puebla,
Pantalón Álvarez, pagó la publicación de su obra en 1758.

Pero sin duda la escritora más conocida del período colonial en
la América española fue sor Juana Inés de la Cruz (1651-1695), acla-
mada ya en vida como la Décima Musa. Sor Juana, nacida fuera del
matrimonio en una pequeña ciudad de Nueva España, fue llevada a
la ciudad de México para completar su educación. Apenas salida de
la pubertad, fue introducida en la corte virreinal, donde sus extraordinarias dotes intelectuales le valieron un rápido prestigio. Pasó varios años como protegida de cariñosas vierreinas y rodeada por una
corte de admiradores. Sus primeras obras juveniles, dedicadas a
exaltar la vida, el amor y el arte, no hacían prever su súbita decisión
de tomar los hábitos. Pero aproximadamente a los 18 años de edad,
ayudada por dos mentores, intentó la vida religiosa en un convento
de carmelitas. Encontró las normas demasiado estrictas y abandonó
el convento, pero más tarde ingresó en el de San Gerónimo. Habien-
do profesado poco después de cumplir 20 años, pasó la mayor parte
de sus años productivos como la figura femenina religiosa más popular y conocida del Nuevo Mundo. La explicación que dio sor Juana
para su decisión de hacerse monja —acto sorprendente en alguien
que había logrado tal éxito en sociedad— fue que sentía escasa inclinación por el estado matrimonial y que el convento era el lugar más
adecuado para dedicarse a su proyecto intelectual. Algunos cuestio-
naron la sinceridad de la vocación de sor Juana, sin darse cuenta de
que ella no solo era una monja muy talentosa, sino también una católica sincera, en un siglo de fuertes creencias religiosas. Aunque llegó a confesar que encontraba desagradables ciertos aspectos de la
vida religiosa, su profesión fue un acto voluntario, del que nunca se
arrepintió y que le brindó la oportunidad de desligarse de obligaciones familiares y dedicarse a la lectura y la escritura.

Durante la mayor parte de su vida religiosa sor Juana escribió
obras literarias que no tenían relación directa con la religión, así como poesías para fiestas religiosas, obras teatrales, tratados filosóficos
en poesía y en prosa, y críticas teológicas. Su inteligencia no reconocía límites, y estudió todos los temas, desde la matemática hasta la
música. Innumerables visitantes se acercaban a sus rejas para hablar
con ella, incluyendo a varios eruditos de la época, con quienes sostuvo
conversaciones de alto nivel intelectual. Aunque sus actividades eran

algo criticadas por sus superiores, logró llevar una vida cuidadosamente equilibrada entre el mundo exterior y el de los claustros.

Sin embargo, el desafío de la teología llevó a sor Juana por un camino que culminaría en la crisis final de su vida. Molesta por una interpretación ampulosa y pedante de los sacrificios de Cristo hecha por el jesuita y teólogo portugués Antonio Vieira, sor Juana acometió la tarea de refutar tales argumentos con los suyos, que más tarde fueron considerados poco ortodoxos para las pautas establecidas por la iglesia. Su refutación fue publicada por el obispo de Puebla, Manuel Fernández de Santa Cruz, bajo el título de *Carta atenagórica*. Si bien se ha afirmado que el obispo era un admirador de sor Juana y que deseaba engrandecer su imagen como escritora religiosa, en una carta posterior dirigida a ella el obispo, con un seudónimo religioso, le reprochó no dedicar más tiempo a los escritos religiosos y a los deberes de su estado. La respuesta de sor Juana al obispo Fernández de Santa Cruz, *Respuesta a sor Filotea de la Cruz*, es un *tour de force* en la literatura de la América española. Es, asimismo, un magnífico ensayo autobiográfico en el que sor Juana explica sus impulsos más íntimos y defiende el derecho de las mujeres a hacer uso de su capacidad intelectual, cuestionando así muchas de las restricciones de la iglesia a las actividades femeninas.

La *Respuesta*... fue el canto del cisne de sor Juana. En 1691 sufrió una crisis religiosa tan difícil de explicar como su ingreso al convento. Se deshizo de la mayoría de sus libros, llamó a su confesor jesuita de muchos años, Antonio Núñez, y dedicó sus últimos años a una vida de plegaria y penitencia. Murió en 1695, durante una epidemia que asoló a la ciudad de México. La amplitud de sus intereses, la calidad de su producción literaria y el desafío que planteó a la sociedad del siglo XVII hicieron de esta monja una figura singular y memorable.

OTRAS INSTITUCIONES PARA MUJERES

El poderoso ejemplo dado por los conventos como instituciones especialmente adecuadas para satisfacer las necesidades de algunas mujeres, impulsó el establecimiento de otros tipos de organizaciones para la protección de las mujeres, basadas en principios similares a los de los conventos. Estas instituciones requerían también vivir dentro de un entorno físico cerrado y dedicarse a prácticas religio-

sas cuidadosamente estructuradas y a tareas manuales consideradas apropiadas para mujeres. El grado de estrictez de las normas,
así como la diversidad de los objetivos perseguidos por los fundadores de estos establecimientos, dieron por resultado el desarrollo de
distintos tipos de refugios: beaterios, recogimientos y orfanatos. Los
beaterios eran asociaciones voluntarias de beatas, mujeres piadosas,
que deseaban llevar una existencia religiosa sin tomar los irrevocables votos exigidos por la vida del convento, especialmente el voto de
clausura perpetua. Seguían las reglas de las Terceras Órdenes: do-
minicanas, franciscanas, etc., que requerían votos simples y estaban
sujetas a la autoridad de la iglesia secular. Las beatas vestían hábito
y llevaban una vida retirada, semejante a la de las monjas. Algunas
mujeres, como huérfanas o viudas recientes, se retiraban a los beaterios en busca de compañía.

Por lo general, los beaterios albergaban mujeres de extracción
social más baja que los conventos, aunque algunos, como el de Santo Rosa de Lima, en la ciudad de Guatemala, recibían a mujeres de
las mejores familias de la ciudad. Así, muchos beaterios eran pobres
y las mujeres tenían que trabajar para mantenerse. Estas instituciones no aceptaban mestizas, si bien esta no era una regla explícita.
Algunos fueron fundados exclusivamente para mujeres indígenas;
por ejemplo, el de Nuestra Señora del Rosario, en Guatemala, y el de
Nuestra Señora de Copacabana, en Lima.

A veces, los beaterios se convertían en conventos; para ello, debían encontrar un patronazgo adecuado y convencer a las autoridades religiosas, y también a las laicas, de la necesidad de tal cambio.
A fines del siglo XVII, una india devota intentó infructuosamente,
durante muchos años, reunir fondos para transformar en convento
el beaterio de Nuestra Señora de Copacabana, mientras que el convento de Jesús María, en Guadalajara, hizo la transición de beaterio a convento con pocas dificultades. Los beaterios acostumbraban
aceptar niñas para darles instrucción, especialmente en ciudades
que no tenían demasiados recursos educacionales. Al dedicarse a
esta tarea, copiaban las prácticas de los conventos. El beaterio de
San José de Gracia, en Querétaro, fundado en 1739, empezó a enseñar en 1768, por sugerencia del arzobispo Antonio de Lorenzana.
En la última década del siglo, la corona, que para entonces apoyaba entusiastamente la idea del establecimiento de centros educacionales para mujeres, puso al beaterio bajo patronazgo real.

Los recogimientos eran lugares donde mujeres de todas las

edades y de situación económica diversa, que carecían de recursos familiares o de protección masculina, podían retirarse —temporariamente o por muchos años— en busca de la seguridad que no tenían en el mundo. Muchas de estas mujeres eran consideradas miembros distinguidos de la sociedad, pero que se encontraban en circunstancias difíciles. El recogimiento les ofrecía un refugio donde podían preservar su honor y su posición social, pese a las experiencias personales adversas. Los recogimientos aparecieron ya en los primeros tiempos de la conquista, a medida que las ciudades se enfrentaban con la presencia de un inesperado número de mujeres solas, blancas o mestizas, que necesitaban de protección temporaria hasta tanto pudieran "tomar estado". La principal preocupación era evitar que cayeran en la tentación del concubinato o de una vida "deshonesta".

Pero los recogimientos eran también instituciones a donde se enviaba a mujeres que habían "caído", para su castigo y reeducación. Las que habían cometido adulterio o bigamia, se habían dedicado a la prostitución o estaban separándose de sus maridos, solían refugiarse en algún recogimiento fundado con el fin de reformarlas. En muchos casos había cierta ambigüedad en el carácter de los beaterios y recogimientos, que surgía de su preocupación fundamental: la protección de las mujeres. Este objetivo general hizo que tales instituciones albergasen al mismo tiempo a mujeres honorables desamparadas, mujeres arrepentidas e incluso mujeres involucradas en delitos. Así, vivían bajo el mismo techo mujeres de diversa extracción social y pertenecientes a diferentes grupos étnicos. El beaterio de Amparadas, fundado en Lima en 1572, fue en su origen un lugar para prostitutas arrepentidas, pero con el tiempo empezó a aceptar mujeres con dificultades económicas; así, siguió siendo una institución mixta durante toda la época colonial. Entre las recogidas, o internas, de un albergue de Salta, conocido como las Bernardas, también se mezclaban mujeres devotas y arrepentidas. El caso más sorprendente del cambio de carácter fue el del recogimiento de Jesús de la Penitencia, en la ciudad de México, fundado también en 1572 para mujeres arrepentidas. Puesto bajo la dirección de una monja del convento de La Concepción, con el propósito de ayudar a las internas a reformarse, logró el patronazgo de varias confraternidades de la ciudad y, hacia fines de siglo, había empezado a admitir mujeres que querían vivir como monjas. Poco a poco, la mayoría de las internas pertenecían a este grupo. Finalmente, en 1667, fue convertido en el convento de Nuestra Señora de Balvanera.

Otra variante del concepto de protección de las mujeres fueron los orfanatos, establecidos para cuidar de las huérfanas descendientes de conquistadores o colonizadores. En el siglo XVII estos orfanatos se parecían a los recogimientos, pero en el XVIII se convirtieron en escuelas, ya que ponían el acento en la instrucción de las niñas que ingresaban. Algunos orfanatos admitían también un cierto número de niñas en calidad de alumnas externas, dándoles educación y alojamiento a cambio de una cuota mensual. Con el tiempo, fueron considerados "escuelas" y no instituciones de beneficencia. Un excelente ejemplo de los orfanatos de fines del siglo XVIII fue la escuela de Santa Teresa, en Córdoba, establecida por el obispo de Tucumán, fray José Antonio de San Alberto, en 1782. Él dotó a la escuela con fondos de la iglesia para cubrir los gastos de mantenimiento de las huérfanas, y estipuló que se admitiría un máximo de 40 niñas. Las pupilas externas pagarían por su educación. Finalmente, se inauguró una escuela diurna para niñas de ascendencia mestiza. Inspirado en este ejemplo, el cabildo de Catamarca promovió en 1809 la fundación de un hogar para huérfanas. Beaterios, recogimientos y orfanatos ofrecían alternativas a la vida en conventos. Al no exigir dote, los beaterios y recogimientos atendían las necesidades de mujeres pobres; al no exigir la observancia de votos formales, se hacían aceptables para mujeres que, aun deseando vivir en un medio religioso, no tenían una vocación espiritual fuerte para asumir un compromiso completo con la religión.

CONCLUSIÓN

La fundación de las ciudades más importantes de la América española tuvo lugar en una época de rápidos y profundos cambios intelectuales, religiosos, sociales y económicos en Europa, estimulados en parte por el descubrimiento de América. La iglesia, que desempeñó un papel tan importante en la conquista y en la colonización del Nuevo Mundo, estaba amenazada por significativos sismos internos. En reacción, inició reformas en busca de nuevas respuestas religiosas y nuevos modos de observancia. La vida religiosa contemplativa para mujeres fue una de esas reformas, y así florecieron los conventos en la América española, como parte esencial de la nueva civilización que estaba formándose en los centros urbanos fundados por conquistadores y colonizadores.

Las casas de retiro religioso ayudaron a las mujeres a enfrentar los desafíos de un mundo en transición. Los conventos crearon pequeños mundos cerrados, donde algunas mujeres podían ser salvadas de los inesperados resultados de las mudanzas que ocurrían dentro de una nueva sociedad y, al mismo tiempo, participar de la ola de intensa religiosidad que barría España, que era por entonces el centro de la contrarreforma europea. Pese al hecho de que los conventos y recogimientos fueron fundados en el siglo XVII para servir a las necesidades de mujeres desvalidas, que no encontraban una inserción segura en la sociedad posterior a la conquista, estas instituciones no fueron establecidas solo para actuar como repositorios de mujeres indeseables o de un exceso de población femenina. Los conventos representaban, al mismo tiempo, una manera de vida y un sistema de creencias que sostenía que las mujeres eran naturalmente piadosas, y que física y emocionalmente necesitaban protección.

Se consideraba que los conventos prestaban servicios materiales y espirituales a la comunidad en general y a algunas mujeres en particular. Quizás esos servicios no fueran tan importantes como los de otras instituciones urbanas, como los cabildos. No obstante, eran lo suficientemente importantes como para que se considerase conveniente instalarlos en muchas ciudades. Con la fundación de cada convento se activaba una red de apoyo, que involucraba a todas las otras instituciones urbanas importantes. Los aportes de los cabildos religiosos y laicos, las audiencias, otras instituciones religiosas y la población en general para ayudar a sostener a los conventos implicaban un compromiso permanente, heredado por sucesivas generaciones que, en general, no olvidaban sus obligaciones. Ese apoyo, que se realizaba aun en años malos, no se habría obtenido si los conventos no hubiesen sido percibidos como algo más que una respuesta a las necesidades de un grupo pequeño de personas. El hecho de que esta percepción fuese correcta o no es algo que carece de importancia. Los conventos eran el símbolo de determinado aspecto del culto y el ritual en el catolicismo romano. Formaban parte de la cultura trasplantada al continente americano por los españoles.

¿Respondía realmente la iglesia a través de los conventos a las necesidades de parte de la población femenina? La respuesta no es simple. Sin duda, los conventos brindaban a las mujeres con vocación religiosa un canal para la expresión personal. También ofrecían amparo y confort a otras, menos motivadas por ideales religiosos. Se ha argumentado que los conventos, además, les proporcionaban a las monjas un ambiente propio, apartado de la autoridad masculina directa, en el que podían gobernarse a sí mismas, ser creativas a su manera, desarrollar su personalidad y, en alguna medida, liberarse de algunos de los impedimentos que abrumaban a las mujeres en la sociedad de la América española colonial. Esta descripción es parcialmente verdadera, pero requiere algunas precisiones. El control interno de los conventos estaba en manos de las monjas, y hay evidencias que indican que ellas eran capaces de ejercer ese control en cuestiones personales, financieras y administrativas. Había, no obstante, una subordinación última a la jerarquía masculina, obligatoria e inevitable, especialmente en la esfera espiritual. Aun las expresiones literarias más personales producidas en los conventos fueron el resultado de las sugerencias de directores espirituales hombres, a despecho de sor Juana. Es indudable que había cierto grado de libertad dentro de los conventos, pero nunca tanta como para que estas instituciones puedan ser consideradas verdaderos oasis de libertad femenina. Sin embargo sus limitaciones eran comprendidas y aceptadas, ya que el margen que dejaban para la realización personal era lo suficientemente amplio para satisfacer a las mujeres de la época.

Cuando la ciencia produjo la Ilustración, y las revoluciones y las ideas republicanas desafiaron el orden político establecido, los conventos, representantes de la vida contemplativa, quedaron desconectados de las nuevas realidades. Poco a poco la idea de educar reemplazó a la de contemplación como alternativa conveniente para las mujeres, y hacia fines del siglo XIX eran relativamente pocas las que abrazaban la vida religiosa. Los edificios de los conventos y sus iglesias quedaron como testigos de una época en que sus muros definían los límites de un mundo femenino muy especial dentro de las ciudades de la América española.

LECTURAS COMPLEMENTARIAS

La historia eclesiástica de la América española estuvo dominada por los temas de la conquista espiritual, el conflicto entre la iglesia y el Estado, y la historia de las diversas órdenes vinculadas a la tarea de la conversión religiosa o que llevaron adelante empresas económicas de éxito. La bibliografía histórica sobre los conventos para mujeres, tanto en inglés como en español, es relativamente limitada. Algunas historias generales de la iglesia y las órdenes religiosas dedicaron cierta atención a las órdenes femeninas, pero en gran medida como tema subsidiario, en relación con la historia de la jerarquía eclesiástica masculina. Por estas razones, el tema más común de las investigaciones y publicaciones sobre los conventos femeninos fue el de su establecimiento, percibido como un capítulo más en el proceso de expansión de la iglesia.

Las historias generales de la iglesia brindan información confiable, aunque nunca extensa, sobre la fundación de conventos de monjas y sobre los eventos más salientes de su historia. Entre los mejores ejemplos merecen citarse: Antonio de Egaña, S. J., *Historia de la iglesia en la América española. Desde el descubrimiento hasta comienzos del siglo XIX. Hemisferio Sur*, Madrid, Editorial Católica, 1965-1966. Las historias o crónicas escritas por los historiadores oficiales de las órdenes regulares también proporcionan un volumen considerable de información sobre la fundación de conventos y su desarrollo. Por lo general incluyen breves esbozos biográficos de monjas notables, llamadas beatas. Si bien la información concreta sobre las fundaciones es confiable y útil, las biografías suelen tener un carácter hagiográfico, y requieren por tanto un tipo diferente de análisis para poder apreciar su valor como expresión de creencias religiosas. Un buen ejemplo de crónica contemporánea se halla en Fray Diego de Córdova Salinas, O.F.M., *Crónica franciscana de las provincias del Perú*, Lino Canedo, O.F.M. (comp.), Washington, DC, Academy of American Franciscan History, 1957. Además, las historias locales, tanto laicas como eclesiásticas, suelen aportar información sobre conventos, dado que con frecuencia están vinculadas a familias notables, personalidades locales, cabildos o confraternidades. Un ejemplo de este tipo de trabajo es Manuel Antonio Bueno y Quijano, *Historia de la diócesis de Popayán*, Bogotá, ABC, 1945. No obstante, pocos estudios han profundizado en los vínculos sociales o económicos de los conventos con sus comunidades, o tratado de evaluar el alcance y la significación de tales vínculos dentro del contexto más amplio de la historia de la iglesia, la provincia o el virreinato.

Los estudios generales de la historia de conventos en cualquier ciudad, para no hablar de divisiones administrativas mayores, en América Latina son sumamente raros. La única excepción es Josefina Muriel, *Conventos de monjas en la Nueva España*, México, Santiago, 1946, que abarca la historia de los conventos de la ciudad de México desde el siglo XVI hasta el XIX. Esta obra contiene una significativa cantidad de información recuperada de archivos, si bien no está analizada metódicamente. Además, adolece de un cierto sesgo de emotividad acrítica en la narración; sin embargo, no hay otra obra que la haya superado en la amplitud alcanzada. Menos extenso en cobertura cronológica, pero de procedimiento más sistemático en el tratamiento de diversos temas, es el trabajo de Asunción Larvin, "Religious life of mexican women in the XVII century", tesis de doctorado, Harvard University, 1963.

Las monografías sobre la fundación de conventos, especialmente las que incluyen transcripciones de documentos originales, son sumamente útiles para la tarea de evaluar el compromiso de la comunidad con las instituciones religiosas, y de informarse sobre las redes socioeconómicas regionales o locales que las sustentaban. Véase un ejemplo de este tipo de trabajo en Manuel del Socorro Rodríguez, *Fundación del monasterio de la Enseñanza*, Bogotá, Empresa Nacional de Publicaciones, Biblioteca de la Presidencia, núm. 14, 1957. Existen también amplias crónicas históricas de instituciones específicas, que proporcionan información de diverso valor, y cuyo carácter monográfico permite al lector seguir el desarrollo de algunos conventos más allá de los primeros años de sus vidas. Un ejemplo de este género es Ricardo Mariátegui Oliva, *La ciudad de Arequipa del siglo XVII en el monasterio de Santa Catalina*, Lima, sin paginación, 1952.

Por otra parte, en la historiografía de los conventos de religiosas se advierte una tendencia reciente al estudio de aspectos particulares de la vida conventual. Ello permite profundizar el enfoque de ciertos aspectos de la historia de los conventos que habían sido pasados por alto por los estudios anteriores. La mayor parte de estas nuevas investigaciones se centran en Nueva España, con la excepción de la tesis de doctorado de Donald L. Gibbs sobre los conventos de Cuzco en el siglo XVII. Véase "Cuzco, 1680-1710: an andean city seen through its economic activities", tesis de doctorado, University of Texas, 1979. Otros ejemplos de este tipo de estudio son: *Las indias caciques de Corpus Christi*, México, Universidad Nacional Autónoma de México, 1963, que es una transcripción de una biografía colectiva anónima de las primeras monjas indias que profesaron en Nueva España; Hermana Ann Miriam Gallagher, "The family background of the nuns of two *monasterios* in colonial Mexico: Santa Clara de Querétaro and Corpus Christi of Mexico City (1724-1822)", tesis de doctorado, Catholic University of America, 1972. Este trabajo es el único análisis sistemático que se conoce hasta ahora sobre la extracción social de las monjas, y se basa en fuentes de archivo que no están a disposición de los investigadores laicos.

Asunción Lavrin ha escrito una serie de monografías sobre los conventos mexicanos, destacando su estructura económica y ciertos aspectos de sus actividades como centros intelectuales y religiosos. Véanse los siguientes trabajos: "Ecclesiastical reform of nunneries in New Spain in the eighteenth century", *The Americas* 22, 1965, págs. 182-203; "The role of the nunneries in the economy of New Spain in the eighteenth century", *Hispanic American Historical Review* 46, 1966, págs. 371-393; "Values and meaning of monastic life for nuns in colonial Mexico", *The Catholic Historical Review* 58, 1972, págs. 367-387; "La riqueza de los conventos de monjas en Nueva España: estructura y evolución en el siglo XVIII", *Cahiers des Ameriques Latines* 8, 1973, págs. 192-222; "El convento de Santa Clara de Querétaro: la administración de sus propiedades en el siglo XVIII", *Historia mexicana* 97, 1975, págs. 76-117; "Women in convents: their economic and social role in colonial Mexico", en: Berenice Carroll (comp.), *Liberating Women's History*, Champaign, Ill., University of Illinois Press, 1976, págs. 250-277; "Women and religion in Spanish America", en: Rosemary Ruether y Rosemary Skinner (comps.), *Women and religion in America: a documentary history*, San Francisco, Harper and Row, 1983; "Unlike Sor Juana? The model nun in the religious literature of colonial Mexico", *University of Dayton Review*, en prensa.

Susan A. Soeiro escribió algunos trabajos sobre el papel de un convento bahiano en la sociedad brasileña colonial. Véase "A Baroque nunnery: the economic and social role of a colonial convent: Santa Clara do Desterro, Salvador, Bahia, 1677-1800", tesis de doctorado, New Yor University, 1974; "The social and economic role of the convent: women and nuns in colonial Bahia, 1677-1800", *Hispanic American Historical Review* 54:2, 1974, págs. 209-232; "The feminine orders in colonial Bahia, Brazil: economic, social and demographic implications, 1677-1800", en: Asunción Lavrin (comp.), *Latin American Women: Historical Perspectives*, Westport, Conn., Greenwood Press, 1978, págs. 198-218.

El papel de los conventos de monjas como centros culturales espera aún ser investigado a fondo. Para encarar esta tarea es necesario considerar dos tipos de trabajo: los producidos por las mismas monjas, y los escritos sobre ellas. Estos últimos son en general de índole biográfica. Uno de los mejores ejemplos del primer tipo es sor Francisca Josefa de la Concepción de Castillo, *Obras completas*, 2 vols., Darío Achury Valenzuela (comp.), Bogotá, Talleres Gráficos del Banco de la República, 1968. Un ejemplo del segundo tipo es Pedro Salmerón, *Vida de la venerable madre Isabela de la Encarnación, Carmelita Descalza*, México, Imprenta de Francisco Rodríguez Lupercio, 1675, que se puede consultar en microfilm en la Biblioteca del Congreso.

La bibliografía sobre sor Juana Inés de la Cruz es extraordinariamente extensa; hay pocos títulos in inglés. La primera biografía en inglés fue la de Franchon Royer, *The tenth muse: Sor Juana Inés de la Cruz*, Paterson, N. J., St. Anthony Guild Press, 1952. Una de las mejores biografías en España es la de Anita Arroyo: *Razón y pasión de sor Juana*, México, Porrúa, 1952. El más reciente estudio abarcador de esta notable mujer es Octavio Paz, *Sor Juana Inés de la Cruz o las trampas de la fe*, Barcelona, Seix Barral, 1982. Se puede consultar un estudio breve de la poetisa en Irving Leonard, *Baroque times in Old Mexico: seventeenth century persons, places and practices*, Ann Arbor, University of Michigan Press, 1959. Una traducción reciente al inglés de la obra más conocida de sor Juana sobre su propia vida fué realizada por Margaret Sayers Peden, bajo el título *A woman of genius: the intellectual autobiography of Sor Juana Inés de la Cruz*, Salisbury, Conn., Lime Rock Press, Inc., 1982. Se puede consultar la obra de sor Juana en dos colecciones: Sor Juana Inés de la Cruz, *Obras completas*, México, Porrúa, 1969; y *Obras selectas: prólogo, selección y notas*, Georgina Sabat de Rivers y Elías L. Rivers (comps.), Barcelona, Noguer SA, 1976.

La bibliografía sobre los beaterios y recogimientos es muy escasa. Dos títulos muy útiles son Josefina Muriel, *Los recogimientos de mujeres*, México, UNAM, 1974; y Rodolfo Alanis Boyzo, "Fundación y establecimiento del beaterio del Carmen de la ciudad de Toluca", *Boletín del Archivo General del Estado de México* 2, 1979, págs. 3-7.

6. MILITARES

CHRISTON ARCHER

INTRODUCCIÓN

POCO DESPUÉS de las ocho de la noche del día 23 de junio de 1802, un alto funcionario del tesoro caminaba apresuradamente por una de las animadas calles de la ciudad de México; iba a una velada teatral. Cerca del puente de las Lunetas, vio a una mendiga, de miserable aspecto, que pedía limosna. El espectáculo despertó su compasión y se acercó a la mujer, al tiempo que echaba mano a su bolsa para darle una moneda. Antes de que pudiera hacerlo, fue atacado por la espalda con feroces estocadas de sable. Sin una palabra de explicación, Luis Cortés, un granadero del regimiento de infantería de Nueva España, que estaba de guardia en la Puerta del Vestuario, dejó al caritativo ex funcionario tirado en la calle, con contusiones en el tórax y los pulmones dañados. La queja formal presentada al oficial de la guardia produjo el arresto de Cortés; ese fue el único castigo que se le impuso por un ataque que podría haberle causado a la víctima lesiones irreversibles o incluso la muerte. A las dos de la mañana del día 14 de setiembre de 1802, una patrulla del regimiento de dragones de México se topó con un farolero que se había quedado dormido durante su ronda nocturna. El cabo desmontó y atacó al desprevenido trabajador, lo golpeó ferozmente, le quitó la pica y la linterna y lo amenazó con tratarlo aun peor si informaba sobre el incidente. En ocasiones similares, soldados de patrulla nocturna confiscaban la propiedad de los faroleros y les exigían un real o dos para devolverles la linterna y otros efectos. Los alcaldes de la ciudad exigieron que se pusiera fin a tales abusos, perpetrados bajo "el manto de la autoridad", y señalaron que algunos oficiales del ejército debían estar involucrados en las actividades delictivas de las patrullas.

Aunque estos incidentes fueron relativamente menores, era bastante común que se produjesen actos de violencia gratuita por parte de soldados contra civiles en parques públicos, en las calles y aun en los teatros. Los virreyes de Nueva España promulgaban y volvían a promulgar detalladas instrucciones respecto del mal uso de las armas y el comportamiento impropio de algunos milita-

215

res. Las investigaciones revelaban que sargentos y cabos acostumbraban golpear con sus sables a los soldados para disciplinarlos. En muchos casos, la consecuencia era la muerte de la víctima. Acostumbrados a la violencia, los soldados se comportaban del mismo modo en sus relaciones con la población civil. Destinados a controlar el tránsito o custodiar los parques y lugares de reunión, con instrucciones de mantener alejados a los vagabundos, descalzos, desnudos y otras personas indecentes, abusaban de la misma gente que se suponía debían proteger. Con frecuencia, los reemplazantes, contratados por los milicianos urbanos para desempeñar servicio activo, eran reclutados entre vagabundos y delincuentes menores.

Estos ejemplos indican que existía una estrecha relación entre una fuerza militar arbitraria e indisciplinada —usada para controlar los centros urbanos— y los sectores civiles de la población. Desde luego, es posible imaginar, en la actualidad, incidentes similares en muchas naciones, donde la existencia de gobiernos militares o las condiciones imperantes requieren el empleo de soldados en el sector civil. Sin embargo, la presencia militar en la América española colonial tenía un lado más positivo. Los oficiales de las milicias provinciales recibían privilegios al acogerse al fuero militar, que impedía que fueran arrestados o recluidos en las cárceles públicas, y que transfería sus casos de las cortes civiles y criminales ordinarias a la jurisdicción militar. Si bien muchos de los privilegios eran honoríficos, el ejército concedía estatus social a los criollos ansiosos de reconocimiento oficial. Muchos oficiales españoles pobres se valían del uniforme para casarse con herederas criollas. Algunos llegaban a ser grandes terratenientes, mineros y comerciantes con relaciones comerciales que les permitían ingresar en las élites coloniales. Incluso artesanos y trabajadores manuales manipulaban sus vinculaciones militares para eludir la autoridad de los oficiales de policía y de los gobernantes arbitrarios. Llevaban una escarapela en el sombrero o una insignia militar para identificar su rango y para librarse de la persecución de sus patrones en el trabajo o actuar con impunidad durante sus borracheras en las tabernas o en las calles. Intencionalmente o no, el grado militar les permitía a estos hombres sentir confianza en sí mismos y liberarse en parte de las rígidas restricciones sociales. Esto sucedía sobre todo con pardos y morenos (mulatos libres y negros) que vivían en poblaciones costeras y en ciudades grandes. Socialmente estigmatizados por su sangre africana, los hombres de este sector valoraban mucho sus vinculaciones militares, que les brindaban reconocimiento y atenuaban la discriminación racial.

LOS MILITARES ANTES DE LA ERA DE LAS REFORMAS

Se puede establecer una clara línea divisoria en la historia militar de la América española en la década de 1760. Antes de esa fecha no se necesitaban grandes fuerzas militares para defender las diversas provincias o mantener la calma interna.

Más tarde, la presencia de peligros internos y externos obligó al régimen español a transferir fuerzas regulares desde Europa y a crear regimientos provinciales, batallones y compañías de infantería, caballería y dragones en todo el dominio americano. Los historiadores caracterizan al asalto británico a La Habana, en 1762, como el hecho que galvanizó al gobierno imperial español para alterar el antiguo sistema defensivo costero, que se apoyaba en unas pocas fortalezas teóricamente inexpugnables. Hacia la época de la Guerra de los Siete Años (1756-1763), Gran Bretaña y Francia poseían la potencia naval necesaria para enviar fuerzas desde Europa y sus colonias del Caribe que servirían como bases para importantes operaciones contra la América española. En 1741, el almirante Edward Vernon había intentado un ataque contra Cartagena; el ataque falló, pero la debilidad española se hizo evidente. La perspectiva de perder La Habana y posiblemente toda Cuba, conocida como la "llave del Caribe", fue motivo suficiente para iniciar una serie de misiones militares destinadas a implantar fuerzas armadas encabezadas por algunos batallones profesionales y apoyadas por unidades de milicias provinciales.

En la mayoría de las provincias de la América española, las reformas militares dieron origen a controversias jurisdiccionales y perturbaron tanto a los administradores como a sectores de las élites privilegiadas. El crecimiento de la presencia militar aumentó el número de personas que podían reclamar el fuero militar y, por lo tanto, evadir otros tribunales legales. Como las milicias reclutaban sus fuerzas en un amplio espectro social, perteneciente y no a las élites, prácticamente todas las jurisdicciones legales se vieron afectadas en su área de competencia. Los magistrados urbanos sentían que estaban perdiendo control sobre la población; los funcionarios de la acordada (fuerza policial y corte sumaria) se resistían a cualquier disminución de sus facultades para detener a vagabundos; y otros grupos, como comerciantes, mineros y gremios, actuaron en defensa de sus áreas de privilegio legal. En la América española muchas personas empezaron a ver al ejército como un peligroso competidor, que podría alterar dramáticamente el equilibrio existente entre poderes y jurisdicciones.

¿Qué había sido de los conquistadores españoles, cuya audacia y cuyas hazañas militares dominaran gran parte del siglo XVI? Cuando se piensa en la América española, una de las primeras imágenes que acude a la mente es la del conquistador armado que dominó grandes civilizaciones indígenas en procura de riquezas, tierras, honor y almas para expandir la cruzada de la fe. Como sucede tantas veces, las imágenes no representan la realidad. Si bien la conquista de las Américas fue una operación militar, los conquistadores no eran por lo general soldados de gran experiencia profesional y entrenamiento prolongado. El contraste actual entre soldados y civiles no existía en la América española del siglo XVI. Los hombres que hicieron la conquista habían ganando casi toda su experiencia militar en la lucha contra los indígenas. Una vez concluida la conquista, algunos de estos hombres se convirtieron en encomenderos, que dejaban a sus reemplazantes en los distritos rurales, mientras ellos pasaban largas temporadas en México, Lima y otros prósperos centros urbanos. Si bien estaban obligados a tomar las armas en caso de algún brote de rebelión india, o para controlar disturbios entre españoles, la destrucción de las principales élites indígenas gobernantes había prácticamente agotado el espíritu de resistencia. Muchas de las ciudades del interior se desarrollaron sin muros ni fortificaciones defensivas destinadas a detener un ataque importante.

Otros conquistadores de la primera generación eran aventureros inquietos, adictos a la persecución de los fuegos fatuos de la gloria y las riquezas. Se establecían temporariamente en una ciudad y después se desplazaban hacia las fronteras o participaban en las guerras civiles que perturbaron los primeros años del virreinato del Perú. Muchos de estos hombres se convirtieron en vagabundos desarraigados, que solo causaban problemas a los nuevos regímenes urbanos. Se congregaban en las ciudades y allí se dedicaban a beber, asistir a riñas de gallos, jugar a las cartas, cometer delitos, promover grescas y perturbar a la comunidad. Hacia mediados del siglo XVI, el cabildo de México deploraba las actividadesdes de estos individuos así como el constante drenaje de residentes urbanos que abandonaban la ciudad para unirse a los aventureros y correr tras las ilusiones de gloria y riqueza.

En las ciudades del interior apenas se necesitaba algo más que patrullas policiales y guardias para los edificios públicos; pero en las costas la situación era muy diferente. Ya en 1550, por ejemplo, aparecieron corsarios franceses e ingleses cerca de las ciudades portuarias de Veracruz y Campeche, y en la década de 1560 podían movilizar fuerzas suficientes para atacar los puertos. En 1568, John Hawkins capturó Veracruz, que estaba esperando el arribo de la flota española. La incapacidad de la España imperial para lograr el dominio naval en el Atlántico y el Caribe no dejó alternativa a la adopción de un enfoque defensivo basado en unos pocos puertos importantes. Conocidos ingenieros militares, como Juan Bautista Antonelli, fueron enviados a las Américas para supervisar la construcción de grandes obras defensivas en ciudades costeras. La Habana, Veracruz, Campeche, Santo Domingo, San Juan, Nombre de Dios, Cartagena, Maracaibo y otras ciudades fueron fortificadas para que pudieran detener o resistir los ataques enemigos. Los puertos del Pacífico fueron considerados seguros hasta 1578-1579, cuando sir Francis Drake rodeó el cabo de Hornos para atacar Valparaíso, Callao y muchas otras comunidades en las provincias de la América Central y Nueva España. En el Caribe, con frecuencia los puertos eran tomados por sorpresa; los comandantes locales no podían reunir fuerzas suficientes para protegerse contra un número relativamente pequeño de atacantes. Así, también en este caso España tuvo que enfrentar la necesidad de construir fortificaciones y organizar un sistema defensivo para las vulnerables poblaciones costeras (véase la figura 18).

Aun cuando las defensas se encontraban en buen estado, era difícil motivar y mantener la vigilancia entre las pequeñas compañías de patrullaje asignadas a las costas. Pocos eran los hombres que se presentaban como voluntarios para servir en ciudades donde el clima era malsano y las enfermedades como la fiebre amarilla, la malaria y otras, atacaban sobre todo a quienes no estaban adaptados. Aunque algunos de los puertos fueron defendidos con bastante eficacia —La Habana durante 200 años hasta su caída en 1762—, la combinación de enfermedades, deserciones, corrupción y abulia reducía el poder de las fortificaciones. A lo largo de casi todo el siglo XVII, ingleses, holandeses y bandas de bucaneros salvajes lograban superar los obstáculos aparentes y asaltaban los puertos de la costa, se entregaban al pillaje y tomaban rehenes para pedir rescate. En muchos casos, los gruesos muros, las fortificaciones y los castillos solo ofrecían una ilusión de fuerza.

Con excepción de las fronteras, la mayoría de las provincias de la América española carecían de fuerzas militares regulares eficaces. Por lo general, la noticia de un ataque en la costa provocaba caos en el interior, mientras las autoridades trataban de reclutar y movilizar hombres para reforzar las patrullas que, con demasiada frecuencia, carecían del vigor necesario para defenderse. Las súbitas movilizaciones de comerciantes, artesanos, milicianos urbanos sin entrenamiento, hacendados y otros hombres disponibles, servían de muy poco. Las incursiones de los bucaneros eran golpes rápidos y devastadores, que les dejaban poco para hacer a las fuerzas de apoyo, excepto recoger los despojos de una ciudad costera. En 1683, por ejemplo, llegaron a la ciudad de México informaciones sobre un sitio corsario a Veracruz, comandado por Nicolás Agrammont y Laurent de Graff (Lorencillo). Las levas reclutadas en la ciudad de México, Puebla, Orizaba, Jalapa y Córdoba llegaron al puerto demasiado tarde para enfrentar a los invasores. Por cierto, los indisciplinados hombres del interior no tenían provisiones ni equipamiento adecuado. Expuestos al clima y a las enfermedades tropicales endémicas de Veracruz, muchos de los milicianos perecieron antes de que se los pudiera enviar de regreso a sus lugares de origen. Pese a las agrias recriminaciones y a los intentos de identificar a los negligentes administradores responsables del fracaso, la actividad temporal no produjo milicianos mejor entrenados ni reparó las fortificaciones. En 1697, el viajero Juan Gemelli Carreri descubrió que los muros que rodeaban Veracruz estaban hasta tal punto cubiertos por médanos que un jinete podía sortearlos sin dificultad.

LAS MILICIAS URBANAS

En el siglo XVII el régimen español, que carecía de un sistema organizado de milicias, fomentó el alistamiento de milicias urbanas compuestas por comerciantes, artesanos y grupos raciales como los pardos y morenos, que constituían un segmento importante de la población. Los mulatos desempeñaron un papel importante en la defensa costera, donde resistían con éxito las enfermedades tropicales, y formaron comunidades florecientes en muchas ciudades grandes. Los comerciantes y los artesanos se mostraban dispuestos a unirse a las milicias para proteger sus propiedades, mientras que los hombres de origen africano pensaban obtener prestigio social, reconocimiento y otras ventajas. El derecho a vestir uniforme y portar armas elevaba a los mulatos por sobre otras personas mestizas y los vinculaba con las autoridades urbanas.

En algunas ciudades de la costa, los pardos y los morenos tenían una larga tradición de trueque de servicio militar por reconocimiento y estatus. Ya en 1586, las milicias de La Habana incluían negros y mulatos; y hacia 1600 estos hombres habían formado su propia *compañía de pardos libres*. La ciudad de Santo Domingo, que debía defenderse tanto de los enemigos europeos como de los atacantes piratas, necesitaba emplear a todos los hombres capaces que estuvieran dispuestos a tomar las armas. La necesidad hizo que hasta los blancos más racistas tuvieran que aceptar a los resistentes mulatos, quienes se batieron con lealtad y entereza en numerosas ocasiones. Hacia 1651, había en Santo Domingo dos escuadrones urbanos de pardos y morenos, bien organizados y preparados para entrar en acción.

En Lima, las primeras milicias de pardos se formaron en 1615, y unidades similares fueron reclutadas en México y en Puebla. En general, estas milicias urbanas desempeñaban un papel ceremonial como guardia de honor de dignatarios y durante las celebraciones de diversas festividades. En esas ocasiones desfilaban y disparaban salvas. Pero en las épocas de crisis debidas a escasez de alimentos, disputas dentro de la ciudad o amenaza exterior, sirvieron para apuntalar el régimen y mantener el orden. Si bien no lograron una verdadera igualdad de oportunidades con los blancos urbanos, llegaron a ser aceptados, porque eran necesarios. Una antigua tradición de servicio militar y actos heroicos en defensa de los soberanos españoles identificaba a estos hombres como dignos de confianza y merecedores de reconocimiento.

La importancia de las milicias urbanas se puso en evidencia en 1692, cuando la escasez de alimentos y el alza de los precios hicieron que los plebeyos y los vagabundos se levantaran contra los residentes ricos. Los pocos soldados y oficiales de policía disponibles fueron insuficientes para controlar a los iracundos revoltosos, que entraron a los mercados y asaltaron los puestos. La situación se habría tornado incontrolable si no hubiera existido dentro del gremio de los comerciantes una organización militar llamada *tercio de infantería de comerciantes* (regimiento de comercio). Los comerciantes se movilizaron y encabezaron la represión de las multitudes rebeldes. Cuando la noticia de la conmoción en la capital llegó a Puebla, los gobernantes temieron un levantamiento generalizado. Los alcaldes movilizaron varias compañías de milicias de pardos y morenos, casi todos artesanos, para vigilar los edificios públicos y ayudar a las patrullas policiales urbanas. Una de las confiables compañías de mulatos fue enviada a la ciudad de México para ayudar a restablecer el orden y proteger el palacio virreinal.

Advertida de la necesidad de tener milicias urbanas, la corona amplió y formalizó las unidades existentes. Las compañías de pardos y morenos recibieron nuevas reglamentaciones y aumentó su reputación de lealtad hacia el rey. En el caso de las milicias de comerciantes, un decreto real de 1693 modificó lo que había sido una organización irregular, formando el regimiento urbano de comercio. Si bien esto otorgó cierto prestigio y reconocimiento a la leal comunidad mercantil de México, muchos comerciantes no se sintieron entusiasmados con el nuevo honor. El consulado de la ciudad de México tuvo que votar un subsidio anual para cubrir los gastos militares, y los comerciantes debieron mandar a sus jóvenes aprendices y empleados a soportar la carga del entrenamiento, las revistas en las festividades y las ocasionales rondas de guardia dentro de la ciudad.

Durante el siglo XVIII, las necesidades defensivas en las colonias exigieron una actividad aun mayor de los pardos y morenos urbanos. En el distrito de Cuba la corona dictó medidas protectivas para evitar la discriminación racial. Hacia la década de 1760, había tres batallones completos de infantería de negros y mulatos, disponibles para el servicio activo en las guarniciones y en las regiones de Louisiana, Florida y otros lugares. En Caracas, Veracruz, Santo Domingo y otras ciudades donde las defensas necesitaban ser reforzadas, la corona se valió de negros libres y mulatos. En 1794, el rey Carlos IV concedió medallas de oro y plata a oficiales negros y mulatos que apoyaron la causa española en la guerra contra Francia. En algunas ciudades, como La Habana, el empleo de estos sectores en las milicias los apartó de la competencia directa por empleos con los blancos. Había cierta aprensión respecto del poder político de los oficiales negros, y las autoridades de La Habana se opusieron a los proyectos de hacer retornar a las tropas leales de pardos y morenos desde Santo Domingo. En otros lugares, la introducción de reformas militares y la expansión de las fuerzas provinciales tendieron a desmovilizar a las unidades de pardos y morenos. En estas situaciones los pardos intentaron resistir con firmeza las decisiones del régimen y conseguir el apoyo imperial para continuar en servicio. Todos tenían conciencia de que los uniformes militares y los privilegios que implicaban mejoraban su estatus social y reducían la discriminación racial.

Los problemas de los regimientos urbanos privados prefiguraban en muchos aspectos los que debieron ser enfrentados por el ejército regular y las milicias después de las reformas de la década de 1760. Había una permanente dicotomía entre el servicio militar y casi todas las otras profesiones y oficios de la ciudad. Si bien pocos comerciantes objetaron la idea de ayudar al régimen a reprimir a los revoltosos, la existencia de un regimiento permanente significaba un compromiso financiero prolongado y tiempo para dedicarlo al entrenamiento, las reuniones y las tareas específicas. La mayoría de los comerciantes y mercaderes no podían descuidar su ocupación principal. Además, se quejaban amargamente de que sus aprendices, ayudantes y empleados perdían su obediencia y la contracción al trabajo cuando regresaban de prestar servicio en el ejército. La compañía de hombres de baja extracción social y la vida social que llevaban los soldados convertía —decían— a muchos jóvenes en individuos ociosos, que se resistían a someterse a la rigurosa educación exigida por la actividad comercial.

Para evitar estos problemas, los comerciantes ricos y tenderos elegían el mal menor y alquilaban reemplazantes, llamados *alquilones*, que procedían de las clases bajas y no tenían carrera alguna que interrumpir. Hacia la segunda mitad del siglo XVIII, el regimiento urbano de comercio estaba compuesto por individuos temibles, muy diferentes a los honestos ciudadanos que habían defendido la ciudad de México en 1692. Con una demanda considerablemente mayor de tropas de patrullaje durante y después de la Guerra de los Siete Años hasta el fin del período colonial, los alquilones se encontraron custodiando el palacio real, el tesoro, las cárceles y otros edificios importantes. Estos elementos poco confiables se valían de sus prerrogativas militares para expoliar y oprimir a la población civil de México.

El regimiento urbano siguió provocando considerable tensión dentro de la ciudad. Los comerciantes ricos contrataban alquilones, mientras que los pequeños comerciantes y tenderos, que no podían pagar ese servicio, se veían obligados a prestar sus servicios personales. Muchos tuvieron que cerrar sus negocios para cumplir con las obligaciones de la milicia. Hasta las inspecciones mensuales eran desastrosas para los tenderos que mantenían sus negocios abiertos en los días festivos y que carecían de empleados que atendieran sus asuntos. Para sostener sus tiendas tenían que trabajar largas horas; trasladarse hasta la panadería, la carnicería o la fábrica de velas para comprar mercadería al por mayor. Además, los pequeños comerciantes tenían que estar presentes para aceptar compras a crédito y recibir objetos en prenda hasta que los clientes pagaran sus deudas. Muchos de los que tenían pequeños capitales de entre 100 y 200 pesos, quebraban y huían de sus acreedores, yendo finalmente a engrosar aun más las filas del regimiento urbano.

La presión sobre la milicia mercantil se hizo mucho mayor entre mayo de 1794 y 1801, cuando la unidad fue movilizada y colocada en disponibilidad permanente. La transferencia de unidades regulares y de milicia fuera de la ciudad de México para prevenir amenazas de invasiones causó una grave escasez de efectivos. Cuando la crisis se extendió a todo el imperio español, el régimen se apoyó en una unidad de milicia que era sostenida con fondos privados. La milicia mercantil requería por lo menos 175 hombres diariamente para hacer guardia en edificios públicos y vigilar a las patrullas. Ante la falta de suficientes comerciantes para satisfacer sus necesidades, los oficiales reclutaron artesanos y los oficiales subalternos, sargentos y cabos, contrataron alquilones, pertenecientes a las clases más bajas. Algunos de estos reemplazantes mercenarios llegaban a percibir hasta un peso por día por sus servicios: tres veces la paga de un soldado regular. Cuando se cansaban de montar guardia y cumplir servicio desertaban y vendían sus uniformes, armas y equipos. Pese a las desventajas y a los altos costos, los comerciantes preferían pagar a sustitutos antes que perder sus empleados, y por este motivo resistieron a los intentos de los oficiales superiores y de carrera por poner fin a la contratación de alquilones.

Los comerciantes temían la amenaza que la vida militar significaba para sus empleados jóvenes, pero al mismo tiempo se preocupaban por la posibilidad de perder control jurisdiccional sobre una unidad de milicia que describían como "un lamentable asilo de delincuentes". Además, se oponían a las crecientes demandas de contribuciones anuales para sostener barracas, comprar nuevo armamento y sufragar otros gastos. En una carta dirigida al virrey Martín de Mayorga en 1782, el consulado se quejaba así:

> Nos resistimos y continuaremos resistiéndonos el tiempo necesario a este esfuerzo por expropiar fondos para fomentar el libertinaje de aquellos que abusan del fuero militar, eluden las sanciones de la justicia ordinaria y se burlan de la ley.[1]

Para disgusto de los comerciantes profesionales de la ciudad, un pequeño grupo de marginales de la comunidad mercantil encontraba resquicios en la ley para eludir la justicia ordinaria y la especial de los comerciantes. Había dueños de puestos pobrísimos y de tiendas que se escudaban tras los privilegios de la milicia mercantil para falsificar pesos y medidas, vender bebidas alcohólicas prohibidas y administrar garitos o casas de empeño clandestinas que despojaban a los pobres. Estos individuos manipulaban la justicia militar y con frecuencia se las arreglaban para escapar a las penalidades mucho más rigurosas de las jurisdicciones civil y mercantil. Desde el punto de vista de los principales comerciantes, el ejército no tenía papel alguno que desempeñar en la actividad mercantil. Una vez que estos individuos siniestros se acogían al fuero militar, se burlaban de la justicia y eran confinados cómodamente en sus barracas, en vez de ir a las cárceles públicas. El ejército permitía —afirmaban— que algunos hombres vivieran en una libertad inmerecida, cometiendo delitos y eludiendo el sistema judicial.

En la ciudad de México, donde había patrullas nocturnas compuestas por alquilones, artesanos, unos pocos comerciantes y sus empleados y otros individuos reclutados sin hacerles demasiadas preguntas, era fácil imaginar que la población en general y las jurisdicciones legales en particular se vieran en dificultades. El cabildo se quejaba amargamente de que se contratara a delincuentes para cuidar el tesoro real; los oficiales de la acordada estaban disconformes de ver en servicio a milicianos que, en otras circunstancias, habrían sido arrestados y llevados a prisión por sus tribunales; y los comandantes de las milicias provincia-

---

[1] Consulado de México a Mayorga, 17 de diciembre de 1783, Archivo General de la Nación, México, Indiferente de Guerra (citado en adelante como AGN: IG), vol. 122-A.

les del regimiento local de infantería no podían localizar a los reclutas. Los hombres buscaban refugio en el regimiento urbano, porque no podía actuar fuera de la ciudad. Las patrullas nocturnas designadas para ayudar a los oficiales de policía se comportaban de forma desenfrenada en las tabernas, provocaban tumultos en las calles, molestaban a las mujeres y extorsionaban por dinero y comida a los vendedores ambulantes.

En un incidente notorio, toda una patrulla del regimiento urbano desapareció en un burdel. En la ronda de las diez a las doce de la noche, un destacamento a las órdenes del sargento Silva, al pasar por una casa en el Callejón de las Ratas, fue saludado por dos mujeres que provocaron a los soldados y se les ofrecieron. Después, cuando la patrulla no se detuvo, los insultaron a gritos. Pero en la ronda de las dos a las cuatro de la mañana, toda la patrulla se detuvo en la casa y los hombres irrumpieron en ella. Los relatos de lo que aconteció después difieren en sus detalles, pero una corte marcial estableció una descripción general de los hechos. Cuando los soldados entraron, alguien apagó las velas y por lo menos tres hombres agredieron a las mujeres y las amenazaron con violarlas. Una de las prostitutas estaba en la cama con un civil y algunos testigos afirmaron que otra empezó a abrazar a uno de los soldados. En medio del tumulto, el cabo gritó que las mujeres eran una "grandísimas putas". Ellas respondieron que estaban siendo atacadas por "los cornudos de los soldados". En ese punto, los miembros de la patrulla se retiraron precipitadamente y continuaron sus actividades normales. Cuando se descubrió que algunos de los soldados eran alquilones, no solo se los castigó confinándolos en las barracas sino que los comerciantes para quienes trabajaban fueron arrestados y sentenciados a 15 días de prisión.

Incidentes como este ponen en evidencia el problema que significaba mantener la ley y el orden en los centros urbanos de la América española. Por medio de su sistema normal de policiamiento, el régimen solo podía mantener un control limitado sobre la población. Tal como sucede hoy en día, los centros más dinámicos, como México, Lima y Buenos Aires, atraían población de las localidades más pequeñas y de los distritos rurales. La ciudad parecía brindar oportunidades de empleo basadas en una diversidad de actividades que transcurrían fuera de la ley. Un número cada vez mayor de vagabundos y criminales frecuentaba los reñideros de gallos, los garitos y las tabernas, impidiendo que los *comisarios* (jueces de paz) y los *cuadrilleros* (patrullas policiales) aplicaran la ley y cumplieran con su función de mantener el orden entre la población urbana. En muchas ciudades, el alto nivel de delincuencia y la falta de fuerzas policiales eficientes hacían que los cabildos pidieran ayuda al ejército. Cuando era posible, los gobiernos municipales se apoyaban en los regimientos de milicias provinciales para crear piquetes policiales permanentes que dieran ayuda a otros funcionarios judiciales. Para sufragar los gastos, los gobiernos municipales recaudaban impuestos especiales sobre las importaciones de harina, lana, cereales, vino y otras comodidades.

Aun antes de que las amenazas de invasión de enemigos externos llevaran al régimen a reforzar el ejército, era evidente que los cambios internos del siglo XVIII también lo reclamaban. La migración hacia las ciudades era un constante dolor de cabeza para las autoridades. En las ciudades más grandes, como México y Puebla, debido a la falta de información estadística, el régimen no podía cuantificar adecuadamente la población y ni siquiera tener una idea aproximada del tamaño de las comunidades. Los nuevos "suburbios ocultos" carecían de nombre y número en las calles. El virrey conde de Revillagigedo señaló que "esto constituye un refugio seguro para delincuentes que cometen los mayores crímenes".[2] Los que tenían domicilio permanente eran censados y se convertían en candidatos potenciales para ser reclutados para las unidades de milicia. En muchas ciudades, los esfuerzos por contar la población se veían obstaculizados por la misma gente, que creía que el verdadero propósito de los censos era obtener información para hacer levas compulsivas para el ejército. Las mujeres casadas declaraban que eran viudas, las madres se negaban a dar información sobre sus hijos, y las muchachas negaban a sus hermanos. Así, familias íntegras desaparecían temporariamente en el laberinto de callejuelas sin control. No faltaba quienes se iban de la ciudad hasta que terminaba el censo. Y los que finalmente eran reclutados para el ejército regular o las milicias, se valían del mismo procedimiento caótico para desertar y esconderse con sus amigos y familiares. La falta de comunicación entre las autoridades militares y los *alcaldes de cuartel* (policía vecinal y autoridades judiciales) y los oficiales de la acordada hacía que muchos fugitivos no fueran aprehendidos.

---

[2] Revillagigedo a Antonio Valdés, núm. 296, 6 de febrero de 1790, Archivo General de Simancas, Guerra Moderna, leg. 6959.

El uso de fuerzas de milicia para el policiamiento se hizo más común en las últimas décadas del siglo XVIII. El crecimiento urbano no fue acompañado por una expansión de los presupuestos de las ciudades que permitieran mejorar la actividad policial. En Nueva España, ciudades como Guanajuato, Oaxaca, Puebla y Guadalajara llegaron a ser famosas por los robos y los asaltos. En Guanajuato, donde los milicianos habían ayudado a reprimir los levantamientos de 1767, durante la expulsión de los jesuitas, las guardias de milicias y las patrullas móviles brindaban una protección efectiva. Los milicianos conocían los escondites de los delincuentes y actuaban con rapidez. Algunos miembros del batallón de infantería provincial prestaban servicio de policiamiento dos meses por año; los costos se pagaban con impuestos especiales recaudados en la ciudad. En cualquier momento había 63 milicianos disponibles para hacer guardia en los edificios públicos o ayudar en otras áreas de protección urbana. En Guadalajara, los asaltos a residencias de ricos se hicieron tan frecuentes que los *alcaldes ordinarios* (magistrados municipales) y el *alguacil mayor* (condestable principal) fracasaron en su intento de sofocarlos. Bandas de vagabundos se escondían en la campiña aledaña a la ciudad hasta que llegaba el momento adecuado para incursionar en las casas. Si era necesario, no dudaban en dar muerte a algún infortunado sirviente o a quien se les resistiese. Para terminar con lo que se consideraba una peligrosa ola de criminalidad, las autoridades municipales estimaron que la ciudad requería cuando menos dos patrullas de milicia policial de 60 hombres. Algunos oficiales urbanos de Guadalajara y otras ciudades confiaban menos en la capacidad de unos pocos milicianos para evitar un aumento de la criminalidad.

EL EJÉRCITO REGULAR

Aunque algunos virreyes y capitanes generales introdujeron programas de reformas militares antes de la Guerra de los Siete Años, no hubo una revisión a fondo de la política imperial para enfrentar los crecientes peligros. La ocupación de La Habana por fuerzas británicas en 1762 renovó los debates en el ejército español acerca de la conveniencia de armar a gran número de súbditos de las colonias y las relativas ventajas de transferir unidades peninsulares o reclutar fuerzas regulares y de milicia en las Américas. La mayoría de los oficiales nacidos en España tenían muy mala opinión de los ameri-

canos españoles, porque creían que muchos de ellos estaban conta-
minados por el mestizaje, la indolencia de los naturales y la falta de
una verdadera lealtad a la *patria*. Desde todas las regiones, hasta
que se logró la independencia, los funcionarios de la península que
actuaban en el ejército y en la burocracia civil enviaban largos
informes denigrando a los *americanos* y aun sugiriendo que mercenarios europeos de cualquier nacionalidad ofrecerían mejor protección que las unidades de venezolanos, peruanos, mexicanos y otros.
Esas actitudes no solo eran resultado de una visión sumamente
limitada sino que además, por razones políticas, económicas y sociales, eran completamente irreales. Ningún ministro imperial se daba
cuenta seriamente de los enormes costos y del drenaje de efectivos
que implicaría despachar suficientes regimientos, regulares y de
caballería, a defender las Américas. Además, pocos oficiales regulares querrían aceptar traslados a destinos coloniales, que estigmati-
zaban la carrera militar. Era bien sabido que los oficiales se iban a
América y eran olvidados. Esto no era un incentivo para hombres
que dedicaban buena parte de su tiempo a cuidar sus *hojas de servicio* (informes sobre el desempeño), que competían para lograr algún
reconocimiento militar y se acusaban mutuamente por sucesos insignificantes que podrían servirles para ser ascendidos.

Las actitudes de los americanos hacia el ejército tendían a confir-
mar algunos de los prejuicios expresados por los oficiales europeos. El
servicio regular en el ejército era considerado similar a un arresto
por vagancia o una sentencia a una reclusión prolongada en los presidios u *obrajes* (talleres textiles). Los soldados regulares prestaban
servicio en los climas menos benévolos, en la costa o las fronteras,
donde la vida era ruda y a menudo breve. Tal como acontecía en
otros ejércitos del siglo XVIII, civiles y militares discrepaban acerca
de cómo mejorar la imagen militar y atraer voluntarios de buen
nivel. El ejército necesitaba motivar a la población masculina joven
para que se incorporara a sus regimientos de infantería, pero la
corona no deseaba introducir en América un sistema general de
conscripción. Pese a los esfuerzos por hacer del ejército regular una
carrera honorable, pocos americanos compartían este punto de vista. Las enfermedades, la dura disciplina, la paga baja y los elevados índices de deserción hacían que las fuerzas regulares fueran
muy impopulares en todos los sectores de la población. Debido a la
falta de voluntarios, los reclutadores hacían mayores esfuerzos en
los centros urbanos, donde había concentraciones de jóvenes que

podrían no ser necesarios en otras empresas esenciales. En ciertos momentos, ciudades como Valladolid (Morelia) y Querétaro albergaban hasta cuatro *banderas de recluta* (equipos de reclutamiento). Los reclutadores de los cuatro regimientos de infantería regulares de la provincia de Nueva España competían con los de los distritos de Cuba y Louisiana por un grupo muy limitado de efectivos. Rastrillaban las ciudades en busca de desertores, examinaban la población de las cárceles y se llevaban a todo joven que se embriagaba en las tabernas. Al mismo tiempo, los regulares miraban con codicia las compañías de milicias, y trataban de reclutar a sus hombres para las fuerzas regulares. En los casos en que los soldados regulares trataban de atraer a los milicianos valiéndose de engaños, tanto los administradores urbanos como los oficiales se resistían. Las presiones sobre los artesanos y trabajadores por parte de los reclutadores regulares causaban miedo e intranquilidad. Pocos hombres querían arriesgarse a un alistamiento prolongado y a la posibilidad real de morir por alguna enfermedad tropical en una guarnición lejos de su tierra. Al no poder llenar sus cuotas, algunos oficiales regulares amenazaban con presionar para que se transfirieran milicianos de forma directa al ejército regular.

Las levas de vagabundos destinadas a purgar a las ciudades de elementos indeseables y a forzar el reclutamiento produjeron resultados nada satisfactorios. Aunque las autoridades civiles encarcelaban a los vagabundos y pequeños delincuentes de todo tipo, también se organizaban de vez en cuando campañas importantes, según el *reglamento de levas* (código que reglamentaba la conscripción) de 1775 o las reiteradas disposiciones concernientes a la desnudez en lugares públicos. Si bien estos esfuerzos hubiesen tenido más éxito en una sociedad homogénea, la índole de la población de Nueva España y otras provincias tendía a confundir la situación. La primera cuestión era cómo distinguir a un vagabundo de un habitante urbano común. Todos los desertores del ejército eludían el reconocimiento porque los dueños de tabernas y otros negocios aceptaban insignias militares, uniformes, armas y otros equipos y entregaban a cambio ropas civiles y comida. Sin embargo, el problema subyacente era más complejo. La leva alcanzaba a un amplio sector de la población masculina y causaba a las autoridades numerosas dificultades respecto del estatus y el origen social de esas personas.

Muchos hombres que frecuentaban reñideros de gallos, garitos y tabernas eran totalmente inadecuados para el servicio militar, o bien podían legítimamente reclamar que se los exceptuara. Los casados con familia a cargo, los solteros que debían mantener a padres ancianos o inválidos, los incapacitados físicamente o los racialmente excluidos del alistamiento peticionaban una exención inmediata. Otros la pedían en virtud de la posición y los privilegios de sus empleadores; y un gran número de los reclutados en incursiones a las tabernas estaban permanentemente embrutecidos por el alcohol, eran incapaces de servir al rey en función alguna, y mucho menos en el ejército. Aun cuando estas personas contravinieran las leyes de represión de la indecencia en las calles, podían sostener que tenían esposas e hijos que mantener. Pero existía una confusión mayor aun: los indios y otros hombres de las castas más bajas (mestizos) estaban, supuestamente, exentos del servicio militar. Hacia fines del siglo XVIII era casi imposible hacer una evaluación correcta del origen racial. Si una persona era detenida por el ejército, podía con facilidad, declararse indio o aducir cualquier otra condición descalificante, aunque su documentación no estuviese en orden. La movilidad de la población urbana era tal que hacía muy difícil el control de los registros de nacimientos. Además, aun esos documentos eran considerados sospechosos.

El *tribunal del crimen* de la ciudad de México informó en 1801 que, de los 652 hombres aprehendidos en dos levas, solo 69 habían sido declarados aptos para el alistamiento regular. Y para lograr ese moderado éxito, los médicos pasaban por alto las reglamentaciones militares sobre peso, salud y otras características físicas. Cuando los oficiales tenían oportunidad de examinar a estos reclutas, mandaban a la mayoría a servir en la armada. Algunos solicitaban y obtenían la exención; otros estaban enfermos en el momento de ser arrestados, y no faltaban los que caían presos durante el prolongado período necesario para presentar las apelaciones. Al examinar la situación, algunas autoridades cuestionaban los gastos provocados por las levas, sosteniendo que los verdaderos vagabundos se escapaban de la ciudad o se escondían hasta que pasaba el peligro.

Si bien las levas preocupaban a los sectores populares, la mayoría de los residentes urbanos tenían poco que temer si se cumplía la ley y se les permitía apelar. La detención en las calles de madrugada o en lugares sospechosos, como por ejemplo un local de juego, era solo un aspecto de la evidencia. Si un detenido obtenía el testimonio de tres ciudadanos a su favor, ello era suficiente prueba de inocencia. Era raro que un hombre que aseguraba tener un empleo legítimo no pudiera conseguir el apoyo de testigos entre sus amigos o familiares. Si se conseguía evitar las extorsiones, venganzas o prácticas ilegales por parte de los magistrados urbanos, la leva era vista como un método útil para limpiar la ciudad de vagabundos, aun cuando hubiese que mandarlos a trabajar en los presidios en vez de a servir en el ejército.

Lamentablemente, había oficiales urbanos que se valían de su poder de detener vagabundos para exigir dinero a personas inocentes de clase baja. Durante el año 1797, en la ciudad de México, José Antonio Alzate peticionó al virrey marqués de Branciforte para que interviniese en una situación de aumentò de tales abusos. Con la orden general de detener a los vagabundos sospechosos, los oficiales de policía tendieron una vasta red y aprehendieron a toda persona que pareciese apta para el servicio militar. Detenían a sus víctimas en panaderías o carnicerías, y les daban la oportunidad de pagar un precio por su liberación: los extorsionaban. En vez de irrumpir en los reñideros y las tabernas en busca de candidatos, estos oficiales se estacionaban en las calles y aun cerca de las iglesias donde estaban seguros de encontrar hombres jóvenes. El 27 de julio de 1797, por ejemplo, arrestaron a varios hombres que salían de la iglesia de la Merced a las 12:15 horas, después de haber asistido a misa. Alzate culpó a *comisarios, alguaciles y cuadrilleros* y hasta a algunos escribientes por haber creado una situación de caos. Los patrones se negaban a mandar a sus sirvientes a hacer recados por miedo a que fueran detenidos por las patrullas militares, los *vampiros de día*, como se llegó a llamarlas.

Alzate hizo acusaciones concretas contra varios oficiales urbanos que habían abusado de su autoridad extorsionando a trabajadores. Identificó al alcalde de cuartel, José Conejo, como uno de los responsables mayores. Según Alzate, Conejo había dilapidado su fortuna personal de más de 200 000 pesos en el juego, antes de ser designado alcalde de barrio; desde el comienzo tuvo la intención de utilizar su puesto para recuperar su situación económica. Con el pretexto de las levas, Conejo detenía a hombres y muchachos y les exigía dinero para recuperar la libertad. Los niños de 8, 10 y hasta 12 años de edad eran tomados en custodia, con la expectativa de que sus padres pagarían para liberarlos. Algunas madres pobres entregaban apenas un peso, o hasta unos pocos *reales* (octava parte de un peso). También fueron acusados el sargento José Salazar y el cabo Manuel Cristalinas, del regimiento provincial de México, que encabezaban comisiones especiales para detener vagabundos. Se decía que Cristalinas había ganado una fortuna con sus actividades, hasta el punto de que pudo "... apostar en el juego onzas de oro como si fuesen granos de arena".[3] En opinión de Alzate, los delincuentes de esa calaña merecían que se los mandara a las galeras. Señaló que quien tuviese dinero podía eludir no solo la leva sino también el ejército regular. Solo los residentes pobres, concluía, terminaban sirviendo al rey.

LAS MILICIAS PROVINCIALES

Sin un ejército regular fuerte no era posible garantizar ni la defensa ni la seguridad interna. Era absurdo suponer que España podría disponer de tropas y fondos suficientes para defender todas sus posesiones americanas. Si bien algunos virreyes reformistas y centralistas, como el conde de Revillagigedo en Nueva España, y muchos comandantes peninsulares querían vigilar las ciudades con compañías del ejército regular, la escasez de tropas y las crecientes necesidades que se presentaban en otros lugares impedían la implementación de tales planes. Revillagigedo asignó compañías regulares a la policía de Guanajuato y Guadalajara, pero no pudo dejarlas de guarnición. Pese a la oposición de los Borbones centralistas, la única solución era buscar algún tipo de compromiso con las élites provinciales, que dominaban los principales centros urbanos. Si no se conseguían tropas regulares y había pocas unidades sostenidas con fondos privados, como el regimiento urbano de comerciantes de la ciudad de México, la única respuesta era la milicia provincial. Pero para obtener el apoyo de las élites habría que delegar algunos poderes y conceder algunos honores a los que aportaran su prestigio y su dinero al ejército. En Nueva España, los cabildos eran el nivel de gobierno que, obviamente, podría distribuir honores y movilizar suficientes efectivos militares dentro de las ciudades y en sus distritos dependientes. Aunque ningún comandante o administrador borbón deseaba enfrentar una dismi-

---

[3] Alzate a Branciforte, 16 de octubre de 1796, AGN, Historia, vol. 44.

nución de su autoridad —especialmente si ello significaba un aumento de los poderes de los gobiernos urbanos de orientación regional, localistas y dominados por elementos criollos— no había otra solución. Desde la década de 1760 en adelante, el ejército tuvo que delegar algunas prerrogativas a favor de los cabildos urbanos en Nueva España. Pero solo en 1810, después del estallido de la Revuelta de Hidalgo, los oficiales del ejército pudieron revertir la pérdida de importantes controles civiles urbanos sobre las milicias provinciales.

En otras provincias, y sobre todo en sitios aislados, distantes de las restricciones de las audiencias y de los virreyes, algunos agresivos comandantes de milicia lograron, a veces, en el corto plazo, proteger a sus hombres de la jurisdicción legal del cabildo ordinario y contra la competencia de los sectores privilegiados. En Popayán, Nueva Granada, por ejemplo, los oficiales locales de la milicia atropellaron al cabildo usurpando sus prerrogativas urbanas. El conflicto significó un esfuerzo por parte de los sectores de la comunidad con pretensiones sociales de introducirse en la oligarquía urbana. En esos casos, el ejército se convirtió en un elemento central en las luchas de facciones, urbanas y regionales. La élite de Popayán apeló ante el gobierno imperial para pedir ayuda y pudo mantener la cuestión en el terreno de la confusión y la disputa. Cuando las élites urbanas y otras jurisdicciones privilegiadas, como los gremios mercantiles, los tribunales de minas y el sector eclesiástico, no pudieron mantener su posición legal contra las milicias en ascenso, se produjeron conflictos. También hubo luchas similares en Perú, donde los oficiales nacidos en España desconfiaban de los criollos y querían mantener la dominación peninsular sobre las milicias provinciales.

La mayoría de los hispanoamericanos, aun los pertenecientes a las élites criollas, no se presentaban como voluntarios para servir en las milicias como consecuencia de un patriótico amor por la corona. Si no había ventajas evidentes, se resistían a los esfuerzos por enrolarlos en las fuerzas provinciales. Los oficiales del ejército regular encargados de formar milicias se preocupaban especialmente, cuando se presentaban ante los cabildos, de destacar los beneficios directos de una presencia militar, así como el honor que ello significaba para la ciudad. Tenían instrucciones de hacer notar que una vez instalado un batallón o regimiento de milicia, habría menos delitos y mayor seguridad. Como señaló un oficial: "...aun aquel hombre que más rechaza a los soldados exige ayuda cuando se ve rodeado por ladrones".[4]

En Nueva España más que en cualquier otra provincia, los cabildos adquirieron un poder considerable sobre el proceso de selección para las comisiones de milicia. Si bien los candidatos oficiales tenían que ser aprobados por el comando del ejército y la corona, las condiciones económicas hacían que, en general, solo los residentes más ricos solicitaran el comando de regimientos y las altas graduaciones. Los futuros comandantes de milicia tenían que donar grandes sumas de dinero para comprar uniformes, armas y hasta, en caso necesario, caballos para sus unidades. Como se les negaba la oportunidad de ocupar cargos en otras jurisdicciones, los criollos ricos, ya fuesen mineros, comerciantes o terratenientes, comprendieron las derivaciones sociales que para ellos tenía el hecho de mantener comisiones de milicia. Para los patricios urbanos era una manera de conseguir un reconocimiento inmediato y aumentar su estatus. En muchas ciudades, competían en sus ofrecimientos de donaciones para obtener el comando de un batallón o un regimiento y el rango de coronel o teniente coronel. A cambio de su dinero recibían encargos reales, atractivos uniformes y todos los privilegios del fuero militar.

Esto no quiere decir que los sectores de élite concordaran completamente en que una mayor presencia militar era un hecho positivo para sus ciudades, o estuvieran de acuerdo sobre la manera de otorgar la nueva fuente de patronazgo. Como sería de esperar, los miembros de los cabildos se beneficiaban primero a sí mismos y después a sus parientes y amigos, antes de darles a otros la oportunidad de una comisión. En Guayaquil, por ejemplo, la gran mayoría de los oficiales de milicia estaban directamente relacionados con hombres que eran o habían sido miembros del cabildo. Había una íntima vinculación entre los gobernantes urbanos y las personas que tenían las comisiones de milicia. En muchas otras ciudades, sin embargo, los magnates urbanos no estaban convencidos de que los beneficios para un segmento de las élites justificasen el costo que significaban para otros sectores. Se quejaban de que la jurisdicción militar amenazaba a las autoridades legales existentes al

---

[4] "Nueva idea para formar Cuerpos Provinciales en el Reino...", por Manuel Antonio de Mora, 25 de mayo de 1784, AGN: IG, vol. 14.

exceptuar a un segmento considerable de la población de la autoridad de los magistrados urbanos y de la policía. En varias provincias los virreyes y los comandantes militares se encontraron con una oposición en las ciudades que continuó hasta mucho después de la introducción del programa de reformas militares.

En Popayán, Nueva Granada, los magistrados locales rechazaban el fuero militar y dictaban severas sentencias contra cualquier persona que reclamase en un juicio la protección de la jurisdicción legal del ejército. Además, los hombres de la élite urbana protestaban contra los esfuerzos por constituir unidades de milicia que mezclaban a los miembros de la nobleza local con individuos de menor estatus y origen. En 1796, en la ciudad de Oaxaca, el teniente coronel Pedro de Laguna se encontró con un sinnúmero de dificultades para cumplir las órdenes virreinales de formar un batallón de infantería provincial. Si bien había suficientes candidatos a oficiales, los cinco regidores del cabildo se resistieron a la introducción de privilegios militares que podrían reducir los poderes del gobierno comunal. Lograron que los alcaldes de la ciudad se pusieran en contra de los nuevos milicianos y bloquearon la introducción de leyes especiales que podrían interferir con los intereses urbanos. Después de numerosos enfrentamientos, Laguna solicitó al virrey Branciforte que alterase la composición del cabildo a fin de agregar miembros que no se identificaran con los estrechos intereses locales.

En muchas otras ciudades mexicanas coloniales era posible encontrar la misma resistencia a la posible influencia centralizadora de un ejército provincial. En 1780, el inspector general Pascual Cisneros describió al cabildo de Querétaro como "de ánimo sedicioso y obstinado en su caprichosa oposición a las intenciones del soberano".[5] El comandante de la milicia de Querétaro, Pedro Ruiz Dávalos, condenó a las facciones internas del cabildo que se oponían a toda iniciativa de intervención en asuntos locales y que hacían circular rumores mal intencionados que mantenían a toda la ciudad en un estado de ansiedad. Dado que en casi todas las ciudades de provincia abundaban el chismorreo, las pequeñas disputas y las murmuraciones contra la reputación de las personas, es fácil entender las dificultades que atravesaban el ejército y el

[5] Pascual Cisneros a Mayorga, 11 de mayo de 1780, AGN: IG, vol. 104-B.

régimen. Ruiz Dávalos, al igual que Laguna en Oaxaca, llegó a la conclusión de que la única manera de dominar el intenso localismo del cabildo era agregar nuevos miembros que no se identificaran con las facciones existentes. Por cierto, durante su *visita general* (inspección general) a Nueva España, José de Gálvez se enfrentó a problemas similares con los gobiernos de las ciudades de México, Puebla y Valladolid. Designó regidores adicionales, que estaban dispuestos a apoyar su punto de vista respecto de lo que era un buen gobierno.

En su celo por defender las prerrogativas urbanas locales, los regidores y alcaldes no podían evitar disputas con la jurisdicción militar. El establecimiento de un regimiento o de un batallón de milicia tenía como consecuencia la aplicación de nuevos impuestos, el arribo de un conjunto de oficiales del ejército regular para el entrenamiento, lo que significaba una intrusión de la autoridad central, y la inclusión en el fuero militar de los mal definidos privilegios de los milicianos. Al formarse nuevos batallones o regimientos, se recaudaban elevadas sumas de dinero y se las invertía en la compra de armas, uniformes y equipamiento. Todos estos elementos amenazaban con alterar las relaciones existentes y provocar la intervención de agentes ajenos a la ciudad y a la región dominadas por el cabildo. Los impuestos exigidos para financiar las milicias provocaban resentimiento en quienes debían pagarlos y despertaban la codicia de quienes manejaban los fondos. El fuero militar amenazaba con reducir los poderes de los magistrados municipales. La intolerancia y el exceso de celo de los oficiales regulares designados para conducir el entrenamiento creaban agrias disputas respecto de cuáles eran los tribunales que debían entender en cada causa. Los *justicias* (magistrados urbanos) no podían aceptar la idea de una jurisdicción militar privilegiada que abarcase a los milicianos, sus familiares y sus dependientes, sobre todo porque los soldados de dedicación parcial eran gente de baja extracción social y racial.

En toda la América española el fuero militar generó fricciones y puso en evidencia antiguos resentimientos. En Lima el gremio mercantil se embarcó en un litigio con el ejército para impedir una pérdida de jurisdicción en los casos que involucraban a comerciantes milicianos. Los comerciantes ricos temían, por un lado, el peligro que amenazaba a sus tribunales; y por el otro, la posibilidad de que comerciantes menos prósperos pudieran obtener comisiones de milicia y aumentar así su prestigio. En México, los oficiales y suboficiales del regimiento urbano de comercio solían invocar la pureza de raza, en sus esfuerzos por promover los intereses de su regimiento. A diferencia de otras unidades de milicia, el regimiento urbano de México declaraba que enrolaba una mayoría de hombres nacidos en la península y leales a la corona. Los comerciantes-oficiales juraban guardar la ciudad de México, defender al virrey y derramar hasta su última gota de sangre por la causa real. Pero se olvidaban de mencionar que la mayoría de los comerciantes abominaban de la milicia y contrataban reemplazantes para que prestaran servicio en su lugar.

Como era de prever, los comandantes militares y también los virreyes pensaban que los civiles —aun los pertenecientes a las élites— carecían de las habilidades profesionales necesarias para hacer un buen papel en las actividades militares. Algunos oficiales cuestionaban el derecho de los cabildos y consulados a proponer candidatos a oficiales o a administrar los fondos de las milicias. En Nueva España, el subinspector general Pedro Gorostiza declaró que las ordenanzas militares eran confusas respecto de quiénes detentaban el poder en la cuestión de las designaciones de oficiales de milicia. En 1793 trató de ampliar las prerrogativas de su cargo para nombrar candidatos a las comisiones de milicia. Después de inspeccionar el regimiento provincial de México, Gorostiza expresó su disgusto por la falta de nivel militar y llegó hasta a dudar de su existencia real. Les dijo a dos capitanes de milicia que su desempeño no merecía recompensa ni atención alguna y reforzó su opinión promulgando nuevas disposiciones que bajaban en un tercio los salarios de los oficiales y la paga de los soldados en dos pesos por mes. Gorostiza hizo esfuerzos similares por recortar los privilegios del consulado y sus atribuciones para designar oficiales para el Regimiento Urbano de Comercio. Además, prohibió la contratación de alquilones mercenarios para reemplazar a los comerciantes durante las movilizaciones.

El virrey Revillagigedo apoyó la ofensiva de Gorostiza en favor de la jurisdicción militar, pero tuvo que apelar al régimen imperial en demanda de una legislación definitiva. Entretanto, los temores de una guerra contra Francia hicieron que el régimen imperial transfiriese varios regimientos regulares del ejército de Nueva España para vigilar Veracruz y para proteger La Habana, Santo Domingo y Nueva Orleans. Revillagigedo convocó un *cabildo extraordinario* (asamblea especial del concejo municipal) en la ciudad de México y por ese medio movilizó el regimiento provincial para que cumpliera tareas de patrullaje y solicitó al cabildo que soportara las cargas financieras —aproximadamente 170 000 pesos por año— a través de donaciones y suscripciones. Intranquilos por la intervención en el proceso de la selección de oficiales, y molestos por la reducción de los salarios, los capitanes formaron una junta para exigir la paga completa para oficiales y soldados. Por medio de dos delegados, la junta advirtió al virrey que los soldados desertarían si sus familias pasaban necesidades y las esposas se veían empujadas a la prostitución. Mientras que los artesanos que prestaban servicio en el regimiento de milicia ganaban salarios razonables, ellos no podían sobrevivir con las sumas asignadas por Gorostiza. Los oficiales temieron que los ciudadanos comunes se hicieran delincuentes y que el futuro reclutamiento para el ejército se tornara imposible. Una vez movilizados para cumplir funciones de vigilancia y de patrullaje, los milicianos no tenían tiempo para dedicarse a sus ocupaciones normales. Para aquellos que intentaban hacer ambos trabajos, el resultado era un mal servicio y, a veces, el deterioro de su salud.

Revillagigedo rechazó esta firme oposición de los oficiales de milicia en representación de las instituciones locales. Gorostiza afirmó que un real y medio era una paga diaria suficiente para un soldado, argumentando que todo lo que estuviera por encima de esa cifra era gastado en bebida y esparcimiento. En su opinión, los oficiales no tenían motivos de queja porque eran personas de alto rango que servían por el honor y para probar su lealtad al rey. En lugar de reclamar una remuneración mayor, razonaba Gorostiza, más bien debían donar sus salarios al servicio real. Revillagigedo adoptó una posición aun más severa frente a la petición de los capitanes y calificó sus actos de peligrosamente sediciosos. Ordenó al mayor del ejército provincial de México que reuniera a los capitanes y les leyera las reglamentaciones militares sobre el tema. Condenó a los capitanes de milicia por su ignorancia de las ordenanzas que regían el ejército. Además, amenazó con tomar medidas ejemplares contra los oficiales si no obedecían inmediatamente y abandonaban su comportamiento revoltoso.

Si bien el reemplazo del virrey Revillagigedo y la muerte de Gorostiza suavizaron el conflicto, la élite mexicana no estaba dispuesta a aceptar este tipo de tratamiento. Las expresiones iracundas sirvieron más para ofender que para corregir a los oficiales criollos y a los políticos urbanos que habían ayudado a mantener el regimiento. Aunque los miembros del cabildo donaron 100 pesos cada uno, las suscripciones voluntarias no se completaron. En vez de producir un fondo de 170 000 pesos, solo se recaudaron 11 496 pesos. Los oficiales y los políticos se sintieron muy confundidos cuando el rey escribió para agradecer a la ciudad capital por su lealtad y devoción a la causa imperial española. El virrey Branciforte decidió hacer que el tesoro real sustentase al regimiento movilizado, a fin de no presionar más al cabildo y a la opinión pública. La corona aceptó la responsabilidad y al mismo tiempo reafirmó los derechos del cabildo de la ciudad de México a proponer candidatos para las comisiones de milicia.

La confusión sobre el papel de los cabildos en la selección de oficiales y en el mantenimiento de las milicias siguió sin resolverse. En Nueva España, el virrey Branciforte invirtió la política de Revillagigedo para aprovechar el deseo de reconocimiento de los criollos. En vez de cuestionar los derechos de los cabildos, Branciforte los estimuló a reclutar nuevas unidades. Ofreció comisiones de milicia y el fuero militar a cambio de donaciones para armar y equipar a los nuevos batallones y regimientos. Mientras algunas ciudades como Oaxaca seguían resistiéndose a la intromisión de la jurisdicción militar, otras se las arreglaron para utilizar patrullas de milicia policial y obtener ventaja de la presencia del ejército. El enfoque de Branciforte reconocía a las élites urbanas así como la capacidad de los cabildos para generar apoyo para las milicias.

Los cabildos de otras provincias de la América española no ejercían los mismos poderes de nombramiento dentro de la estructura de la milicia. Los oficiales del ejército regular que eran trasladados a Nueva España expresaban sorpresa y desagrado al enterarse de que había civiles que tenían injerencia en los asuntos militares. Félix Calleja, la nueva estrella del ejército mexicano, sostuvo en numerosas ocasiones que los grupos de comerciantes que hacían política degradarían el honor militar. A pesar de este punto de vista, la corona y muchos otros administradores de rango de Nueva España reconocían los vínculos fundamentales entre los cabildos y las milicias.

LOS MILITARES Y LA POBLACIÓN URBANA

Para la mayoría de los habitantes urbanos, la expansión del ejército colonial significó una intromisión en áreas tan diversas como el alojamiento, los precios de los alimentos, la oferta de productos y la

regulación del mercado. Si bien los habitantes de las principales
poblaciones de frontera y de las ciudades costeras defendidas estaban acostumbrados a tratar con el ejército, esto no sucedía en otros
sitios. Las movilizaciones y los acantonamientos de muchos efectivos en centros urbanos alteraban las economías locales y la red
normal de aprovisionamiento. Tanto la posibilidad de invasión
extranjera o de levantamientos importantes, como la Rebelión
Comunera en Nueva Granada y la Revuelta de Tupac Amaru en
Perú, agotaban las reservas urbanas, ya que el ejército requisaba
propiedades y recursos. Incluso una movilización menor de las milicias conmocionaba a los productores rurales de alimentos, a los
transportistas y a los vendedores de productos frescos en los mercados de las ciudades. Cuando los precios de los alimentos subían el
ejército trataba de regular el mercado por medio de la aplicación de
planes de fijación de precios y rígidos controles de la distribución y
las ventas. Los esfuerzos del ejército por alquilar viviendas adecuadas para los oficiales y edificios lo suficientemente grandes como
para servir de barracas perturbaban el comercio y desplazaban a
los residentes ricos. Especialmente en los centros más pequeños,
los cabildos tenían que elegir a algunos funcionarios para expro-
piar temporariamente viviendas y alojar soldados. Como era de
esperar, hubo muchas quejas por actos de vandalismo y daños
intencionales hechos por soldados en ventanas, muebles, instalaciones y hasta en la estructura de los edificios. Aunque algunos
comerciantes y artesanos obtuvieron ganancias aprovisionando a
las guarniciones y acantonamientos, las movilizaciones prolongadas generaban fricciones entre las ciudades y el ejército.

Los oficiales y suboficiales del ejército regular destinados al
entrenamiento y administración de las unidades de milicia eran
una fuente de conflictos dentro de las comunidades urbanas.
Muchos de esos soldados eran el descarte del ejército español y de
los regimientos regulares, hombres cuyas carreras se habían estancado debido a la pereza, el alcoholismo, la adicción al juego, la mala
salud u otras razones. Retenidos por décadas en ciudades provinciales, lejos de los acontecimientos importantes para la profesión,
eran pobres y estaban aburridos de la existencia que llevaban.
Algunos oficiales trataban de casarse con alguna dama de la élite
local valiéndose del prestigio de su origen ibérico y de su rango. Si
bien algunos lograban riqueza y posición en las élites provinciales,
otros tropezaban con dificultades. En San Miguel, Nueva España,

el mayor Vicente Barros de Alemparte fue arrestado cuando intentaba casarse con una tía de su rico coronel. En muchos casos, se dejaba a un teniente o a un mayor del ejército regular a cargo del control de un regimiento de milicia. El coronel, el teniente coronel, los capitanes y los tenientes procedían de las élites locales y no querían cargar con la administración cotidiana. Librados a sus propios recursos, los oficiales regulares y los suboficiales perdían su vocación militar y saqueaban los fondos de la milicia. Las instrucciones para las milicias trataban de sortear estas debilidades exigiendo a los oficiales superiores que supervisaran las actividades de los ayudantes regulares, sargentos, cabos y tambores. El coronel y su mayor regular debían asegurarse de que sus oficiales respetaran a los jueces y ministros de otros tribunales y jurisdicciones.

Pero de hecho, la avidez de posición y reconocimiento llevaba a muchos comandantes de milicia a entrar directamente en conflicto con otras autoridades. Algunos coroneles hacían desfilar a sus regimientos a su antojo, empleaban guardias de honor y se presentaban en los eventos oficiales con grandes escoltas que en su opinión les daban preeminencia por sobre los otros oficiales de la ciudad. En Puebla, Guanajuato y Oaxaca, por ejemplo, los comandantes de milicia se enfrentaban a los intendentes provinciales disputándoles el dominio dentro de su jurisdicción. El intendente de Guanajuato, Juan Antonio Riaño, tenía el rango militar de teniente coronel. Cuando el minero y comerciante local Antonio Pérez Gálvez pagó miles de pesos para lograr el rango de coronel en la milicia de la ciudad, afirmó que su grado lo hacía *comandante de armas* (jefe de la división) de Guanajuato. Aunque por último Pérez Gálvez fracasó, la disputa se prolongó durante años y deterioró las relaciones entre las jurisdicciones militar y civil en la ciudad de Guanajuato.

Finalmente, los conflictos entre los comandantes de milicia y los intendentes provinciales forzaron a los virreyes a intervenir. Ningún virrey podía pasar por alto desafíos a los poderes del intendente, que debilitarían la autoridad central y el prestigio del régimen. En 1789, cuando un arrogante teniente de milicia cuestionó la preeminencia militar del intendente de Puebla, Manuel de Flon, el virrey Revillagigedo no dejó dudas acerca de su posición. Sostuvo que Puebla, como segunda ciudad de Nueva España e importante base de aprovisionamiento para la defensa de Veracruz, no podía permitirse una división del comando entre las autoridades civiles y militares. El intendente tenía que asumir el control militar absoluto de la ciudad y sus "insolentes y escandalosos" sectores plebeyos. Revillagigedo hizo referencia a las actividades de las bandas de delincuentes de Puebla durante 1789 y 1790; entre ellas un audaz asalto, realizado por un bandido de la zona, a la cárcel de la acordada. Para contribuir a la seguridad de la ciudad, el virrey estacionó en Puebla un regimiento regular de dragones y seis compañías de infantería.

La capacidad de las ciudades para resistirse a los planes militares dependía de la perspicacia política y la capacidad de los líderes urbanos de negociar concesiones referentes al tipo y tamaño de las unidades de milicia que se formarían. Los cabildos carecían de fuerza política para entrar en una confrontación directa con el ejército. En Zamora, Nueva España, por ejemplo, los esfuerzos del cabildo de la ciudad para nombrar a ciudadanos locales totalmente desconocidos en puestos militares importantes estaban destinados al fracaso. Actuando como comisionado virreinal destinado a formar unidades de milicia en 1795, el coronel Juan Velázquez descubrió que el cabildo de Zamora pasaba por alto a candidatos obvios a los cargos superiores, en favor de candidatos locales. En opinión de Velázquez, el gobierno municipal había creado tal confusión en la ciudad que los hombres huían a las montañas antes que aceptar la idea de ser alistados. Informó lo siguiente: "Este cabildo revoltoso comete errores que son los hijos legítimos de su ignorancia".[6] Velázquez no aceptó que el cabildo designase a residentes locales en vez de nombrar candidatos del ejército que vivían a cierta distancia de la ciudad pero que eran más solventes y dignos de confianza a los ojos de la administración central. El cabildo de Zamora se negó a hacer concesiones y a aceptar una solución de compromiso, y convenció a Velázquez de que su plan era "perturbar el orden público" al colocar a individuos desconocidos e insolventes en puestos de milicia que no podían desempeñar. Finalmente, el cabildo de Zamora cedió a las presiones virreinales pero otros cabildos siguieron luchando por sus designaciones, hasta que perdieron el privilegio de hacer propuestas de candidatos.

Como ya se vio en otras circunstancias, no todos los hispanoamericanos deseaban obtener los beneficios de una carrera militar o

---

[6] Juan Velázquez a Branciforte, enero de 1795, AGN: IG, vol. 211-B.

de una vocación de medio tiempo. El brigadier Manuel de Pineda, inspector general de las fuerzas militares de Lima, descubrió que la mayoría de los peruanos mostraban más antipatía que entusiasmo hacia el ejército. Si bien no había escasez de candidatos a coronel o teniente coronel, los jóvenes de las mejores familias encontraban que ser teniente o subteniente otorgaba un prestigio muy limitado. Pocos españoles de la península estaban dispuestos a asumir un grado militar si tenían que estar bajo las órdenes de criollos, y muchos creían que el régimen reservaría los puestos más altos y las comandancias para su minoría más leal.

No todos los hombres ricos con aspiraciones de hacer carrera en el ejército podían llegar a ser comandantes de un regimiento o siquiera de una compañía de las milicias provinciales. Esto aumentaba las presiones políticas dentro del cabildo y las soluciones no eran fáciles. A veces los gobernantes municipales cometían errores e inferían ofensas porque designaban a hombres que vivían fuera de los límites urbanos, en localidades aledañas situadas dentro de las jurisdicciones del regimiento o el batallón. El cabildo de Guanajuato, por ejemplo, pasó por alto a voluntarios y propuso para el grado de teniente a hombres que no habían sido consultados y que no ambicionaban tener una comisión real. Asimismo, algunos mineros y comerciantes que estaban en una situación económica adecuada para ser oficiales de milicia no querían aceptar un grado subalterno. El operario fundidor Francisco de Septién solicitó al virrey de Nueva España que derogase una nominación del cabildo por la cual se lo había comisionado como capitán de granaderos en el batallón provincial de Guanajuato. Debido a la riqueza de Septién, el subinspector general del ejército rechazó la solicitud, pero lo nombró en un puesto menos exigente, como capitán de fusileros. Para eludir las recomendaciones del cabildo de Guanajuato, los habitantes de la ciudad, los pueblos cercanos y toda la región afirmaban ser analfabetos, carecer de medios económicos suficientes para servir como oficiales, tener mala salud, ser el único sostén de muchos dependientes o trabajar demasiado. El virrey Branciforte denegaba casi todos los pedidos de eximición, seguro de que los candidatos solo querían escapar al cumplimiento de sus deberes patrióticos.

Sin embargo, por cada hombre que quería eludir el honor de una comisión de milicia, había otros que deseaban el reconocimiento social que la designación implicaba. En Guanajuato, José Antonio de Rivero se quejó de que pese a sus antecedentes en la milicia, su decisión de donar 100 pesos por mes cuando la milicia estuviese en actividad y su ofrecimiento de uniformar y equipar a seis soldados, el cabildo lo había pasado por alto. Acusó al gobierno municipal de seleccionar hombres sin "condiciones ni experiencia" y de obrar maliciosamente al preferir a aquellos que disfrutaban de vinculaciones especiales. Otros escribían cartas confidenciales al virrey, condenando a los revoltosos del cabildo que fomentaban "el mortal rencor y las hostilidades", o pertenecían a facciones que trabajaban en su propio beneficio. Las cartas anónimas eran aun más críticas, y hacían ataques personales tanto a los concejales como a los individuos seleccionados para las comisiones. En un caso, un remitente anónimo atacó al cabildo de León, cerca de Guanajuato, por haber propuesto a Manuel García Parra, que se ganaba la vida vendiendo mescal y estaba casado con una mulata muy conocida por sus "tendencias indecorosas".

Evidentemente, la posesión de un grado militar permitía a los caballeros urbanos darse aires de importancia y, en ocasiones, hacer gala de sus fueros ante condestables y magistrados, si eran sorprendidos jugando o asistiendo a alguna riña de gallos. Aunque los hombres verdaderamente ricos obtenían escasos beneficios económicos por hacerse cargo de puestos de comando en las milicias, los privilegios adicionales, el estatus y el reconocimiento dentro de sus ciudades y provincias eran razones más que suficientes para que aceptaran esos cargos. Los capitanes y tenientes eran con frecuencia comerciantes, tenderos y propietarios de recursos bastante modestos, que deseaban obtener mayor prestigio y mejor posición social. En Oaxaca, el intendente, Antonio de Mora y Peysal, se quejaba de que muchos de los oficiales de la milicia vestían sus uniformes y lucían sus insignias incluso cuando estaban fuera de servicio. A algunos se los podía ver uniformados en sus negocios, los días de semana, vigilando las transacciones comerciales. En ciertas unidades, los oficiales de milicia luchaban entre ellos por excluir a colegas que no eran considerados socialmente aceptables. La más leve duda sobre la *limpieza de sangre* (pureza de sangre) de la esposa de un oficial era causa suficiente para suscitar murmuraciones y pequeños ataques destinados a obligar a la víctima a abandonar la milicia. Hasta el rumor más ridículo e injustificado corría por las ciudades provinciales generando tensiones y disgustos.

Para los residentes urbanos, las ventajas del servicio militar no eran en absoluto evidentes. A diferencia de los soldados del regi-

miento urbano de México y de las unidades urbanas de otras localidades, las milicias provinciales podían ser movilizadas y enviadas
a guarniciones y acantonamientos muy distantes de sus jurisdicciones de origen. Para los milicianos de Nueva España, por ejemplo,
el servicio activo podía significar ser enviado a la costa tropical
para custodiar Veracruz, donde la fiebre amarilla y otras enfermedades mataban a un porcentaje importante de los que no estaban
aclimatados. Algunos eran trasladados formando parte de compañías regulares de infantería que eran despachadas para defender
los distritos de Cuba, Florida, Louisiana y Santo Domingo. La
posibilidad de las enfermedades tropicales o del servicio en el exterior eran motivo suficiente para desanimar a otros hombres de
Nueva España que podrían haber ingresado a las milicias. Los que
regresaban después de años de servicio en otras zonas o desertaban desde Veracruz contaban historias que suscitaban actitudes
verdaderamente antimilitaristas entre los artesanos y trabajadores
de la mayoría de las ciudades.

Teniendo en cuenta estos hechos y la resistencia de los hispanoamericanos a trasladarse fuera de sus provincias de origen, las
autoridades se encontraban con una considerable oposición cuando
tenían que reclutar unidades de milicia o reemplazar las fuerzas
ya movilizadas. Cuando el coronel Pedro de Laguna fue a Oaxaca
en 1796, para formar un batallón de infantería provincial, encontró
oposición tanto por parte de los potenciales reclutas como de las
autoridades municipales. Como se señaló anteriormente, el cabildo
se resistía a aceptar la interferencia de la milicia en su esfera de
influencia y temía que la introducción del fuero militar disminuye-
se los poderes del gobierno de la ciudad para controlar al pueblo.
Debido a que la oposición a Laguna era imposible, el cabildo dio su
consentimiento y después hizo lo menos posible para cooperar.
Laguna tenía que formar el batallón a partir de listas de artesanos
y otros gremios, residentes en la ciudad. Muchos de los jóvenes
escapaban de Oaxaca y no participaban en el *sorteo* para incorpo-
rar reclutas al batallón. Los empleadores y los funcionarios municipales conspiraron para ayudar al éxodo de los solteros, que
permanecieron fuera de la ciudad hasta que terminó el reclutamiento. El resultado fue que Laguna incorporó a muchos hombres
casados que tenían dependientes a cargo, y a otros que carecían de
condiciones físicas para servir en el ejército. Laguna creía que el
gobierno municipal y el mayor del ejército regular asignado al

batallón de Oaxaca podrían reemplazar a estos hombres con otros solteros, una vez que estos regresaran.

Pero el cabildo no hizo nada para resolver los problemas de reclutamiento y pasó por alto la molesta interferencia del coronel Laguna. Pocos meses después, cuando el batallón fue movilizado y se le ordenó marchar para servir en el acantonamiento de Orizaba (cerca de Veracruz), las autoridades militares se vieron acosadas por pedidos de exención y de baja. El comandante del batallón, Luis Ortiz de Zárate, se quejó de que el cabildo solo reclutaba a hombres casados y con familia numerosa. Las autoridades municipales, por su parte, informaban que hasta los rumores de movilización causaban una conmoción en la ciudad. Cuando llegó la orden de partida para el batallón, el 1 de agosto, el cabildo y el intendente acordaron rodear la ciudad con oficiales de policía para detener a los jóvenes que huían para salvarse. Pese a estos esfuerzos, el cabildo no pudo proponer hombres solteros para reemplazar a los casados. Ortiz de Zárate les ordenó a los milicianos casados que, si querían permanecer en sus hogares, buscaran sus reemplazantes ellos mismos. Los representantes del cabildo requisaron las cárceles y consiguieron 38 hombres para llenar 61 vacantes en el batallón. Después de ser examinados desde el punto de vista de la salud, la estatura y las causas de exención, solo 11 fueron declarados aptos. Todos los esfuerzos posteriores para conseguir reclutas produjeron apenas hombres casados, tributarios indios o individuos enfermos.

En opinión del jefe de los comandantes, la verdadera responsabilidad de los magros resultados obtenidos en Oaxaca era del cabildo, por su oposición a los militares. Los funcionarios municipales sostenían que Oaxaca, como muchas otras ciudades importantes de Nueva España, era un semillero de vagabundos y trabajadores ambulantes, que eran perjudiciales para la ciudad pero útiles para el ejército. Pese a la existencia de ese material humano potencialmente disponible, de los 32 reemplazantes enviados por el cabildo para reforzar el batallón de Oaxaca en el acantonamiento, todos menos cinco habían sido reclutados en pequeñas poblaciones de la provincia y no en la ciudad. De los cinco reclutas restantes, uno resultó ser un indio tributario, que reclamó eximición total y absoluta de las obligaciones militares. El virrey Branciforte advirtió a las autoridades municipales de Oaxaca que debían poner punto final a su resistencia al ejército. La consecuencia fue que el cabildo dedicó los primeros tres días siguientes al Año Nuevo de 1798 a registrar la ciudad en busca de reclutas potenciales. No se le permitió a nadie dejar los límites de la ciudad sin autorización del intendente; la pena por huida ilegal fue el alistamiento en el batallón más un mes en prisión. Cuando estas medidas también fracasaron, el cabildo accedió una vez más a efectuar un sorteo entre la población masculina, y prometió actuar con "escrupulosa formalidad" para evitar que alguien eludiera sus obligaciones con la corona.

Pese a sus dificultades con el reclutamiento para las milicias, los gobernantes municipales de Oaxaca tenían una antigua vinculación con el batallón local. Ya en 1777, José de Gálvez había autorizado la actuación de un destacamento de milicia policial, destinado a ayudar a los funcionarios judiciales de la ciudad en sus campañas contra los malos elementos: vagabundos y plebeyos. Cada uno de los tres magistrados de la ciudad recibió la ayuda de cuatro soldados, que eran relevados diaria, semanal o mensualmente. Para pagar esta fuerza Gálvez autorizó un impuesto especial de 4 reales sobre cada *carga* (entre 300 y 325 libras de peso) de azúcar y cada *tercio* (fardo de aproximadamente 200 libras) de cacao que entraran en la ciudad.[7] En 1803 el destacamento de milicia fue incrementado: de un cabo y 12 soldados a dos cabos y 16 soldados. Estos hombres cumplían tres meses de funciones policiales y debían estar a las órdenes del batallón de milicia. Para entonces, el destacamento policial había asumido las tareas adicionales de vigilar la cárcel, la oficina del tesoro y la residencia del intendente provincial. Hubo grandes discusiones acerca de las guardias de honor y respecto de cómo debían utilizarse los milicianos. Algunos miembros del cabildo pensaban que habían perdido todo control sobre el destacamento policial; además, el comandante de la milicia y el intendente disputaban incesantemente por cuestiones menores.

---

[7] José de Gálvez a Bucareli, 19 de marzo de 1777, AGN: IG, vol. 53-B.

Ingresos por los impuestos al azúcar y el cacao en Oaxaca

1786	1759 pesos
1788	1918 pesos
1789	2528 pesos
1790	2299 pesos

La policía de milicias costó 1601 pesos en 1786. Hacia 1807, había un excedente de 3163 pesos. Véase AGN: IG, vol. 126-B, y también Informes a Iturrigaray, 7 de abril de 1807, AGN: IG, vol. 53-B.

Si bien los impuestos al azúcar y al cacao produjeron ingresos suficientes, el destacamento policial siguió siendo motivo de fricción entre las autoridades. Los hombres de Oaxaca encontraban que el trabajo policial era particularmente oneroso y se resistían a tener vinculación alguna con el batallón provincial. Ya en 1801 los milicianos de las patrullas urbanas se quejaban de que eran pocos para cumplir con sus funciones. Algunos hombres tenían que cumplir dos turnos, de día y de noche. En 1806, los uniformes de los milicianos eran harapos, sus armas inservibles, y era imposible reemplazar a los que ya habían cumplido su plazo de servicio. Ni siquiera los aumentos de salario fueron incentivo suficiente para atraer a nuevos reclutas. Al terminar su servicio, los milicianos descubrieron que sus oficiales simplemente prolongaban el plazo. De los 20 hombres en servicio que había en 1806, todos habían cumplido dos años en vez de tres meses; otros habían huido de la ciudad para no caer en una trampa similar. Los exhaustos policías de la milicia abandonaban sus puestos de guardia, se quedaban dormidos mientras estaban en servicio, vendían partes del uniforme y a veces faltaban sin aviso. Casi todos trataban de mantener sus ocupaciones habituales y sus relaciones familiares. Muchos, como Ceferino Corte, uno de los únicos cinco hombres que quedaban en su compañía de granaderos, solicitó la baja de la policía, argumentando que el batallón ya no tenía efectivos y que ni siquiera podía reemplazar al pequeño destacamento policial. El mismo Corte se había visto obligado a cerrar su sastrería y había perdido todos sus clientes. Una inspección de los efectivos del batallón corroboró las afirmaciones de Corte. Solo 30 hombres figuraban en la lista, y de estos, seis eran fugitivos.

A partir de 1810, con el estallido de las guerras de independencia en la América española, las relaciones entre las ciudades y los militares se alteraron dramáticamente. Algunas unidades se desintegraron y unas pocas se unieron a la causa insurgente, pero la mayor parte de las fuerzas regulares y de milicia permanecieron durante algún tiempo junto a los realistas. Las prolongadas movilizaciones de las fuerzas provinciales y, en muchos casos, sus campañas lejos de las jurisdicciones de origen alteraron las características urbanas y regionales del siglo XVIII. Los cabildos y los funcionarios locales perdieron su patronazgo sobre las designaciones y promociones de los oficiales. El ejército dejó de tener en cuenta a los administradores civiles y de respetar sus jurisdicciones y privilegios. Los comandantes de brigadas y otros altos oficiales se hicieron cargo de los ascensos, los impuestos especiales de guerra, los préstamos compulsivos y las confiscaciones de propiedades. Muchas de las unidades provinciales que habían sido formadas en una ciudad importante y sus alrededores pasaron a ser regimientos y batallones regulares, que reclutaban sus fuerzas indiscriminadamente, y ya no en ciertos sectores de la población. Los oficiales regulares, que se habían sentido constreñidos en su accionar antes de 1810, encontraron que las guerras les brindaban muchas oportunidades. Los cabildos, los intendentes y otros funcionarios se quejaban amargamente por su pérdida de autoridad, pero los comandantes respondían que la capacidad militar y la inteligencia eran más importantes que la posición social. En San Luis de Potosí, Nueva España, por ejemplo, el brigadier comandante Manuel María de Torres pasó totalmente por alto al cabildo para designar candidatos para las comisiones de milicia. En una ocasión, en 1817, escandalizó a la ciudad al seleccionar a José Joaquín Basave como alférez. Basave era un conocido fullero, vivía con una mujer de conducta dudosa, llamada doña Joaquina, y ya había sido acusado de concubinato y bigamia. Aunque las representaciones del cabildo ante el virrey Juan Ruiz de Apodaca confirmaron en teoría los poderes del gobierno municipal para designar candidatos a la milicia, él sostuvo que la urgencia de los tiempos excluía los procedimientos constitucionales normales.

Con el aumento de la presencia y el poder militar, los soldados que ya habían hecho gala de tendencias violentas hacia los civiles se sintieron aun menos constreñidos en sus actividades. En 1815 el cabildo de la ciudad de México informó sobre desaforados ataques a la propiedad y la vida de la población. Las clases bajas eran los principales blancos, sobre todo los indios pobres que llevaban frutas, verduras y otros productos a la ciudad para venderlos. Los que oponían resistencia eran salvajemente golpeados, en presencia de testigos. Incluso en pleno día los soldados asaltaban y despojaban a los pacíficos ciudadanos que transitaban por las calles. Algunos soldados parecían divertirse robando dinero y mercaderías a los tenderos que atendían sus puestos en el mercado. Otros se involucraban en riñas callejeras entre regimientos y, en estado de ebriedad, sacaban sus armas e infligían daños a la propiedad privada. El 17 de octubre de 1815, los soldados de uno de los regimientos europeos estacionados en Nueva España hirieron con sus bayonetas a un hombre y golpearon a su esposa, solo porque no tenían la lumbre que les pidieron para fumar. El mismo día, en Paseo Nuevo, donde Manuel Fletes estaba cambiando los caños de la fuente, los soldados del regimiento de Zamora se enfurecieron porque no quiso obedecer sus instrucciones acerca de cómo hacer su trabajo, y le propinaron una golpiza con sus sables. Más tarde, en el Paseo de la Viga, los mismos sujetos arrancaron tablones de las cercas y los usaron para golpear a los transeúntes y para interrumpir el tránsito.

CONCLUSIONES

Desde los comienzos de las reformas de las milicias en la década de 1760, los hispanoamericanos tuvieron que enfrentarse con una presencia militar cada vez mayor y más poderosa. Las mal organizadas milicias urbanas habían bastado hasta entonces para mantener la paz interna y para brindar alguna protección contra las intrusiones que avanzaban más allá de los puertos, tan frecuentemente atacados. Después de la conquista de La Habana en 1762, los enemigos de España tenían capacidad para lanzar mayores ataques terrestres y marítimos y las fuerzas invasoras podían llegar a ocupar provincias íntegras. En los centros urbanos, el número creciente de tropas regulares y de milicia ofrecía una mejor protección. Las milicias honraban y reconocían a los dirigentes urbanos que usaban su riqueza y sus vinculaciones para obtener comandos. Algunos grupos raciales, como los pardos y morenos, prestaban servicio militar con el propósito de obtener aceptación y reconocimiento. Aun cuando el régimen no hubiera querido introducir alteraciones en el equilibrio entre las jurisdicciones legales, el fuero militar abría grietas y sostenía que los soldados no debían ser juzgados por los tribunales ordinarios.

Los tribunales veían al ejército con aprensión y desconfianza. Si bien los cabildos de Nueva España y de otras provincias proponían los candidatos para las comisiones reales, ningún gobierno quería asistir al surgimiento de un sector poderoso y privilegiado capaz de retacear las facultades de los magistrados urbanos. Los arrogantes milicianos ofendían a sus conciudadanos de mayor posición social cuando vestían sus uniformes y se adornaban con sus insignias y después se dedicaban a beber, reñir y escandalizar, valiéndose de la supuesta inmunidad que el traje militar les daba. Al ser detenidos por alcaldes, alguaciles y otros oficiales de policía, exigían que se los enviara a sus barracas y no a las cárceles ordinarias, y a las autoridades militares y no a los magistrados comunes.

Estas ventajas, relativamente insignificantes, del servicio militar, no eran suficientes para ocultar a los ojos de los ciudadanos los aspectos más negativos de la vida militar. Las prolongadas guerras de fines del siglo XVIII y el período napoleónico generaron miedo a las invasiones y provocaron una creciente demanda de tropas de patrullaje. Muchos artesanos y trabajadores de las ciudades fueron sometidos a largas movilizaciones, con una paga que muchas veces equivalía a la tercera parte de sus ingresos normales. Estas irrupciones amenazaban la vida familiar y causaban pérdida de empleo y de medios de vida. Además, muchos hombres tenían que prestar su servicio militar en guarniciones remotas, donde el clima los exponía a los horrores de la fiebre amarilla, la malaria y otras enfermedades. Varios desertaban y se convertían en fugitivos, por lo que no podían regresar a sus hogares. Los hispanoamericanos evitaban el alistamiento voluntario en los regimientos regulares, que solo consideraban adecuados para asesinos, delincuentes y vagabundos.

Más allá de las diferencias existentes entre una provincia y otra, debe examinarse el grado de verdadera movilidad social que concedía la milicia. Muchos oficiales eran criollos, comerciantes, hombres de negocios, mineros, hacendados, que disfrutaban de los privilegios de otros tribunales y eran residentes importantes en sus ciudades. Eran gente acomodada, pero aspiraban a un mayor reconocimiento por parte del régimen. Sus brillantes uniformes y el grado militar les daban oportunidades para conocer a intendentes, obispos y otros dignatarios civiles y religiosos. Desfilaban en las inspecciones y en las celebraciones y ello aumentaba sus deseos de prestigio y de obtener cargos oficiales. Pero en tiempo de guerra estos hombres debían prestar servicio lejos de sus hogares y sus intereses, lo que apaciguaba rápidamente su entusiasmo marcial. Para los soldados rasos, estas circunstancias bastaban para descartar todas las posibles ventajas.

En la mayoría de los centros urbanos el ejército se convirtió en una necesidad que debía ser tolerada. Con el estallido de las guerras de la independencia, los hispanoamericanos enfrentaron una expansión aun mayor del poder militar y de los conflictos provocados por el servicio militar.

LECTURAS COMPLEMENTARIAS

Aunque la mayoría de los trabajos publicados sobre el ejército colonial no se centran específicamente en la ciudad, casi todos se refieren a temas urbanos y tratan cuestiones de interés. Sobre los militares del siglo XVI, véase James Lockhart, *Spanish Peru, 1532-1560: a colonial society*, Madison, Wis., University of Wisconsin Press, 1968; y *Men of Cajamarca: a social and biographical study of the first conquerors of Peru*, Austin, Tex., University of Texas Press, 1972. Pueden consultarse detalles sobre el papel desempeñado por pardos y morenos en el período colonial temprano en Frederick P. Bowser, *The African slave in colonial Peru, 1524-1560*, Stanford, Stanford University Press, 1974 y J. I. Israel, *Race, class and politics in colonial Mexico*, Oxford, Oxford University Press, 1975. Israel examina las fricciones que se produjeron en la ciudad de México y que llevaron a requerir la presencia de fuerzas militares. Hay dos estudios sobre fortificaciones en Guillermo Lohmann Villena, *Las defensas militares de Lima y Callao*, Sevilla, Escuela de Estudios Hispano-Americanos, 1964; y José Antonio Calderón Quijano, *Historia de las fortificaciones en Nueva España*, Sevilla, Escuela de Estudios Hispano-Americanos, 1953. Si bien existen numerosos estudios sobre incursiones piratas en puertos de la América española, uno de los mejores es Juan Juárez, *Piratas y corsarios en Veracruz y Campeche*, Sevilla, Escuela de Estudios Hispano-Americanos, 1972.

La bibliografía más sólida y amplia sobre el ejército se refiere al período que empieza con la Guerra de los Siete Años y la iniciación de las reformas militares. Dos obras importantes y pioneras trataron aspectos de la reforma militar en Nueva España, y hay investigadores más recientes que verificaron sus conclusiones en otras provincias hispanoamericanas, como también en México. Lyle N. McAlister, *The "fuero militar" in New Spain, 1764-1800*, Gainesville, Fla., University Presses of Florida, 1957, examina la influencia de los privilegios militares sobre otras jurisdicciones y segmentos de la población. María del Carmen Velázquez, *El estado de guerra en Nueva España, 1760-1808*, México, El Colegio de México, 1950, estudia las reformas militares en Cuba. También se publicó una excelente documentación sobre ese período: Santiago Gerardo Suárez, *El ordenamiento militar de Indias*, Caracas, Biblioteca de la Academia Nacional de la Historia, 1971. Esta fuente clave incorpora muchos documentos de la época de la reforma, incluido el famoso Reglamento para las Milicias de

Infantería y Caballería de las islas de Cuba, 1769, que influyeron sobre la formación militar en toda la América española. Pueden consultarse numerosos artículos sobre temas militares en la América española y portuguesa en Academia Nacional de la Historia, Venezuela, *Memoria del tercer congreso venezolano de historia*, 3 vols., Caracas, 1979.

Para las postrimerías del período colonial, hay tres estudios que detallan aspectos de las relaciones militares-urbanas y ofrecen un minucioso examen del programa de reformas en diferentes provincias. Allan J. Kuethe, *Military and society in New Granada, 1773-1808*, Gainesville, Fla., University Presses of Florida, 1978, muestra un amplio espectro de ejemplos de rivalidades urbano-militares y material sobre las milicias de pardos y morenos. León G. Campbell, *The military and society in colonial Peru, 1750-1810*, Filadelfia, The American Philosophical Society, 1978, examina la cuestión del privilegio militar en Perú y la participación del ejército en la rebelión de Tupac Amaru II. Además, Christon I. Archer, *The army in Bourbon México, 1760-1810*, Albuquerque, University of New Mexico Press, 1977, trata temas sociales y la relación de los militares con otros sectores. Para un análisis reciente, véase Jorge I. Domínguez, *Insurrection or loyalty: the breakdown of the Spanish American Empire*, Cambridge, Harvard University Press, 1980; y Peggy K. Liss, *Atlantic Empires: the network of trade and revolution, 1713-1826*, Baltimore, John Hopkins University Press, 1983. Puede consultarse documentación de utilidad sobre el período en Santiago Gerardo Suárez, *Las fuerzas armadas venezolanas en la colonia*, Caracas, Biblioteca de la Academia Nacional de la Historia, 1979.

7. ARTESANOS

LYMAN JOHNSON

LOS ANTECEDENTES EUROPEOS

EN LA ÉPOCA del descubrimiento y la conquista del Nuevo Mundo, las comunidades de artesanos de España y Portugal habían logrado ocupar un lugar reconocido en la sociedad urbana. En todas las ciudades importantes de la península, los oficios artesanales estaban agrupados en gremios autónomos y en cofradías (hermandades laicas), con reglamentaciones formales que organizaban prácticamente todas las facetas del comportamiento individual y colectivo, hasta en los mínimos detalles. Los gremios fueron principalmente instituciones económicas que establecieron reglas para la producción y venta de artículos. Todas la cuestiones relativas al reclutamiento, entrenamiento y promoción, así como los salarios y las condiciones de trabajo, eran controladas por los gremios. La cofradía, por otra parte, supervisaba las actividades religiosas y los beneficios sociales.

Los orígenes históricos de estas organizaciones de artesanos son oscuros. Algunos historiadores sostienen que el gremio fue un descendiente directo de una antigua costumbre social germánica, transmitida a toda Europa en los comienzos de las migraciones masivas que arrollaron el Imperio Romano tardío. Otros afirman que los oficios urbanos autónomos de fines del Imperio Romano fueron los antecedentes del desarrollo posterior de los gremios de artesanos. Sin embargo, la identificación de los orígenes históricos específicos de los gremios de artesanos no es una condición previa indispensable para comprender las funciones corporativas económicas y sociales que se desenvolvieron en las ciudades europeas modernas y de fines de la Edad Media. Los elementos básicos de los gremios son identificables en una amplia zona geográfica, y los gremios de España y Portugal son, en sus aspectos fundamentales, similares a los de Inglaterra, Francia, Italia y Alemania. Es posible, entonces, referirse a una institución europea ampliamente difundida, que solo exhibía diferencias regionales menores, impuestas por las circunstancias históricas.

La autoridad de los gremios se originó cuando las autoridades municipales delegaron facultades de reglamentación a favor de los maestros artesanos. Por lo tanto, el desarrollo de gremios y cofradías autónomos fue el resultado directo de la creciente autoridad e independencia de las municipalidades. Las ciudades liberadas de la autoridad política feudal proveyeron las condiciones económicas y sociales para el desarrollo de los gremios, y para su instalación física. En todas las ciudades donde existieron gremios, el derecho de producir y vender productos manufacturados era exclusivo de los miembros de esos gremios. Los individuos que ejercían determinado oficio establecían los criterios para la admisión, los requisitos para las promociones, los productos que podían elaborarse, los precios, los salarios y, en ciertos casos, el tipo y calidad de ropas que usarían sus miembros. El ideal corporativo que se expresaba a través del gremio era hostil tanto a la competencia como a la diferenciación social, ideales dominantes de la posterior era industrial. Los gremios urbanos se oponían a las innovaciones tanto en la tecnología cuanto en los productos, porque estimaban que los cambios de ese tipo provocarían competencia y disminución de precios y llevarían, en última instancia, al surgimiento de desigualdades económicas entre los miembros. O sea que los gremios eran cuerpos conservadores, dedicados a la preservación de técnicas heredadas y de normas tendientes a mantener el *statu quo*.

No obstante, existía una importante dimensión jerárquica en los gremios europeos. Cada oficio estaba organizado verticalmente en tres rangos: maestros, oficiales y aprendices. Solo los maestros artesanos podían poseer negocios y vender directamente al público. Asimismo, eran los únicos miembros del oficio que podían votar para elegir los funcionarios del gremio y desempeñar esos cargos. Los maestros supervisaban el trabajo de los oficiales y aprendices y eran los responsables del ascenso de los artesanos de un nivel a otro. Las constituciones de los gremios prescribían una amplia gama de requisitos para la admisión en el oficio; solo aceptaban a católicos y españoles, pero los maestros tenían amplias facultades para seleccionar sus propios aprendices.

Los aprendices vivían en la casa de su maestro, donde se iniciaban en la vida social y religiosa del oficio y recibían instrucción en las técnicas correspondientes. Según el oficio, los aprendices se graduaban como oficiales después de un período de dos a seis años, y de allí en adelante actuaban como trabajadores independientes.

Teóricamente, después de un período adicional de dos a cuatro años de duración, los oficiales podían presentarse a examen para acceder al rango de maestros. Sin embargo, para llegar a ser maestro un oficial debía tener ahorros suficientes que le permitieran pagar los aranceles de los exámenes, comprar herramientas y materiales y pagar la renta de un negocio, dado que los maestros no podían emplearse como trabajadores asalariados.

Ya en el siglo XV una proporción peligrosamente grande de oficiales de diversos oficios encontraba dificultades para llegar al rango de maestros. Los obstáculos que impedían la movilidad de los oficiales tenían su origen principalmente en la acción de maestros artesanos ricos y poderosos que trataban de elevar su propia posición social y sus ganancias reduciendo la competencia y creando un mercado monopólico. Al imponer aranceles exhorbitantes para los exámenes y otros requisitos económicos, cerraban el acceso al rango de maestro, limitándolo a unos pocos individuos, generalmente sus hijos o sobrinos. Este egoísmo que privilegiaba el interés económico de los maestros llevó a una creciente desigualdad dentro de los oficios artesanales y socavó la ideología igualitaria de la tradición corporativa y los vínculos interpersonales informales que constituían el fundamento de la vida comunitaria.

En las ciudades europeas, tanto las reglamentaciones de los gremios como las leyes municipales estaban encaminadas a limitar las desigualdades de riqueza y poder dentro de los oficios calificados. Sin embargo, era la organización misma del trabajo artesanal —con el maestro artesano actuando como mentor y empleador, y con la organización social de los oficios, que ponía gran énfasis en las obligaciones religiosas, ceremoniales y de bienestar social— la que brindaba a los artesanos europeos el fuerte y duradero sentido de propósito común, y funcionaba, además, como una manera eficaz de combatir las tendencias competitivas. Estas pautas de organización se veían reforzadas por la manera de vivir de los artesanos y por su distribución geográfica. Los artesanos de cada especialidad tendían a agruparse en el mismo vecindario, y con frecuencia en la misma calle. En consecuencia, estaban en constante comunicación, dentro y fuera de su lugar de trabajo, frecuentaban los mismos lugares de esparcimiento, compraban en los mismos comercios y asistían a las mismas iglesias. A lo largo del tiempo, este estilo de vida comunitario, de gran intimidad con colegas y competidores, producía un poderoso mecanismo secundario de casamientos y compadrazgos entre los miembros de las familias de artesanos.

EL PERÍODO DE LA CONQUISTA

La escasa evidencia disponible sobre los orígenes sociales de los conquistadores y de los primeros colonizadores de la América Latina colonial indica que los artesanos fueron probablemente el mayor grupo ocupacional durante esta etapa temprana. El accidentado período de la conquista proporcionó una oportunidad limitada para que un puñado de artesanos ambiciosos y afortunados demostrase su capacidad militar y política y obtuviese importantes réditos materiales. Sin embargo, aun durante este período de excepcional movilidad social, los artesanos no pudieron incorporarse a los niveles más altos de la sociedad colonial. Muy pocos de los artesanos que participaron en la conquista tenían la capacidad y la experiencia militar que eran requisito indispensable para el liderazgo; y lo que es más importante aun, ningún noble español, por débil que fuese su reclamo de esa condición, habría aceptado trabajar como subordinado de un artesano. Existía entre los conquistadores y colonizadores un claro sentido de que el orden social del Viejo Mundo no debía ser amenazado ni alterado, y de que la jerarquía de clase de España debía ser impuesta y restablecida en el nuevo ambiente. Los artesanos eran considerados miembros valiosos de la sociedad, hombres que desempeñaban papeles respetables y bien establecidos, pero también se los veía como miembros de los estratos más bajos, sin derecho alguno a las prerrogativas de la *hidalguía* (pequeña nobleza).

En Perú, los artesanos y otros trabajadores calificados constituían la mayor categoría ocupacional entre las fuerzas de Pizarro en Cajamarca, y muchos fueron recompensados con encomiendas y parte del enorme botín conquistado después de la derrota y la captura de Atahualpa, el inca gobernante. El sastre Juan Chico fue un ejemplo de este modelo. Nacido en una familia de artesanos en Sevilla, Chico llegó muy joven al Nuevo Mundo. Como premio por su participación en la expedición de Pizarro recibió una pequeña encomienda y más tarde llegó a ser uno de los fundadores de la ciudad de Lima. Chico vivió modestamente, con una concubina india y, al parecer, hacía negocios con otro veterano artesano de las primeras campañas militares. Fue muerto en combate durante la rebelión india de 1536, y sus posesiones se dividieron entre sus tres hijos mestizos de Perú y su familia de España.[1] Los artesanos, como Chico, que participaron en las expediciones de Pizarro, Cortés y los otros españoles que derrotaron a las ricas y populosas sociedades indígenas, alcanzaron gran movilidad social y pasaron el resto de sus vidas como miembros marginales de la nueva élite colonial. Sus hijos, muchos de ellos mestizos, se casaron con personas pertenecientes a los niveles más altos de la sociedad colonial, y reivindicaban para sí los títulos honoríficos de don o doña.

Sería, sin embargo, un error creer que estos casos eran representativos de la totalidad. En los comienzos de la conquista, del centenar de expediciones militares, muy pocas tuvieron éxito, y era más probable que los artesanos murieran, a menudo de formas horribles, corriendo tras la elusiva imagen de El Dorado. De todos modos, los artesanos que llegaron en los albores de estas primeras aventuras rara vez se involucraban directamente en las guerras contra los indios o en los conflictos civiles, excepto como proveedores de armas, ropas y otros equipamientos. Fue la segunda generación de artesanos inmigrantes la que transmitió la tecnología, las pautas de consumo y la organización corporativa europeas a las ciudades coloniales de la América española.

El establecimiento de los gremios

Los artesanos españoles que llegaron al Nuevo Mundo se movilizaron rápidamente para organizar sus oficios y buscar una base legal clara para el establecimiento de sus derechos y privilegios tradicionales. Los carpinteros y albañiles de Lima, por ejemplo, eligieron funcionarios para su gremio e impusieron un sistema de exámenes ya en 1549. Esto fue seguido en 1560 por la creación de la cofradía de San José por otro grupo de artesanos limeños. En la ciudad de México se produjeron importantes esfuerzos organizativos en las décadas de 1540 y 1550. En los primeros 30 años posteriores a la conquista, se establecieron gremios de tejedores de seda, fabrican-

---

[1] James Lockhart, *The men of Cajamarca: a social and biographical study of the first conquerors of Peru*, Austin, Tex., University of Texas Press, 1972, págs. 373-374.

tes de cadenas y sogas, doradores, pintores y zapateros. Aun en
ciudades menores como Guatemala, los zapateros, herreros y fun-
didores se habían organizado formalmente ya en 1548, y hacia
1580 por lo menos siete oficios más habían creado sus gremios.

Estos tempranos esfuerzos de los artesanos por obtener facultades legalmente válidas para los gremios tuvieron éxito en todas
partes. Los comerciantes, los grandes terratenientes y los oficiales
españoles que dominaban los gobiernos municipales de la región
aceptaron sin cuestionarlo el ideal de la organización social representado por los gremios y cofradías, y se dedicaron activamente a
investigar cuáles eran los beneficios económicos que podrían brin-
darles. En algunos casos un cabildo iniciaba la tarea de organizar
un gremio en respuesta a las quejas de fraude o de baja calidad en
un oficio. Esto ocurrió, por ejemplo, en 1561, cuando el cabildo de
la ciudad de México ordenó a los sombrereros que formaran un gremio. Dicha iniciativa fue seguida en 1592 por un concejo municipal
que propuso crear un gremio de tejedores. No obstante, las evidencias indican que la gran mayoría de los gremios fueron organizados
por los artesanos.

Los gremios de artesanos desempeñaron un papel particularmente importante en los tumultuosos años del período colonial
temprano, cuando las pequeñas poblaciones europeas de la región
estaban obligando a una población indígena numerosa, de diferente cultura y con frecuencia hostil, a aceptar estructuras políticas y
económicas derivadas de la experiencia y la práctica europeas. En
Nueva España y Perú los gremios de artesanos organizaron y supervisaron fuerzas de trabajo indígenas en gran escala sobre todo para la
construcción de iglesias y edificios municipales. En oficios como el
tejido, la herrería, la platería y la confección de ropas, en los que los
indígenas producían con tecnologías diferentes para consumidores
indios, los gremios, con su tradicional supervisión y su dedicación al
entrenamiento de los aprendices, fueron un medio eficaz de imponer
los gustos europeos y transmitir la tecnología europea.

En Nueva España, Perú y las otras áreas donde los españoles
dominaron las civilizaciones indígenas más avanzadas y de base
urbana, el siglo XVI fue un período de transición organizativa y tec-
nológica. Ello fue particularmente evidente en las manufacturas
artesanales. En estas áreas, los artesanos indios, que usaban
materiales y tecnología indígenas, siguieron abasteciendo las necesidades de los consumidores indios y, en muchos casos, compitieron

directamente con los artesanos españoles. Los datos disponibles indican que en Nueva España muchos oficios indios continuaron casi idénticos, con excepción de la supresión de contenidos explícitamente religiosos, y fueron tratados por las autoridades políticas españolas como equivalentes a los gremios españoles. Esto sucedió con los fabricantes de capas de plumas, espejos de obsidiana, armaduras de algodón y otros productos tradicionales. Sin embargo, lo más común fue que los indios se capacitaran en los oficios europeos, adquiriendo nuevas técnicas y dominando las nuevas tecnologías. Aunque el racismo blanco fue una fuerza poderosa en la sociedad colonial, muchas veces los gremios permitieron la incorporación de los indios sin restricción alguna, y en corto tiempo se encontraban maestros artesanos indígenas entre los pintores, escultores, tejedores de seda, fabricantes de guantes y otros oficios.

GREMIOS Y COFRADÍAS

La pertenencia a un gremio le daba al artesano un lugar reconocido y respetado en la sociedad urbana. De hecho, no sería exagerado decir que esta identidad corporativa sobrepasaba con frecuencia ciertas características individuales, como el origen étnico y hasta la riqueza. A veces los gremios servían de base a las unidades de milicia urbana, en las que los oficiales artesanos actuaban como oficiales militares. En la ciudad colonial la participación cívica y religiosa tendía a organizarse y definirse en función de la identidad corporativa de las personas, y aun la práctica informal de las actividades recreativas solía tener lugar dentro de los límites sociales de la pertenencia al gremio. Los artesanos ayudaban a organizar y solventar económicamente las numerosas procesiones religiosas y celebraciones cívicas —que a veces incluían representaciones teatrales, fuegos de artificio y música—, tan importantes para los habitantes de estas ciudades preindustriales. Pero las disputas acerca de los costos de estos espectáculos públicos provocaban agrias discusiones dentro de los gremios, que en ocasiones llegaban a la justicia. De todos modos, es evidente que la destacada participación en la vida cívica de los artesanos organizados ayudaba a fijar su lugar dentro de la estructura social urbana. En algunos casos, los artesanos, sobre todo los herreros, tenían un papel más destacado que los comerciantes en las celebraciones municipales.

Las funciones más importantes del gremio artesanal colonial estaban vinculadas con la producción y venta de artículos de consumo. Las reglamentaciones estipulaban qué productos podían producirse, los materiales que se debían usar y el precio que se debía cobrar. Estos requisitos eran puestos en vigor por funcionarios designados para inspeccionar ̦regularmente las tiendas de los miembros del gremio. La transgresión de las normas del gremio acarreaba la aplicación de multas, incautación de mercadería y hasta la clausura de la tienda. Además, los gremios controlaban de cerca el reclutamiento, el entrenamiento y las prácticas de los empleadores. Todos los aprendices se inscribían con oficiales, que fijaban la duración del período de instrucción. Aun la jornada laboral y la escala de salarios eran establecidas por el gremio. En los casos en que surgían discrepancias entre artesanos, los funcionarios del gremio actuaban como mediadores y, en caso necesario, como jueces.

La cofradía organizaba la vida religiosa de la comunidad artesanal. Lo habitual era que cada oficio formara una cofradía dedicada a la veneración de un santo patrono, o de varios. El patrono de los herreros era San Eloy; el de los sastres, San Homobono; el de los tintoreros, San Gabriel; los de los zapateros, San Crispián y San Crispiniano. En un pequeño número de casos, sobre todo en México, los artesanos de un gremio pertenecían a más de una cofradía. Pero como las cofradías, al igual que los gremios, eran sostenidas por los aportes de los miembros, pocos grupos de artesanos disponían de recursos suficientes para crear más de una hermandad religiosa. Los miembros de la cofradía mantenían un altar dedicado a la veneración de su santo patrono en una iglesia parroquial, aportaban la remuneración de un sacerdote y costeaban los servicios fúnebres y los sepelios de sus miembros. Esta función tenía verdadera importancia en las devotas sociedades católicas de la América española y portuguesa. Todos los miembros, independientemente de sus circunstancias personales y de su origen racial, eran enterrados con gran dignidad. Además, se rezaban misas por ellos. Después de los funerales, las cofradías daban limosnas en la puerta de la iglesia.

Las cofradías funcionaban también como sociedades de socorros mutuos. Por lo general estas hermandades laicas entregaban pequeñas sumas de dinero para ayudar a las viudas y los huérfanos de los miembros fallecidos. Por otra parte, los artesanos enfermos o incapacitados recibían medicinas y una ayuda limitada pero regular. Los gremios también contribuían a esta red de asistencia. Una de las providencias más comunes en las reglamentaciones de los gremios era la absoluta prohibición de que un taller fuera propiedad de alguien que no fuera un maestro artesano documentado. Sin embargo, en casi todos los gremios las viudas de los maestros estaban exentas de tal prohibición. Si un oficial se casaba con la viuda de un maestro, era por lo general promovido a maestro, pagando aranceles reducidos por el examen. Además, muchas veces se le eximía del período de prueba obligatorio. Desde la perspectiva del siglo XX tales beneficios parecerían magros, pero para el artesano de la América Latina colonial eran un incentivo poderoso para apoyar y sostener estas instituciones cooperativas. La alternativa, experimentada por la mayoría de los trabajadores urbanos no organizados, era que quien enfermaba o quedaba incapacitado debía afrontar un futuro de empobrecimiento y paulatina degradación, hasta llegar a la mendicidad.

Estos rasgos de la vida artesanal se desarrollaron completamente y alcanzaron gran difusión en un puñado de grandes ciudades coloniales: México, Lima, Guatemala, Puebla y Potosí, entre otras. En estos lugares los artesanos estaban formalmente organizados en gremios y cofradías. Sin embargo, la mayoría de los artesanos de la América Latina colonial vivían y trabajaban en ciudades y poblaciones más pequeñas, donde este aparato institucional estaba menos desarrollado. Ciudades coloniales importantes y prósperas, como Buenos Aires y Bogotá, no tuvieron gremios reconocidos legalmente hasta el siglo XVIII. Y en el caso de Buenos Aires, estos gremios tardíos fueron débiles e ineficientes. No obstante, muchas características fundamentales de la tradición artesanal europea se aplicaban y defendían en las ciudades más pequeñas, pese a la falta de gremios fundados legalmente.

En las ciudades donde los gremios no estaban formalmente organizados, los artesanos mantenían la estructura jerárquica básica de la tradición artesanal europea. En el caso de los huérfanos, por ejemplo, padres, tutores o el Estado mismo colocaban regularmente a los jóvenes como aprendices de maestros artesanos. Contratos formales, certificados por un notario, estipulaban las obligaciones de ambas partes y establecían la duración del servicio, como si los gremios existieran. Aunque algunos oficiales, o incluso aprendices, se aprovechaban de la falta de reglamentación de los gremios y abrían tiendas sin pasar por el proceso de los exámenes, es sorprendente que ese sistema, con todo su rigor y su elevado costo, siguiera siendo una característica fundamental de la vida de los artesanos.

La perduración de estas dos características de la tradición artesanal —aprendizaje y sistema de exámenes— ejemplifica muy bien las importantes diferencias sociales existentes entre la manufactura artesanal y la industrial. A diferencia de los obreros industriales modernos, los artesanos coloniales vivían y trabajaban en un mundo donde el prestigio y el estatus eran, principalmente, resultado del reconocimiento de la capacidad y no de los ingresos. Los artesanos de cada oficio conocían a fondo las técnicas y las habilidades de sus pares. De hecho, casi todos ellos podían identificar fácilmente al fabricante de un producto. Esto no significa que los artesanos coloniales fueran indiferentes al éxito material y la riqueza. La historia de la clase artesana está llena de ejemplos de individuos inteligentes y hábiles que llegaron a hacerse bastante ricos. No obstante, la competencia en el oficio seguía siendo la medida central del valor de un hombre dentro del más significativo grupo de referencia social, el oficio mismo. Por lo tanto, los artesanos se esforzaron mucho por alcanzar las pautas tradicionales de calidad desarrolladas en Europa, pese a la ausencia, en muchos casos, de reglamentaciones legales.

El mercado colonial de pequeña escala, fruto principalmente de la gran desigualdad de los ingresos, reforzaba estas tendencias de base cultural. Sobre todo en el siglo XVI, los artesanos urbanos de América Latina atendían las necesidades de un pequeño número de europeos y de una población también pequeña, pero en aumento, de indios europeizados, mestizos y negros. Aunque el tamaño del mercado colonial aumentó sustancialmente durante el período colonial, los artesanos manufactureros de la región no tenían prácticamente acceso a los mercados masivos, que son un requisito previo indispensable para la especialización de tareas y para las economías de escala vinculadas al sistema fabril. La producción en pequeña escala para mercados básicamente no elásticos era un medio económico ideal para el desarrollo y el mantenimiento de la producción artesanal, ya que el maestro que trabajaba con herramientas manuales podía virtualmente realizar solo todo el proceso de la producción. Aunque los maestros solían tomar aprendices y contratar oficiales, el maestro artesano veía en su talento, y no en su capital, habilidad organizativa o dotes empresariales, su principal recurso y su mayor crédito.

Los gremios de artesanos de Europa y de la América Latina colonial estaban organizados en una estructura jerárquica de presumible prestigio y riqueza. Este orden se basaba fundamentalmente en el valor de mercado de la materia prima utilizada en el producto o proceso de fabricación. Los orfebres y los plateros eran considerados los aristócratas de la comunidad artesanal y tenían derecho a llevar espada. En España, la práctica de estos prestigiosos oficios no era incompatible con la condición de *hidalgo* (caballero). Otros individuos, capacitados en el trabajo con piedras y metales preciosos —talladores, joyeros y doradores, entre otros— también disfrutaban de una elevada posición y de excelentes ingresos. Entre los miembros de los oficios textiles, el grupo de los más calificados tenía una jerarquía similar: los artesanos que trabajaban la seda, tanto los tejedores como los sastres, tenían más prestigio y ganaban más que los hombres y mujeres que trabajaban con lana o hilo.

Esta presunción de mayor mérito y riqueza era reconocida en los desfiles públicos y en las festividades que celebraban las numerosas fiestas religiosas y laicas en las ciudades europeas y más tarde en las de la América Latina colonial. Generalmente abrían la marcha los artesanos de metales preciosos, que una vez terminado el desfile ocupaban los asientos de privilegio, delante de los otros grupos de artesanos, menos representativos o respetados. En el Nuevo Mundo, estos prejuicios sociales y las correspondientes estructuras jerárquicas fueron puestos en vigencia al mismo tiempo que se establecieron los gremios. Debido a la abundancia de plata y oro en las colonias americanas, los plateros y los orfebres dominaban la vida secular y religiosa de las comunidades artesanales urbanas. Los visitantes europeos se asombraban y admiraban ante la excesiva opulencia de los trajes, fuegos de artificio y pajes del gremio de los plateros en México y en Lima. Aun en ciudades más pequeñas, como Buenos Aires y Guatemala, donde los recursos económicos eran menos abundantes, los miembros de estos gremios se sentían obligados a imitar el estilo, el nivel de despliegue público y la ostentosa opulencia de las ciudades más ricas. El resultado de estas presiones competitivas se veía con frecuencia en los juicios y hasta en hechos de violencia cuando llegaba el momento de pagar las cuentas.

No está demasiado claro si esta jerarquía social, sustentada por la costumbre y las legislaciones, reflejaba la verdadera distribución de la riqueza entre los grupos de artesanos. Aunque se carece de estudios sistemáticos sobre la riqueza y los ingresos de los gremios, los elementos de juicio disponibles indican que la realidad económica colonial era compleja e impredecible. Los datos sobre los salarios en Buenos Aires, la única ciudad colonial para la que se tiene documentación, señalan que la paga diaria en los oficios de la construcción era más elevada que en otros oficios más respetados y prestigiosos. Los oficiales de los astilleros, por ejemplo, eran los trabajadores mejor pagos de la ciudad. Hay evidencias de que eran más las fuerzas del mercado que el prestigio o los privilegios legales las que determinaban los niveles de ingreso en los oficios calificados. Los registros de evaluación testamentaria, especialmente los inventarios de los bienes, que eran material de rutina de la supervisión judicial de las herencias, concuerdan en general con los datos sobre los salarios. Las propiedades de los carpinteros, herreros y otros artesanos menos respetados eran con frecuencia mayores que las de los plateros, sastres y otros artesanos más prestigiosos. Pero esto no parece haber sido así en México y Lima, dónde la riqueza estaba concentrada en los tradicionales oficios de élite. Tal vez haya existido una vinculación entre la fuerza política de los gremios y la supervivencia de las ventajas económicas de estos oficios tradicionales y de élite. Los gremios eran más poderosos en las capitales virreinales más antiguas, es decir, en aquellas ciudades donde la correlación entre prestigio social y verdadero bienestar económico estaba más definida. En las ciudades menores de la región, los gremios rara vez tenían organización legal formal. Y es precisamente en estas ciudades donde es más obvia la evidencia de la acción perturbadora de los factores de mercado sobre el orden jerárquico establecido.

Debido a que no existía un fuerte control de los gremios, el éxito económico de los trabajadores calificados estaba determinado más por las características individuales, como talento, iniciativa, creatividad y acceso al capital, y menos por la pertenencia a determinada organización artesanal. Los artesanos más ambiciosos se asociaban entre sí o con comerciantes, para comprar materia prima o esclavos, o para emprender aventuras comerciales. Los artesanos más ricos de la América Latina colonial fueron aquellos que tenían inversiones más diversificadas. El requisito fundamental para esta forma de actividad económica era el acceso al capital de inversión, en forma de ahorros personales o de préstamos. En la competencia por el capital, los artesanos nacidos en España tenían una importante ventaja sobre sus competidores americanos, porque podían apoyarse en sus relaciones personales con inmigrantes ricos de sus ciudades de origen. Estas antiguas lealtades y amistades se notaban por lo general en los contratos que formalizaban las asociaciones y los acuerdos de préstamos que daban origen a muchas empresas artesanales (véase la figura 18).

No obstante, la gran mayoría de los artesanos de la región eran pobres. Si bien no sufrían las terribles privaciones de los trabajadores urbanos no calificados, los niveles generales de ingreso eran bajos. Los maestros artesanos más conocidos de la América Latina colonial tenían ingresos comparables a los de los funcionarios del nivel inferior de la burocracia o del ejército. En cuanto a los menos reconocidos y a casi todos los oficiales, vivían cerca del nivel de subsistencia, ganaban salarios relativamente altos durante períodos de alza de la demanda y, en épocas de contracción económica, sobrevivían gastando sus magros ahorros. Las ganancias de los trabajadores que realizaban sus actividades al aire libre —carpinteros, albañiles y otros— sufrían la influencia de los cambios de estaciones. Para estos hombres y sus familias, el invierno significaba alimentos caros, salarios bajos y largos períodos de desempleo.

El prestigio limitado y las ganancias fluctuantes de los artesanos en el medio colonial redujeron la lealtad de estos hombres hacia sus oficios y favorecieron una búsqueda abierta de movilidad social. En Europa, los hijos de los maestros artesanos sucedían por lo general a sus padres en el gremio. Pero en la América española se manifestó una clara tendencia de los hijos de los artesanos de mayor éxito a dedicarse a las profesiones, especialmente la eclesiástica y, en el siglo XVIII, el ejército. La participación intergeneracional en los oficios artesanales fue más evidente entre los sectores menos descollantes. Los miembros más ricos de los gremios urbanos trataban de diversificar sus inversiones, participar en el comercio mayorista e impulsar a sus hijos a una vida ajena a la comunidad artesanal. Los más pobres, nativos o mestizos, luchaban dentro de las estructuras tradicionales de la producción artesanal y les dejaban a sus hijos apenas algo más que el legado cada vez más desvalorizado de la tradición del oficio y la pertenencia a un gremio.

LA CUESTIÓN RACIAL

Como se señaló anteriormente, los oficios artesanales urbanos en
América Latina eran también mecanismos de dominación económica y asimilación cultural en el período colonial. En los años inmediatamente posteriores a la conquista, los artesanos europeos de
los oficios de la construcción entrenaron y supervisaron a las
masas de trabajadores indígenas tanto en el sector público como en
el privado de la construcción. Aun en la fabricación de vestimenta,
la manufactura de instrumentos de metal y armas, y la producción
de bienes suntuarios, los artesanos españoles, junto con un pequeño número de inmigrantes de Italia, Francia y los Países Bajos,
reclutaron y entrenaron aprendices indígenas. El resultado fue que
los maestros indios llegaron a ser un elemento considerable en
muchos oficios. Este proceso de integración fue promovido y fomentado tanto por las municipalidades coloniales que trataban de
ampliar la producción de bienes europeos como por la legislación
imperial, que buscaba la igualdad legal entre europeos e indígenas.
   Hacia fines del siglo XVI, la situación racial colonial había cambiado. Las enfermedades epidémicas fueron una alerta dramática
entre las poblaciones indias situadas cerca de ciudades españolas.
Los matrimonios mixtos, el concubinato y otras relaciones menos
formales ente hombres españoles y mujeres indias produjeron un
rápido incremento del mestizaje de la población, notable en una
sola generación. Esta clase racial no estaba protegida de la discriminación formal por parte de la ley colonial española y muy pronto
llegó a ser tratada por los españoles como una casta racial inferior.
En consecuencia, en la zona de Mesoamérica y los Andes, los mestizos formaron una subclase urbana, cultural y racialmente separada tanto de la sociedad europea como de la india. Mientras las
primeras reglamentaciones de los gremios en México, Puebla y
otras ciudades permitían la participación total de los indígenas,
casi todos los gremios de la América española ponían límites discri-
minatorios a la integración de mestizos. Algunos artesanos los
excluían en forma absoluta de sus gremios. Pero lo más frecuente
era que los artesanos europeos prohibieran que los mestizos alcanzaran el rango de maestros, eliminando así a los miembros de este
grupo racial, cada vez más importante, de todo papel en la vida
política del gremio y la propiedad independiente de talleres.
   En las ciudades del Caribe español, en las zonas costeras tropi-

cales que rodeaban esta cuenca y en regiones con una población indígena menor y menos urbanizada, como América del Sur y Brasil, las
economías urbanas coloniales llegaron a depender del trabajo de los
esclavos negros. Los esclavos africanos, sus descendientes nacidos en
América y la población mestiza de ascendencia africana (los mulatos) estaban específicamente excluidos de las protecciones legales
contra la discriminación concedidas a los indios. En consecuencia,
prácticamente todas las reglamentaciones de gremios redactadas en
la América Latina colonial contenían cláusulas discriminatorias que
marginaban completamente a los negros de la participación en el oficio, o bien los reducían al desempeño de actividades de menor nivel.
Aun en aquellos gremios en que los negros eran admitidos libremen-
te, los artesanos negros estaban sujetos a una amplia gama de exigencias humillantes que los segregaban de las reuniones, los
colocaban al final de las procesiones y desfiles y hasta los excluían de
las cofradías. Estas formas de discriminación estaban muy arraigadas en las actitudes raciales más comunes de la población europea
de la América Latina colonial, y eran sostenidas por ventajas económicas concretas que derivaban de la restricción impuesta a la competencia negra en el mercado.

Además de las ventajas económicas vinculadas a la eliminación
de la posible competencia de los artesanos negros y la fijación de
precios elevados para sus propios productos, los artesanos blancos
trataban también de lograr beneficios menos tangibles, como una
elevación de su posición social, manteniendo un claro vínculo racial
y cultural entre ellos y los grupos exclusivamente europeos que controlaban la sociedad colonial política y económicamente. Los artesanos blancos inmigrantes percibían correctamente que la integración
racial irrestricta de sus organizaciones sociales y económicas llevaría a una generalizada disminución del estatus social de todos los
artesanos, ya que la élite de la sociedad daría por sentado que un
trabajo que podía ser realizado por razas presuntamente inferiores
era también indigno de consideración. En las prósperas ciudades de
la América Latina de los siglos XVI y XVIII donde la jerarquía social
era fundamentalmente un resultado de la conquista y del tráfico de
esclavos, las categorías raciales se convirtieron en mecanismos de
asignación de estatus social. Los artesanos europeos, muchos de los
cuales eran bastante pobres, defendían a los gremios y cofradías
segregados, considerando que esta era la mejor manera de proteger
su propio estatus como participantes plenos de la vida urbana.

¿Sería posible para los oficios racialmente integrados, que incluían gran número de esclavos, mantener los derechos y prácticas tradicionales dentro del orden social colonial? El liderazgo blanco de los primeros gremios entendió que la respuesta era negativa.

Sin embargo, pese a estas poderosas razones económicas y sociales para instituir un sistema de exclusión y discriminación racial, los oficios artesanales de la América Latina colonial se integraron en una sola generación. No solo ingresaron en los oficios artesanales gran número de indios, negros y grupos mestizos, sino que los miembros de estos grupos consiguieron acceder al rango de maestro, tan restringido por los estatutos de los gremios. De hecho, en muchas de las ciudades de la región, los artesanos que no eran blancos representaban una mayoría dentro de la mano de obra artesanal, hacia mediados del siglo XVIII. Aun entre los maestros, las evidencias disponibles indican que los no blancos, de los que los negros eran el grupo mayor, llegaron a constituir una minoría importante en casi todos los oficios; y una mayoría en algunos, como por ejemplo el gremio de la construcción.

Sin embargo, sería una interpretación burda de la realidad de la sociedad colonial suponer que estos cambios en las características raciales de los oficios dieron lugar a la superación del racismo y la discriminación. La raza siguió siendo una fuerza divisoria en la sociedad latinoamericana a través de todo el período colonial, y sigue siéndolo hoy en día. El racismo blanco y los reiterados intentos de los artesanos europeos por imponer y perpetuar las reglamentaciones raciales discriminatorias, como también ciertas leyes y hasta arreglos menos formales, provocaron numerosos conflictos con los artesanos negros durante toda la colonia, y terminaron por socavar las estructuras institucionales básicas de la solidaridad de clase: los gremios y las cofradías. Sin embargo, mientras que la integración de la producción industrial y el desarrollo de una gran clase de artesanos negros libres eran obstaculizados en la América del Norte colonial por medio de impedimentos legales, en la América Latina los oficios artesanales llegaron a ser el mecanismo más accesible y confiable de movilidad social para las familias negras ambiciosas.

El desarrollo de una clase artesanal mestiza fue el resultado de las condiciones del mercado, junto con la demanda de mano de obra en las ciudades de la América Latina colonial. Si bien miles de españoles y otros europeos artesanos emigraron a las Américas, la región sufrió una escasez crónica de mano de obra calificada, durante todo el período colonial. La incapacidad de los inmigrantes europeos para satisfacer la demanda de productos y servicios artesanales obligó al reclutamiento, entrenamiento y utilización de operarios esclavos. Este proceso se inició tempranamente, con los primeros esclavos negros calificados llevados al Nuevo Mundo por los conquistadores. La corona española y muchas de las órdenes religiosas atraídas al Nuevo Mundo por la empresa evangelizadora contribuyeron a la integración de la fuerza de trabajo enviando artesanos esclavos para participar en la construcción de iglesias, edificios públicos y fortificaciones.

. El papel de los artesanos negros en el Perú urbano durante los comienzos del período colonial se conoce con detalles y es típico de la América española. Cuatro de los seis albañiles contratados para construir la casa real de la moneda en Lima en 1569 eran negros, y el artesano mejor pago en este oficio era un esclavo. Los esclavos negros fueron usados también para construir numerosas obras públicas en Lima. En 1606, por ejemplo, la ciudad adquirió 18 esclavos para ayudar a reconstruir un puente destruido por un terremoto. Ya en 1543, la corona española mandó esclavos desde España para colaborar en la construcción de los monasterios de los dominicos.[2] Existen indicios de que los esclavos, algunos de ellos artesanos calificados enviados directamente desde España, participaron en casi todos los proyectos de construcción de edificios públicos y religiosos llevados a cabo en Perú durante estos primeros años.

En el México del siglo XVI los artesanos negros desempeñaban un papel similar. Al igual que en Perú, casi todas las constituciones de los primeros gremios de Nueva España excluían tanto a los esclavos como a los negros libertos. Pero la evidencia de la participación negra en todos los oficios artesanales, con excepción de unos pocos, es abrumadora. Los esclavos negros trabajaban junto con los artesanos en la construcción, el tejido y la confección de vestimenta. También era habitual encontrarlos en los trabajos con metales, aunque los plateros y los orfebres ponían un límite a esa participación. En algunos oficios como por ejemplo el de los curtidores de la ciudad de México, en 1565, el nivel de participación negra obligó

---

[2] Frederick Bowser, *The african slave in colonial Peru: 1524-1650*, Stanford, Stanford University Press, 1974, págs. 127, 129-130.

finalmente a reformular las reglamentaciones de los gremios para reconocer legalmente la existencia de los aprendices, oficiales y aun maestros negros.

ARTESANOS ESCLAVOS

Dada la limitada oferta de mano obra calificada libre en estas ciudades coloniales, las condiciones del mercado elevaban los costos de la mano de obra y la región experimentaba una escasez crónica de bienes y servicios producidos de forma artesanal. Por lo tanto, la utilización de trabajo esclavo demostró ser un recurso conveniente para satisfacer las demandas de mano de obra a un precio que las ciudades coloniales podían afrontar. Los esclavos, aun aquellos calificados enviados desde España, eran comparativamente baratos si se tiene en cuenta su remuneración potencial en el Nuevo Mundo necesitado de mano de obra. Los investigadores que estudiaron recientemente los salarios pagados a los esclavos calificados en relación con el precio por el que habían sido comprados, señalan que en general los dueños de esclavos recuperaban su inversión inicial en menos de dos años. La compra de un esclavo calificado, llevado a América desde España o Portugal, o la adquisición y el entrenamiento de un esclavo llevado desde África eran una inversión excelente. En los primeros 50 años posteriores a la conquista, la posesión de esclavos artesanos se había hecho común entre los funcionarios reales, clérigos, comerciantes y también entre los propios artesanos. Hacia mediados del siglo XVII, la mayor parte de los esclavos que trabajaban en oficios calificados pertenecían a artesanos blancos.

Debido al escaso número de europeos jóvenes residentes en las ciudades coloniales, no había posibilidad de atraer un número significativo de aprendices libres a los talleres de los artesanos. Entonces, los artesanos europeos se volcaron rápidamente a la compra y formación de aprendices esclavos. Un maestro artesano que compraba un esclavo se aseguraba, virtualmente, una recuperación provechosa de su inversión a menos que la muerte, la enfermedad o la huida del esclavo le privaran de su trabajo. Como sucedía con los aprendices libres, la ganancia del maestro artesano estaba en la diferencia entre el costo de la subsistencia del esclavo y el valor de su producción. A medida que los conocimientos del esclavo aumentaban, la ganancia de su dueño también aumentaba. El artesano que poseía un esclavo calificado podía capitalizar más tarde lo que había invertido en su formación, poniéndolo en venta. Y como la demanda de esclavos calificados era constante, muchos artesanos llegaron a hacer de esta actividad una manera muy rentable de aumentar sus actividades comerciales. Un análisis de los precios promedio que se pagaban por esclavos africanos no calificados y por esclavos artesanos calificados permite inferir que las ganancias de entre el 200% y el 300% eran frecuentes, aun después de descontar el costo del mantenimiento del esclavo.

Por otra parte, la utilización de mano de obra esclava les daba a los maestros artesanos un mayor control del lugar de trabajo. Los gremios establecían y hacían cumplir reglamentaciones que abarcaban los salarios, horarios y condiciones de trabajo de los aprendices libres y de los oficiales. Pero los esclavos estaban prácticamente fuera de esta legislación. En general, los esclavos trabajaban más horas, en tareas más pesadas y con menor remuneración que los artesanos libres. Desde luego, ello redundaba en mayores ganancias para el dueño del esclavo. Sin embargo, la ventaja más importante de la mano de obra esclava era su mayor adaptabilidad a los nuevos métodos de organización. Tanto las reglamentaciones de los gremios como los intereses de los oficiales libres contribuían a evitar el desarrollo del sistema fabril en la América Latina colonial. Las características esenciales del sistema fabril —subdivisión y especialización del proceso de producción— conducían inevitablemente al deterioro de la calificación del trabajador y a la pérdida de independencia y movilidad. Los aprendices y oficiales libres se oponían instintivamente a estas condiciones de trabajo. Al utilizar esclavos en vez de trabajadores libres, algunos maestros artesanos pudieron introducir estas desagradables características de la producción fabril, beneficiándose del menor costo de la mano de obra y de la mayor productividad. En consecuencia, el uso de una gran fuerza de trabajo esclava, organizada sobre el modelo de la fábrica, se popularizó en los oficios tradicionales como la panadería, la actividad textil, la metalurgia y la construcción. En esos oficios, donde se utilizaba gran número de esclavos, los aprendices y oficiales libres disminuyeron drásticamente, lo que indica que, al menos en algunos oficios, la mano de obra esclava era más barata y más rentable.

LOS NEGROS LIBERTOS EN LOS OFICIOS ARTESANALES

El desarrollo de una clase numerosa de artesanos negros libertos en la América Latina colonial fue resultado, en gran parte, de la difundida práctica de contratar mano de obra esclava calificada. Los dueños de artesanos esclavos solían alquilarlos, por períodos de un día o más. En muchos casos, los propietarios les permitían a sus esclavos buscar empleo por sus propios medios, exigiendo solo que el esclavo les rindiese determinada cantidad de dinero por semana o por mes. Dejando de lado los detalles de estas prácticas, el resultado más común era que los esclavos calificados ganaban salarios en efectivo y en muchos casos podían ahorrar. La ley española y la costumbre colonial reconocían el derecho de un esclavo a comprar su libertad, y a apelar a la justicia para que fijara el precio cuando dueño y esclavo no llegaban a un acuerdo. Debido a sus ingresos, los artesanos esclavos y sus familias eran el sector de la población urbana esclava que más posibilidades tenía de obtener la libertad a través de la manumisión.

El crecimiento de una clase artesanal de negros libertos se vio también fomentado por la clara tendencia de las familias negras, tanto esclavas como libres, a colocar a sus hijos en oficios artesanales. Para las familias negras libres, que se enfrentaban con un enorme despliegue de discriminaciones legales e informales, los oficios calificados ofrecían los mejores salarios y las oportunidades laborales más convenientes, así como el máximo prestigio posible para sus miembros. Como las profesiones, el servicio gubernamental y la iglesia estaban restringidos racialmente, los artesanos eran los líderes de la comunidad negra. Sin embargo, las familias blancas temían que el contacto con negros pudiese socabar su estatus social; por lo tanto, no eran muchas las que colocaban a sus hijos como aprendices. Estos temores, resultado natural del racismo inherente a las sociedades coloniales, contribuían a generar aun más oportunidades para los negros dentro de los oficios calificados. En consecuencia, hacia el fin del período colonial los negros libres y otras castas (mestizos) eran el mayor reservorio para el reclutamiento de artesanos en numerosas ciudades.

Los artesanos negros libres rara vez desempeñaban cargos en gremios o en cofradías de artesanos, a menos que se tratara de instituciones racialmente segregadas. Pese a que los materiales disponibles no fueron analizados de forma exhaustiva, todo parece indicar que los artesanos negros libres eran más pobres que sus competidores blancos. Una serie de factores contribuían a esta desigualdad de riqueza. Muchos hombres negros que trabajaban en oficios se veían obligados a gastar una parte considerable de sus ahorros en comprar su libertad y la de su familia. Este proceso oneroso disminuía su capital y limitaba sus posibilidades de hacer otras inversiones. Además, a los artesanos negros les resultaba difícil conseguir préstamos para expandirse o diversificar sus actividades. Para obtener créditos, los artesanos blancos podían acudir a sus parientes, a sus relaciones con otros inmigrantes de la misma zona y a otros mecanismos que estaban vedados a los competidores negros. Sin acceso al crédito, los artesanos negros se veían limitados al trabajo en pequeña escala y a una producción menos rentable. Por último, los artesanos negros encontraban difícil superar el impacto económico del racismo blanco. En casi todos los oficios, los consumidores ricos, particularmente las élites dominadas por inmigrantes, como la iglesia, la burocracia y el comercio, preferían tratar con artesanos europeos. Aunque algunos artesanos negros lograban tener clientes pertenecientes a la élite urbana, el prejuicio sobre la mayor habilidad de los europeos impulsaba a los artesanos negros hacia el mercado masivo, menos rentable; y ello, a su vez, limitaba sus ganancias.

BRASIL

El caso brasileño fue, en líneas generales, similar al de la América española. Sin embargo, hubo dos diferencias en la organización y el reclutamiento que distinguieron a los oficios artesanales brasileños de los de las principales ciudades de la América española. En primer lugar, los gremios eran mucho más débiles institucionalmente en las ciudades del Brasil colonial. Había menos gremios, y los que estaban establecidos en Río de Janeiro, Recife o Bahía, carecían de la riqueza y el poder político que era común encontrar en las ciudades coloniales españolas de importancia comparable, como México o Lima. En segundo lugar, desde los primeros años en Brasil los oficios calificados se apoyaron más en la mano de obra esclava. Al igual que en la América española, los artesanos más ricos e influyentes del Brasil eran inmigrantes de las metrópolis europeas. No obstante, hubo proporcionalmente menos inmigrantes artesanos en el Brasil, y aun estos maestros artesanos blancos confiaron mucho más en el trabajo esclavo que sus coetáneos de la América española. El desarrollo de una producción artesanal de base esclava se vio, además, favorecido por la mayor afluencia de esclavos al Brasil y por su bajo precio, así como por la falta de población indígena capacitada para el trabajo artesanal.

Hacia el final del período colonial los negros libres empezaron a reemplazar a la fuerza de trabajo artesanal en la mayoría de las ciudades brasileñas. Como en las ciudades coloniales españolas, el crecimiento de una clase artesanal de negros libres se vio impulsado por los elevados salarios que ganaban los esclavos calificados y por el sistema de contratación. De hecho, en el Brasil los negros eran mayoría, aun en oficios que estaban reservados legalmente a los blancos. Un juez real de Pernambuco señaló que:

> [Hay] un número excesivo de artesanos herreros y plateros en Olinda, Recife y otros lugares, que son mulatos y negros, y hasta hay algunos esclavos, lo que va contra las leyes y causa gran perjuicio a la república.[3]

En Brasil, así como en la América española, las leyes reales, las reglamentaciones discriminatorias de los gremios y los prejuicios de los blancos no pudieron evitar la integración racial de la mano de obra artesana. Los niveles inadecuados de inmigración artesana desde Portugal dieron por resultado una mano de obra excesivamente cara, lo que contribuyó a promover la difusión de la utilización de mano de obra esclava y llevó, finalmente, al surgimiento de una clase artesana de negros libres.

LAS MUJERES EN LOS OFICIOS ARTESANALES

Existe abundante documentación que indica que las mujeres desempeñaron un importante papel en las industrias artesanales urbanas de la América Latina colonial. Las mujeres indígenas participaban activamente en la producción de tejidos, cerámicas y otros productos antes de la conquista, y siguieron dominando muchos de estos campos a lo largo de todo el período colonial, sobre todo en la región andi-

[3] Herbert S. Klein, "Nineteenth-Century Brasil", en: David W. Cohen y Jack P. Greene (comps.), *Neither slave nor free: the freedmen of African descent in the slave societies of the New World*, Baltimore, John Hopkins University, 1972, págs. 309-334.

na. Por cierto, la producción de telas baratas y de baja calidad destinadas al mercado masivo colonial siguió dominada por las tejedoras
hasta el ingreso de los productos textiles industriales importados de
Europa en el siglo XIX. En el siglo XVI las mujeres mexicanas organizaron y mantuvieron gremios en una serie de oficios textiles: tejedoras de seda, de algodón y de lana. Las mujeres indígenas y mestizas
fundaron gremios en oficios vinculados a la alimentación —dulces y
pastas— y al vestido —fabricación de sombreros, cinturones y pei-
nes—. Este proceso se prolongó a lo largo de todo el período colonial:
las tejedoras de seda, por ejemplo, organizaron su gremio en 1788,
con 23 maestras tejedoras, 200 oficialas y 21 aprendizas. Los gremios
de artesanas eran, desde el punto de vista de la organización y el funcionamiento, similares a los de los hombres en otros oficios, y también tenían reglamentaciones escritas y funcionarias electivas.

En Nueva España, América Central y Perú en el siglo XVIII, la
producción textil estaba cada vez más dominada por obrajes, es
decir, fábricas de gran escala o talleres, propiedad de comerciantes
y otros capitalistas. Los obrajes utilizaban esclavos, prisioneros de
las cárceles locales y otros trabajadores, así como mano de obra
femenina. Aunque los obrajes no estaban, en general, mecanizados,
podían producir tejidos más baratos que sus competidores artesanos, como resultado de la economía de escala y los bajos costos de
la mano de obra. Incapaces de competir con los obrajes, los gremios
de tejedoras y tejedores disminuyeron paulatinamente hacia el
final del período colonial.

Había también un pequeño número de oficios artesanales que
admitían tanto a hombres como a mujeres. Los gremios mixtos se
organizaron en la producción de cerámicas, el procesamiento del
tabaco y la producción de calzado. Poco se sabe acerca de estos gremios y de los hombres y mujeres que los constituían, pero hay referencias suficientes como para deducir que, al menos en México, eran
frecuentes. No obstante, se ignora si las artesanas en estos oficios
eran oficialas, llegaban a ser maestras o eran propietarias de talleres.

Por lo general las hijas y las esposas de los artesanos, y eventualmente sus viudas, participaban en la fabricación y venta de productos. La mayoría de los talleres artesanales de la América Latina
colonial eran negocios de pequeña escala, que apenas producían lo
suficiente para mantener a la familia del artesano y renovar herramientas y materiales. Muchos maestros artesanos no podían contratar a un oficial ni mantener un aprendiz de modo regular. Para

ellos, el trabajo de la familia era a menudo lo que hacía la diferencia entre la ganancia y la pérdida. Esposas e hijos ayudaban a preparar los materiales, esperaban a los clientes y entregaban las mercaderías. A veces las mujeres —hijas y esposas— llegaban a ser ayudantas calificadas, pero no tenían vínculo directo con el gremio y la retribución y el reconocimiento que recibían eran insignificantes. La producción artesanal, en este sentido, era una producción familiar: el equivalente fabril de la granja familiar.

Por lo general, a las viudas de los maestros artesanos se les permitía continuar con la actividad de su esposo hasta que se volvían a casar o sus hijos varones llegaban a la mayoría de edad. Estas mujeres solían contratar uno o más oficiales para manejar el taller, aunque también era frecuente que tomaran a su cargo la supervisión directa de la producción y la venta. Si la viuda de un artesano se volvía a casar, perdía ese privilegio, a menos que su nuevo marido fuera miembro del gremio. Este hecho era frecuente, ya que existían poderosas razones para casarse con una persona que estuviera en la misma actividad. Como la clase artesanal era muy pobre, casi siempre las herramientas, los materiales y la clientela eran el único legado que el artesano dejaba a su familia. Por lo tanto, tenía sentido casarse con alguien que usaría estos recursos para ganar dinero. Por otra parte, para un oficial soltero o viudo, la viuda de un maestro artesano era una candidata muy adecuada para casarse, ya que ella aportaba al matrimonio, como el equivalente de una dote, el capital, las herramientas y los bienes de su primer marido, además de la posibilidad de un acceso preferencial a los exámenes del gremio. Estos mismos factores influían en la elección de los maridos para las hijas de los artesanos. La hija de un artesano que se casaba con un hombre del mismo oficio que su padre aumentaba su participación en los bienes familiares, al mismo tiempo que le brindaba a su marido un aliado en las cuestiones gremiales y un socio potencial en los negocios. En casi todas las ciudades coloniales, estas pautas matrimoniales produjeron comunidades de artesanos muy cerradas, caracterizadas por una estrecha reciprocidad entre la vida familiar y la actividad económica.

Los cambios sociales y económicos en el siglo XVIII

Las corporaciones artesanales en la América Latina colonial, con excepción de los gremios de México y Lima, no alcanzaron la influencia política, la riqueza y el estatus social que tenían en Europa. La relativa debilidad institucional de la clase artesanal colonial fue el resultado inevitable de la debilidad estructural del mercado colonial. Todas las ciudades de la región necesitaban productos y servicios artesanales similares a los de una ciudad europea del mismo tamaño. Pero la demanda latinoamericana era más reducida y totalmente impredecible, en comparación con la europea. Las mayores ciudades de la región, es decir, las capitales virreinales y los centros mineros, tenían poblaciones lo suficientemente grandes y acomodadas como para brindar a los artesanos un mercado confiable y en expansión; y esta situación se mantuvo durante toda la época colonial. En estas ciudades los gremios y las cofradías tuvieron una existencia floreciente. Pero en la mayoría de los centros urbanos los artesanos trabajaban para una clase cuya capacidad de consumo era pequeña, dado que sus ingresos superaban apenas el nivel de la subsistencia; eran funcionarios coloniales, clérigos, profesionales y pequeños propietarios. Por lo tanto, la generalizada pobreza de las masas urbanas y el bajo índice de crecimiento de la economía fueron obstáculos importantes para el desarrollo de la producción artesanal y de sus instituciones durante gran parte del período colonial.

Estas condiciones se modificaron de forma considerable en el siglo XVIII. Si bien debieron afrontar períodos de contracción en el corto plazo, las economías coloniales de América Latina experimentaron un crecimiento sostenido, que empezó en la última década del siglo XVII y se prolongó hasta la interrupción del comercio transatlántico provocada por las guerras europeas en 1796. Una serie de factores contribuyeron a este resurgimiento económico: la expansión de la producción de plata en las colonias, el crecimiento demográfico (debido tanto al aumento natural como la inmigración), las reformas fiscales y administrativas y un incremento considerable del aporte económico de la corona hacia las colonias. Si bien los artesanos no fueron los principales beneficiarios de esta expansión económica, la demanda de buenos productos y servicios aumentó en toda la región.

Las condiciones económicas más favorables del siglo XVIII aceleraron el proceso de cambio estructural de la producción artesanal. Como los gremios eran por lo general muy ineficientes para mantener la disciplina interna y las reglamentaciones laborales, muchos maestros artesanos respondieron a la creciente demanda de los consumidores usando mano de obra esclava y contratando a trabajadores no tradicionales. En realidad, se convirtieron en dueños de obrajes. El ejemplo más conocido de esta tendencia es el de la producción textil en Puebla y Querétaro. Este proceso socavó los tradicionales valores cooperativos e igualitarios de la comunidad artesana y contribuyó a un progresivo deterioro de la capacidad de los oficiales y aprendices.

Además, muchos artesanos empezaron a diversificar su trabajo, trasponiendo los límites tradicionales entre los gremios. Así, había plateros que hacían cerrojos, panaderos que comerciaban con tejidos importados, carpinteros dueños de talleres que producían botas para los militares españoles y, por lo menos, un sastre en Buenos Aires que criaba mulas para las minas del Alto Perú.

En términos generales, los artesanos más prósperos del período colonial tardío eran individuos que habían puesto cierta distancia entre ellos y sus oficios. En el mercado colonial tardío en expansión, el acceso al crédito y a una mano de obra flexible y barata eran factores más importantes para el éxito que la capacidad personal y las instituciones corporativas vinculadas a la vida artesana tradicional.

Uno de los resultados inevitables de este proceso fue la redefinición de la movilidad social y el éxito entre los artesanos. La idea de movilidad social, aunque presente, no era fundamental para la tradición corporativa. En el siglo XVIII, a medida que la América Latina colonial avanzaba rápidamente hacia un orden social basado en las clases, los artesanos más prósperos buscaron, y en ocasiones lograron, ciertas formas de reconocimiento social que habrían sido imposibles en el antiguo orden. Los artesanos ricos donaban dinero, se afiliaban, junto con comerciantes y burócratas, a prestigiosas cofradías, y trataban de colocar a sus hijos en carreras de mayor estatus, como el ejército y el clero. A partir de la reorganización y expansión de las milicias coloniales durante el reinado de Carlos III, los artesanos empezaron a convertirse en oficiales del ejército, obteniendo con ello el fuero militar. Tanto los logros personales de mayor estatus como la movilidad social de las familias a través de la educación de los hijos se lograron, no obstante, sacrificando la vinculación con los talleres y los elementos comunales de la cultura artesanal. Una consecuencia importante de este proceso fue la declinación del apoyo a los gremios y otras instituciones artesanas tradicionales, por parte de los sectores más prósperos de la comunidad artesana.

El ascenso de esta pequeña clase artesanos-empresarios se produjo junto con una declinación de la posición y el bienestar económico de la mayoría de los artesanos de la región. En Buenos Aires, una de las ciudades económicamente más expansivas del período colonial tardío, los jornales de los albañiles y de los carpinteros no mantuvieron el nivel del aumento de los costos de la comida y el alojamiento. En consecuencia, los artesanos, incluidos los oficiales de mediana edad, vivían en habitaciones modestas, más parecidas a barracas, o en viviendas provisorias donde también trabajaban. Los salarios relativamente bajos y las condiciones de inestabilidad en el trabajo afectaron, por otra parte, las pautas matrimoniales y familiares tradicionales. Muchos artesanos postergaban el casamiento hasta cerca de los 30 años de edad, y algunos simplemente permanecían solteros. Otra respuesta generalizada a la escasez de oportunidades de progreso fue la migración. Durante el período colonial muchos artesanos, tanto casados como solteros, se trasladaban constantemente de una ciudad a otra, en busca de posibilidades y condiciones de trabajo más favorables. Evidentemente, la movilidad geográfica de la mano de obra artesana socavó los vínculos de clase tradicionales —tanto personales como institucionales— y redujo las experiencias compartidas y la conciencia comunitaria que eran los pilares de la tradición corporativa.

En el siglo XVIII, la debilidad generalizada del sector artesanal en Hispanoamérica provocó una serie de reformas. En muchos casos, estas iniciativas eran propiciadas por funcionarios de la corona, si bien no faltaron concejales municipales que las presentaran. Las reformas tenían en general un sesgo conservador y trataban de volver a fortalecer los gremios de artesanos. En Buenos Aires, capital virreinal desde 1776, el virrey Vértiz ordenó en 1780 que todos los oficios se organizaran en gremios. En respuesta, los zapateros y los plateros se organizaron y elevaron sus reglamentaciones a la aprobación real. También hubo esfuerzos similares en todas las colonias de la América española. En 1773, por ejemplo, José de Gálvez, durante su famosa visita de inspección a Nueva España, ordenó que los panaderos de la ciudad de México organizaran su gremio, a fin de combatir el fraude y mejorar la calidad del pan. Las iniciativas merecieron el apoyo de grupos locales que trataban de favorecer el desarrollo económico. Uno de los ejemplos más ambiciosos de este tipo fue el intento de reformar y reorganizar los gremios del distrito de Guatemala, introduciendo nuevas técnicas y nuevas industrias.

Sin embargo, casi todos estos esfuerzos por revitalizar los gremios de la América española fracasaron. Las rivalidades raciales y étnicas dentro de la clase artesana hacían prácticamente imposible lograr un acuerdo interno sobre cuestiones políticas o económicas. Los artesanos negros temían, no sin cierto fundamento, que la idea de mejorar las pautas de calidad y supervisar las prácticas comerciales fuera, en realidad, un intento por darles a los artesanos blancos el control efectivo del mercado. Los artesanos ricos, que actuaban en más de un gremio al mismo tiempo y que usaban mano de obra esclava, no se sintieron entusiasmados ante la perspectiva de un desarrollo de gremios más eficaces, que restringirían y controlarían sus actividades. En consecuencia, retiraron su apoyo a las reformas.

Sin una amplia base de apoyo en los oficios artesanales, los reformadores coloniales que trataban de fortalecer institucionalmente el sistema de gremios encontraron cada vez más difícil refutar los argumentos del sector, pequeño pero influyente, de críticos españoles y criollos, que estaban a favor de la abolición absoluta de los gremios. Estos partidarios del liberalismo económico veían en los gremios un obstáculo para la libertad individual así como para la productividad de la mano de obra. Aunque los defensores de esta ideología rara vez llegaron a dominar la implementación de políticas durante el período colonial, alcanzaron, sin embargo, una victoria ocasional. En 1799, en Buenos Aires, por ejemplo, el concejo municipal dominado por los liberales se negó a certificar la constitución del gremio de los zapateros, que había sido creado en respuesta a la iniciativa de un virrey reformista. En una prístina demostración de política económica liberal, el concejo municipal condenó a los gremios como obstáculos a la libertad personal y el desarrollo económico. Hacia el final del período de la independencia, en 1825, casi todos los esfuerzos por reformar y fortalecer los gremios habían sido abandonados en América Latina y la mayoría de las nuevas repúblicas de la región los abolieron o restringieron sus actividades.

Epílogo

El triunfo casi absoluto de los partidarios del liberalismo económico después de la independencia abrió a la América Latina al comercio directo con las naciones industrializadas de Europa Occidental. Se redujeron las tarifas y se promovieron las exportaciones. Los productos industriales importados, especialmente los textiles, eran con frecuencia más baratos en las ciudades latinoamericanas que los producidos por los artesanos de la región. Los menores costos de producción, resultado de la mecanización, reducían los costos de transporte; y esto, unido al crédito barato, otorgaba ventajas insuperables a los productos europeos. Por lo tanto, la decisión política de abolir los gremios fue apenas algo más que el reconocimiento explícito de este masivo cambio en el mercado colonial.

Incapaces de competir con las fábricas europeas por el mercado masivo y, mucho menos aun, por el mercado de los productos suntuarios, los artesanos latinoamericanos sobrevivieron, en el período nacional, solo en aquellas industrias que estaban naturalmente protegidas contra la competencia: construcción, producción de alimentos y reparación y mantenimiento. El colapso del mercado artesanal y la pérdida de la base institucional para la acción colectiva política y social —el gremio— aceleraron la pérdida del estatus social y la disminución del bienestar material en toda la América Latina. Por otra parte, también en Europa el surgimiento de fábricas mecanizadas contribuyó a la declinación de los gremios de artesanos y a la destrucción del modo artesanal de producción. Sin embargo, las bases institucionales y sociales de la comunidad artesana europea eran más fuertes y les dieron a los trabajadores y trabajadoras un fundamento más sólido para la organización y para la resistencia contra la disciplina de la fábrica y la desvalorización del trabajo calificado. En consecuencia, el movimiento sindical europeo surgió directamente de la tradición artesanal, y se apoyó sobre la militancia y la conciencia de clase de la mano de obra artesana. En la América Latina, las instituciones artesanales, relativamente débiles, del período colonial, no brindaron una base adecuada para la organización efectiva de una moderna conciencia de clase de los trabajadores. Por lo tanto, el movimiento sindical en América Latina no está vinculado a la experiencia artesana colonial. Al contrario, los primeros intentos de organización de un movimiento gremial y la justificación intelectual de esta lucha fluyeron hacia América Latina desde Europa, con los inmigrantes que llegaron a la región después de 1850.

LECTURAS COMPLEMENTARIAS

Aunque el material en inglés sobre los artesanos latinoamericanos es escaso, hay algunos trabajos recientes. El capítulo VI de James Lockhart, *Spanish Peru, 1532-1560*, Madison, Wis., University of

Wisconsin Press, 1968, analiza el tema. Véase también Lyman L. Johnson, "The artisans of Buenos Aires during the viceroyalty, 1776-1810", tesis de doctorado, Universidad de Connecticut, 1974. Sobre grupos específicos de artesanos, véase Lyman L. Johnson, "The silversmiths of Buenos Aires: a case study in the failure of corporate social organization", *Journal of Latin American Studies* 8:2, 1976, págs. 181-213; y Lyman L. Johnson, "The entrepreneurial reorganization of an artisan trade: the bakers of Buenos Aires, 1770-1820", *Americas* 32:2, 1980, págs. 139-160.

Una de las mejores exposiciones sobre los artesanos negros se encuentra en Frederick Bowser, *The African slave in colonial Peru, 1684-1750*, Stanford, Stanford University Press, 1974. Véase también Lyman L. Johnson, "The impact of racial discrimination on black artisans in colonial Buenos Aires", *Social History* 6:3, octubre, págs. 301-316. El mejor estudio general sobre racismo y discriminación es Leslie B. Rout, Jr., *The African experience in Spanish America*, Cambridge, Cambridge University Press, 1976.

Entre los trabajos en español figura Manuel Carrera Stampa, *Los gremios mexicanos,* México, Instituto Nacional de Antropología e Historia, 1954. El mismo autor publicó también "La mesa directiva del nobilísimo gremio de la platería de la ciudad de México", Instituto Nacional de Antropología e Historia, *Anales*, 3, 1947-1948, pág. 163. Véase también Richard Konetzke, "Las ordenanzas de gremios como documentos para la historia social de Hispano-América durante la época colonial", *Revista Internacional de Sociología* 5: 18, 1947, págs. 430-431; y Raúl Carranco y Trujillo, *Las ordenanzas de gremios de Nueva España*, México, Crisol, 1932. Entre la bibliografía más reciente están Emilio Harth-Terré y Alberto Márquez-Abantó, "Perspectiva social y económica del artesano virreinal en Lima", *Revista del Archivo Nacional del Perú* 31, 1967, págs. 357-359; y Héctor Humberto Samayoa Guevara, "La reorganización gremial guatemalsense en la segunda mitad del siglo XVIII", *Antropología e historia de Guatemala* 12:1, 1960, págs. 64-67. Véase también Julio Jiménez Rueda, "El certamen de los plateros en 1618 y las coplas satíricas que de él se derivaron", *Boletín del Archivo General de la Nación*, México, 16:3, 1945, págs. 345-384.

Algunos autores publicaron las reglamentaciones de los gremios. Los siguientes artículos de Héctor Humberto Samayoa Guevara son una exposición general del tema: "El gremio de plateros de la ciudad de Guatemala y sus ordenanzas (1524-1821)", *Antropología e*

Historia de Guatemala 9:1, 1957, págs. 19-37; "El gremio de salitreros de Antigua Guatemala", *Antropología e Historia de Guatemala* 7:1, 1955, págs. 25-53; y "Los coheteros de Santiago de Guatemala", *Antropología e Historia de Guatemala* 5:2, 1954, págs. 22-51. Véase también Ernesto Chinchilla Aguilar, "Ordenanzas de Escultura", *Antropología e Historia de Guatemala* 5:2, 1953, págs. 29-52.

Hay un excelente resumen de los antecedentes históricos de los gremios españoles en Práxedes Zancada y Ruata, *Derecho corporativo español*, Madrid, J. Ortiz, s/f. Puede consultarse una esclarecedora discusión de las diferencias entre organización social industrial y artesanal en E. P. Thompson, "Eighteenth-Century English society: class struggle without class?", *Social History* 3:2, 1978, págs. 133-165. Véase también John Super, "Querétaro obrajes: industry and society in provincial Mexico, 1600-1810", *Hispanic American Historical Review* 56:2, 1976, págs. 197-216; y Jan Bazant, "Evolución de la industria textil poblana (1554-1845)", *Historia mexicana* 13, 1964, págs. 473-516.

También tienen un interés adicional los siguientes trabajos: Lyman L. Johnson, "Francisco Baquero: Shoemaker and Organizer", en: David G. Sweet y Gary B. Nash (comps.), *Struggle and survival in colonial America,* Berkeley, University of California Press, 1981, págs. 86-101; Humberto Triana y Antorveza, "El aprendizaje de los gremios neogranadinos", Bogotá, Banco de la República, *Boletín Cultural y Bibliográfico* 8:5, 1965, págs. 735-743; y Humberto Triana y Antorveza, "La libertad laboral y la supresión de los gremios neogranadinos", Banco de la República, Bogotá, *Boletín Cultural y Bibliográfico* 8:7, 1965, págs. 1015-1024.

8. PROVEEDORES, VENDEDORES, SIRVIENTES Y ESCLAVOS

MARY KARASCH

INTRODUCCIÓN

EN OTROS CAPÍTULOS de este libro se estudian las élites de las ciudades coloniales: burócratas y comerciantes, grandes terratenientes, oficiales del ejército y sacerdotes. Los que no ocupaban esas posiciones, es decir, la mayoría de los habitantes urbanos, tenían que encontrar otros nichos en la sociedad donde ganarse la vida y mantener a sus familias. Los desposeídos, los pobres, los esclavos, muchas mujeres y la mayoría de la gente de color, así como también sus hijos, eran obligados, por la necesidad económica o la esclavitud, a proveer, servir y cuidar de las élites de las ciudades coloniales.

Este capítulo trata de identificar y describir los grupos que alimentaban, servían y trabajaban como esclavos para los comerciantes y los burócratas. Se enfoca el Brasil colonial, con énfasis en la última parte del siglo XVIII y los comienzos del XIX. También se tienen en cuenta las comparaciones o, con mayor frecuencia, los contrastes, con los centros urbanos del Imperio Español. Las personas dedicadas a ocupaciones consideradas "viles" y adecuadas para pobres y esclavos variaron a través del tiempo y las diversas regiones, tanto en el Brasil como en la América española. Son importantes no solo las características comunes sino también las diferencias.

Fundamentales para el bienestar y el confort de las élites y para el mantenimiento físico de las ciudades mismas, los amorfos conglomerados humanos que no pertenecían a las élites son por lo general percibidos como una masa homogénea en los estudios tradicionales. Sin embargo, estos grupos eran muy diversos en cuanto a ingresos, situación legal, color y autoimagen. No existe una manera simple de clasificar a los miembros de este grupo. Aquí se los describe por el tipo de trabajo que realizaban, porque todos tenían ocupaciones que la élite consideraba "bajas". Pero, en otro sentido, es erróneo usar la expresión "de baja condición" para describir a estos individuos, porque no necesariamente tenían bajos ingresos. Es cierto que con frecuencia eran los más pobres entre los

pobres; sus propiedades eran escasas —si es que tenían alguna—
sin embargo, no se entregaban al delito o a la vagancia, y muchas
veces las prósperas mujeres del mercado y los vendedores de bebidas
alcohólicas tenían una situación económica mejor que la de los artesanos. Usando técnicas empresarias, los más ambiciosos y capaces
solían llegar a convertir una ocupación "vil", desdeñada por sus
gobernantes ibéricos, en un servicio productor de riqueza que les permitía comprar tierras y elevar su condición, o la de sus hijos.

El caso de las vendedoras es también revelador del carácter de
este grupo en otro aspecto. En las sociedades tradicionales india y
africana las mujeres vendían frutas y verduras en los mercados, y
no es sorprendente que las vendedoras de la América Latina colonial fueran de origen indígena o africano; las mujeres ibéricas rara
vez trabajaban en los mercados. La razón de que ciertos individuos
de determinadas nacionalidades tuvieran alguna ocupación no elitista estaba, muchas veces, en su condición de inmigrantes y en
sus valores culturales. Cuando llegaban a una ciudad colonial, por
migración voluntaria o involuntaria, empezaban a desarrollar las
actividades que ya les eran familiares en sus ciudades o aldeas
natales. Desde su punto de vista, se dedicaban a ocupaciones honorables, que les daban un fuerte sentimiento de su valía; solo sus
gobernantes definían estas ocupaciones como "viles".

Además de los valores culturales y el nivel de ingresos, había
otra característica que diferenciaba a los miembros de los sectores
sociales más bajos: la posición social. Los miembros de este grupo
podían ser libres, libertos o esclavos. Los libertos habían sido esclavos que compraron su libertad o la obtuvieron por manumisión.
Menos numerosos que los esclavos o los libres, los libertos (y entre
ellos, principalmente las mujeres y los niños) solían dedicarse a las
mismas ocupaciones en que habían trabajado antes de la manumisión; por ejemplo, la venta callejera o el lavado de ropa. En el Brasil, a lo largo del tiempo surgió una gran población de color que
podía mantenerse en zonas de la economía urbana que no estaban
restringidas a los esclavos y sus dueños. Las clases urbanas bajas,
o no pertenecientes a las élites, incluían las tres categorías legales, desde el comienzo de la colonia. En el Brasil del siglo XVI, los
colonizadores portugueses llevaron consigo esclavos portugueses o
africanos, y libertos. Desde 1559, los esclavos negros eran transportados directamente de África. Si bien la condición de esclavitud
se asociaba con los negros, también había esclavos indios. A dife-

rencia de la América española, donde la esclavitud de los indígenas
fue abolida en el siglo XVI, en el Brasil la esclavización de los nativos aumentaba, aunque reiteradamente era puesta fuera de la ley
por la corona portuguesa. Así, en ese país la categoría de esclavo
abarcaba toda la gama del color de la piel, incluidas las personas
de piel clara, que podían "pasar" por blancas. A partir del siglo XVI
la compra de la libertad y la manumisión transformaron a una parte de la población esclava en un grupo étnica y racialmente diferente de la gente de color pero libre.

El origen racial de los que se dedicaban a tareas inferiores
variaba según la región en que vivían. En las colonias españolas
abarcaba toda la gama de color, desde indios hasta mestizos y españoles peninsulares; y desde africanos recién llegados hasta mulatos
o mestizos hijos de indios y africanos (llamados *zambos, sambos* o
coyotes). En general, las clases bajas urbanas del interior de Nueva
España y Perú estaban integradas por indígenas o mestizos. Los
negros y mulatos que vivían en las ciudades mineras o trabajaban
como sirvientes en grandes ciudades interiores, como México, eran
minoría. Las ciudades situadas en la costa o cerca de ella, como
Veracruz, Portobelo, Caracas, Cartagena, Guayaquil, Lima, Valparaíso, Buenos Aires y Montevideo tenían mayor número de negros y
mulatos en las clases bajas. En el Brasil, sin embargo, las ciudades
costeras de San Luis, Recife, Bahía y Río de Janeiro tenían una
abrumadora mayoría de negros y *pardos* (mulatos); en cuanto a las
ciudades mineras de Ouro Preto y Vila Boa de Goiás, también contaban con gran número de negros y pardos. Solo en la región amazónica, en San Pablo y el Sur, los indígenas y los *caboclos* o *mamelucos*
(en portugués, mestizos), junto con los *cafuzos* (en portugués, zambos) superaban en número a los negros y mulatos en las ocupaciones
inferiores. En estos lugares los colonizadores no eran lo suficientemente prósperos como para comprar muchos esclavos africanos. A
comienzos del siglo XIX, la población racialmente mixta del Brasil
había emigrado hacia las principales ciudades puertos y trabajaba
en diversas ocupaciones inferiores, junto a inmigrantes recientes de
Portugal, las Azores y Madeira. Personas de todos los colores y de la
más diversa condición social y legal trabajaban juntas y se casaban.
La existencia de determinada mano de obra, compuesta por indígenas, negros o mestizos, libres, libertos o esclavos, dependía por lo
general de la composición demográfica de la población y de la experiencia histórica de la ciudad.

Los tipos de trabajo que realizaban las clases bajas urbanas eran también heterogéneos. En general, podemos agrupar sus ocupaciones en seis categorías: proveedores, transportistas, elaboradores de alimentos, vendedores, sirvientes y trabajadores municipales. Evidentemente, estas personas desempeñaban muchas otras actividades, calificadas y no calificadas, pero la anterior categorización general muestra la sorprendente variedad de esas tareas, que eran fundamentales para la compleja organización económica de las ciudades coloniales. Si bien existe correspondencia oficial que registra las quejas por el creciente número de personas de baja condición, y por la "amenaza" que significaban para el orden público, estos individuos no eran ni vagabundos ni parásitos sociales, sino activos contribuyentes a la economía de las ciudades coloniales.

Las cifras relativas y la importancia de cada categoría de trabajadores para la economía es imposible de determinar para el Brasil colonial, ya que los funcionarios casi nunca registraban censos confiables y, además, omitían anotar la ocupación. Los datos existentes para fines del siglo XVIII indican, simplemente, las proporciones relativas entre libres y esclavos y entre blancos, pardos y negros. Los primeros censos son aun más sospechosos. A fines del siglo XVIII y principios del XIX, la única estimación posible es que las dos terceras o las tres cuartas partes de la población brasileña urbana de la costa eran gente de color, muchos descendientes de africanos, es decir, negros y pardos. Más allá de esta generalización, los historiadores deben acudir a otras fuentes para informarse sobre las características raciales y ocupacionales de determinada ciudad o pueblo; registros judiciales y notariales. El cuadro 1 resume los datos de los censos de fines del siglo XVIII y comienzos del XIX para ciertas ciudades brasileñas, mientras que el cuadro 2 proporciona un ejemplo del tipo de datos sobre ocupación, estado civil, raza y sexo que pueden recogerse de las fuentes de archivo. Pero en la mayor parte de estas fuentes, las cifras para las ocupaciones bajas, por sexo y raza, son confusas. Además, las categorías raciales no son usadas consistentemente de un censo a otro. En general, es posible sacar conclusiones basándose más en la bibliografía que en las fuentes estadísticas.

Mientras más variadas eran las funciones de la ciudad colonial, más diversas eran las tareas de los trabajadores. En los siglos XVI y XVII toda la gama de categorías aquí expuesta se daba en las principales ciudades hispanoamericanas, con sus grandes poblaciones y sus múltiples funciones administrativas, comerciales y reli-

CUADRO 1. *La población de las ciudades*
y pueblos brasileños de fines de la colonia, por raza

Pueblo/Ciudad	Año	Libres/ Blancos	Libres/ Libertos Pardos	Personas Negros	Esclavos	Suma Total
Belém	1793	4 432	—	1 099[a]	3 051	8 573
Belém	1822	5 643	—	1 109[a]	5 719	12 471
San Luis	1810					20 500
Recife	1789					15 000
Recife	1810					5 441[b]
Recife	1810					22 350
Bahía	1700					40 000
Bahía	1775	12 720	4 207	3 630	14 696	35 253
Bahía	1807					51 000
Cachoeira	1800					10 000
Espíritu Santo[c]	1800					19 000
Río de Janeiro	1799	19 578	4 227	4 585	14 986	43 376
Río de Janeiro	1821	43 139	—	—	36 182	79 321

NOTAS: [a] Incluye negros, indios y personas de ascendencia mixta, [b]Familias. [c]Incluye habitantes rurales, suburbanos o ambos, así como los núcleos urbanos.
FUENTES: Belém: Vicente Salles, *O negro no Pará sob o regime da escravidão*, Fundação Getúlio Vargas, Río de Janeiro, 1971, págs. 69-71; San Luis: Dauril Alden, "Late-Colonial Brazil, 1750-1807..."; Leslie Berthell (comp.), *The Cambridge history of Latin America*, 6 vols., 1985-, 1:1 (en prensa); Recife: Gadiel Perruci, "A Cidade do Recife (1889-1930):" O Crescimento Urbano, O Comércio e A Indústria", en vol. 1, *Anais do VII Simpósito Nacional dos Professores Universitários de Historia*, comp. por Eurípides Simões de Paula, San Pablo, 1974, núm. 22, pág. 585; Bahía: Stuart B. Schwartz, *Sovereignty and society in colonial Brazil*, University of California Press, Berkeley, 1973, pág. 242; A. J. Russell-Wood, *The black man in slavery and freedom in colonial Brazil*, St. Martin's Press, Nueva York, 1982, págs. 48-49, núm. 58, pág. 217; Patricia Aufderheide, "Upright Citizens in Criminal Records: Investigations in Cachoeira and Geremoabo, Brazil, 1780-1836", *The Americas* 38:2, octubre 1981, pág. 177; Espírito Santo: Caio Prado, Junior, *The colonial background of modern Brazil*, trad. Suzette Macedo, University of California Press Berkeley, 1969, pág. 45; Río de Janeiro: Maria Yedda Linhares y Maria Bárbara Lévy, "Aspectos da histórica demográfica e social do Rio de Janeiro (1808-1889)", en *L'histoire quantitative du Brésil de 1800 à 1930*, París, Centre National de la Recherche Scientifique, 1973, págs. 129-130; James P. Kiernan, "The manumission of slaves in colonial Brazil: Paraty, 1789-1822", tesis de doctorado, Universidad de Nueva York, 1976, págs. 23-24; Ouro Preto: Donald Ramos, "Vila rica: profile of a colonial Brazilian urban center", *The Americas* 35:4, abril de 1979, págs. 497-498; Barbacena, Minas Gerais: Johann E. Pohl, *Viagem ao interior do Brasil*, trad. Teodoro Cabral, 2 vols., Río de Janeiro, Instituto Nacional do Livro, 1951, y Auguste de Saint-Hilaire, *Viagem pelo distrito dos Diamantes e litoral do Brasil*, trad. Leonam de Azeredo Pena, San Pablo, Companhia Editora Nacional, 1941; Goiás: Luiz Antonio de Silva e Souza, *O descobrimento da Capitania de Goyaz (Governo, População e Coisas Mais Notáveis) (1849)*, reedición, Goiana, Universidad Federal de Goiás, 1968, pág. 51; Luis Palazin, *Goiás 1772-1822*, Goiana, Oriente, 1976, pág. 104; San Pablo: Maria Luisa Marcilio, *La ville de São Paulo: peuplement et population. 1750-1850*, Ruán, Universidad de Ruán, 1968, pág. 151; Itú: Eni de Mesquita, "Aspectos de uma Vila Paulista em 1813", en *A Cidade e a Historia*, 1:351-55; Ilha de Santa Catarina: Lawrence James Nielsen, "Escravidão em Santa Catarina", trabajo inédito, Universidad Federal de Santa Catarina, c. 1977-1978; Rudy Bauss, "Rio Grande do Sul in the portuguese empire: the formative years, 1777-1808", *The Americas* 39:4, abril de 1983, pág. 522; y Colonia: Dauril Alden, "The population of Brazil in the late eighteenth century: a preliminary study", *The Hispanic American Historical Review* 43:2, mayo de 1963, págs. 187-199.

CUADRO 1. *La población de las ciudades*
y pueblos brasileños de fines de la colonia, por raza (continuación)

Pueblo/Ciudad	Año	Libres/ Blancos	Libres/ Libertos Pardos	Personas Negros	Esclavos	Suma Total
Paraty	1790	3 961	300	103	2 308	6 672
Ouro Preto	1804				2 740	8 785
Barbacena	1813					14 064
São João del Rei	1818					6 000
São João del Rei	1819					7 000
Vila Boa de Goiás	1804	1 222	2 811	1 012	4 432	9 477
San Pablo	1772				5 160	21 272
San Pablo	1798				6 075	21 304
Itú, S. Pablo	1813	3 090	436	162	3 653	7 341
Ilha de Santa Catarina[c]	1810				3 313	12 471
Río Grande de São Pedro[c]	1780				5 102	17 923
Colonia de Sacramento	1777	324	77	23	(111?)	535

NOTAS: [a] Incluye negros, indios y personas de ascendencia mixta, [b]Familias. [c]Incluye habitantes rurales, suburbanos o ambos, así como los núcleos urbanos.
FUENTES: Belém: Vicente Salles, *O negro no Pará sob o regime da escravidão*, Fundação Getúlio Vargas, Río de Janeiro, 1971, págs. 69-71; San Luis: Dauril Alden, "Late-Colonial Brazil, 1750-1807..."; Leslie Berthell (comp.), *The Cambridge history of Latin America*, 6 vols., 1985-, 1:1 (en prensa); Recife: Gadiel Perruci, "A Cidade do Recife (1889-1930):" O Crescimento Urbano, O Comércio e A Indústria", en vol. 1, *Anais do VII Simpósito Nacional dos Professores Universitá-rios de História*, comp. por Eurípides Simões de Paula, San Pablo, 1974, núm. 22, pág. 585; Bahía: Stuart B. Schwartz, *Sovereignty and society in colonial Brazil*, University of California Press, Berkeley, 1973, pág. 242; A. J. Russell-Wood, *The black man in slavery and freedom in colonial Brazil*, St. Martin's Press, Nueva York, 1982, págs. 48-49, núm. 58, pág. 217; Patricia Aufderheide, "Upright Citizens in Criminal Records: Investigations in Cachoeira and Geremoa-bo, Brazil, 1780-1836", *The Americas* 38:2, octubre 1981, pág. 177; Espírito Santo: Caio Prado, Junior, *The colonial background of modern Brazil*, trad. Suzette Macedo, University of California Press Berkeley, 1969, pág. 45; Río de Janeiro: Maria Yedda Linhares y Maria Bárbara Lévy, "Aspectos da histórica demográfica e social do Rio de Janeiro (1808-1889)", en *L'histoire quantita-tive du Brésil de 1800 à 1930*, París, Centre National de la Recherche Scientifique, 1973, págs. 129-130-; James P. Kiernan, "The manumission of slaves in colonial Brazil: Paraty, 1789-1822", tesis de doctorado, Universidad de Nueva York, 1976, págs. 23-24; Ouro Preto: Donald Ramos, "Vila Rica: profile of a colonial Brazilian urban center", *The Americas* 35:4, abril de 1979, págs. 497-498; Barbacena, Minas Gerais: Johann E. Pohl, *Viagem ao interior do Brasil*, trad. Teodoro Cabral, 2 vols., Río de Janeiro, Instituto Nacional do Livro, 1951, y Auguste de Saint-Hilaire, *Viagem pelo distrito dos Diamantes e litoral do Brasil*, trad. Leonam de Azeredo Pena, San Pablo, Companhia Editora Nacional, 1941; Goiás: Luiz Antonio de Silva e Souza, *O descobrimento da Capitania de Goyaz (Governo, População e Coisas Mais Notáveis) (1849)*, reedición, Goiana, Uni-versidade Federal de Goiás, 1968, pág. 51; Luis Palazin, *Goiás 1772-1822*, Goiana, Oriente, 1976, pág. 104; San Pablo: Maria Luiza Marcilio, *La ville de São Paulo: peuplement et population, 1750-1850*, Ruán, Universidad de Ruán, 1968, pág. 151; Itú: Eni de Mesquita, "Aspectos de uma Vila Paulista em 1813", en *A Cidade e a História*, 1:351-55; Ilha de Santa Catarina: Lawrence James Nielsen, "Escravidão em Santa Catarina", trabajo inédito, Universidad Federal de Santa Catarina, c. 1977-1978; Rudy Bauss, "Rio Grande do Sul in the portuguese empire: the formative years, 1777-1808", *The Americas* 39:4, abril de 1983, pág. 522; y Colonia: Dauril Alden, "The population of Brazil in the late eighteenth century: a preliminary study", *The Hispanic American Historical Review* 43:2, mayo de 1963, págs. 187-199.

giosas. Hacia fines del siglo XVIII en el Brasil, la construcción urbana durante el auge de la minería en Minas Gerais y el traslado de la capital de Bahía a Río de Janeiro habían generado una demanda similar de mano de obra urbana. Pero, en general, en el Brasil colonial la mayoría de los miembros de las clases bajas trabajaban en centros pequeños que realizaban una o dos funciones, como la guarnición de Colonia del Sacramento o el puerto y aldea pesquera de Paraty. Casi no había ciudad que pudiera compararse, en tamaño y complejidad, con México o Lima. No obstante, la diversidad de ocupaciones desempeñadas por los trabajadores era impresionante e ilustrativa de su importancia para la sociedad urbana.

PROVEEDORES

Las personas que aquí identificamos como proveedores abastecían a las ciudades de comida, combustible y forraje. Habitantes de la ciudad o de la campiña, se desplazaban entre el campo y los mercados, ejemplificando la movilidad geográfica característica de algunos sectores urbanos. Como no podían vivir en las zonas residenciales de la élite, es decir, alrededor de la plaza central, se establecían en tierras marginales o se veían desplazados y segregados hacia los barrios indígenas, alejados del centro. La proximidad con el campo les ayudaba a ganarse la vida. Trabajaban en granjas chicas y especializadas que rodeaban las ciudades de la América colonial y las abastecían de productos frescos y animales pequeños.

Las ciudades brasileñas eran mucho menos urbanizadas que las de la América española y sólo existían barreras mínimas entre la ciudad y las granjas. Los bosques tropicales prácticamente lindaban con las pequeñas granjas y los huertos cerca de las ciudades, mientras que en Nueva España y en Perú los indios que habían cultivado las tierras próximas y abastecido a las ciudades precolombinas durante siglos siguieron haciéndolo después de la conquista. Sin estos vínculos tradicionales entre la ciudad y el campo, en el Brasil del siglo XVI los habitantes de las guarniciones tenían que abandonar el refugio de sus fortificaciones para cultivar los campos, o enviar a sus esclavos a cazar, recolectar y pescar en los alrededores. A medida que las poblaciones se convertían en ciudades, los propietarios y sus esclavos se trasladaban a terrenos suburbanos (*chácaras* o *sitios*) y se dedicaban a una agricultura de subsistencia.

CUADRO 2. *Oficios de negros y mulatos libres*

Descripción del trabajo	Total	Negros	Mulatos	Africanos	Mujeres	Nacidos fuera de Paraty	Alfabetizados (capaces de firmar)[b]	Libertos	
OFICIOS URBANOS:									
Constructor de botes	1		1			1			
Carnicero	1	1						1	
Carpintero	6	1	4[a]	1		2	1	3	
Jornalero	7	3	4	1				4	
Capataz (de cuadrilla de obreros)	2		2					2	
Funcionario del concejo municipal	2		2			1	2		
Constructor de casas	1		1						
Lavandera	2		2		2			2	54 (46,2%)
Concubinas	3	3			3			2	
Pintor	1	1						1	
Costurera	2		2		2			2	
Sirviente	3	1	2		2				
Zapatero	12		12			2	1	3	
Empleado de tienda	5	2	3		2	1	1	2	
Obrero del matadero	1	1						1	
Sastre	4	1	3					1	
Vendedor de puesto de verduras	1	1			1			1	
OFICIOS RURALES:									
Capitão do mato (cazador de esclavos)	4	3		1				2	
Constructor de canoas	3	2	1					1	
Destilador	3		3						
Granjero/mediero	23	5	13	5	1		1	13	40 (34,1%)
Pescador	3	1	2						
Obrero del azúcar	2		2					1	
Leñador	2		2						
TRANSPORTISTAS:									
Arriero de mulas	4	2	2			1			
Marinero	5	2	2	1		2			9 (7,7%)
OFICIO DESCONOCIDO	14	6	8		7			9	14 (12,0%)
	117	38 (32,5%)	71 (60,7%)	8 (6,8%)	20	10	5	51	117

[a] Un carpintero descrito como *homen da terra*; quizá fuese indio o mestizo.
[b] Según declaración; posiblemente haya habido más libertades no declaradas.
FUENTE: Archivos judiciales, Paraty (1789-1822), CUP, en: James Kiernan, "The manumission of slaves in colonial Brasil".

Otros permanecían en las ciudades y hacían que sus esclavos y *agregados* (sirvientes libres, con frecuencia algún pariente) cultivasen frutas y verduras en el huerto detrás de la casa (*quintal*) o bien los mandaban a las *chácaras* para cultivar y criar animales pequeños. Así, esclavos y agregados, si bien residían en la ciudad, solían trabajar como jardineros y cuidadores de la pequeña propiedad rural. Las chacras más grandes desarrollaban una agricultura comercial: cosechaban mandioca (materia prima de la *farinha* [harina de mandioca, comida popular], cereales, habas y tabaco. Además, criaban animales de granja y empleaban una mano de obra que trabajaba como en las plantaciones, pero cerca de las ciudades. Hacia fines del siglo XVIII los libertos y los trabajadores libres de color también cultivaban huertos para abastecer a las ciudades brasileñas. Cultivaban árboles frutales, verduras, ananáes y flores; mientras que en la región amazónica los recolectores, especialmente indios, incursionaban en los bosques próximos para recoger frutas tropicales, cacao silvestre y canela. En algunos casos, el producto del cultivo o la recolección se usaba para el consumo inmediato de la familia a la que pertenecían los esclavos; en otros, los esclavos vendían estos productos para sus dueños o en su propio provecho.

Si bien un cierto número de esclavos y trabajadores agrícolas vivían en las ciudades o cerca de ellas, había una afluencia aun mayor de estos trabajadores hacia las zonas urbanas a causa de los frecuentes desplazamientos de los hacendados entre sus posesiones rurales y sus residencias urbanas. Los grandes *senhores de engenho* (propietarios de ingenios azucareros) residían por lo general en sus propiedades cerca de Bahía al menos una parte del año, y administraban personalmente sus posesiones. Debido a sus múltiples responsabilidades comerciales en Bahía, pasaban parte del año en la parte alta de la ciudad. En esas circunstancias, sus esclavos favoritos los acompañaban a la ciudad, y otros trabajadores de la plantación se ocupaban del traslado de la familia. Al llegar a las ciudades estos esclavos rurales se dedicaban a ocupaciones similares, como la jardinería; y cuando la familia volvía a la finca, los esclavos también lo hacían. Por lo tanto, el desplazamiento de los esclavos entre la ciudad y el campo era muy frecuente.

El cuidado y la alimentación de los animales era otra tarea importante en las ciudades. Los esclavos criaban vacas, las ordeñaban, llevaban la leche a la ciudad en recipientes que transportaban en equilibrio sobre la cabeza, o bien transitaban por las calles con la vaca y la ordeñaban directamente para los clientes. En el nordeste, el animal que **era** común criar para aprovechamiento de su leche, su carne y su cuero era la cabra, la "vaca" de los pobres. En general, la mayoría de los proveedores de carne fresca de las ciudades coloniales criaban animales de granja: cabras, cerdos, gallinas, pavos y otras aves de corral. Por el bajo costo de estos animales, mucha gente libre de color, indios o libertos, los criaban en chacras prácticamente dentro de las ciudades. Pero los animales de carga estaban casi siempre al cuidado de esclavos, cuyos dueños podían permitirse tener bueyes, mulas y caballos. Aunque la mayoría de los animales grandes eran mantenidos fuera de los límites de la ciudad, siempre había en los establos de los caballeros portugueses algunos caballos y mulas para tirar de sus elegantes carruajes. Los esclavos cuidaban de los animales domésticos, como los perros y los gatos, y muchas veces tenían que compartir con ellos las habitaciones de servicio, situadas en la planta baja de las casas coloniales.

También los reseros, o vaqueros, participaban del proceso de provisión de proteína animal a las ciudades de Bahía y Río. A lo largo de todo el período colonial, las ciudades dependieron de las granjas, haciendas o plantaciones vecinas para el aprovisionamiento de carne fresca, que se obtenía faenando el ganado vacuno y caprino que llegaba a las ciudades. Los reseros acudían regularmente a las ferias de ganado, llevando los animales que después serían sacrificados en los mataderos autorizados de Bahía y otras ciudades del nordeste. En el siglo XVIII un jesuita italiano informaba que habían llegado a Capoâme —población situada a ocho leguas de Bahía— entre 100 y 300 cabezas de ganado, que fueron adquiridas por los comerciantes de la zona. Los que arreaban el ganado eran blancos, mulatos, negros o indios. La ciudad de Belém recibía carne de la isla de Marajó, donde en 1759 los jesuitas tenían 50 000 cabezas. Y en 1727, los reseros que llevaban ganado legalmente a los comerciantes de Belém eran 22, todos indígenas.[1] Más al sur, Río de Janeiro recibía regularmente ganado vacuno de Minas y

---

[1] Luiz dos Santos Vilhena, *Recopilação de notícias soteropolitanas e brasilicas,* Braz do Amaral (comp.), Bahía, Imprensa Oficial do Estado, 1921-22, 1:51, 161-162; André João Antonil, *Cultura e opulência do Brasil por suas drogas, e minas...*, Lisboa, 1711: edición facsimilar, Recife, Indústria Gráfica Brasileira, 1969, págs. 188-189; y Sue Ellen Anderson Gross, "The Economic Life of the Estado do Maranhão e Grão Pará, 1686-1751", tesis de doctorado, Universidad de Tulane, 1969, págs. 32-34.

San Pablo, y cerdos de Minas Gerais. En Quito, en el siglo XVII, los pobres y las viudas solicitaron al cabildo licencias —y las obtuvieron— para abastecer de carne a la ciudad, y al menos algunas mujeres que criaban ganado en los alrededores de Quito lo mandaban a esta ciudad. Es de suponer que, de este grupo, los hombres pobres llevaban personalmente su ganado a Quito, pero se ignora en cambio, quién llevaba el de las viudas. No obstante, se sabe que en el Brasil colonial había vaqueros, reseros y criadores de cerdos, indios, esclavos, libertos o negros libres, que llevaban animales a las ciudades para ser faenados.

En los alrededores de las ciudades brasileñas coloniales había densos bosques donde esclavos y sirvientes cazaban para sus dueños. Solos o con sus amos, estos hombres perseguían y capturaban monos, armadillos, lagartijas, pájaros y pequeños roedores. Mientras más alejada estaba una ciudad de la influencia portuguesa, más frecuente era que sus habitantes complementaran su dieta con las exquisiteces de la selva: tapires, iguanas, monos, miel e insectos. Algunos negros, expertos desde la adolescencia en cazar en los bosques para sus amos, volvían a las ciudades con comida para la mesa de sus dueños o para las cocinas de los ricos, que pagaban bien los armadillos y las iguanas. Cuando los naturalistas extranjeros empezaron a llegar al Brasil, estos esclavos capturaban los ejemplares que iban a parar a las colecciones de los museos de historia natural europeos. En efecto, los primeros naturalistas del Brasil hicieron importantes contribuciones a la clasificación de la flora y la fauna brasileñas a fines del siglo XVIII, y durante el XIX.

La pesca era más importante aun que la caza. Como las ciudades coloniales brasileñas estaban agrupadas a lo largo de ríos o en la costa del mar, todos pescaban. Esclavos, libertos y hombres libres, sobre todo indios y mestizos, cazaban peces, tortugas, pulpos y tiburones en los ríos y en el océano. Algunos pescaban desde la costa, con redes; o bien envenenaban a los peces en los ríos a la manera indígena. Los negros y mulatos libertos de Paraty usaban redes pequeñas, mientras que otros pescaban con anzuelo y línea desde pequeñas canoas, cerca de la costa; después, salaban el pescado y lo llevaban a la ciudad o al pueblo para cambiarlo por sal, anzuelos y otros equipamientos. A veces las redes no eran propiedad de los pescadores sino de los comerciantes a quienes entregaban la pesca. Los dueños de esclavos de Paraty acostumbraban pagarle a un pescador mulato para que fabricara redes para sus esclavos rurales, a fin de que estos pudieran alimentarse. En el nordeste, los pescadores negros salían mar adentro en *jangadas* (balsas con velas triangulares) para pescar peces grandes de mar, como tiburones, que usaban para alimentarse y obtener aceite.

Cuando llegaban ballenas a las bahías de Río y Bahía, para después emigrar a lo largo de la costa, los cazadores de ballenas salían en su busca. Todas las mañanas partían de Bahía entre 40 y 50 lanchas balleneras. Cada embarcación tenía una tripulación de 10 hombres: 8 remeros, un patrón y un arponero.[2] Aparentemente, estos hombres eran casi siempre negros y mulatos y pertenecían al dueño de la *armação* donde las ballenas eran procesadas para aprovechar su carne y extraer aceite. En otros lugares del sur se prefería a los hombres libres como cazadores de ballenas, debido a los riesgos inherentes a la tarea. En todo Brasil los pescadores y los balleneros eran el grupo ocupacional más responsable por la provisión de proteínas animales a las ciudades coloniales.

Otras fuentes de proteínas estaban muy alejadas de las ciudades y por razones de conservación debían ser procesadas antes de su embarque. En general, los métodos de conservación usados en el período colonial eran el salado y/o secado, y las regiones con acceso a animales o peces desarrollaron la industria del saladero para abastecer a las ciudades próximas. En el nordeste, Ceará, Paranaíba, Piauí y la región del río San Francisco enviaban carne salada a Bahía; y en el sur, Río Grande de San Pedro desarrolló sus industrias de la carne hasta el punto de reemplazar a otras regiones en el comercio de carne y sus subproductos. Otros subproductos de la carne eran exportados al Brasil desde la región del Río de la Plata. Hacia fines del siglo XVIII, Bahía, Recife y Río importaban regularmente carne seca y salada desde el sur, y muchas veces la gente prefería la carne seca porque se consideraba que así procesada era más segura en lo que respecta a las enfermedades que podía transmitir estando fresca. En el nordeste y en el sur los esclavos y los negros libres trabajaban como vaqueros en las grandes haciendas y como procesadores de carne salada en las ciudades costeras. Otros esclavos preparaban cueros, sebo y pieles para exportar a Río de Janeiro y Bahía.

---

2 *Louis F. de Tollenare, Notes dominicales prises pendant un voyage en Portugal et au Brésil en 1816 et 1818*, León Bourdo (comp.), París, Presses Universitaires de France, 1971-1973, 3:683, págs. 702-705, 765.

En Minas Gerais y San Pablo había otra importante industria de la carne dedicada al procesamiento del cerdo y a la preparación de un alimento enormemente popular en el sur del Brasil: el *toucinho* (tocino). En los lugares donde no se conseguía carne seca o salada, el tocino eran muchas veces la única proteína animal de la dieta de los esclavos y los pobres. El tercer producto animal en orden de importancia era el pescado salado, preparado en Brasil o importado de Portugal. En toda la cuenca del Amazonas y otros ríos brasileños, incluyendo el San Francisco, los indios y la gente de color preparaban pescado salado para venderlo en las ciudades aledañas. Pero, al parecer, los portugueses preferían por sobre todo su bacalao de Terranova importado. Mientras sus esclavos africanos e indios comían pescado fresco o carne salada, ellos tenían en su mesa el *bacalhau* (bacalao) que compraban a los comerciantes portugueses.

Los proveedores no solo cazaban y pescaban, sino que también recolectaban muchos recursos naturales. Se internaban en los bosques próximos a las ciudades en busca de la madera de tinte que era exportada desde las ciudades puertos. Las maderas de tinte habían sido la primera exportación de Brasil en el siglo XVI, y siguieron vendiéndose en el exterior aun después de que el azúcar se convirtió en la principal mercancía. No obstante, la mayoría de los proveedores simplemente recogían leña para usarla como combustible en el hogar o para hacer carbón. La recolección de leña era una de las ocupaciones más comunes de los esclavos domésticos y de los indígenas. En segundo lugar estaba la recolección de *capim d' Angola*, hierba de forraje. Los esclavos recogían la hierba cerca de Río de Janeiro, donde crecía espontáneamente, o bien la cultivaban y la llevaban a la ciudad sobre el lomo de sus animales, en carros o botes o en fardos que transportaban en equilibrio sobre la cabeza. Después la vendían en la Praça do Capim, en Río, un mercado especializado en forraje, o la ofrecían de puerta en puerta. Por último, muchas esclavas africanas o mujeres libres indígenas, especialmente las ancianas, recogían hierbas medicinales o aromáticas, plantas e insectos, así como también frutos y verduras que crecían silvestres cerca de las ciudades.

En general, la producción y recolección de alimentos y combustible ocupaba a un número importante de esclavos, libertos y personas de color libres que vivían en las ciudades coloniales o en sus alrededores. Estas personas se dedicaban a la jardinería, la agricultura comercial, la cría de animales y las actividades de subsistencia. El hecho de que los proveedores vivieran en las ciudades o en los pueblos no significaba que escaparan a las labores más típicamente asociadas con las plantaciones esclavistas. De hecho, con frecuencia tenían que realizar no solo tareas rurales sino también urbanas; es decir, que cultivaban frutas y verduras, cuidaban de animales de granja y hacían los trabajos domésticos, sin descuidar algunas otras ocupaciones.

TRANSPORTISTAS

A medida que las poblaciones urbanas crecían, en el último tercio del siglo XVIII la comida tenía que ser transportada desde distancias cada vez mayores. Al expandirse las ciudades, el almacenamiento de alimentos también se dispersaba geográficamente. Así, una de las ocupaciones más importantes de las clases bajas de las ciudades coloniales era el transporte, el traslado de productos y de personas de una parte de la ciudad a otra, o de la ciudad a la campiña y a la inversa. A veces trasladaban las mercaderías por tierra, especialmente hacia las minas, pero también solían desplazarse por agua. Ni siquiera las mujeres estaban libres del acarreo por tierra, aunque aparentemente no realizaban transporte marítimo ni fluvial. Como existía una especie de regla no escrita que establecía que las personas de elevada condición no debían transportar bultos ni caminar demasiado, sobre todo las damas, en el Brasil colonial todo el peso del transporte recaía sobre los esclavos. Antes de que se construyesen muelles en las ciudades, es decir, antes del siglo XIX, todas las personas que llegaban a las ciudades puertos del Brasil eran transportadas hasta tierra firme sobre los hombros de los esclavos indígenas o africanos, que muchas veces caminaban con el agua sucia hasta la cintura llevando a los pasajeros. Todo lo que los recién llegados tenían consigo, desde un paquete de cartas hasta un paraguas, debía ser entregado a los esclavos; de lo contrario, se corría el riesgo de granjearse su mala voluntad y hasta alguna venganza, por privarlos de su trabajo.

Donde había esclavos africanos, sus dueños acostumbraban hacerles llevar cargas pesadas sobre la cabeza, en parte debido a la antigua tradición africana de transportar objetos de esta manera, ya que no se disponía de animales de carga grandes. En la época de la Independencia, se estimaba que por lo menos la mitad de los mozos de cordel de Río eran africanos recién llegados, capaces de transportar sobre la cabeza desde una bolsa de sal hasta un piano. Cuando trasladaban muebles y otros objetos pesados, actuaban en grupos, bajo la dirección de uno de los que formaban parte de la cuadrilla. Mientras avanzaban, el capitán danzaba y marcaba el compás con una maraca o con dos trozos de metal, al tiempo que entonaba una canción africana. Los otros se unían a la canción, en coro. Esta tradición de transportar objetos sobre la cabeza al ritmo de una música vibrante, fue característica del Brasil y de la América española. Cuando no adoptaban el transporte sobre la cabeza, a la manera de sus colegas africanos, los hombres y mujeres indígenas caminaban en fila, con expresión sombría, agobiados por los pesados bultos que llevaban en canastas o bolsas.

Muchos de estos mozos de cuerda trabajaban como estibadores en los muelles y depósitos de los activos puertos del Brasil. Eran imprescindibles para descargar personas y paquetes en todas las ciudades puertos de la América colonial, como Cartagena, La Habana, Buenos Aires y Bahía. Ellos desembarcaban las importaciones suntuarias —tejidos asiáticos, vinos portugueses, manufacturas inglesas— y las transportaban sobre sus hombros o sus cabezas hasta las aduanas y los depósitos.

También llevaban hasta la costa a los nuevos africanos que debían ser trasladados a los mercados de esclavos de las ciudades costeras. Las exportaciones de azúcar, tabaco y productos alimenticios viajaban sobre sus espaldas o cabezas, o eran transportadas en carros arrastrados por ellos. Los bultos muy grandes eran suspendidos de largas cuerdas sujetas a palos llevados por cuatro o seis estibadores esclavos. Una vez en la zona del puerto o simplemente en la costa, las mercancías eran almacenadas en depósitos y después llevadas a los barcos por canoeros o boteros esclavos. Todo lo que se movía entre los barcos y la costa, todo lo que entraba y salía de los depósitos en las ciudades brasileñas coloniales era transportado por esclavos, que al parecer tenían el monopolio de estas actividades portuarias.

Sin embargo, entre todos los acarreadores, los que realizaban las tareas más difíciles eran los que trabajaban en canteras, como las que había cerca de Río. Estos trabajadores transportaban bloques de granito sobre la cabeza. También era muy duro el trabajo de los mineros. En la ciudad de Bahía había una actividad muy especial: el transporte de artículos desde los muelles de la ciudad baja hasta la ciudad alta, y trabajaban en ella miles de esclavos al mismo tiempo. Otro grupo de mozos de cordel llevaba los objetos frágiles por las largas y fangosas rutas entre Bahía o Río y las minas de Minas Gerais. En todos los casos en que no había animales de carga o, si los había, eran caros o poco confiables, eran los esclavos quienes transportaban todos los bultos entre las ciudades y también dentro de ellas.

Los mozos de cordel urbanos también tenían que llevar gente. En el Brasil colonial era signo de elevada posición transitar en una elegante silla de mano con cortinillas. Dos esclavos pardos, ataviados con vistosas libreas, transportaban a sus dueños ricos en adornados palanquines, conocidos como *cadeirinhas* (sillitas) y *serpentinas* (palanquines). En la ciudad de Bahía, en el siglo XVIII, su uso estaba restringido a los blancos; en efecto, solo los blancos ricos podían permitírselo, debido al alto costo del palanquín y de los dos acarreadores. La gente de menor condición social caminaba o era llevada en una red, método que también se usaba para transportar a los muertos. Cuando una persona pobre moría, dos esclavos la llevaban hasta la tumba en una red atada a un palo que se apoyaba en los hombros de los dos transportadores.

Otra actividad cotidiana y rutinaria en el Brasil colonial era el acarreo de agua. Como el agua para beber era extraída de fuentes que estaban fuera de las casas —fuentes, pozos, ríos y arroyos— cada familia mandaba a sus mujeres o a sus esclavos a buscarla. Antes de 1808 esta tarea era desempeñada principalmente por esclavas, que llevaban grandes recipientes sobre la cabeza, a la manera africana. En el siglo XVIII todas las ciudades coloniales tenían fuentes públicas, con adornos generalmente tallados por artistas esclavos, o disponían de pozos privados, cuyos dueños vendían el agua. En Bahía había muchas fuentes y pozos en la ciudad; pero en Río un virrey había mandado construir un acueducto para llevar el agua hasta la fuente situada en el centro de la ciudad. Anteriormente era necesario emplear un ejército de esclavos para transportar agua desde los cursos de agua más próximos. En el siglo XVII, por ejemplo, la única función de grandes grupos de esclavos indígenas era llevar el agua por un camino accidentado, desde el río Carioca, pasando por el cerro de la Gloria, hasta la zona portuaria de la ciudad. La construcción del acueducto y la canalización facilitaron el transporte y aliviaron el trabajo humano, pero el crecimiento urbano y suburbano de la ciu-

dad hizo que las casas empezaran a construirse cada vez más lejos
de las fuentes centrales, aumentando así la distancia que los
esclavos tenían que recorrer, a menos que se dispusiera de fuentes
alternativas. Debido a la variable calidad del agua, en Salvador
los ciudadanos acomodados mandaban a sus esclavos a puntos
más distantes en busca de agua más pura.

Otra tarea pesada era el acarreo y eliminación de los residuos
domésticos, es decir, de la basura. En la época colonial se usaban
como basurales plazas, grandes baldíos, pasajes y hasta calles.
Mandados por sus dueños, los esclavos partían todas las mañanas
para tirar la basura y los animales muertos. Algunos dueños de
casa, para ahorrarse los gastos de sepelio, llegaban a abandonar en
las calles, por la noche, los cuerpos de los esclavos que morían. En
consecuencia, multitud de perros, cerdos, ratas e insectos se disputaban con los cuervos los desperdicios, y esa situación contribuía a
generar epidemias en las ciudades. En Bahía, por ejemplo, uno de
los problemas más serios que afectaban la salud pública era la
manera en que los esclavos de la ciudad alta abandonaban los desperdicios en lo alto de las escalinatas que conducían a la ciudad
baja. Los esclavos recibían orden de llevar la basura hasta las playas aledañas al puerto, pero caminaban solo hasta lo alto de las
escalinatas que conducían a la zona indicada, y allí arrojaban la
basura. Cuando llovía, la basura de la ciudad alta corría hacia la
ciudad baja, poniendo en peligro la salud de la población. En la
mayoría de las ciudades costeras, las playas de los centros urbanos
también eran insalubres, porque los esclavos las usaban como
basurales. La desagradable tarea de llevar todos los días la basura
a las playas o a los sitios acostumbrados, en plazas y calles, se
asignaba por lo general al único esclavo de la familia, o a las personas de condición más baja, como las mujeres ancianas o los africanos recién llegados. Los desperdicios de edificios públicos, prisiones
y hospitales eran transportados por delincuentes encadenados.

Del análisis de los altos índices de personas que transportaban objetos sobre la cabeza o llevaban personas, se infiere que los
esclavos africanos e indígenas del Brasil colonial hacían tareas de
bestias de carga. Por otra parte, también había esclavos que trabajaban junto con los animales en el acarreo de personas y objetos.
Dentro de las ciudades, un grupo de élite, compuesto por personas
que vestían elegantes libreas (cocheros, lacayos y palafreneros),
conducía los caballos o mulas que tiraban de los carruajes, montaba

sobre los animales, los cuidaba o permanecía de pie detrás de los carruajes. Ya en el siglo XIX, había en Río de Janeiro organizaciones comerciales que brindaban una suerte de servicio de taxi, o coches de alquiler. Los conductores de estos pequeños carruajes, no tan elegantemente vestidos, esperaban a sus clientes en las calles de Río. Los coches se llamaban *seges* y tenían dos ruedas y un solo asiento. Cuando las familias de los hacendados salían de las ciudades rumbo a sus posesiones rurales, viajaban en sólidos carros conducidos por esclavos. Carruajes similares se utilizaban para acarrear provisiones desde el campo hasta la ciudad. Además, los esclavos transportaban en carretas las reses ya faenadas o bien conducían ganado en pie para ser sacrificado en los mataderos de la ciudad.

Debido al volumen de productos que eran trasladados a lomo de mula en el período colonial, los arrieros eran fundamentales para el tráfico entre las ciudades. Todo lo que no se transportaba por agua en el tráfico costero o ribereño, iba a lomo de mula, sobre la cabeza de un esclavo o a la espalda de un indio. La persona a cargo de una tropa de mulas era por lo general un hombre libre o un liberto, pero los arrieros que lo seguían solían ser esclavos. Estos esclavos caminaban junto a las mulas que transportaban los productos de las plantaciones entre las ciudades. También era frecuente ver esclavos —casi siempre los más nuevos— detrás de las mulas, portando sobre la cabeza otros bultos. Si los dueños acompañaban la caravana, los esclavos los llevaban en una hamaca de red colgada entre dos palos, o bien vigilaban la marcha de dos mulas que transportaban una especie de palanquín cerrado. En otros casos, caminaban detrás de sus dueños, que iban a caballo. Cuando no se usaban mulas, la mayoría de los esclavos, incluidas las mujeres, llevaban las provisiones en bultos sobre la cabeza.

Cuando no había ríos navegables apropiados, los productos y las personas eran transportados por esclavos negros o indios, tanto en las ciudades como en el interior. Excepto en los casos de largas caravanas de mulas, en los viajes cortos casi toda la carga era llevada por los esclavos, que no solo acarreaban el equipaje sino que cargaban también a sus dueños. Debido a la escasez de animales de carga en muchas zonas del Brasil colonial, los esclavos indios o negros desempeñaban constantemente tareas de acarreo. Solo los sirvientes personales o los esclavos de gente de muy elevada condición social y económica se libraban de ser, en un momento u otro, bestias de carga.

BOTEROS

El transporte de objetos y personas no se realizaba únicamente por tierra sino también por agua, aun en las ciudades. En el Brasil, el transporte de productos y las comunicaciones entre ciudades costeras o ribereñas se hacían por agua. Solo las poblaciones mineras del interior no usaban boteros con tanta frecuencia. Por las características de la geografía brasileña, los boteros eran proporcionalmente más importantes para el abastecimiento que los arrieros. Estos últimos, en cambio, eran fundamentales para el abastecimiento de las poblaciones mineras del interior en Nueva España, el Alto Perú y Minas Gerais. Además, los boteros brasileños eran tan vitales para el comercio y el transporte interurbano como los boteros de Venecia, los de Tenochtitlán en el siglo XV y los de la ciudad de México en el siglo XVI. Ellos eran no solo los "taxistas" urbanos sino también los "camioneros" que llevaban los alimentos a los mercados centrales. Basten dos ejemplos. Cuando la familia real portuguesa estableció su residencia en un suburbio de Río de Janeiro, se trasladaba con más frecuencia en embarcaciones que en carruajes. A lo largo de la costa, hasta Paraty, los poblados y plantaciones que abastecían a Río estaban comunicados por el mar. De hecho, recién en la década de 1790 se construyó un camino entre Paraty y Río. Dado que el Brasil colonial no heredó caminos bien construidos, como los de los incas en los Andes, la mayor parte del transporte se hacía por agua, igual que en el período anterior a 1500.

Canoas, piraguas, balsas, pequeñas balandras y grandes embarcaciones a vela transitaban por los grandes ríos del Brasil, incluidos el Amazonas, el Paraná y todos los afluentes de ambas cuencas, el río San Francisco y especialmente las bahías de Bahía y Río, los canales y ríos de Recife y la costa entre las ciudades puertos (véase la figura 19). Uno o dos esclavos, muchas veces indígenas, construían y manejaban las canoas que llevaban los productos a las ciudades para su venta, mientras que otros alquilaban sus servicios para llevar pasajeros hasta la costa. Algunos empujaban grandes balsas cargadas con troncos y otros productos, mientras que pescadores esclavos negros desafiaban las aguas del Atlántico en pequeñas jangadas con velas de tela. Estos individuos eran, por lo general, esclavos de confianza, o libertos de color, pero la mayoría de los boteros y marineros esclavos trabajaban bajo la supervisión de los dueños o de los capataces. En la región del Amazonas, las tripulaciones indígenas conducían las grandes canoas de 40 remeros que transportaban especias, frutas, maderas y esclavos desde el interior hacia Belem.

Los esclavos también trabajaban como remeros en los botes pequeños, que se movían entre los barcos y la costa en las ciudades puertos, como Bahía y Río de Janeiro. Los botes más comunes eran las *faluas*, muy parecidas a las de Lisboa, que o bien no tenían mástiles o estaban provistas de dos, cada uno con una vela grande, y una popa cubierta para proteger a los pasajeros del sol. Las conducían cuatro, seis u ocho remeros, generalmente africanos, bajo las órdenes del dueño portugués, que se desempeñaba como timonel en las *faluas* grandes. En los botes más pequeños, era frecuente que el capitán fuera un esclavo. En el Río de Janeiro del siglo XIX todos los boteros africanos eran propiedad del dueño de la embarcación, aunque a veces algunos eran alquilados.

Un año después de la Independencia, Burford describió así un bote impulsado por remeros africanos:

> sus miembros desnudos y tatuados son un espectáculo extraordinario para los europeos; a cada golpe de remo se incorporan y después se echan hacia atrás en sus asientos, e invariablemente acompañan su trabajo con alguna canción folklórica nativa.[3]

Sin embargo, el mayor empleador de remeros esclavos era la familia real, que poseía refinadas *galeotas* con 10 a 20 remeros. En 1816, Ellis informó que los indios de Río eran empleados para "impulsar con los remos la galeota real, y algunos otros botes".[4]

En el interior de Brasil había boteros que trasladaban personas y objetos a través de grandes ríos, en las poblaciones pequeñas. En algunos casos, los dueños mandaban a los esclavos de confianza a realizar los cruces, y en otros, eran blancos pobres, ex esclavos o negros libres quienes se ganaban la vida con esa actividad. En Bahía, los pobres trasladaban pasajeros a través del río Paraguaçu, pero en otros ríos trabajaban esclavos y libertos negros, que usaban balsas grandes y canoas pequeñas. En los viajes largos por

---

[3] Robert Burford, *Description of a view of the city of St. Sebastian and the bay of Rio Janeiro...*, Londres, J. and C. Adlard, Bartholomew Close, 1828, pág. 10.

[4] Henry Ellis, *Journal of the proceedings of the late embassy to China...*, Londres, John Murray, 1817, pág. 7.

el interior, donde este servicio no existía, los esclavos cruzaban a
sus dueños cargándolos sobre sus espaldas. Y en las ciudades, no
faltaban los esclavos emprendedores que, para ganar algún dinero
más, acarreaban a los viandantes a través de las calles inundadas,
en la estación de las lluvias. Debido a estas tradiciones, era natural que los dueños pusieran a sus esclavos a trabajar en balsas,
botes y canoas para transportar gente y equipajes dentro de las
ciudades. Cuando las ciudades estaban divididas por agua, como
en Recife, los esclavos y libertos proporcionaban un servicio de acarreo de alquiler al llevar pasajeros y equipajes del centro de la ciudad a los suburbios, y hasta de una ciudad a otra. En la región del
Amazonas, los indios trabajaban en botes y canoas para llevar gente y bultos de y hacia Belém.

Los barqueros, pescadores, canoeros y remeros eran vitales
para el tráfico local que tenía lugar por agua entre sectores de
una ciudad y sus suburbios, o entre las poblaciones a lo largo de
la costa y de las márgenes de los ríos. Los marineros brasileños y
africanos estacionados en las ciudades puertos también conducían
los barcos que surcaban las aguas costeras e internacionales.
Esclavos alquilados, hombres de mar portugueses y una variada
mezcla de hombres de color, libres y libertos, trabajaban como
marineros, cocineros, grumetes y barberos-cirujanos en los barcos del período colonial. Incluso se reclutaban delincuentes convictos y *degradados* (desterrados) por la fuerza en Bahía para
integrar la tripulación de una embarcación negrera que partiría
rumbo a Guinea o Angola. Los archivos de la época indican que
la escasez de hombres de mar había llevado a la aceptación y
hasta al reclutamiento compulsivo de personas incapaces de
resistirse a ser enviadas a largos viajes marítimos por todo el
imperio portugués. No obstante, tales reclutamientos eran fundamentales para la continuidad del comercio entre las ciudades
brasileñas costeras, las colonias españolas del Sur, África, Asia,
y Portugal; y muchos marineros africanos y brasileños hacían
largos viajes por todo el imperio, incluida África.

PRODUCTORES DE ALIMENTOS

Después de la importación, las materias primas o los animales
en pie eran colocados en depósitos o corrales de las ciudades.

Otros grupos, sobre todo de mujeres, se dedicaban entonces al procesamiento de los materiales. En las regiones tropicales de la América Latina colonial, las indígenas y los esclavos convertían la mandioca en *farinha*, y en las tierras altas elaboraban harina de maíz. Luego estas harinas se vendían en las ciudades a otras personas que hacían pan, un pan del cual los pobres consumían más cantidad que del pan de trigo. En gran parte de la América Latina colonial, las mujeres elaboraban pan de mandioca, maíz o trigo, o tortillas en Nueva España, y lo hacían en sus propios hornos; pero en los grandes centros urbanos como Lima y Río los panaderos eran esclavos. En Lima, en el siglo XVIII, los señores que querían corregir a sus esclavos por desobediencia los enviaban a los panaderos para que les aplicaran castigos que entonces se consideraban más severos que los de las galeras. Así, los esclavos castigados trabajaban amasando el pan junto con los esclavos de los panaderos. En el siglo XIX los panaderos de Río eran esclavos, y las panaderías empleaban entre 4 y 18 de estos trabajadores, que producían el delicado pan francés y la pastelería. En Bahía y en Ouro Preto había panaderas, al igual que en Santiago y Potosí, y casi todas eran indias o negras. Los esclavos también procesaban el cacao y producían un excelente chocolate para las tortas y dulces de la ciudad. En la época de la colonia, en el norte de América del Sur y en Brasil los chocolateros eran esclavos negros. En las regiones donde abundaba el cacao, como en América Central, el chocolate formaba parte de la dieta de los pobres, a menudo como bebida.

Los esclavos también destilaban bebidas alcohólicas y las vendían. En las zonas tropicales, los esclavos de las plantaciones de caña de azúcar simplemente cortaban trozos, les sacaban el jugo y los vendían. Otros procesaban la caña de azúcar para obtener diversas calidades de ron. En el Brasil, la más barata de estas bebidas, conocida como *aguardente* o *cachaça*, se embotellaba ilegalmente y se vendía a los pobres de las ciudades. Las tabernas y las *vendas* (puestos en el mercado) de los vecindarios pobres también vendían *cachaça* o la cambiaban por mercadería robada. En el Río de Janeiro del siglo XIX, el tráfico ilegal de las bebidas alcohólicas estaba vinculado con ciertos tipos de robo. En la región andina se fabricaba y vendía una bebida alcohólica destilada del maíz, la *chicha*, y las mujeres indias la preparaban al mismo tiempo que desarrollaban otras tareas domésticas: hilar y cuidar de los animales y los sembrados. En Nueva España también eran los indios quienes controlaban la manufactura de la bebida alcohólica local, el *pulque*, que se preparaba con el jugo fermentado de la planta de maguey. A fines del período colonial, las mujeres indígenas, sobre todo las viudas, no solo distribuían el pulque desde sus casas y desde las tabernas, sino que también lo vendían en las calles de las ciudades. La expansión del tráfico del pulque hasta posibilitó que algunas mujeres se convirtieran en las personas más ricas de su comunidad. Como existía un mercado masivo para las bebidas alcohólicas baratas pero de buen sabor, prepararlas y venderlas eran ocupaciones muy rentables para las mujeres y los esclavos. Sin embargo, esta actividad no proporcionaba estatus social, porque estar implicado en la venta de bebidas alcohólicas significaba para un hombre, entre otras desventajas, que a sus hijas no se les permitía ser monjas.

También estaban vinculados a los fabricantes de alimentos y bebidas aquellos que procesaban subproductos animales. Los fabricantes de velas hacían velas y jabón con sebo animal importado del sur, y modelaban con cera africana hermosas velas que se usaban en los servicios religiosos y en los hogares. Estos trabajadores también hacían exvotos de cera para conmemorar la intervención de un santo a favor de alguien. Otros, hábiles curtidores, convertían los cueros de animales del sur o del *sertão* en productos como bolsas para sal, monturas y objetos para la cría de animales.

Los mataderos al aire libre, emplazados cerca de los corrales, empleaban a muchos indios y esclavos, especialmente en regiones dedicadas a la cría de ganado. En Nueva España, el faenamiento de los animales lo realizaban, al parecer, los indios pobres, y era considerado una ocupación "vil", que también descalificaba a las hijas de estos hombres para llegar a ser monjas en la ciudad de México. Es probable que en el Brasil existieran actitudes similares respecto de los matarifes, como lo indica el hecho de que esta tarea la realizaran los esclavos, que mataban a los animales y después llevaban la carne a los carniceros.

En Bahía, en el siglo XVIII, eran entre 80 y 100 hombres negros quienes sacrificaban el ganado en los "corrales del Concejo", cerca de la fortaleza del Barbalho; y en Río, a principios del siglo XIX, aún eran los esclavos los que faenaban cerca de la playa de Santa Lucía, en el centro mismo de la ciudad. El artista francés Debret pintó estas escenas, y un médico norteamericano las describió así:

La carne cruda resulta verdaderamente repulsiva a la vista cuando
se contempla a estos hombres, con la sangre chorreando por sus
cuerpos y mezclándose con la humeante transpiración que los cubre
debido a su corpulencia, el sol intenso y el ejercicio violento.[5]

En una zona apartada de las ciudades, otro grupo de esclavos
trabajaba en el procesamiento del cerdo. También transportaban
enormes reses sobre la cabeza y los hombros, hasta los puestos
de venta de cerdo en Río. En Minas, el faenamiento y posterior
traslado a Ouro Preto era tan riesgoso para la salud que en esa
ciudad se prohibió la venta de carne fresca de cerdo. Los mataderos de Río también empleaban mujeres que trabajaban como tri-
peras, en condiciones que no solo ponían en peligro su salud, sino
la de los consumidores, porque estas mujeres vaciaban los intesti-
nos y preparaban con ellos embutidos en la misma sucia playa de
Río, donde se amontonaba la carne en mal estado y pululaban las
moscas.

En el Brasil colonial existía otro grupo de esclavos que trabajaba en las factorías procesadoras de carne y aceite de ballena. En
Bahía, cerca de la fortaleza de San Lorenzo, había un gran asentamiento de personas que trabajaban en la planta procesadora donde
se elaboraban el aceite de ballena y los productos derivados. En
Río, las plantas estaban situadas en la Rua da Misericórdia y del
otro lado de la bahía, en Praia Grande, hoy Niteroi. Otras fábricas
importantes estaban en el sur, en Santa Catarina.

VENDEDORES

Una vez importadas las mercaderías y procesados los alimentos
para la ciudad, los productos finales eran distribuidos y comer-
cializados por diversos grupos sociales. Aunque los portugueses y
españoles dominaban las redes de importación-exportación y el
tráfico interregional, también los africanos, indígenas y mulatos
eran importantes en la "otra economía" de las ciudades, incluido
el mercado negro de productos de contrabando. Mientras los por-

---

[5] Gustavus R. B. Horner. *Medical topography of Brazil...*, Filadelfia, Lindsay
and Blakiston, 1845, pág. 67.

tugueses y los españoles permanecían sentados en sus tiendas a la espera de clientes, o atendían sus depósitos, la gente de color trabajaba en las calles. Las clases bajas, especialmente las mujeres africanas en las ciudades portuarias y las indígenas en las tierras altas de Nueva España y Perú, eran importantes en el comercio callejero y en los mercados de las plazas.

Eran los pobres, y los que tenían menos capital —por lo general esclavos y libertos— quienes se dedicaban a la venta de puerta en puerta por las calles de la ciudad (véase figura 20). Los vendedores ambulantes trabajaban la jornada completa o media jornada, según los casos. Los esclavos, que tenían que trabajar para sus dueños, solían dedicar su tiempo libre de los domingos y feriados o las últimas horas de la tarde a la venta de las comidas que preparaban o de los objetos que fabricaban, compraban o robaban. A los que les iba bien trabajando media jornada se les permitía a veces acceder a un trabajo completo, mientras que otros trabajaban para dueños que tenían algo que vender y querían aprovechar las ganancias de sus esclavos. Otros simplemente se desempeñaban como mozos de cuerda de vendedores ambulantes ibéricos que recorrían las calles ofreciendo en las casas platería y tejidos de seda.

A comienzos del siglo XIX en ciudades puertos como Cartagena, La Habana, Río y Bahía, la mayoría de los vendedores ambulantes eran africanos y voceaban sus mercaderías con pregones rítmicos y cantados. Vendían de todo, hasta servicios. Algunos productos eran llevados sobre la cabeza, en canastos, bandejas de madera o potes de cerámica. Lo que ofrecían era variado en extremo: ropas, libros, cacerolas de cobre, utensilios de cocina, canastas, alfombras, velas, filtros de amor, estatuas de santos, hierbas y flores, pájaros y animales, otros esclavos, y joyas.

A veces los esclavos se especializaban en algún rubro, porque eran empleados de la persona que lo elaboraba o fabricaba, pero también era común que vendieran artículos diversos. En Bahía, las mujeres negras se especializaban en la compra de artículos de contrabando, tejidos comprados ilegalmente a barcos extranjeros o esclavos recién llegados del África Occidental. Después, los vendían en la ciudad.

Una de las actividades de venta ambulante más importante en la América Latina colonial era la venta de comidas y productos alimenticios. Si bien los vendedores ibéricos solían competir en el negocio con los criollos y los africanos, al parecer dejaban la venta de comidas a otros grupos sociales. Por lo tanto, los africanos y los indígenas eran quienes llevaban verduras y frutas, aves y huevos, pasteles de pescado o de carne y dulces de puerta en puerta, o los vendían en los mercados. Al parecer, las tradicionales divisiones del trabajo según el sexo parecen haber decidido quién vendía qué en los mercados. En España y Portugal, y también en Santiago y Bahía, las mujeres vendían pescado y carne; pero en Río las licencias para los vendedores ambulantes demuestran que allí los hombres dominaban la actividad. En Bahía, esclavas negras conocidas como *ganhadeiras* compraban pescado directamente en los botes que volvían del mar, y lo revendían a otras mujeres negras. Aparentemente, en esta ciudad las mujeres negras siguieron la tradición europea de que las mujeres manejaban las comidas, mientras que en Río se impuso la tradición africana.

En muchas ciudades costeras las mujeres vendían verduras y frutas y preparaban comidas. Filas de mujeres acarreaban los productos frescos de las chacras y granjas vecinas y después los vendían de puerta en puerta o a las mujeres que tenían puestos en los mercados de las ciudades. En Brasil, muchas mujeres que también tenían que trabajar como sirvientas domésticas, vendían en las calles y en los mercados estofados, pescado frito, carne seca, dulces de coco y golosinas, y bebidas refrescantes de frutas. El papel de las gentes de color en el negocio de la comida se repetía en muchos otros centros urbanos. Indios y mestizos vendían de puerta en puerta pescado del lago Atitlán.

Los vendedores ambulantes que tenían cierto éxito se instalaban en puestos de venta de productos alimenticios (*quitandas*), en los mercados, o en tiendas. Si bien tanto hombres como mujeres trabajaban como vendedores ambulantes en las ciudades, todo parece indicar que los puestos de mercado en que se vendían los productos en las ciudades costeras pobres eran propiedad de mujeres no ibéricas. En las ciudades puertos las propietarias eran generalmente mujeres africanas, mientras que en la zona del Amazonas y en el interior de la América española, eran mujeres indígenas. A comienzos del siglo XIX, el artista inglés Chamberlain plagió la representación pictórica hecha por un artista portugués de las puesteras de mercado de Río antes de la independencia. Pintó una próspera mujer blanca sentada a la sombra bajo un dosel tejido y fumando una larga pipa, mientras negociaba con los clientes, tratando de vender pollos, frutas y verduras.

Aparentemente, muchas mujeres libertas eran propietarias de puestos de mercado, y sus éxitos económicos les habrían permitido comprar su libertad y llegar a ser dueñas de tiendas propias.

Otro comercio callejero en el que tomaban parte mujeres esclavas y libertas, era la prostitución. Como en América Latina había muchas poblaciones de frontera donde los hombres eran muchos más que las mujeres, la demanda de prostitutas llevaba a la explotación de muchachas y muchachos esclavos. Las que se veían obligadas a ejercer la prostitución debido a necesidades económicas o a las exigencias de dueños ambiciosos eran generalmente mujeres negras; y en las fronteras, mujeres indias. Sin embargo, en el Perú del siglo XVI y en Bahía en el XVIII, las mujeres blancas también vivían de la prostitución, y Vilhena condenó el gran número de mujeres en situación deshonrosa y desgraciada.[6] En la época colonial también era frecuente que los dueños de esclavos, aun de familias respetables, así como también los dueños de burdeles y los que vivían de las mujeres, compraran esclavas para su casa y después las obligaran a salir por la noche en busca de dinero, es decir, *ao ganho*. Estas mujeres negras tenían que prostituirse para devolver las sumas de dinero exigidas por sus dueños. En muchas ciudades coloniales las prostitutas esclavas sostenían familias "respetables", y la prostitución parece haber sido un aspecto común y aceptado de la esclavitud. Con el dinero ganado en este tráfico muchas esclavas compraban su libertad; en cuanto a las libertas, no se puede saber exactamente en qué punto obtenían su libertad. Las fuentes de la época guardan silencio sobre la prostitución masculina, pero debe haber sido bastante común, sobre todo en ciudades en que las mujeres escaseaban; y sin duda estaba bien establecida en las ciudades puertos de comienzos del siglo XIX.

Otra categoría de vendedores ambulantes eran los barberos que vendían su servicio en las plazas. Llevaban consigo su equipo de trabajo y practicaban al aire libre curaciones, como la aplicación de sanguijuelas para hacer sangrías. También cortaban el cabello a hombres y mujeres, aun en estilo africano, y afeitaban a los hombres. En la época de la colonia los barberos se desempeñaban como cirujanos en las ciudades: extraían dientes, curaban fracturas de huesos y hasta, en caso necesario, amputaban brazos o piernas.

---

[6] Vilhena, *Recopilação*, pág. 140.

Estos individuos eran los cirujanos que acompañaban a los barcos negreros para cuidar de los esclavos enfermos durante el viaje a América desde África. Debido a la escasez de personas entrenadas en estas actividades, se les permitía a algunos esclavos y libertos trabajar como barberos-cirujanos, por ejemplo en Río; pero los esclavos solo cortaban el cabello y aplicaban sanguijuelas. Entre 1741 y 1749, los 38 barberos que vivían en la ciudad de Bahía eran de origen africano: 17 esclavos y 21 negros o mulatos libres. Una segunda muestra tomada entre 1810 y 1822 revela que de 33 barberos, 20 eran esclavos y 13 personas de color.[7] Sin embargo, en Quito los que practicaban sangrías eran indios ladinos.

Cuando a una persona le iba bien en la venta callejera, dejaba esa actividad y establecía en un lugar fijo su propia *quitanda* (verdulería), *venda* (almacén o despensa), taberna o *loja* (tienda o negocio). Los *tratantes* españoles itinerantes o los *mascates* (vendedores ambulantes) portugueses, al igual que los libertos africanos que habían viajado de pueblo en pueblo en su juventud como vendedores ambulantes pobres, se establecían en las ciudades en calidad de dueños de comercios minoristas cuando lograban reunir el capital necesario. Los inmigrantes españoles recién llegados solían abrir una *pulpería* (almacén y taberna). En Caracas, los que comerciaban en cerámicas, vinos, herramientas y quesos, eran hombres solteros, oriundos de Cataluña o las islas Canarias. Los dueños de tiendas minoristas eran inmigrantes portugueses y españoles, y muchos blancos empobrecidos, sobre todo inmigrantes recientes, se empleaban con ellos como vendedores de mostrador o cajeros. En Paraty en el siglo XVIII y en Río en el XIX, casi todos los empleados de tienda eran portugueses, y solo una minoría eran pardos. En el siglo XVII, el concejo municipal de Santiago pretendía mantener el mismo orden racial, otorgando licencias para pulperías a los españoles, que emplearían a su vez a hombres blancos; pero, en realidad, de 12 licencias concedidas, ocho correspondieron a mujeres, entre ellas una negra y una india. Pero ya en el siglo XVIII, en la provincia de Chile, las licencias para abrir pulperías se daban regularmente a viudas hispánicas de clase alta.

También en Minas la mayoría de los puestos en mercados eran dirigidos por mujeres, esclavas, libres y de diversa extracción racial.

---

[7] A. J. R. Russell-Wood, *The black man in slavery and freedom in colonial Brazil*, Nueva York, St. Martins Press, 1982, pág. 57.

En 1734, de 253 licencias otorgadas para la instalación de puestos, 149, o sea casi el 60%, correspondieron a mujeres; y 82, es decir, 32,4%, a esclavos. Aunque las mujeres y los esclavos dominaban los estratos más bajos del comercio minorista, como almacenes y tabernas, no recibían licencias para instalar tiendas. Hacia fines del siglo XVIII, en Minas aún había esclavos que recibían estas licencias para puestos en el mercado. De 71 licencias dadas a esclavos entre 1798 y 1806, 48 se otorgaron a mujeres y 23 a hombres.[8] Indudablemente, las mujeres y los esclavos recibían estas licencias —almacenes y puestos— como consecuencia de que las élites estimaban que las personas que vendían artículos comestibles y licores tenían menor estatus, en particular, si sus clientes eran pobres o esclavos. Estas actitudes explicarían también por qué se les permitía a los negros ser propietarios de puestos de mercado en Río y Bahía en el siglo XIX, mientras que los indios controlaban el negocio de los productos agrícolas en el interior del Perú y de Nueva España. Por otra parte, los empleados que atendían a los clientes en las tiendas más importantes eran blancos, o por lo menos pardos. En contraste con esta pauta brasileña, las mujeres indígenas de la floreciente ciudad minera de Potosí atendían, y hasta pueden haber sido en algunos casos propietarias, las tiendas que vendían comidas, dulces, artículos de plata, comestibles, pan, comidas preparadas y artículos de primera necesidad. En otras regiones de la América colonial era insólito que una mujer negra o india atendiese un negocio de este tipo, especialmente que vendiera platería. Este rubro estaba restringido a los blancos o, a lo sumo, a los mulatos.

En Bahía y en Río un grupo muy particular estableció sus negocios: los gitanos. Deportados en gran número a Brasil a comienzos del siglo XVIII, los gitanos se establecieron en el Bairro da Palma en Bahía, y en la Rua dos Ciganos y en el mercado de esclavos de Río. Se dedicaban al tráfico legal e ilegal de caballos y

---

[8] Donald Ramos, "A social history of Ouro Preto: stresses of dynamic urbanization in colonial Brazil, 1695-1726", tesis de doctorado, Universidad de Florida, 1972, págs. 182-184 (el autor no identifica quiénes fueron las otras 22 personas que recibieron licencias para instalar tiendas) y pág. 233 (4% de hombres libertos y 7% de mujeres libertas eran dueños de puestos en mercados en 1804); y Larry J. Neilson, "Of Gentry, Peasants and Slave: Rural Society in Sabará and Its Hinterland, 1780-1930", tesis de doctorado, Universidad de California, Davis, 1975, pág. 198 (sobre la identidad de algunos esclavos a quienes se les otorgó licencia comercial, 1798-1806).

esclavos, y operaban abiertamente con animales y esclavos robados, o los transportaban de forma subrepticia a las plantaciones del
interior. En los registros policiales de Río tenían fama de ser intermediarios de mercaderías robadas, pero, al parecer, también actuaban fuertemente en el tráfico legal de animales y esclavos entre las
ciudades costeras y las plantaciones del interior, a comienzos del
siglo XIX. En la ciudad de Río, algunos de los gitanos más prósperos
eran importantes mayoristas en el negocio de los esclavos recientes. Los concentraban en sus grandes casas en el mercado de
Valongo, antes de venderlos a propietarios urbanos o rurales.

SIRVIENTES

En las sociedades modernas las actividades comerciales son diferentes de las tareas domésticas, y las realizan individuos diferentes. Sin embargo, en la América Latina colonial las ventas y los
servicios eran llevados a cabo por las mismas personas, de clase
baja. Muchas veces las tabernas, almacenes y "restaurantes" funcionaban en una habitación del frente, o aledaña, de la casa colonial, y
sus habitantes atendían a los clientes y a sus propias familias al
mismo tiempo. La *dona da casa*, o dueña de casa, con frecuencia
una viuda, supervisaba el trabajo de sus esclavos, que atendían a
los clientes y cocinaban y limpiaban para la casa familiar. Si tenía
muchos esclavos, los alquilaba o los mandaba como vendedores
ambulantes. En San Pablo, Brasil, donde los agregados eran más
numerosos, a menudo los blancos y los mestizos realizaban tanto
las ventas como las tareas domésticas.

En las familias más grandes del Brasil colonial, que a veces
incluían hasta 60 o 70 *crias da casa* (criados, esclavos criados en la
casa), había una mayor especialización en el trabajo, cuya índole
variaba de una ciudad a otra. En el norte del país, en San Pablo y
en el sur, los sirvientes domésticos solían ser indios y mestizos,
mientras que en Río y Bahía, así como en México, Lima y las poblaciones mineras de Minas, eran negros y mulatos, y además esclavos,
sobre todo en las casas de familias ricas. Los agregados, que a
menudo eran parientes lejanos de los dueños de casa, o bien
migrantes rurales recientes —situación frecuente en San Pablo— o
libertos todavía vinculados a la familia, también formaban parte de
la pequeña corte que rodeaba al señor y la señora de la casa. Entre

los sirvientes domésticos, la élite estaba constituida por los hombres y mujeres destinados al servicio personal de los dueños. Estas personas vestían con elegancia y tenían cierto estatus. En cuanto a las damas de compañía, con frecuencia eran esclavas, y se las llamaba *mocambas* (mucamas). La mucama, casi siempre mestiza, estaba a veces vinculada a la familia por algún lazo personal; era media hermana, hija o concubina del dueño. Si el amo era soltero, la mucama era su ama de llaves, o bien supervisaba el trabajo de los otros esclavos; y casi siempre esta mujer había ganado su posición por el hecho de ser la querida o la concubina del patrón. En otros casos, las mucamas eran las *amas de leite* (amas de leche) de los hijos del amo, y no solo los amamantaban sino que también los criaban. Los dueños de esclavos que no disponían de una esclava que estuviera amamantando y pudiera por ello amamantar también a sus hijos, la alquilaban o la recibían en préstamo de otro dueño. Debido a su importancia en el cuidado y la crianza de los hijos del amo, las amas eran las esclavas más estimadas de la familia. Otra esclava de estatus era la partera africana, que asistía a las esposas de los dueños en sus alumbramientos.

Mientras que algunas de las mucamas dedicaban todo su tiempo a atender a sus señoras y cuidar de sus hijos, otras eran amas de llaves y supervisoras de las otras esclavas. Cumplían instrucciones de la señora de la casa y vigilaban las tareas domésticas, como lavar, coser, remendar y secar y almidonar las prendas. En la casa de hombres solteros, asumían las funciones del ama de casa, incluido el entrenamiento y la disciplina de las esclavas nuevas.

Después de las mucamas, amas de llaves y amas de leche, los esclavos de más estatus en una casa eran los hijos esclavos del amo, o al menos los que se criaban en la casa. Los amos que reconocían a los hijos de sus esclavas solían conservarlos junto a ellos como sirvientes personales, pero siempre esclavos. En cuanto a las dueñas, daban preferencia a los niños criados dentro de la familia, y una de las razones que se esgrimía con mayor frecuencia para justificar la manumisión era el hecho de haber sido criado en la casa. Mientras estos esclavos eran niños, se los criaba junto con los hijos de los dueños, con quienes compartían juegos y a quienes cuidaban, si eran mayores. No obstante, cuando crecían, las mujeres pasaban a desempeñarse como mucamas y los hombres como servidores personales o valets. Otros esclavos de casas ricas desempeñaban los cargos de cocheros, lacayos o palafreneros. Sus vistosos uniformes les daban preeminencia sobre los otros esclavos. Hacia fines de la década de 1820, en Río, los privilegiados cocheros eran casi siempre mulatos.

En las familias grandes, había esclavos de ambos sexos que trabajaban como cocineros o cocineras. Debido a sus habilidades culinarias, las cocineras africanas eran muy requeridas en las ciudades portuarias y en las poblaciones mineras de Brasil, y muy estimadas entre los esclavos de la casa. La cocinera tenía un ayudante, esclavo de confianza, que hacía las compras en el mercado. Después de algunos años de servicio, un esclavo podía llegar a ocupar esta codiciada posición: la de encargado de las compras.

En toda la América Latina colonial los trabajadores que hacían ropas eran apreciados y requeridos. Entre las mujeres pobres era muy común el oficio de tejedora, y también el de costurera. Hasta que los tejidos ingleses empezaron a competir con la producción textil local, mujeres de todas las razas tejían los paños para sus propias ropas o para un comercio interregional, mientras que los indígenas, hombres y mujeres, fueron obligados a trabajar en los *obrajes* (fábricas textiles) en la América española. Aunque las indígenas de Mesoamérica y de la región andina siguieron produciendo tejidos hilados a mano, con diseños autóctonos, en el Brasil colonial tardío las preferencias del mercado de las ciudades costeras por los tejidos importados, europeos y asiáticos, hicieron que las mujeres trabajaran más como costureras que como tejedoras. Pero en el interior, la producción textil se mantuvo viva en las localidades, por ejemplo en Vila Boa, de Goiás. En todos los lugares en que los paños importados eran inaccesibles, muy caros, o no gustaban, las mujeres se proveían de algodón, le quitaban las semillas con instrumentos primitivos de madera, lo hilaban en pequeñas ruecas y después tejían paños en telares de caballete, a la manera europea o indígena. En Río, las mujeres que hilaban el algodón empleando huso y rueca eran negras. En el nordeste, tanto las negras como las blancas pobres tejían encajes que las habían hecho famosas en todo el país.

En general, las mujeres de una casa cosían las ropas para toda la familia, con paños caseros o importados; y muchas esclavas ayudaban en la costura, bajo la vigilancia de una mucama o de la señora. Aunque por lo general las esclavas realizaban las tareas más simples, siempre había algunas que llegaban a ser tan hábiles y talentosas que copiaban los modelos importados de Europa. En Río, la ropa de los caballeros la confeccionaban los empleados esclavos de los sastres europeos que trabajaban en la llamada calle de los sastres. Era espectáculo común en las ciudades coloniales el de los sastres esclavos que trabajaban sentados a la puerta del negocio de sus amos. Otros grupos de artesanos esclavos hacían todos los otros elementos del vestuario masculino: sombreros, zapatos, bastones, adornos, etcétera.

Todas las familias de las ciudades brasileñas tenían por lo menos un esclavo, propio o alquilado, que lavaba, almidonaba y planchaba los elegantes vestidos de la época. En las casas ricas, había mujeres especializadas en almidonar o planchar, que trabajaban bajo la supervisión de una mucama. Las lavanderas tenían que realizar su tarea en varios sitios. Algunas ciudades tenían grandes fuentes y una especie de tanque de lavar. En Río, por ejemplo, había un gran tanque en la plaza Carioca, al pie del acueducto, donde las esclavas limpiaban las ropas; después las golpeaban contra las paredes cercanas, volvían a mojarlas, y finalmente las ponían a secar sobre el suelo. En el siglo XIX este sitio estaba tan concurrido que hasta acudían a él las esclavas de los pobres. Otras lavanderas esclavas trabajaban en la fuente del Campo de Santa Ana, el mayor lavadero de Río. En el siglo XIX por lo menos 200 hombres y mujeres lavaban ropa allí en grandes toneles de madera. Después, ponían las prendas a secar sobre la hierba. En Brasil, también los ríos eran gigantescos lavaderos. Todas las ciudades importantes situadas junto a algún río, como Santarem, en la confluencia del Amazonas y el Tapajós, o las de las márgenes del río San Francisco, tenían áreas especiales destinadas al lavado, y terrenos cubiertos de hierba para el secado al sol. En Río de Janeiro, el río estaba en el valle de Laranjeiras. Las esclavas que en el siglo XIX lavaban ropa allí, también la llevaban después a la ciudad y la entregaban en las casas a cambio de un pago en dinero. Quizás esta fuese la zona cercana a Río donde algunos dueños de esclavos alquilaban pequeñas granjas y empleaban a sus esclavas negras como lavanderas. El lavado era necesario y rentable, y muchas esclavas consiguieron comprar su libertad con lo que ganaban; de hecho, una gran cantidad de lavanderas en muchas ciudades coloniales eran libertas.

En el peldaño más bajo del estatus doméstico estaban las personas que realizaban las tareas menores y que trabajaban más alejadas de sus dueños. La mayoría eran esclavos indios o negros. Estas personas realizaban los siguientes trabajos: limpiar, acarrear agua, servir la mesa, lavar la vajilla y llevar la basura. Los menos calificados eran los ancianos o enfermos, los niños y los esclavos nuevos aún no asimilados, que no tenían ninguna relación con sus dueños. Muchas veces tenían que dormir en los corredores o buscar comida en la basura. Los esclavos enfermos o viejos, que ya ni siquiera podían hacer los trabajos más insignificantes, eran enviados a la calle a pedir limosna, y debían entregar a sus dueños una parte de lo que conseguían.

Trabajadores municipales

Las clases bajas urbanas eran importantes para el cuidado de la ciudad misma. Los gobiernos municipales usaban a esclavos, criminales e indios para construir edificios nuevos y calles, o para refaccionar sectores de la ciudad. Y los trabajadores municipales eran fundamentales para todas aquellas tareas que requerían esfuerzo físico o cuadrillas de obreros. En general, el tamaño de los grupos desplegados por la municipalidad variaba entre uno o dos obreros no calificados hasta numerosas cuadrillas, que pavimentaban las calles. En el Brasil, estos grupos estaban compuestos por presos, que trabajaban encadenados, esclavos castigados, que lo hacían bajo las órdenes de sus dueños, prisioneros de guerra indígenas, indios alquilados en las misiones jesuíticas y esclavos alquilados a residentes urbanos. Construían edificios públicos, entre otros cárceles, pavimentaban y reparaban las calles, levantaban fuentes y acueductos, cavaban canales y también rellenaban pantanos y lagos para posibilitar la extensión de las ciudades que en el siglo XVIII crecieron mucho.

Una de las tareas más dificultosas era la construcción de caminos, que en muchos casos implicaba secar pantanos y preparar un terraplén elevado, lo que requería cuadrillas de esclavos para sacar la tierra. En Perú se usaba mano de obra forzosa, y en Brasil, esclavos alquilados. Aparentemente, estos últimos eran hábiles en el traslado de piedras, mientras que los otros grupos estaban formados por trabajadores no calificados, que solo trasladaban la tierra y preparaban el afirmado de los caminos. Otros convictos y esclavos castigados trabajaban en canteras cercanas, extrayendo el material para la construcción.

La costumbre de alquilar esclavos a los gobiernos municipales brasileños estaba tan difundida que los dueños de esclavos hasta los prestaban para encender el alumbrado público. Una de las principales mejoras de las ciudades coloniales tuvo lugar a fines del siglo XVIII, cuando el virrey en Río de Janeiro, el conde de Rezende, inauguró la iluminación de la ciudad con lámparas de aceite de ballena. A partir de entonces, la ciudad de Río, que había sido oscura y temible, se convirtió en un lugar seguro para las gentes de las clases altas que se aventuraban a salir de noche para concurrir a bailes o al teatro, y también para el ciudadano común que frecuentaba las tabernas. Los esclavos emprendedores que querían ganar algún dinero después de sus tareas cotidianas pudieron entonces instalar pequeños puestos de comida bajo las lámparas. Pero lo más importante fue que las lámparas de aceite de ballena dieron empleo a una multitud de faroleros negros, que se ocupaban de mantenerlas encendidas, reemplazando el combustible todos los días. Al parecer, hasta 1821 estas personas eran sobre todo esclavos alquilados; después, las lámparas fueron atendidas por africanos libres. Por lo tanto, durante más de 50 años las ciudades de Río de Janeiro y otras se mantuvieron iluminadas con lámparas de aceite de ballena atendidas por faroleros esclavos, hasta que empezó a usarse el gas, hacia 1850.

También se utilizaban esclavos como bomberos. En la época colonial, en que los incendios eran comunes, los dueños de esclavos mandaban a sus hombres con barriles de agua, transportados en carros, a combatir los incendios. Comandaban, literalmente, "brigadas de baldes". Otros esclavos eran contratados para buscar perros perdidos o capturar animales rabiosos, y para limpiar las calles.

Además de trabajar para el gobierno, los esclavos realizaban tareas para iglesias, conventos, monasterios y hermandades, en lo que hoy serían los cargos más bajos en hospitales públicos y organizaciones de caridad, o bien como sirvientes personales de monjas y frailes. Algunos señores, que querían beneficiar a determinada hermandad, como la *santa casa da misericórdia* de Bahía y Río, donaban uno o más esclavos para que trabajaran para la santa casa, en el hospital, la casa de niños expósitos, las casas de retiro y otras dependencias de la institución. Además, las personas pudientes que tenían hijas monjas les mandaban esclavos para que las sirvieran en el convento. Con frecuencia los esclavos donados se desempeñaban como barberos-cirujanos o personal de mantenimiento, y las mujeres actuaban como enfermeras. En Río los esclavos donados parecen haber sido destinados más a estas ocupaciones en la *santa casa da misericórdia* que en Bahía, donde las enfermeras eran blancas analfabetas, debido a las barreras raciales que excluían a las

personas de color de los empleos más calificados. En la casa de
niños expósitos y el orfanato de la santa casa de Río, las esclavas
eran amas de leche de niños abandonados, los criaban y, además,
cuidaban a los niños del orfanato. Pero en Bahía, la santa casa con-
trataba a mujeres libres de color para amas de leche, y los niños
eran enviados a las casas de estas personas para ser atendidos.
Debido al elevado índice de mortalidad en las ciudades costeras, los
pacientes y los niños que no sobrevivían a las enfermedades contagiosas que asolaban los hogares coloniales eran enterrados por
esclavos en los prados de la santa casa. Con excepción del sacerdote católico y de los hermanos blancos de la santa casa, en Río gran
parte de la preparación, el transporte y el entierro de los muertos
la realizaban los esclavos, y en Bahía la gente de color. En Río en el
siglo XIX se acostumbraba contratar a mujeres que acompañaban el
féretro llorando: eran las "plañideras". Como iban totalmente vestidas de negro, se las apodó "cuervos".

En las ciudades coloniales, la atención y la comida de los prisioneros de las cárceles y de los pacientes de los hospitales estaban
a cargo de delincuentes convictos. Como la santa casa tenía a su
cuidado la alimentación de los prisioneros que dependían de la
caridad ajena, existían cuadrillas de convictos encadenados que
transportaban el agua y la comida a los hospitales y a las cárceles
de las ciudades. Los presos se encargaban también de castigar a
los esclavos en las plazas públicas. El castigo consistía en azotes:
de 200 a 300 para los fugitivos, y aun más para los delincuentes
convictos. En cuanto a las mujeres, cumplían con la misma función
en la prisión de esclavas del Calabouço (Calabozo), en Río. En el
siglo XIX era común que los dueños de esclavos contrataran a terce-
ros para castigar a sus hombres. La ciudad de Río proporcionaba
este servicio a los dueños de esclavos, aplicando entre 50 y 300 azotes contra el pago de determinada suma. También había empresarios privados que se ofrecían a disciplinar esclavos rebeldes, para lo
que se valían de refinadas torturas. En las casas urbanas, las dueñas de casa se ocupaban de la corrección de los esclavos, y tenían
fama de brutales. Por lo menos a comienzos del siglo XIX, los señores brasileños no azotaban personalmente a sus esclavos: encomendaban la tarea a sus esposas, capataces, torturadores contratados,
y al gobierno de la ciudad. Por último, las ejecuciones en nombre del
gobierno eran realizadas por esclavos presos, que se desempeñaban
como verdugos en las cárceles.

Tal vez el único servicio municipal en el que no participaban esclavos era la policía; pero aun en este campo había excepciones. Los esclavos solían ser espías que mantenían informadas a las autoridades sobre el comportamiento sedicioso o rebelde en los barrios de esclavos, o sobre las actividades de quienes traficaban en oro y diamantes o falsificaban monedas. Estos individuos, a quienes muchas veces se recompensaba con la manumisión, eran importantes para el control de las actividades delictivas o sediciosas. Otros esclavos, o más frecuentemente ex esclavos, indios y gente de color, actuaban como cazadores de esclavos y perseguían a los fugitivos; la paga era elevada. El personaje más importante en este control era el *capitão do mato* o *capitão do assalto*, que comandaba las incursiones en los *quilombos* (comunidades de esclavos fugitivos) y devolvía a los que habían huido. Estos individuos, verdaderos cazadores de hombres de la época, necesitaban tanto de la policía como de expertos conocedores de la selva para cobrar sus presas. Por esa razón, las bandas que componían la expedición estaban formadas por ex esclavos y por hombres conocedores de la zona, indígenas y brasileños. Como el conocimiento de la región era un factor determinante para obtener una licencia para cazar esclavos, los permisos se otorgaban a hombres de cualquier color y condición. Hasta participaban esclavos y ex esclavos, aunque por lo general la expedición estaba encabezada por blancos.

En el Brasil y en las costas de la América española, los señores acostumbraban armar a sus esclavos para que los defendieran (a ellos y a sus propiedades) de sus enemigos: indios belicosos, invasores europeos como los holandeses y los franceses, y bandas armadas de esclavos fugitivos. La mayoría de los esclavos que defendieron a Brasil lo hicieron en las líneas de abastecimiento y en las fortificaciones de las ciudades. Trabajaban como sirvientes personales y mozos de cuerda de los oficiales de la milicia, la infantería y la artillería establecidos en las ciudades puertos de Salvador y Río. Cuando sus dueños salían en campañas contra fuerzas hostiles, los esclavos transportaban sus efectos: eran las bestias de carga de los oficiales. También se utilizaban cuadrillas de esclavos para construir las grandes y numerosas fortificaciones que defendían Río, Bahía y otras ciudades coloniales importantes, como Cartagena. Los esclavos que luchaban por Brasil lo hacían generalmente como fuerza de reserva, pero en calidad de libertos se incorporaban a los regimientos coloniales de pardos y negros, conocidos popularmente como el *Henriques* y el *terços dos pardos*, y defendían al país de sus enemigos. Sobre todo, prestaron servicios invalorables en la expulsión de los holandeses del Brasil, en el siglo XVII. Hacia fines del siglo XVIII Bahía contaba con 575 hombres en el *regimiento de artilharia auxiliar dos pardos* (regimiento de artillería auxiliar de los mulatos) y con 603 en el *terço* de Henrique Dias (así llamado en homenaje al héroe negro de la guerra contra los holandeses). Además, la ciudad tenía 6 000 *negros captivos armados* (negros cautivos armados) como fuerza de reserva.[9]

En las ciudades coloniales brasileñas, posiblemente debido a la familiaridad de los portugueses con las costumbres de los soldados-esclavos musulmanes en el Norte y el Oeste de África, era característica la práctica de confiar en parte la defensa de sus ciudades coloniales a los esclavos. En realidad, ello se debía sobre todo a la negativa de los hombres blancos a servir en los ejércitos coloniales en calidad de soldados rasos. Durante todo el período colonial, estas actitudes habían llevado a la leva forzosa de hombres, desde lugares remotos como las islas Madeira y las Azores hasta las calles de Río y Bahía. Los hombres blancos de elevada condición social dentro de la élite terrateniente tenían el grado de coroneles en los regimientos de milicia, pero los pobres y desposeídos, de cualquier color, eran soldados rasos. En Bahía fueron incorporados compulsivamente artesanos, taberneros, vendedores ambulantes y vagabundos. Como se consideraba que para defender a Brasil los grados por debajo de oficial eran adecuados solo para hombres de baja condición, incluidos los ex esclavos, se hizo necesario que los señores armaran a sus esclavos. Otras sociedades esclavistas nunca se atrevieron a confiar una función tan importante y potencialmente peligrosa a esclavos y ex esclavos.

CONCLUSIONES

Las razones por las que la sociedad colonial brasileña o hispanoamericana asignó determinadas ocupaciones a las clases bajas urbanas nos dicen mucho acerca de las funciones de las ciudades coloniales y el sistema de valores de las élites. Dado que las ciudades coloniales

---

[9] Vilhena, *Recopilação*, 1:46, 247, 253-270; 2:823-825; y Tollenare, *Notes*, 2:450-458 (sobre los regimientos de negros y mulatos en Recife).

eran principalmente centros comerciales y burocráticos, poblaciones mineras y de frontera o centros de procesamiento agrícola, las personas de posición elevada tenían actividades vinculadas al tráfico internacional, los bienes raíces, la burocracia secular o religiosa y el ejército o las milicias. Todas las otras personas se convertían en sirvientes o en esposas de los que desempeñaban estas funciones principales. Como las élites coloniales restringían las ocupaciones importantes a su propia clase —es decir, a los ibéricos o a los criollos blancos— esas ocupaciones estaban racialmente definidas, aunque las personas de piel clara de origen africano o indígena habían empezado a incursionar en ese campo hacia principios del siglo XIX. La mayoría de las mujeres quedaban excluidas. Las monjas y otras mujeres pertenecientes a la élite podían realizar importantes tareas tanto financieras como comerciales, pero las mujeres de condición social más baja, que tenían que mantenerse con su trabajo, solo podían encontrar ocupación entre los oficios menos rentables e influyentes, que eran desempeñados por las élites masculinas blancas.

Así, la ocupación reforzaba la condición social. Ser proveedor, transportista, fabricante de bebidas, vendedor, sirviente o esclavo equivalía a ser una persona de baja condición social. Cuando al color de la piel se agregaba la condición de mujer, la persona caía aun más bajo en la escala de la sociedad colonial. Estos individuos, libres, libertos o esclavos de cualquier color, que se dedicaban a oficios urbanos viles, eran menospreciados, aun cuando su trabajo fuera importante y significativo para el desarrollo general de las ciudades de fines del siglo XVIII y principios del XIX. Sin embargo, estas personas y sus descendientes, a pesar de su baja condición social, contribuían eficazmente a la economía urbana en los rubros de transporte, manufactura, ventas y servicios. No solo proporcionaban mano de obra sino también capital proveniente de sus pulperías y almacenes, y capacitación adquirida a lo largo de décadas de supervisar el trabajo de otros obreros urbanos. Son los olvidados de la historia colonial latinoamericana: hombres y mujeres cuyas contribuciones a la historia urbana apenas empiezan a ser apreciadas.

LECTURAS COMPLEMENTARIAS

Las fuentes sobre las clases bajas urbanas son fragmentarias y están dispersas. Por lo tanto, las siguientes sugerencias de lectura se limitan a los estudios más significativos y no incluyen muchos trabajos menores que también fueron utilizados para escribir este capítulo. Puede encontrarse documentación adicional en: Mary Karasch, "From porterage to proprietorship: African occupations in Rio de Janeiro, 1808-1850", en Stanley L. Engerman y Eugene D. Genovese (comps.), *Race and slavery in the western hemisphere: quantitative studies*, Nueva Jersey, Princeton University Press, 1975, págs. 369-393; "Rio de Janeiro: From Colonial Town to Imperial Capital, 1808-1850", Dordrecth, Martinus Nijhoff Publishers, 1985; y *Slave life in Rio de Janeiro, 1808-1850*, Nueva Jersey, Princeton University Press, en prensa.

Sería conveniente para los estudiantes iniciar su investigación con dos bibliografías: Robert Conrad, *Brazilian slavery: an annotated research bibliography*, Boston, G. K. Hall & Co., 1977; y John D. Smith (comp.), *Black slavery in the Americas: an interdisciplinary bibliography, 1865-1980*, 2 vols., Westport, Conn., Greenwood Press, 1982; Paulo Berger, *Bibliografia do Rio de Janeiro de viajantes e autores estrangeiros, 1531-1900*, Río de Janeiro, Livraria São José, 1964, es indispensable para la bibliografía de viajes en Brasil. Véase también algunas disertaciones, como Rae Jean Dell Flory, "Bahian society in the mid-colonial period: the sugar planters, tobacco growers, merchants and artisans of Salvador and the Reconcavo, 1680-1725", tesis de doctorado, Universidad de Texas, 1978; Larry J. Neilson, "Of gentry, peasants and slaves: rural society in Sabará and its Hinterland, 1780-1930", tesis de doctorado, Universidad de California, Davis, 1975; Donald Ramos, "A Social History of Ouro Prêto: Stresses of Dynamic Urbanization in Colonial Brazil, 1695-1726", tesis de doctorado, Universidad de Florida, 1972; y Sue Ellen Anderson Gross, "The Economic Life of the Estado do Maranhão e Grão Pará", 1686-1751, tesis de doctorado, Universidad de Tulane, 1969.

Las historias generales que incluyen material sobre los sectores urbanos pobres brasileños son: Caio Prado, Jr., *The colonial background of Modern Brazil*, trad. Suzette Macedo, 1969, University of California Press, Berkeley; A. J. R. Russell-Wood, *Fidalgos and philanthropists: the Santa Casa da Misericórdia of Bahia, 1550-1775*, Berkeley, University of California Press, 1968; C. R. Boxer, *The golden age of Brazil, 1695-1750*, Berkeley, University of California Press, 1969; Stuart B. Schwartz, *Sovereignty and society in colonial Brazil*, Berkeley, University of California Press, 1973;

Dauril Alden, *Royal government in colonial Brazil,* Berkeley, University of California Press, 1968; y Dauril Alden, "The Population of Brazil in the Late Eighteenth Century: A Preliminary Survey", *The Hispanic American Historical Review* 43:2, mayo de 1963, págs. 173-205. Es fundamental para estudiar la utilización de la esclavitud y la mano de obra indígena el trabajo de John Hemming, *Red gold: the conquest of the Brazilian Indians, 1500-1760,* Cambridge, Harvard University Press, 1978.

Todavía no se ha escrito en inglés una historia urbana general del Brasil; las historias más recientes de ciudades están en portugués. Hay una historia de Salvador en el siglo XIX: Katia M. de Queirós Mattoso, *Bahia: a cidade do Salvador e seu mercado no século XIX*, San Pablo, Hucitec, 1978. Numerosos artículos sobre ciudades brasileñas aparecen en: Euripedes Simões de Paula (ed.), *A Cidade e a História*, vol. 1. *Anais do VII Simpósio Nacional dos Professores Universitários de História*, San Pablo, N. P., 1974. Hay excelentes datos ocupacionales en: Eulalia Maria Lahmeyer Lobo, *História do Rio de Janeiro (Do Capital Comercial ao Capital Industrial e Financeiro*, 2 vols., Río de Janeiro, IBMEC, 1978. Son fundamentales para cualquier historia de Río de Janeiro: Vivaldo Coaracy, *Memórias da cidade do Rio de Janeiro*, 3 vols., Río de Janeiro, Livraria José Olympo, 1965; y las obras anteriores pero muy detalladas de Noronha Santos, como *As freguesias do Rio Antigo vistas por Nornha Santos*, compiladas por Paulo Berger y con una bibliografía de sus obras, Río de Janeiro, O Cruzeiro, 1965. Un estudio singular, disponible en traducción al inglés, es el trabajo de corte romántico de Luiz Edmundo, *Rio in the Time of the Viceroys*, trad. Dorothea H. Momsen, Río de Janeiro, 1936. Sobre Vila Rica véase Donald Ramos, "Marriage and the family in colonial Vila Rica", *Hispanic American Historical Review* 55:2, mayo de 1975, págs. 200-225; y "Vila Rica: profile of a colonial Brazilian urban center", *The Americas* 35:4, abril de 1979, págs. 495-526. Es fundamental para la historia demográfica de San Pablo: Maria Luisa Marcilio, *La ville de São Paulo: peuplement et population 1750-1850*, Ruán, Université de Rouen, 1972; mientras que se puede consultar una introducción en inglés en: Richard M. Morse, *From community to metropolis: a biography of São Paulo, Brazil,* Gainesville, Fla., University Presses of Florida, 1958. Se pueden consultar datos específicos sobre ocupación en Elizabeth A. Kuznesof, "Household Composition and Economy in an Urbanizing Community: São Paulo, 1765 a 1836", tesis de doctorado, Universidad de California en Berkeley, 1976; y "Household composition and headship as related to changes in modes of production: São Paulo 1765-1836", *Comparative Studies in Society and History* 22:1, enero de 1980, págs. 78-108.

Los viajeros son una fuente indispensable de información sobre las clases bajas de las ciudades costeras y mineras. Para Hispanoamérica, hay una valiosa introducción en: Jorge Juan y Antonio de Ulloa, *A voyage to South America*, Tempe, Ariz., Arizona State University, 1975. Se pueden encontrar ricas fuentes sobre el Brasil colonial en Andre João Antonil, *Cultura e opulência do Brasil por suas drogas, e minas...* Lisboa, 1711; edición facsimilar, Industria Gráfica Brasileira, Recife, 1969; Luiz dos Santos Vilhena, *Recopilação de notícias soteropolitanas e brasílicas,* Braz do Amaral (comp.), 2 vols., Bahía, Imprensa Oficial do Estado, 1921-1922. Los viajeros de principios del siglo XIX proporcionan buen material sobre la esclavitud en el nordeste; véase Henry Koster, *Travels in Brazil,* 2a. ed., 2 vols., Londres, Longman, Hurst, Rees, Orme and Brown, 1817; Louis F. de Tollenare, *Notes dominicales prises pendant un voyage en Portugal et au Brésil en 1816, 1817 et 1818,* Leon Bourdon (comp.), 3 vols., París, Presses Universitaires de France, 1971-1973.

La mejor descripción de los esclavos de Río y sus ocupaciones es: Jean B. Debret, *Viagem pitoresca e histórica ao Brasil*, 2 tomos, trad. y comp., Sérgio Milliet, San Pablo, Livraria Martins Editora, 1954. Hay hermosas ilustraciones de mujeres negras trabajando en: Jean B. Debret,*Viagem pitoresca e histórica ao Brasil: aquarelas e desenhos que não foram reproduzidos na edição de Firmin didot -1834,* París, 1954. Consúltese también: John Barrow, *Voyage to Cochinchina in the years 1792 and 1793... Londres, T. Cadell y W.Davies; 1806; Sir George Staunton, an authentic account of an embassy from de King of Great Britain to the emperor of China...* vol. 1, Londres, W. Bulmer and Co., 1979; John Luccock, *Notes on Rio de Janeiro and the Southern Parts of Brazil...*, Londres, 1820, Samuel Leigh; María Graham, *Journal of a Voyage to Brazil and Residence There...* Londres, Longman, Hurst, Rees, Orme, Brown and Green, 1824; Sir Henry Chamberlain, *Views and costumes of the city and neighborhood of Rio de Janerio, Brazil,* Londres, Howlett and Brimmer, 1822; João Maurício Rugendas, *Viagem pitoresca através do Brasil*, trad. Sérgio Milliet, San Pablo, Livraria Martins, 1967; y L. J. dos Santos Marrocos, "Cartas (1811-1821) de

Luiz Joaquim dos Santos Marrocos", en *Anais da Biblioteca Nacional do Rio de Janeiro* 56 (1934), págs. 5-459.

Entre los viajeros que también visitaron las regiones mineras se cuentan: J. B. von Spix y Carl F. P. von Martius,*Travels in Brazil, in the years 1817-1820,* 2 vols. Londres, Longman, Hurst, Rees, Orme, Brown and Green, 1824; Johann E. Pohl, *Viagem no interior do Brasil...,* 2 vols., trad. Teodoro Cabral, Río de Janeiro, Instituto Nacional do Livro, 1951; y Auguste de Saint Hilaire,*Voyages dans les provinces de Rio de Janeiro et Minas Geraes,* 2 vols., París, Grimbert et Dorez, 1830.

La mayoría de las historias de la esclavitud en Brasil ignoran el período colonial; además no hay traducciones al inglés. La excepción es Gilberte Freyre, por ejemplo:*The masters and the slaves,* trad. Samuel Putnam, Nueva York, Alfred A. Knopf, 1946. Son representantes de una nueva generación de investigación sobre la esclavitud: Jacob Gorender, *O escravismo colonial,* San Pablo, Editora Ática, 1978; Katia M. de Queirós Mattoso, *Être esclave au Brésil* XVI-XIX, París, Hachette, 1979; Vicente Salles,*O negro no Pará sob o regime da escravidão,* Río de Janeiro, Fundação Getúlio Vargas, 1971; Robert E. Conrad, *Children of God´s Fire: a documentary history of black slavery in Brazil,* Princeton, N. J., Princeton University Press, 1983; y A. J. R. Russell-Wood, *The black man in slavery and freedom in colonial Brazil,* Nueva York, St. Martin's Press, 1982, que también examina el papel de las personas de color libres y libertas. Sobre el surgimiento de libertos y *agregados,* véase Stuart B. Schwartz, "The Manumission of Salves in Colonial Brazil: Bahia, 1684-1745", *The Hispanic American Historical Review* 54:4, noviembre de 1974, págs. 601-635; Herbert S. Klein, "The Colored freedmen in Brazilian Slave Society", *Journal of Social History* 3, otoño de 1969:30-52; y Maria Sylvia de Carvalho Franco, *Homens livres na Ordem Escravocrata,* San Pablo, Editora Atica, 1976. Puede consultarse un relevo de la bibliografía sobre la manumisión en Brasil en James P. Kiernan, "The manumission of slaves in colonial Brazil; Paraty, 1789-1822", tesis de doctorado, Universidad de Nueva York, 1976, que contiene también excelentes datos ocupacionales por color y sexo.

Las fuentes sobre las clases populares urbanas para la América Hispánica son más numerosas que para el Brasil. Aquí se enumeran algunas, y se pueden buscar referencias adicionales en las lecturas sugeridas para otros capítulos. Es particularmente útil

David G. Sweet y Gary B. Nash (comps.), *Struggle and survival in colonial America*, Berkeley, University of California Press, 1981; Asunción Lavrin (comp.), *Latin American women: Historical perspectives,* Westport, Conn., Greenwood Press, 1978. Un modelo de los tipos de censos disponibles en Hispanoamérica es Patricia Seed, "Social Dimensions of Race: Mexico City, 1753", *Hispanic American historical Review* 62:4, noviembre 1982, págs. 569-606. Una fuente típica acerca de los proveedores está en los *Libros de Cabildo* de Quito, 1610-1616, vol. 26, Quito, Publicaciones del Archivo Municipal, 1955. Muy recomendable como un estudio de los minoristas es Jay Kinsbruner, "The pulperos of Caracas and San Juan during the first half of the nineteenth century", *Latin American Research Review* 8:1, 1978, págs. 65-85. Pueden consultarse algunos detalles útiles sobre las ocupaciones de mujeres no blancas en Chile en Della M. Flusche y Eugene H. Korth, *Forgotten females: women of African and Indian descent in colonial Chile, 1535-1800,* Detroit, B. Ethridge Books, 1983.

9. LA CLASE BAJA

GABRIEL HASLIP-VIERA

INTRODUCCIÓN

LAS ACTIVIDADES de los mendigos, vagabundos y menesterosos constituían una gran preocupación para los funcionarios gubernamentales de muchas ciudades y poblaciones de la América Latina colonial. Al pasar por Cartagena en una expedición científica a mediados del siglo XVIII, Jorge Juan y Antonio de Ulloa observaron que las iglesias y las calles de esa ciudad estaban llenas de patéticos grupos de mendigos y vagabundos. Más hacia el norte, en la ciudad de México, el virrey, marqués de Croix, denunció el creciente número de personas "que se mantienen sin tener un oficio", "se convierten en bandidos y terminan sus días en el cadalso".[1] También se expresaban quejas similares en el virreinato de Brasil. En Bahía, Río de Janeiro y otras ciudades, se decía que las pendencias de borrachos, los robos y los ataques con arma blanca por parte de los pobres eran cosa común y corriente. Luis dos Santos Vilhena, un crítico de la sociedad bahiana del siglo XVIII, señala que un gran sector de la población de esa ciudad tenía inclinaciones delictivas y estaba "acostumbrado al hambre", en parte como consecuencia de su "falta de educación" y en parte debido a "su orgullo y molicie".[2]

EL SIGLO XXVI

Aunque los problemas del desempleo y la pobreza, con sus posibles secuelas de delincuencia y desorden social, eran graves en el siglo XVIII, no fueron nuevos ni exclusivos de ese período. Poco des-

---

[1] Jorge Juan y Antonio de Ulloa, *A voyage to South America*, trad. John Adams, Nueva York, Alfred A. Knopf, 1964, págs. 32-33. *Instrucción del Virrey Marqués de Croix que deja a su sucesor Antonio María Bucareli*, México, Editorial Jus, 1960, pág. 84.

[2] A. J. R. Russell-Wood, *Fidalgos and philantrhropists: the santa casa da misericordia of Bahia, 1550-1755*, Berkeley, University of California Press, 1968, pág. 282.

pués de la conquista en Nueva España y Perú, y apenas establecidos los primeros asentamientos en Brasil, observadores y funcionarios coloniales empezaron a advertir un aumento en el número de "ociosos", mendigos, vagabundos y delincuentes. Inicialmente, esta clase baja estaba compuesta por indios desarraigados, esclavos africanos fugitivos y buscadores de fortuna españoles y portugueses que se hundían en una vida de pobreza o delincuencia debido a la inestabilidad económica y social del período posterior a la conquista. Estos grupos originarios se vieron muy pronto incrementados por personas de ascendencia mixta, como los mestizos y los mulatos, que no podían encontrar un lugar en el nuevo medio colonial, debido a la vaguedad de su condición social y legal. Muchos de estos individuos vagaban por la campiña en una búsqueda, a menudo desesperada, de caridad o de oportunidades económicas. Otros se hacían asaltantes o bandidos y atacaban a los viajeros y a las caravanas en las principales vías entre los campamentos mineros, las ciudades y las poblaciones portuarias. Un número considerable se quedaba en las grandes ciudades, donde se convertían en el núcleo de una clase baja cada vez más problemática.

En la ciudad de México, la devastación que acompañó a la conquista dio por resultado el desarraigo de miles de indígenas, muchos de los cuales habrían de convertirse en mendigos, vagabundos, alcohólicos y delincuentes. En un esfuerzo por mantener el orden, los españoles reorganizaron la ciudad, creando áreas separadas para las poblaciones española e indígena. En el centro de la ciudad, las autoridades coloniales delimitaron una zona llamada la *traza*, que debería ser el lugar de asentamiento de los españoles y sus esclavos africanos. Después se establecieron varios distritos, o *barrios*, para la población indígena, en las zonas que rodeaban a la traza. Las autoridades coloniales trataron de poner en vigencia esta pauta de segregación habitacional durante los siglos XVI y XVII, pero no pudieron hacerlo debido a circunstancias económicas y al surgimiento de la población racialmente mixta. Poco después de la reconstrucción de la ciudad, esclavos fugitivos y españoles empobrecidos empezaron a merodear los barrios indígenas. Hacia la década de 1551-1561, se podían encontrar grupos de mestizos y mulatos tanto en el sector español como en el indígena de la ciudad. La explotación, la crisis económica, las epidemias y las inundaciones también desplazaron a miles de indios de los barrios periféricos durante los últimos años del siglo XVI y los primeros del XVII. Muchos de ellos vagaban en la zona española, donde encontraban empleo temporario como jornaleros o artesanos de bajo nivel. Sin embargo, un número considerable pasaba a engrosar las filas de la nueva clase baja, que para entonces se encontraba ya en todos los sectores de la ciudad.

En México la clase baja siguió creciendo durante los siglos XVI y XVII. Este crecimiento se produjo como resultado de la rígida estratificación social, las limitadas oportunidades económicas y la continua migración del campo a las ciudades. Durante este período, los emigrantes empobrecidos llegaban a la ciudad de México desde el campo o desde otras ciudades en busca de trabajo y mejores condiciones de vida. Estos campesinos desplazados eran por lo general agricultores indígenas, arrojados de sus tierras por las usurpadoras haciendas, o bien jornaleros agrícolas que no conseguían trabajo en las haciendas donde la cosecha había sido mala por la sequía o las heladas. Los que llegaban a la ciudad de México se instalaban con parientes o amigos en las precarias viviendas de los suburbios, donde se concentraban indios y pobres. Otros engrosaban las filas de la población de tránsito, y pasaban de un distrito a otro pidiendo limosna o haciendo trabajos temporarios. En ciertas épocas del año, México recibía otros contingentes de población migratoria temporaria, a medias rural y a medias urbana. Estas personas cultivaban sus pequeñas parcelas de tierra en aldeas vecinas o trabajaban en las haciendas del valle durante la estación de la siembra y de la cosecha, y se trasladaban a la ciudad en los meses de menor actividad, sumándose a los que buscaban trabajo o vendían productos en la calle. Los hombres llegaban primero, en busca de empleos temporarios como vendedores, mozos de cordel, albañiles o jornaleros, y después les seguían sus esposas e hijos, que o bien se empleaban en casas acomodadas, como sirvientes, o bien vendían comidas y baratijas en la calle. Un sacerdote comentaba, por entonces, que los habitantes de la vecina aldea de Tlalnepantla se veían obligados a vender leña y carbón de casa en casa, en la ciudad de México, porque la agricultura no bastaba para mantenerlos.

Con excepción de unos pocos afortunados españoles y criollos, la mayoría de los migrantes que se quedaban en México se incorporaban al sector de los trabajadores pobres o a la clase baja. Las oportunidades económicas ya eran limitadas, debido a la existencia de un estrato criollo encumbrado que controlaba o monopolizaba el comercio, la manufactura, las profesiones, los oficios de más nivel y todas las designaciones en cargos administrativos y en el clero. En semejante medio, había muy pocas posibilidades de movilidad social. En consecuencia, la gran mayoría de los pobres urbanos trataba desesperadamente de subsistir con sus magros ingresos como sirvientes, jornaleros, vendedores ambulantes o artesanos. Muchos de estos individuos no podían mantener ni siquiera un nivel de vida mínimo. Ello fue así sobre todo durante las últimas décadas del régimen colonial, cuando la condición económica de los pobres urbanos se deterioró por el continuo incremento del desempleo y el aumento del costo de vida. Así, muchos individuos que eran trabajadores pobres pasaron a ser mendigos, alcohólicos, vagabundos, prostitutas y ladrones.

Tamaño y composición de la clase baja urbana

El tamaño de la clase baja urbana en la América Latina colonial no puede determinarse con exactitud debido a las limitaciones de los datos de censos disponibles. Por lo común, un número importante de pobres urbanos no se incluía en los censos. En general, los delincuentes, los mendigos, los vagabundos y los desocupados se esforzaban por evitar a los censistas. Temían, muchas veces en forma justificada, que su inclusión en el censo los llevaría a prisión, o a ciertas obligaciones futuras, como el pago de impuestos, el trabajo forzoso o la incorporación compulsiva al ejército. Afortunadamente, existen otros registros que proporcionan cierta información rudimentaria sobre el tamaño y la composición de la clase baja. Se trata de informes institucionales y policiales, y de relatos escritos de funcionarios coloniales, visitantes extranjeros y vecinos prósperos o cultos de las principales ciudades. A partir de esta información, se sabe que el tamaño y la importancia de la clase baja variaban de una localidad a otra, y que estas diferencias se basaban en las condiciones económicas y sociales que existían en cada región en determinado momento. Por ejemplo, el desempleo y el delito eran relativamente predecibles en los centros urbanos económicamente más estables, como Cuzco, la ciudad de Guatemala y Querétaro. Pero sucedía lo contrario en las ciudades puertos, las poblaciones mineras y los centros económicos y administrativos más complejos, como Bahía, Potosí, Lima y México. Estos centros urbanos se veían afectados por los ciclos de auge y decadencia propios de una economía de mercado y, en consecuencia, eran particularmente susceptibles de padecer problemas de desempleo, subempleo, mendicidad y delincuencia.

Hubo una importante clase baja en Potosí, centro minero del Alto Perú, durante su ciclo de auge y quiebra, entre 1545 y 1700. Los funcionarios coloniales de comienzos del siglo XVII se quejaban de que la ciudad estaba infestada de jugadores, prostitutas y ladrones. Un fraile dominico, Rodrigo de Loaysa, describió a Potosí como "una sentina de iniquidades". No obstante, ahora parece evidente que era la ciudad de México la que tenía permanente-mente la clase baja más numerosa de la América Latina colonial. Esto fue una consecuencia directa del mayor tamaño de la ciudad, su complejidad económica y social y su importancia como centro administrativo para el imperio español. Según Alexander von Humboldt, la clase baja de la ciudad de México oscilaba entre 20 000 y 30 000 personas, o sea entre 15 y 20% de la población total, estimada en 137 000 habitantes en la década de 1790. Podemos suponer que estas cifras son bastante conservadoras porque otros visitantes y residentes hicieron estimaciones más elevadas. Por ejemplo, Hipólito Villarroel, fiscal de la *acordada* (fuerza policial y corte sumaria), estimó a la clase baja en unas 40 000 personas en 1787; sin embargo, el científico José Antonio Alzate y otros consideraban que esta cifra era aun demasiado baja. No hay duda de que el tamaño de la clase baja urbana variaba de vez en cuando. Como norma, ciertos factores sociales, como el abaratamiento de los alimentos o el establecimiento de programas de obras públicas, reducían sus dimensiones. Por el contrario, las malas cosechas, la migración interna y las dificultades en ciertos sectores de la economía urbana, provocaban un aumento significativo.

Aunque no es posible determinar con certeza el tamaño de la clase baja de la ciudad de México, los datos de los censos, los registros policiales y los diversos informes institucionales proporcionan cierta información sobre las características sociales de los desposeídos. Las cifras del cuadro 1, por ejemplo, demuestran claramente que la clase baja estaba constituida por los principales grupos raciales identificables en la ciudad de México en la época. Sin embargo, los datos muestran también que en ciertos medios sociales había importantes diferencias en cuanto a su representación relativa. Estas diferencias eran el resultado de procedimientos institucionales específicos, la opinión pública y la condición social de cada grupo racial en la sociedad colonial. Por ejemplo, la población no blanca

GABRIEL HASLIP-VIERA

CUADRO 1. *La composición étnica de las personas arrestadas por las autoridades municipales de la ciudad de México en 1796 y de las personas confinadas en el Hospicio de Pobres en 1811*

	Definidas como caucásicas	Definidas como indígenas	Definidas como mestizas	Definidas como mulatas	
Personas arrestadas, 1976	33%	37%	24%	6%	N = 489
Internos del Hospicio de Pobres, 1811	55%	22%	17%	6%	N = 353
Población de la ciudad de México, 1790-1804	50%	24%	19%	7%	N = 104 760*

*Esta cifra no incluye el clero, los miembros de las órdenes religiosas ni los militares.
FUENTES: Archivo Judicial del Tribunal Superior de Justicia, México, Libro de Reos, 1795-1796, fols. 46-128. Archivo General de la Nación, México, Padrones, 1811, vol. 72, fols. 38v-58. Alexander von Humboldt, *Political essay on the kingdom of New Spain*, trad. John Black, 3ra. ed., 4 vols., Londres, Longman, Hurst, Rees, Orme and Brown, 1822, pág. 293.

era sospechosa de cometer la mayor parte de los delitos en México, creencia esta que se reflejaba en los procedimientos policiales del período colonial. En consecuencia, indios y mestizos eran arrestados y confinados en número mucho mayor que los caucásicos. Del mismo modo, se mostraba mayor preocupación por el bienestar de los españoles y criollos empobrecidos, debido a su posición más elevada dentro de la sociedad colonial. Así, el número de caucásicos internos en el *hospicio de pobres*, o asilo real para pobres, es desproporcionadamente mayor que el de indios y mestizos. (No obstante, el porcentaje de mulatos es menor que lo que debería ser, teniendo en cuenta que se esperaba de ellos que cometieran más delitos.)

La importancia de la migración desde el campo y otros centros urbanos para el crecimiento de la clase baja en la ciudad de México se refleja en las cifras del cuadro 2. Las personas nacidas fuera de la ciudad de México representan el 34% de los internos del hos-

CUADRO 2. *El origen geográfico de las personas arrestadas*
por las autoridades municipales de la ciudad de México en 1796 y
de las personas confinadas en el Hospicio de Pobres en 1811

Origen geográfico	Registros de arrestos, 1796		Hospicio de Pobres, 1811	
	Nº	Porcentaje	Nº	Porcentaje
Ciudad de México	254	54%	252	66%
Valle y provincia	216	46%	128	34%
Total	470	100%	380	100%

FUENTE: Archivo Judicial del Tribunal Superior de Justicia, México, Libro de Reos, Alcalde ordinario más antiguo, 1795-1796, fols. 46-128. Archivo General de la Nación, México, Padrones, vol. 72, fols. 38v-58.

picio de pobres y el 46% de las personas arrestadas por las autoridades municipales. Si bien no puede establecerse una comparación con la población migrante en general, es interesante señalar la diferencia entre estas dos cifras. La menor proporción de migrantes en la población de internos del hospicio de pobres fue probablemente el resultado de políticas que favorecían a los residentes nacidos en la ciudad de México, respecto de los migrantes. Del mismo modo, el número desproporcionadamente más elevado de migrantes arrestados por las autoridades municipales fue el resultado de procedimientos policiales y de la difundida creencia de que eran ellos los responsables de la mayoría de los delitos que se cometían todos los días.

La precaria condición económica de los trabajadores pobres y su íntima relación con la clase baja urbana está claramente demostrada por las cifras del cuadro 3. El 61% de los internos del hospicio de pobres y el 84% de las personas arrestadas por las autoridades municipales figuran como empleados, en un momento o en otro, en algún oficio de bajo nivel. Desde luego, la cifra para el hospicio de pobres es más baja por la gran cantidad de internos (el 28%) que eran ciegos, sordos, inválidos o con otros tipos de incapacidad física. No obstante, las cifras de ambas series de registros de personas empleadas en la fabricación de zapatos, la industria textil y la construcción son significativas por sí mismas. Evidencias recientes indi-

CUADRO 3. *Situación ocupacional de las personas arrestadas por las autoridades municipales de la ciudad de México en 1796 y de las personas confinadas en el Hospicio de Pobres en 1811*

Ocupación*	Registros de arrestos -1796		Hospicio de Pobres-1811	
	N°	Porcentaje	N°	Porcentaje
Estratos alto y medio				
Comerciantes	2		0	
Agentes y corredores	4		1	
Cajeros	3		0	
Vendedores	10		6	
Barberos	5		2	
Escribas	3		3	
Otros	10		1	
Total	37	12%	13	8%
Artesanos de estatus alto, etc.				
Fabricantes de carruajes	1		1	
Orfebres (oro)	2		1	
Plateros	4		2	
Otros	5		0	
Total	12	4%	4	3%
Artesanos de bajo estatus, etc.				
Panaderos	15		1	
Cardadores (lana)	0		9	
Carpinteros	14		2	
Cocineros	2		5	
Herreros	8		1	
Albañiles	19		4	
Arrieros	7		1	
Mozos de cordel	7		2	
Sirvientes	22		2	
Zapateros	11		7	
Hilanderas (lana)	4		10	
Sastres	25		14	
Obreros del tabaco	11		1	
Tejedores (lana)	8		15	
Otros	105		26	
Total	258	84%	100	61%
La población dependiente				
Ciegos	0		16	
Sordos	0		7	
Dementes	0		3	
Epilépticos	0		6	
Inválidos	0		11	
Débiles mentales	0		3	
Total	0	0%	46	28%
Total General	307	100%	163	100%

*Se enumeraron las ocupaciones solo para el género masculino.
FUENTE: Archivo Judicial del Tribunal Superior de Justicia, México, Libro de Reos, Alcalde ordinario más antiguo, 1795-1796, fols. 46-128. Archivo General de la Nación, México, Padrones, vol. 72, fols. 38v-58.

can que un gran número de personas empleadas en esos oficios pasaron a engrosar las filas de la clase baja durante la última parte del período colonial debido al creciente desempleo, el subempleo y el deterioro de las condiciones de vida. En consecuencia, carpinteros, albañiles, zapateros, sastres y personas empleadas en la industria de la lana, como cardadores, hiladores y tejedores conformaban el 38% de los internos en el hospicio de pobres, y el 27% de las personas arrestadas por las autoridades municipales.

PAUTAS DE RESIDENCIA Y CONDICIONES DE VIDA

Como regla general, la clase baja urbana de la América Latina colonial era un grupo de gran movilidad. En la ciudad de México, los pobres mostraban tendencia a desplazarse de un distrito a otro en busca de empleo, vivienda o caridad. Si podían afrontarlo, alquilaban una vivienda en los numerosos edificios que albergaban a muchas familias *(casa de vecindad)* y que estaban concentrados en el centro de la ciudad. Lo más común, sin embargo, era que este sector de la población viviera a la intemperie, durmiendo en bancos de plaza o en los corredores de edificios públicos, o que se alojaran con parientes o amigos en las numerosas villas precarias que había en la periferia de las ciudades.

Los observadores y los funcionarios coloniales concordaban en afirmar que, en los distritos alejados, el medio urbano era totalmente caótico. Según estos cronistas, las calles y pasajes eran tortuosos, y la mayoría de las viviendas, ya fuesen habitadas por una sola familia o por varias, estaban en malas condiciones de mantenimiento. Faltaban agua potable, desagües y atención sanitaria; y los comentaristas afirman que el laberinto de callejuelas y callejones sin salida se encontraba lleno de basura, agua estancada, excrementos y otros desechos. También se señala que estos lugares estaban frecuentados por grupos de niños sucios y harapientos que vagabundeaban solos, sin ninguna vigilancia. Reinaba en general un ambiente insalubre, y los animales sueltos contribuían aun más a la propagación de enfermedades y otros accidentes.

Aunque la mayoría de los pobres vivían en barrios marginales, también había un número considerable en el centro de la ciudad de México. Muchos de estos individuos levantaban casuchas o refugios precarios contra los muros de las iglesias, monasterios y edificios públicos, pero lo común era que vivieran a la intemperie, expuestos a todos los rigores del clima. En su descripción de la clase baja, Alexander von Humboldt señala que miles de estos "desechos humanos" dormían sobre el frío suelo, o en las esquinas, apenas cubiertos con "la misma manta de franela con que se vestían durante el día".[3]

Este grupo, fundamentalmente nómada, pasaba una parte considerable de su tiempo buscando trabajo y otras fuentes de ingresos. En los centros mineros, como Potosí, Zacatecas, Guanajuato y Ouro Preto, los desposeídos absolutos, y también los menos pobres, encontraban trabajos ocasionales en la extracción de plata y otros metales preciosos. En 1792, por lo menos el 55% de la población masculina adulta de Guanajuato estaba empleada en la minería de plata, mientras que solo el 18,9% de la población trabajaba en servicios o en el campo artesanal.[4] Por el contrario, la industria textil era la mayor fuente de empleo en los centros manufactureros como Quito, Querétaro y Puebla. Trabajando en las peores condiciones que se pueda imaginar, los pobres urbanos padecían explotación y abuso y muchas veces eran virtuales prisioneros en los talleres textiles, llamados *obrajes*, durante períodos prolongados.

En la ciudad de México, a fines de la época colonial, los pobres solo encontraban empleos casuales o temporarios como vendedores ambulantes, jornaleros, sirvientes, mensajeros y porteros (véase la figura 21). Un número considerable se ocupaba en panaderías, mataderos, talleres de artesanos y en establecimientos manufactureros, como trabajadores no calificados o semicalificados. De 6000 a 7000 personas trabajaban en la fábrica real de tabaco, que era la mayor empresa manufacturera del siglo XVIII en Nueva España, pero también se trataba de un trabajo temporario y mal pago.

En general, la jornada laboral de los que conseguían empleo era ardua y penosa, y la remuneración con frecuencia insuficiente para mantener una familia tipo. En los talleres de artesanos y en los establecimientos manufactureros, la jornada de trabajo era de sol a sombra, entre 10 y 14 horas de labor, según la estación. Había un

[3] Alexander von Humboldt, *Political essay on the kingdom of New Spain*, trad. John Black, 3a. ed., 4 vols., Londres, Longman, Hurst, Rees, Orme and Brown, 1822, 1:235

[4] D. A. Brading, *Miners and merchants in bourbon Mexico, 1763-1810*, Cambridge, At the University Press, 1971, pág. 250.

período de descanso de aproximadamente 30 o 40 minutos, para comer. También era frecuente el trabajo nocturno, aunque esta práctica era ilegal en la mayoría de los oficios. La llegada del día domingo y las numerosas festividades religiosas aliviaban en algo la pesada rutina de los talleres, pero este tiempo libre significaba poco para los pobres urbanos. Lo más frecuente era que vieran en los días feriados solo una oportunidad para hacer otros trabajos o vender chucherías, en un esfuerzo desesperado por aumentar sus magros ingresos.

En la ciudad de México los indigentes vendedores ambulantes ofrecían de todo, desde imágenes de la Virgen de Guadalupe hasta ropas viejas y artículos domésticos usados. Un viajero que visitó la ciudad comentó que las calles y plazas estaban llenas de "gente descalza que vende zapatos viejos" y de "gente desnuda que vende ropas viejas".[5] Algunos vendedores eran independientes y otros trabajaban para minoristas. Los vendedores de chatarra compraban hierro viejo y lo revendían a los mayoristas y los panaderos contrataban a vendedores ambulantes que salían a la calle con canastos de *pan duro*, o sea el pan que no se había vendido en el día. Con trabajo duro y algo de suerte algunos vendedores ambulantes lograban salir de la pobreza extrema, pero estas oportunidades eran muy escasas para los que trabajaban como obreros en los establecimientos manufactureros.

Como regla general, la situación de los trabajadores de los talleres artesanales y de los establecimientos manufactureros era muy precaria. Cualquier conflicto que se suscitara por los contratos, la productividad, el salario, el horario y las condiciones de trabajo, terminaba en castigos corporales, prisión o despido inmediato. A veces había huelgas, pero estos hechos se producían solo en las empresas grandes. Por ejemplo, en 1784 los trabajadores de la panadería de Basilio Badamler se declararon en huelga para protestar contra las "horribles condiciones de trabajo" que soportaban. En cierto momento se produjo una "revuelta" en la panadería que requirió la intervención de la policía y terminó con una exhaustiva investigación por parte de un comité compuesto por varios inspectores del gremio de los panaderos. La tranquili-

[5] Francisco de Ajofrin, *Diario de viaje que por orden de la sagrada congregación de propaganda fide hizo a la América septentrional en el siglo XVIII*, 2 vols., Madrid, Archivo Documental Español, 1958, 1:81.

dad de la fábrica de tabaco real también se vio perturbada por huelgas y protestas durante los años 1780, 1782 y 1794. El disturbio más serio tuvo lugar cuando 1 400 hombres y mujeres marcharon hacia el palacio virreinal la mañana del 13 de enero de 1794, para protestar por la decisión del monopolio del tabaco de modificar una cláusula contractual por la cual se permitía a los empleados llevar a sus casas parte del trabajo, como preparación de las tareas que deberían completar el día siguiente.

Aunque los trabajadores empleados en los talleres mostraban a veces cierta propensión a la rebeldía, eran considerados menos peligrosos que los servidores domésticos y las otras personas que prestaban servicios esenciales. A los jornaleros se les acusaba de exigir jornales exagerados o propinas excesivas a sus patrones, y los observadores señalaban que los mozos de cordel solían dejar caer sus cargas en cualquier sitio par irse a beber y jugar. Hipólito Villarroel, que era particularmente desdeñoso con sirvientes y jornaleros, se quejaba de que estos eran licenciosos, groseros e ineficientes, y de que los que se empleaban como sirvientes acostumbraban huir con la platería, las joyas y otros efectos de sus patrones, para vender todo en las calles y plazas o en el *baratillo*, o mercado de los ladrones.

La mala reputación de sirvientes, jornaleros y pobres en general, como clase, estaba directamente vinculada a los bajos salarios, el elevado costo de vida y la índole errática o estacional del empleo. En México, el ingreso de las personas de los sectores más bajos era apenas suficiente para mantener una familia en épocas normales, y completamente insuficiente en los períodos de crisis económica. Los jornaleros ganaban salarios de entre dos y tres reales (unidad monetaria) por día. Los sirvientes recibían ocho reales por mes como dinero de bolsillo, además de ropa, comida y alojamiento, mientras que a los aguateros se les pagaba medio real por cuatro viajes desde una fuente de agua hasta las calles donde entregaban el agua.

Una comparación de salarios, ingresos y costo de vida para México a fines de la época colonial demuestra la precaria situación económica de los pobres urbanos. El cuadro 4 proporciona una lista de jornales típicos para los obreros del tabaco y de la construcción en varios momentos entre los años 1698 y 1804. Aunque las cifras son fragmentarias y no permiten un análisis detallado, muestran que las escalas de salarios en las ciudades se mantuvieron relativamente estables durante todo el siglo XVIII. También es evidente que los trabajadores calificados y semicalificados recibían salarios sustancialmente mayores que los no calificados. Por ejemplo, los carpinteros, albañiles y "maestros de escayola" ganaban entre 4 y 8 reales, mientras que los "embaladores", "selladores" y otros trabajadores no calificados solo recibían de 2 a 3 reales por día. Sin embargo, los jornales diarios no son una buena medida de los ingresos reales de los pobres en México a fines de la época colonial. Según se señaló anteriormente, los pobres urbanos tenían grandes dificultades para conseguir empleo seguro debido a la competencia que existía tanto en las manufacturas como en los servicios. Así, tenemos el ejemplo de Antonio Mendoza, empleado de la fábrica real de tabaco, que ganaba 2 reales y medio por día armando cigarros, pero que solo trabajó 12 días y medio durante el mes de marzo de 1798, con un ingreso mensual de 31 reales, apenas 46 pesos por año.

En diversos momentos a fines del siglo XVIII, los administradores de ciertas instituciones calcularon el costo de mantenimiento de un individuo por día. Entre los años 1769 y 1895, este costo se estimaba conservadoramente entre 3/4 de real y un real y medio por día, o entre 34 y 69 pesos por año. Calculado para una familia tipo (3, 8 personas) de clase baja en el México de fines del período colonial, el costo anual oscilaba entre 129 y 262 pesos, lo que significaba que un jornalero con familia debía percibir un ingreso diario promedio de entre 2,8 y 5,7 reales por día, todos los días del año.[6] Como indicadores del costo de vida en la ciudad de México en la época colonial tardía, estas cifras demuestran por qué los pobres urbanos tenían que buscar continuamente trabajo, caridad y otras fuentes de ingresos. Por lo general, toda la familia tenía que trabajar: hombre, mujeres y niños se empleaban como jornaleros, vendedores ambulantes y sirvientes. Hay relatos de comentaristas que afirman que mujeres y niños trabajaban en los establecimientos manufactureros de la ciudad de México, junto con sus maridos o sus padres. Sobre todo, encontraban empleo ocasional o regular en los rubros de la sombrerería, el vestuario y la industria textil, o bien en la fábrica real de tabaco, que llegó a ser la mayor fuente de trabajo para mujeres y niños.

6 Según Timothy E. Anna, en la ciudad de México a fines de la época colonial era posible llevar "una vida decente" con "un ingreso de 300 pesos por años". Véase Anna, *The fall of royal government in Mexico City*, Lincoln, Neb., University of Nebraska Press, 1978, págs. 16 y 231.

CUADRO 4. *Escalas de jornales para obreros de la construcción y empleados de la Fábrica Real de Tabaco, México, 1698-1804 (en reales)*

	1698	1699	1775	1776	1777	1778	1779	1788	1790	1794	1795	1797	1798	1804
Construcción														
Capataces	8r	8r							5r		6r			
Carpinteros				6r						4-5r	6r		7r	7r
Albañiles				5-6r					6r	4-6r	4-6r			
Oficiales	6r	6r	4r	4r					4r					
Jornaleros	3r	3r	3r	3r					2½r	2r	2r	3r	3r	3r
Fábrica de tabaco														
Maestros							8r	8r		8r			8r	
Envolvedores						4r	4-5r	4-5r		4½-6½r			4½-6½r	
Contadores						3¼r	3-4r	3-4r		3½-5½r			3½-4½r	
Obreros			3-5r		3-5r		4r			2-4r				
Empacadores								4r		4r			4-6r	
Selladores								2½-7½r		3½r			3½-4r	
Humedecedores													3-4r	
Anunciadores							2r	2-2½r		2-2½r			2-2½r	
Limpiadores de la letrina								3¼r		3¼r			3¼r	

FUENTES: Archivo General de la Nación, México, Acordada, vol. 4, fols. 168-173; ibíd., vol. 5, fols. 172-178, 192-192v; ibíd., vol. 26, fols. 270-273v; AGN, Criminal, vol. 58, exp. 14, fol. 205; AGN, Tabaco, vol. 84 (s/fols.); Archivo Histórico del Ayuntamiento de la Ciudad de México, Cárceles en general, vol. 495, exp. 2, fols. 8-13v; AHA, Juntas de Policía, 1790, vol. 449, exp. 34, fols. 1-1v; AHA, Panaderías y Pulperías, vol. 3453, exp. 60, fol. 1; D. Lorne McWatters, "The Royal Tobacco Monopoly in Bourbon México", Disertación Ph. D., Universidad de Florida, 1979.

Los viajeros que visitaban Bahía, Buenos Aires, La Habana, México y otros centros urbanos coloniales se mostraban impresionados por el alto costo de vida y la pobreza general de las clases bajas. En la ciudad de México el costo de la comida era la carga más pesada, y los pobres se veían obligados a pagar más por alimentos de menor calidad, ya que hacían sus compras todos los días, en poca cantidad. La gente más acomodada, por el contrario, compraba en mayores cantidades y con menor frecuencia, y economizaba. Los pobres sufrían mucho las menores fluctuaciones en los precios, y lamentablemente el precio de los alimentos oscilaba en forma cíclica debido a que los hacendados y los especuladores manipulaban la oferta y el precio del maíz y otros productos de primera necesidad, para aumentar sus ganancias. Por ejemplo, el precio del maíz alcanzaba su punto más bajo inmediatamente después de la cosecha de octubre, y el más alto en los meses que la precedían. Esto significaba que los pobres urbanos comían mejor durante el otoño y muy mal en el verano.

Hay ejemplos concretos que demuestran esto: en 1777, el costo del maíz pasó de 9 reales la *fanega* (alrededor de 1,5 bushels) en octubre, a 7 reales en diciembre; al mes de mayo siguiente, el precio había subido a entre 10 y 12 reales la fanega. No obstante, 1777 fue un año de relativa abundancia de productos agrícolas y de bajos precios. Durante los numerosos años que se caracterizaron por inflación, crisis económica y grave escasez de comida, los pobres debieron enfrentar el fantasma del hambre y la desnutrición. Por ejemplo, entre junio y setiembre de 1786, el nefasto "año del hambre", el precio del maíz alcanzó la increíble cifra de 48 reales por fanega. Al mismo tiempo, el rápido aumento de los precios del maíz afectó también el costo de otros productos de primera necesidad. Los observadores señalaron que, como consecuencia, con 1/2 real solo se podía comprar 14 onzas y media de pan;* un pollo costaba 8 reales y un huevo 1/2 real, es decir, entre la cuarta y la sexta parte del salario promedio de un trabajador no calificado.[7]

En un esfuerzo por reducir el costo de la alimentación, los pobres de México se veían obligados a comprar y consumir sobras. Las personas que tenían la suerte de emplearse como sirvientes en

---

* Aproximadamente medio kilo (N. T).

[7] Enrique Florescano, *Precios del maíz y crisis agrícolas en México, 1708-1810*, México, El Colegio de México, 1969, págs. 145; 174-177, 219-222 y siguientes.

las casas de los ricos, recibían las sobras de sus patrones. Pero, por lo general, los pobres compraban maíz de menor calidad, pan duro y otras sobras que se vendían en las calles y plazas de la ciudad. Los vendedores ambulantes, muchos de ellos sirvientes, vendían las sobras que les habían dado o que habían comprado en panaderías, carnicerías y otros establecimientos. Estos alimentos eran por lo general incomibles, pero los pobres se veían forzados a recogerlos de la basura o a comprarlos, por falta de otra alternativa mejor. Para los indios, mestizos y mulatos residentes en la ciudad de México, y para un número considerable de españoles y criollos pobres, la dieta básica consistía en maíz, pan, *chiles* (condimentos con pimienta) y porotos, junto con algún trozo ocasional de carne roja o de aves. Al parecer, todas las personas consumían pan en México en el siglo XVIII, independientemente de su clase o de su clasificación étnica. Von Humboldt aseguraba que el maíz y el pan se consumían por partes iguales, que el consumo general de pan era alto, y que la cantidad por persona era similar a la de las grandes ciudades europeas.

El agua llegaba a la ciudad de México por dos acueductos que se originaban a cierta distancia hacia el Oeste. Después, era redistribuida a través de un sistema de 28 fuentes públicas y 505 privadas, que los ricos explotaban para sus hogares y sus empresas. El agua no era enteramente pura, pero era potable. Los que vivían en el centro de la ciudad la obtenían con facilidad, pero los habitantes de los barrios pobres y aledaños sufrían, porque las fuentes públicas estaban situadas a considerable distancia, en el centro de la ciudad. Se sabía que a solo 1,20 m de profundidad había otra fuente de agua, pero no era potable. Por lo tanto, muchas familias que vivían en barrios alejados tenían que comprar el agua a los aguateros, que la cobraban a un precio elevado, especialmente durante las épocas de escasez. Los pobres de México consumían, además de agua, grandes cantidades de vino, aguardiente y otros licores. La bebida alcohólica favorita era el *pulque*, jugo de la planta de maguey, fermentado. Los cronistas de la época afirman que los pobres consumían cantidades excesivas de bebidas alcohólicas. Alexander von Humboldt aseguraba que en la ciudad de México se consumían anualmente 44 000 000 de botellas de pulque. Si el consumo de pulque era en realidad tan alto como afirmaban los observadores, es probable que ello se debiera en parte al hecho de que esta bebida tenía un verdadero valor nutritivo.

En general, el alto costo de la comida obligaba a muchos pobres urbanos a prescindir de las otras necesidades básicas de la vida. Si bien los alquileres eran baratos en el siglo XVIII, y la ciudad de México tenía disponibilidad de viviendas, la mayoría de los pobres no podían afrontar el alquiler de una vivienda o una habitación en la ciudad. Así, muchas familias vivían en la calle, donde levantaban viviendas precarias y otros refugios temporarios. Entre las personas que arrendaban viviendas o habitaciones, era común el incumplimiento en el pago. Los propietarios se quejaban constantemente de que los pobres no querían pagar sus alquileres, o se escapaban cuando el plazo estaba a punto de vencer. Al parecer, muchos alojamientos en el centro de la ciudad padecían un constante cambio de arrendatarios. Los archivos contables demuestran que había una sucesión de inquilinos que alquilaban habitaciones por tres o cuatro meses y después partían súbitamente sin pagar lo que debían.

Las condiciones de vida en los albergues eran difíciles. Las habitaciones de la plata baja que los pobres alquilaban eran frías, oscuras, húmedas, y carecían de ventilación. Según las crónicas, estos cuartos no tenían baños y en la estación de las lluvias se inundaban. Sin embargo, si las condiciones de vida en los inquilinatos eran duras, resultaban aun más deplorables en las viviendas precarias, donde se concentraba la mayoría de los pobres. Construidas de adobe, pedazos de madera y otros materiales, las chozas, llamadas *jacales*, se derrumbaban con el más leve temblor de tierra, o eran arrastradas por las inundaciones que periódicamente asolaban la ciudad, dejando sin hogar a miles de personas.

Las inundaciones fueron un problema grave a principios del siglo XVII, debido a la tala de bosques y otros cambios ambientales del valle circundante. Sectores íntegros de la ciudad se tornaban inhabitables durante largos períodos, provocando un desesperado esfuerzo por desviar las aguas de los lagos situados al norte y al este. Miles de personas, indios en su mayoría y también presos y vagabundos no indígenas, eran reclutados en la ciudad y la campiña vecina para la empresa de controlar las crecientes; no obstante, el fenómeno siguió constituyendo un flagelo durante toda la época colonial.

Con excepción de unos pocos enseres domésticos, los pobres prácticamente no tenían muebles. Como constituía un grupo trashumante, la clase baja tenía muy pocas posesiones. El mobiliario se componía de dos o tres camas de madera, vajilla de cocina de metal o arcilla, un conjunto de *metate* y *mano* para moler maíz, los *petates* para dormir y algunas mantas de lana, que servían también de vestimenta en los meses de invierno.

La ropa era cara y significaba un problema más para los pobres urbanos en la América Latina colonial. En la ciudad de México, el virrey, conde de Revillagigedo, estimó el costo total de un guardarropa básico en 24 pesos y medio para los hombres y en 12 pesos para las mujeres, en el año 1790. Si bien algunos observadores consideraron exagerada la estimación, había consenso general respecto de que la ropa era un rubro prohibitivo. Los paños manufacturados por la industria textil de Nueva España eran más caros y de menor calidad. Lo mismo sucedía con el resto de la vestimenta: zapatos, sombreros, gorras y guantes. En consecuencia, los pobres se veían obligados a comprar o "alquilar" ropa usada, cuando podían permitírselo.

El alquiler y venta de ropa usada era un elemento importante del comercio minorista en México. Los vendedores ambulantes compraban regularmente las ropas de las personas acomodadas, o de los que fallecían. Los observadores enviados a las colonias comentaron que los asilos y hospitales de la ciudad eran frecuentados asiduamente por buhoneros, ansiosos por conseguir las ropas de los parientes incurables o que morían. También observaron que no era rara la sustracción de las ropas de los cadáveres recién enterrados. Los que no podían en absoluto comprarse ropa, la robaban, o se vestían con harapos que recogían de la basura. Los viajeros se sentían impresionados por la cantidad de personas "sucias", "indecorosamente vestidas" y "desnudas" que había en las calles y plazas de la ciudad. En 1777, el gremio de los comerciantes calculó que las tres cuartas partes de la población iba mal vestida o "prácticamente desnuda". El conde de Revillagigedo a quien, como virrey, le irritaba especialmente este problema, se quejaba de que los pobres "no se lavaban" y se vestían con "harapos y mantas malolientes", que servían "tanto para cubrirse como para dormir".[8]

En todos los centros urbanos de la América Latina colonial, la falta de vestimenta confortable y la insuficiencia o ausencia de otros servicios básicos contribuyó de manera significativa con la mala salud de las masas empobrecidas. La fiebre amarilla y otras enfermedades tropicales constituían el principal problema en las ciudades costeras como Bahía, La Habana y Cartagena, mientras que la viruela, el tifus, la fiebre tifoidea y las afecciones respirato-

---

[8] Conde de Revillagigedo, *Informe sobre las misiones e instrucción reservada al Marqués de Branciforte*, México, Editorial Jus, 1966, págs. 167-169.

rias eran preocupantes en los centros urbanos situados a gran altu-
ra, como la ciudad de México, Cuzco y Quito.

En México, los pobres sufrían enfermedades de las vías respira-
torias especialmente durante la época de las lluvias y en las de
tiempo frío, que se extendían entre octubre y diciembre. Estas
enfermedades, como las causadas por el agua contaminada, la desnutrición, la alimentación deficitaria, la falta de vestimenta adecuada, la mala vivienda y las pésimas condiciones de atención sanitaria,
causaban una gran mortalidad, sobre todo infantil. No obstante, la
incidencia de estos males no era tan grande como la de las epidemias
periódicas de viruela, tifus y fiebre tifoidea, que provocaban la muerte de miles de personas y una disminución temporaria pero drástica
de la población urbana (véase cuadro 5). La propagación de las enfermedades contagiosas y los altos índices de mortalidad que producían
despertaban en las masas pobres un miedo rayano con el pánico. Ese
temor era consecuencia del estado primitivo de la atención médica
en el siglo XVIII. La medicación consistía por lo general en la administración de purgantes, sangrías y otros "remedios" totalmente ine-
ficaces contra las enfermedades epidémicas. Por lo tanto, los pobres
tenían miedo de internarse en los hospitales y desconfiaban de la
profesión médica en su conjunto. Los indios, sobre todo, descreían de
la ciencia médica. Preferían las medicinas populares y los rituales
religiosos, administrados por *curanderos*, o sea médicos del pueblo
que curaban con hierbas. Esta actitud es comprensible si se tiene en
cuenta que los remedios populares eran por lo general menos doloro-
sos, más baratos, menos peligrosos y, sin duda, igualmente eficaces
que los prescritos por la medicina oficial. Cuando las autoridades
políticas y sanitarias trataban de tomar medidas de emergencia
para hospitalizar, poner en cuarentena o medicar a las víctimas de
las epidemias, la resistencia entre los pobres era unánime. Los
parientes y amigos escondían a los enfermos, se enterraba a los
muertos en secreto y los padres huían al campo con sus hijos enfermos, en una tentativa de eludir la internación en los hospitales.

DELITOS, DISTURBIOS SOCIALES Y REBELIÓN:
LA RESPUESTA DE LA CLASE BAJA

La resistencia de la clase baja urbana a dejarse tratar por los médicos o internar en los hospitales era solo una expresión más del senti-

CUADRO 5. *Número estimado de muertes como consecuencia de epidemias en la Ciudad de México, 1697-1813*

Año	Tipo de epidemia	Número estimado de muertes	Estimaciones de la población para la Ciudad de México
1697			100 000
1736-39	Tifus (*Matalzahuatl*)	40 000	
1761-62	Tifus y Viruela	25 000	
1772-73	Tifus	13 000*	112 462
1779-80	Viruela y Sarampión	18 000	
1790-93			112 962-130 602
1797-98	Viruela	7143	
1804			137 000
1811			168 000
1813	"Fiebres"	20 385	123 907

*Esta cifra constituye una estimación parcial del total de muertes.

FUENTES: Enrique Florescano, *Precios del maíz y crisis agrícolas en Ciudad de México, 1708-1810*, México, El Colegio de México, 1969, pág. 164; Juan Francisco Gemilli Carreri, *Viaje a la Nueva España: México a fines del siglo XVII*, 2 vols., México, Ediciones Libro-Mex, 1955, 1:45; Charles Gibson, *The aztecs under Spanish rule*, Stanford, Stanford University Press, 1964, págs. 450-51; Alexander von Humboldt, *Political essay on the kingdom of New Spain*, trad. John Black, 3a ed., 4 vols., Londres, Longman, Hurst, Rees, Orme and Brown 1822, 2:61-67; 291-98; Timothy E. Anna, *The fall of royal government in Mexico City*, Lincoln, Neb., University of Nebraska Press, 1978, págs. 4-5.

miento colectivo de miedo, alienación y resentimiento. En muchas ciudades, las mismas barreras estructurales que evitaban el ascenso económico y la movilidad social conspiraban para producir un importante índice de delincuencia y frecuentes disturbios sociales. Además de los problemas causados por la mendicidad, la vagancia y las ocasionales huelgas obreras, el orgullo cívico de los observadores y funcionarios coloniales se veía ofendido por los informes sobre robos, asaltos, crímenes y otros delitos (véase figura 22). A fines de la década de 1730, Jorge Juan y Antonio de Ulloa señalaron que "la gente común y los indios" de Quito eran "sumamente adictos al robo", y además "muy arteros y diestros" en estos delitos, hecho también reconocido en otras regiones de la América Latina. A comienzos de la década de 1760, el virrey peruano Manuel Amat y Junient se manifestó escandalizado por el hecho de que el asilo eclesiástico, o derecho a refugiarse en una iglesia, fuese aprovechado por los delincuentes, que usaban los monasterios, conventos e iglesias de Lima como base de operaciones para sus robos y asaltos.

Los funcionarios coloniales de Brasil también se quejaban del derecho de asilo eclesiástico. No obstante, parecería que la violencia interpersonal, especialmente la motivada por cuestiones económicas, era el principal problema en los centros urbanos de Bahía y Río de Janeiro. En Río, un visitante comentó la facilidad con que se podía contratar a "rufianes" para llevar a cabo una venganza; y agregó que Río era particularmente peligrosa porque no había "lugar en el mundo donde la gente asesinara por tan poco dinero".[9]

En la ciudad de México, los observadores y los funcionarios coloniales empezaron a quejarse de los robos, asaltos, crímenes, prostitución, vagancia y alcoholismo, atribuyendo todo a la población indígena. Esto sucedía a fines del siglo XVI. No obstante, el problema de la criminalidad y los disturbios sociales habría de tornarse mucho peor durante los últimos años del siglo XVII y los primeros del XVIII. Los virreyes y magistrados del período observaron que las casas eran asaltadas con gran frecuencia, que en plena calle se despojaba a las personas pudientes de sus bolsas y que muchas veces las personas eran atacadas violentamente sin razón aparente alguna. Ocasionalmente, los actos individuales de robo y violencia se transformaban en actividades colectivas de grupos organizados, y casi siempre la clase baja participaba en revueltas o levantamientos iniciados por los mineros, los artesanos o los grupos de élite involucrados en disputas políticas. Entre estas rebeliones se cuenta el levantamiento de los mestizos en Potosí (1586), la Guerra de los *Mascates* (vendedores ambulantes) en Recife, Brasil (1710) y la revuelta de los comuneros en Nueva Granada (1781). En el siglo XVII hubo dos importantes levantamientos de los pobres en la ciudad de México que causaron gran devastación y enormes pérdidas. El primero de estos episodios, que tuvo lugar en 1624, se produjo a causa de un irreconciliable enfrentamiento entre un virrey reformista, el marqués de Gelces, y la élite local, dirigida por el arzobispo, Juan Pérez de la Serna, y los magistrados de la

---

[9] Dauril Alden, *Royal gobernment in colonial Brazil, with special reference to the administration of the marquis de Lavradio, 1769-1779,* Berkeley, University of California Press, 1968, 50, fn. 95.

audiencia, o suprema corte de apelaciones. No obstante, esta rebelión debe diferenciarse del levantamiento de 1692, que se debió a la inflación y a la escasez de alimentos y que fue, por ello, una verdadera revuelta popular.

Durante el invierno y la primavera de 1691-1692, las fuertes lluvias, las inundaciones y la pérdida de cosechas íntegras debido a plagas de las plantas hicieron subir abruptamente los precios de los alimentos, produciendo hambre y devastación en varias regiones de Nueva España. En la ciudad de México, la gente se disputaba las escasas reservas de maíz, trigo, verduras y otros artículos de primera necesidad. A comienzos de junio, se reunieron multitudes hambrientas frente a la *alhóndiga*, o granero público, para exigir que se les entregara gratuitamente cereales, mientras que el precio del maíz subía a la astronómica cifra de 48 reales por fanega. Cuando los funcionarios trataron de contener a la muchedumbre desesperada, se produjeron los primeros enfrentamientos. En la mañana del 6 de junio de 1692, frente a la alhóndiga, mataron a una mujer india durante un altercado, y ello llevó a una multitud enfurecida ante el palacio virreinal, para protestar por los altos precios, la escasez de alimentos, los abusos a la población y el mal gobierno. El virrey y el arzobispo, tal vez imprudentemente, estaban ausentes del palacio, y muy pronto la protesta degeneró en revuelta. Grupos de mestizos, mulatos y criollos pobres se unieron a los indios en un ataque contra el mal defendido palacio virreinal. Algunos de los rebeldes prendieron fuego al edificio, y el incendio atrajo a otros grupos desde los barrios aledaños. La muchedumbre, estimada ahora en unas 10 000 personas, incendió y atacó el palacio municipal, la alhóndiga, la residencia de la familia de Cortés, y todos los puestos de venta que se concentraban en el Parián, el mercado principal. El ataque al Parián tuvo un profundo efecto sobre la índole del levantamiento, que muy pronto degeneró en saqueo y riñas por los alimentos y vestidos. En ese punto, el arzobispo y el virrey organizaron a los miembros del clero y a la milicia para sofocar la rebelión, por medio de una combinación de persuasión y fuerza. No obstante, la tranquilidad de la ciudad no se restableció sino hasta algunos días después, y si bien no se contaron las bajas, se cree que hubo más de veinte muertos y muchos más heridos.

Aunque los centros mineros, las ciudades portuarias y los grandes centros administrativos, como Bahía, Potosí y la ciudad de México, tenían un índice de delincuencia altísimo, así como mucha

inquietud social, todos los centros urbanos de América Latina
sufrían el mismo problema, por su estructura social desigual y por
su limitada capacidad de permitir el ascenso económico y social.
Los vagabundos, las prostitutas, los ladrones y los revoltosos
mostraban un comportamiento similar. Así, la respuesta al delito y
el desorden social por parte de las autoridades se aplicaba en forma uniforme a todos los centros urbanos, independientemente de
su tamaño o su complejidad social, aun cuando ella tuviera origen
en determinada preocupación por las difíciles condiciones imperantes en los centros urbanos más grandes e inestables.

ASISTENCIA A LOS POBRES Y CONTROL SOCIAL:
LA RESPUESTA DE LA ÉLITE

En respuesta al desafío del desempleo, la vagancia, la mendicidad y
el delito, los funcionarios de toda América Latina iniciaron políticas
y fundaron instituciones destinadas a proveer una asistencia limitada, a través de la caridad, para mantener el orden y preservar las
relaciones sociales existentes. Desde los primeros años del siglo XVI,
los gobernantes de la corona y las autoridades municipales establecieron graneros públicos y dictaron decretos contra la especulación
y la intermediación, en un esfuerzo por asegurar que todas las personas pudieran satisfacer las necesidades vitales mínimas. Los graneros públicos se establecieron en la ciudad de México en 1578, en
Zacatecas en 1623 y en Oaxaca en 1690. Alentada por la utilidad de
estas instituciones, hacia el fin del siglo XVII la corona española
ordenó el establecimiento de graneros en todo el Imperio.

Los funcionarios coloniales también patrocinaron la fundación
de nuevas poblaciones y ciudades, con la intención de promover el
comercio y dar empleo a los pobres sin trabajo. En el siglo XVI esta
iniciativa significó la fundación de Puebla, Querétaro, Celaya y León
en Nueva España. En Brasil en el siglo XVIII se fundaron Colonia do
Sacramento, Santa Catarina y Porto Seguro. Sin embargo, los nuevos asentamientos tuvieron escasa influencia sobre el creciente
número de pobres y desposeídos. Se requería, más bien, un esfuerzo
decidido por fundar agencias e instituciones responsables de la
administración de la asistencia a los pobres. En consecuencia, los
individuos ricos y un creciente número de iglesias, monasterios,
conventos y hospitales empezaron a hacer caridad y a dar abrigo a

los indigentes, poco después del establecimiento de las primeras poblaciones. En México se abrieron siete hospitales entre 1521 y 1590. Hernán Cortés financió la instalación de uno de ellos, el Hospital de la Concepción, para los enfermos indigentes, poco después de la Conquista. Las otras ciudades de la América española y portuguesa también hicieron gala de una generosidad caritativa durante el siglo XVI. En Bahía, los primeros hospitales se instalaron poco después de la fundación de la ciudad en 1549, pero tanto las casas de salud como los asilos pasaron a ser administrados por una hermandad laica llamada *santa casa da misericórdia*, institución única en la América portuguesa.

Debe recordarse que los pobres eran un factor importante en la vida religiosa de las personas acomodadas, tanto en el imperio español como en el portugués. En consecuencia, la significación social de la caridad privada no puede subestimarse. Según la doctrina católica tradicional, todos los cristianos estaban obligados a hacer caridad en forma proporcional a sus medios; en primer lugar, como un tributo a la importancia espiritual de los pobres, y en segundo, como un instrumento necesario para el logro de la salvación eterna. De este modo, se obtenían ventajas espirituales, ya que la caridad disminuía las penas impuestas como castigo a los pecados. Según explicaba un manual religioso, "el hombre que es piadoso y caritativo con los pobres de Cristo, aunque sea culpable de muchos pecados, se asemeja a un santo porque, según San Pedro, la caridad perdona multitud de pecados". [10]

Además de las medidas tomadas para aliviar la situación de los pobres, el siglo XVI asistió también al establecimiento de cortes de justicia, oficinas de control del cumplimiento de las leyes, y otras fuerzas de seguridad, que se hicieron necesarias para mantener el orden público en los centros urbanos de la América Latina colonial. La tranquilidad pública era preservada por una combinación de grupos que incluía al ejército, la iglesia, el poder judicial y la policía. El ejército estaba dividido en dos sectores: una compañía de soldados que guardaban el palacio virreinal, y una milicia ciudadana compuesta por unidades de voluntarios, que representaban

---

[10] William J. Callahan, "The problem of confinement: an aspect of poor relief in eighteenth century Spain", *Hispanic American Historical Review* 51:1, febrero de 1971, pág. 3.

a los diversos gremios o corporaciones. Sin embargo, su capacidad como instrumentos de control social era limitada. Desde el siglo XVI hasta mediados del XVIII, la guardia de palacio y la milicia funcionaron como fuerzas de reserva. Eran llamadas a actuar cuando se las necesitaba para sofocar revueltas y disturbios, pero rara vez se las usó para controlar cotidianamente el delito y las perturbaciones sociales. Dada la debilidad de las fuerzas militares durante este período, la iglesia llegó a ser un importante instrumento de control social. Por medio de sus instituciones legales, como la Inquisición y el *juzgado eclesiástico* (corte eclesiástica), y a través de la autoridad moral del clero, la iglesia proporcionó asistencia a las autoridades civiles y con frecuencia desempeñó un papel crucial en la supresión de revueltas populares y desórdenes sociales.

Aunque la participación de la iglesia y las fuerzas militares era esencial para el mantenimiento de la tranquilidad pública, las cortes judiciales y las oficinas de aplicación de las leyes tenían gran responsabilidad en el control del orden público y la criminalidad. En las capitales virreinales de la América española había tres jurisdicciones separadas: la audiencia virreinal, que funcionaba como corte de apelaciones y a veces también de primera instancia; la Corte Municipal, que tenía un papel fundamental en la lucha contra el delito y el desorden social; y las cortes de los indios, con jurisdicción local sobre ciertos barrios indígenas de la ciudad. Durante los siglos XVI y XVII, todas estas jurisdicciones tenían sus magistrados propios, sus fiscales y condestables; no obstante, la audiencia era reconocida como tribunal supremo, porque revisaba los casos civiles y criminales más importantes, en instancia de apelación.

A medida que aumentaba la población de los centros urbanos, durante fines del siglo XVII y principios del XVIII, se hacía evidente que las instituciones existentes eran incapaces de contener la creciente marea de desocupados pauperizados, vagabundos y delincuentes. En la ciudad de México, la iglesia, el ejército y las instituciones de control, como también los graneros públicos, no lograron evitar el levantamiento de 1692. En consecuencia, los observadores y los funcionarios coloniales empezaron a pedir la adopción de nuevas medidas para mantener el orden y asegurar la tranquilidad pública. Bajo la influencia de las ideas de la Ilustración, los gobiernos español y portugués del siglo XVIII centralizaron la administración de la asistencia a los pobres, incrementaron el tamaño del ejército, ampliaron las oficinas de control del cumplimiento de las leyes y desarrollaron esquemas de colonización y otros incentivos para promover el desarrollo económico y reducir el desempleo. Los dos gobiernos adoptaron las nuevas actitudes de la Ilustración hacia los indigentes e incapacitados. Estas actitudes cuestionaban la caridad supuestamente "dispendiosa" e "indiscriminada" que tradicionalmente habían dado a los pobres los ricos y el clero. La consecuencia fue que se implementó un nuevo sistema de asistencia, que limitaba la distribución de limosnas a los "pobres que lo merecían", recomendaba el establecimiento de instituciones para confinar a los indigentes y a los verdaderamente necesitados, e imponía severas restricciones a las actividades de mendigos y vagabundos.

En el Brasil virreinal, las nuevas políticas de la Ilustración llevaron al diseño de programas destinados a promover el empleo. Se dieron incentivos para aumentar el número de empresas dedicadas a la explotación de la cochinilla, el cáñamo, el índigo, el arroz, el tabaco y el trigo, todo ello en la segunda mitad del siglo XVIII. En 1768, el marqués de Lavradio patrocinó el establecimiento de una fábrica de lona en Bahía, como parte de ese esfuerzo. Lavradio y otros virreyes brasileños implementaron también programas destinados a mejorar la administración de la justicia. Estos incluyeron el establecimiento en Río de Janeiro de una segunda suprema corte, llamada de *relação*, en 1751; la restricción al derecho de asilo eclesiástico en iglesias, monasterios y conventos; y el destierro de vagabundos y delincuentes a Colonia do Sacramento, Santa Catarina y otras colonias en las zonas fronterizas del virreinato.

En la ciudad de México, la implementación de las nuevas políticas de la Ilustración adquirió todo su rigor con el arribo del virrey, el marqués de Croix, en 1766. Una serie de decretos firmados entre setiembre de 1766 y febrero de 1767 exigían que todas las personas capaces demostraran en un plazo de 30 días que tenían empleo remunerado. Quienes no pudieran hacerlo serían arrestados por los funcionarios de las oficinas de cumplimiento de las leyes, y posteriormente destinados a cumplir tareas en el ejército o en obras públicas, donde trabajarían como prisioneros en trabajo forzoso. A estos decretos siguieron muy pronto otros, que establecían programas para el empleo de mendigos, vagabundos y pobres desocupados. En la ciudad de México hubo un aumento del número de proyectos de obras públicas después de 1766. Se construyeron nuevos caminos, se repararon puentes y acueductos, se limpiaron y pavimentaron las calles, y muchos vagabundos fueron condenados a

trabajar como convictos en las fortificaciones de frontera del virreinato. En 1769, la corona estableció la fábrica de tabaco de México,
como parte de un esfuerzo encaminado a dar más posibilidades de
empleo a los pobres urbanos. Durante las últimas décadas del régimen colonial, la fábrica de tabaco empleó a miles de hombres, mujeres y niños, aliviando así en alguna medida el problema del
desempleo crónico en la ciudad. El éxito y la rentabilidad de la
fábrica de tabaco alentó a los funcionarios coloniales y de la corona
a fomentar el desarrollo de otras empresas estatales; no obstante, la
mayoría de estas últimas iniciativas tuvieron escaso éxito.

Las medidas puestas en práctica para dar trabajo a vagabundos,
mendigos y desocupados fueron complementadas por la fundación de
instituciones destinadas a albergar a los indigentes, los incapacitados
y los vagabundos recalcitrantes. En 1774, el virrey Antonio María
Bucareli prohibió pedir limosna en las calles de la ciudad, y ordenó
que todos los mendigos se presentasen en el recientemente inaugurado hospicio de pobres. Según las instrucciones dadas para su administración, los objetivos principales del hospicio eran "el cuidado de
los ancianos, enfermos y necesitados... que vagabundean pidiendo
limosna", y la contribución a la salvación eterna de aquellas personas inclinadas "a la ociosidad, la indisciplina y los malos hábitos".[11]
Para asegurar el cumplimiento de estos fines, el hospicio contaba
con una enfermería y había contratado un equipo de médicos; no
obstante, en los años que siguieron no faltaron críticas de personas
que afirmaban que el tratamiento médico y la rehabilitación no existían en el hospicio, y que este se había convertido simplemente en
una cárcel para vagabundos y delincuentes.

Además del hospicio de pobres, la corona encaró la administración de otras instituciones, como el *hospital general de San Andrés*,
que fue construido en propiedad jesuita, y el *hospital del divino Salvador,* asilo para mujeres insanas, confiscado a los jesuitas en 1767.
En 1772, se estableció en México un orfanato real, o *casa de niños
expósitos*, bajo el patrocinio del arzobispo Francisco Lorenzana. El
problema de los huérfanos era bastante serio, hasta el punto de que
los hospitales y el hospicio tenían instalaciones para el cuidado de
estos niños. Por otra parte, las quejas acerca de la difusión de la for-
nicación, el adulterio y el concubinato resultaron en la creación de

---

[11] Archivo General de la Nación, México, Ramo de Bandos, vol. 10, núm. 18.

un organismo especial que se ocuparía de los nacimientos ilegítimos. Este organismo, llamado *departamento de partos ocultos*, fue fundado por el arzobispo Lorenzana en 1774, y funcionaba en un edificio contiguo al hospicio de pobres. Allí, las mujeres podían dar a luz a sus hijos ilegítimos en el mayor secreto, con un riesgo mínimo y sin mancillar el honor de sus familias. Solo estaban obligadas estas instituciones, en el caso de muerte durante el parto, a dar el nombre de la mujer a un sacerdote, que lo registraba en un archivo secreto. El secreto de los nacimientos ilegítimos estaba más asegurado aun porque a las mujeres se les ofrecía la posibilidad de mantener su rostro cubierto durante todo el alumbramiento; pero solo se concedía derecho al uso de este organismo a las mujeres españolas y criollas (presumiblemente pobres). Según parece, el código tradicional del honor familiar era considerado más importante para estos grupos que para los indios, mestizos, mulatos y negros.

La casa de empeños, llamada *monte de piedad,* era otra de las instituciones de asistencia a los pobres que funcionaba en la ciudad de México a fines del período colonial. Fundado con intención filantrópica por el poderoso empresario minero Pedro Romero de Terreros, primer conde de Regla, el monte de piedad pretendió poner fin a los abusos cometidos contra los pobres por prestamistas y tenderos por el empeño de objetos. Durante toda la época colonial, y especialmente en períodos de crisis, los pobres de México se veían obligados a empeñar sus ropas y otras modestas posesiones para conseguir comida. Debido a su desesperación, casi siempre los estafaban en estas transacciones. Después de recibir reiteradas quejas, el marqués de Croix promulgó una serie de decretos (1768-1769) destinados a poner freno a los abusos más flagrantes. Estas medidas fueron complementadas con la fundación del monte de piedad en 1775, que daba a los pobres una alternativa para librarse de los prestamistas. Según un modelo ya establecido en España, los pobres podían empeñar sus pertenencias a cambio de un préstamo pequeño y sin interés. Después podían rescatar lo empeñado, dentro del plazo establecido, o abandonarlos para que el monte de piedad lo rematara. La importancia de esta institución no debe ser subestimada, porque bajó considerablemente el costo del crédito. Pero en los años que siguieron, el acceso a ella se vió limitado por la necesidad de establecer reglamentaciones respecto de la aceptación de objetos robados.

Además de los programas de desarrollo económico y las reformas en la administración de la asistencia a los pobres, las autori-

dades coloniales instituyeron medidas para asegurar el mantenimiento del orden público. Estas medidas incluían nuevos estatutos
penales, restricciones al derecho de asilo eclesiástico y un aumento
del número de funcionarios judiciales. Asimismo, se fundó una
guarnición militar permanente, se ampliaron los organismos de
control del cumplimiento de las leyes, se dividió la ciudad en distritos policiales, se colocó iluminación en los lugares muy concurridos
y se inauguró un instituto correccional para mujeres, llamado el
recogimiento de Santa María Magdalena. La división de la ciudad
en seccionales policiales en 1784 llevó, sin duda, al virrey, conde de
Revillagigedo, a considerar una serie de propuestas para trazar
calles, demoler las viviendas precarias y reorganizar los barrios
periféricos. También consideró, probablemente, algunas propuestas
para levantar un muro alrededor de la ciudad de México. En 1787,
el rígido gobernante Hipólito Villarroel sugirió entusiastamente la
construcción del muro, para "proteger los bienes del rey contra
ladrones y contrabandistas" y para "limpiar esta ciudad de las
numerosas personas licenciosas e inútiles que no tienen casa ni
ocupación fija con que mantenerse".[12] No obstante, estos planes
nunca se ejecutaron, debido a su escala y a su elevado costo.

CONCLUSIONES

En general, las políticas del período colonial tardío tuvieron éxito
desde el punto de vista del control social, porque permitieron a los
sectores de elevada condición mantener la paz pública y preservar
con más eficacia las relaciones sociales existentes. Es cierto que la
delincuencia y las perturbaciones sociales siguieron afectando a los
centros urbanos durante toda la época colonial; sin embargo, también
lo es que las actividades de la clase baja fueron controladas hasta el
punto que la estructura social establecida nunca se vio seriamente
amenazada. De hecho, hay razones para creer que las autoridades
coloniales toleraban cierta cuota de delincuencia y perturbación

---

[12] Hipólito Villarroel, *México por dentro y fuera bajo el gobierno de los virreyes,
o sea enfermedades políticas que padece la capital de esta Nueva España en casi
todos los cuerpos de que se compone y remedios que se le deben aplicar para su curación si se quiere que sea útil al rey y al público*, México, Imprenta del C. Alejandro
Valdés, 1831, págs. 110-111.

social. Las personas que trabajaban en las casas de pobres, los orfanatos, los tribunales de justicia, los organismos de vigilancia del
cumplimiento de las leyes y otras instituciones de control social no
estaban demasiado ansiosas por reducir el nivel de la criminalidad
y los desórdenes sociales, o bien por que eran gente corrupta, o
bien porque un saneamiento a fondo pondría en peligro sus empleos. En consecuencia, se estableció una suerte de equilibrio entre
orden social y desorden social. Las élites urbanas habrían podido, tal
vez, reducir el nivel de delincuencia e intranquilidad social, pero no
estaban demasiado dispuestas a hacerlo, porque ciertos sectores de
las clases altas se beneficiaban de diferentes maneras con la situación existente. Es evidente, por ejemplo, que había una relación
entre la persistencia de ciertos delitos y las necesidades de mano de
obra de los empresarios y el gobierno. En la ciudad de México hubo
un notable aumento del número de personas arrestadas por vagancia y alcoholismo en la vía pública durante la segunda mitad del
siglo XVIII, porque se necesitaban obreros para los proyectos de obras
públicas o soldados para aumentar las filas del ejército. La difusión
del robo y la corrupción entre los funcionarios coloniales fue otro
importante factor en la relativa tolerancia hacia ciertos delitos.
Periódicamente se arrestaba y se acusaba de delitos a condestables, abogados, guardiacárceles y administradores de diversas instituciones. Estos delitos incluían los de extorsión, robo, asaltos a
viviendas, contrabando, venta de bebidas alcohólicas prohibidas y
hasta sustracción de alimentos destinados a los internos y prisioneros de cárceles e instituciones de caridad de la ciudad.

En este aspecto y en otros, la ciudad de México era comparable
a los otros centros urbanos de la América Latina colonial. La mayoría de las ciudades eran similares en cuanto a su configuración social
y política. Todas ellas poseían una rígida estructura social, desigual
y basada en la jerarquía racial y económica. A todas les afectaban los
problemas vinculados a una clase baja numerosa y empobrecida. Los
problemas característicos de este grupo eran la alimentación insuficiente y la mala salud, así como las deplorables condiciones de vida y
de trabajo, además del desempleo, la vagancia y la delincuencia. Las
diferencias que distinguían a un centro urbano de otro eran de grado y se debían al tamaño, la función, la demografía o la geografía.
Por ejemplo, en Buenos Aires, Cartagena, La Habana, Lima y
Bahía, los esclavos negros y mulatos y los libertos formaban una
porción mayor de la clase baja que en México, Quito y Cuzco.

En todas las ciudades las élites desarrollaron mecanismos e instituciones destinados a mantener el orden público y aliviar los problemas de los pobres. Cada vez que se lo consideró necesario, se establecieron o ampliaron los orfanatos, casas de pobres, proyectos de obras públicas, programas de desarrollo económico y organismos de vigilancia del cumplimiento de las leyes. Aunque según parece todos estos recursos no bastaron para reducir las dimensiones de la clase baja, o para modificar las condiciones que habían dado origen a su existencia, resultaron eficaces desde el punto de vista del control social, porque mantenían el *statu quo*. Así, las élites urbanas pudieron mantener las relaciones económicas y sociales existentes y seguir dominando el sistema político urbano, sin demasiadas dificultades, hasta el fin de la época colonial.

LECTURAS COMPLEMENTARIAS

Los estudios que tratan específicamente de la clase baja urbana en la América Latina colonial son pocos, tienden a centrarse en México, mezclan las poblaciones urbanas con las rurales y combinan el análisis de las clases bajas con el de los trabajadores pobres. También destacan las cuestiones vinculadas con la ayuda a los pobres y el mantenimiento del orden público y se inclinan a centrarse en los temores o las preocupaciones de los funcionarios coloniales y las élites. Entre las monografías publicadas que son accesibles al lector interesado figuran: William B. Taylor, *Drinking, homicide and rebellion in Colonial Mexican Villages,* Stanford, Stanford University Press, 1979; Colin M. Mac Lachlan, *Criminal justice in eighteenth century Mexico: a study of the Tribunal of the Acordada,* Berkeley, University of California Press, 1974; Norman F. Martin, *Los vagabundos en la Nueva España: siglo XVI,* México, Editorial Jus, 1957; Josefina Muriel, *Los recogimientos de mujeres: respuesta a una problemática social novohispana,* México, Universidad Nacional Autónoma de México, 1974; y Ruth Pike, *Penal servitude in early modern Spain,* Madison, Wis., University of Wisconsin Press, 1983. Otros estudios que tratan de la clase baja urbana, al menos en parte, son: Michael C. Scardaville, "Alcohol Abuse and Tavern Reform in Late Colonial Mexico City", *Hispanic American Historical Review* 60:4, noviembre 1980, págs. 643-676; María Justina Sarabia Viejo, *El juego de gallos en la Nueva España,* Sevilla, Escuela de Estudios

Hispano-Americanos, 1972; Norman F. Martin, "La desnudez en la Nueva España del siglo XVII", *Anuario de Estudios Americanos* 29 (1972), págs. 261-294; Mario Góngora, "Vagabundaje y sociedad fronteriza en Chile: siglos XVI a XVIII", Publicación núm. 2, *Cuadernos del Centro de Estudios Socio-Económicos*, Santiago, Facultad de Ciencias Económicas, Universidad de Chile, 1966; Chester L. Guthrie, "Riots in Seventeenth Century Mexico City", en Adele Ogden y Engel Sluiter (comps.), *Greater America: essays in honor of Herbert Eugene Bolton*, Berkeley, University of California Press, 1945; Rosa Feijóo, "El tumulto de 1692", *Historia mexicana* 14:2, abril-junio de 1965, págs. 656-697; y Gabriel Haslip-Viera, "Crime and the Administration of Justice in Colonial Mexico City, 1696-1810", disertación de doctorado, Columbia University, 1980.

Consúltese una discusión sobre la clase baja urbana, los trabajadores pobres y su relación con las élites urbanas en un medio ambiente de revuelta, en: John Leddy Phelan,*The people and the king: the comunero revolution in Columbia, 1781,* Madison, Wis., University of Wisconsin Press, 1978; y Barry Danks Noblet, "Revolts of 1766 and 1767 in the Mining Commnities of New Spain", disertación de doctardo, University of Colorado en Boulder, 1979. Para una discusión de la estructura social urbana con referencia a la clase baja urbana y los trabajadores pobres, véase Lewis Hanke, *The imperial city of Potosí: an unwritten chapter in the history of Spanish America*, La Haya, Martinus Nijhoff, 1956; Charles Gibson, *The astecs under spanish rule*, Stanford, Stanford University Press, 1964; Elsa Cecilia Frost, Michael C. Meyer y Josefina Zoraida Vázquez (comps.), *Labor and laborers trhough Mexican history,* Tucson and Mexico City, El Colegio de Mexico and University of Arizona Press, 1979; Mario Góngora, "Urban stratification in colonial Chile", *Hispanic American Historical Review* 55:3, agosto de 1975, págs. 421-448; Patricia Seed, "The Social Dimensions of Race: Mexico City, 1753", *Hispanic American Historical Review* 62:4, noviembre de 1982, págs. 569-606; Alejandra Moreno Toscano, (comp.), *Ciudad de México: ensayo de construcción de una historia,* México, Instituto Nacional de Antropología e Historia, 1978; y Manuel Carrera Stampa, *Los gremios mexicanos,* México, Ibero-Americana de Publicaciones, 1954. También se encuentran referencias a la clase baja urbana en Donald B. Cooper, *Epidemic disease in Mexico City, 1761-1813,* Austin, Tex., University of Texas Press, 1963; Christon I. Archer, *Ther army in bourbon Mexico, 1760-1810,*

Albuquerque, University of New Mexico Press, 1977; Dauril Alden, *Royal government in colonial Brazil, with special refrence to the administration of the marquis de Lavradio, Viceroy, 1769-1779*, Berkeley, University of California Press, 1968; C. R. Boxer, *Portuguese society in the tropics: the municipal councils of Goa, Macao, Bahia and Luanda, 1510-1800*, Madison, Wis., University of Wisconsin Press, 1965; Enrique Florescano, *Precios del maíz y crisis agrícolas en México, 1708-1810*, México, El Colegio de México, 1969; y José Jesús Hernández Palomo, *El aguardiente de caña en México, 1724-1810*, Sevilla, Escuela de Estudios Hispano-Americanos, 1974.

Además de encontrarse en las monografías y ensayos, hay descripciones de la clase baja urbana y de los trabajadores pobres en los escritos de viajeros, funcionarios coloniales y otros observadores interesados. Estos relatos incluyen: Alexander von Humboldt, *Political essay on the kingdom of New Spain*, trad. John Black, 4 vols., Londres, Longman, Hurst, Rees, Orme and Brown, 1822; Hipólito Villarroel, *México por dentro y fuera bajo el gobierno de los vierreyes, o sea enfermedades políticas que padece la capital de esta Nueva España en casi todos los cuerpos de que se compone y remedios que se le deben aplicar para su curación si se quiere que sea útil al rey y al público*, México, Imprenta del C. Alejandro Valdés, 1831; "Informe sobre pulquerías y tabernas, el año de 1784", *Boletín del Archivo General de la Nación (México)* 18 (1947):187-236; Luiz dos Santos Vilhena, *Recopilação de noticias soterpolitanas e brasilicas contidas em XX cartas*, ed. Braz do Amaral, 2 vols., Bahía, imprenta oficial do Estado, 1921-1922; Guillermo Lohmann Villena, *Las relaciones de los virreyes del Perú*, Sevilla, Escuela de Estudios Hispano-Americanos, 1959; *Memoria de gobierno de Manuel Amat y Junient, Virrey del Perú*, Sevilla, Escuela de Estudios Hispano-Americanos, 1947; Bartolomé Arzans de Orzúa y Vela, *Historia de la villa imperial de Potosí*, 3 vols., Providence, Rhode Island, Brown University Press, 1965; y Jorge Juan y Antonio de Ulloa, *A voyage to South America*, trad. John Adams, Nueva York, Alfred A. Knopf, 1964.

Además del material sobre la clase baja urbana y los trabajadores pobres, hay también literatura acerca de la asistencia a los pobres en la América Latina colonial. Entre las monografías y artículos publicados se encuentra: Woodrow Borah, "Social Welfare and Social Obligation in New Spain: A Tentative Assessment", XXXVI Congreso Internacional de Americanistas, *Actas y Memorias* 4 (1966), págs. 45-57; A. J. R. Russell-Wood, *Fidalgos and philanth-*

ropists; the Santa Casa de Misericórdia de Bahia, 1550-1755, Berkeley, University of California Press, 1968; William J. Callahan, "The problem of confinement: an aspect of Poor Relief in Eighteenth Century Spain", Hispanic American Historical Review 51:1, febrero de 1971, págs. 1-24; Jean Sarrailh, La España ilustrada de la segunda mitad del siglo XVIII, México, Fondo de Cultura Económica, 1957; Julia Herraez de Escariche, Beneficencia de España en Indias, Sevilla, Escuela de Estudios Hispanoamericanos, 1949; Frederick B. Pike, "Public Work and Social Welfare in Colonial Spanish American Towns", The Americas 13:4, abril de 1957, págs. 361-375; Germán Somolinos D'Ardois, Historia de la psiquiatría en México, México, Sep Setentas, 1976; Edith B. Couturier, "The philanthropic activities of Pedro Romero de Terreros: First Count of Regla, 1753-1781", The Americas 32:1, julio de 1975, págs. 13-30; Josefina Muriel, Hospitales de la Nueva España: fundaciones de los siglos XVI a XVIII, 2 vols., México, Editorial Jus, 1956-1960; y Pilar González Aizpuru, "La casa de los niños expósitos de la ciudad de México: una fundación del siglo XVIII", Historia Mexicana 31:3, enero-marzo de 1982, págs. 409-430.

CONCLUSIÓN

LOUISA S. HOBERMAN

LA HISTORIA de la América Latina urbana tiene largos y respetables antecedentes. Comenzó con la colonización misma, en el siglo XVI, cuando se designó a historiadores oficiales para que escribieran relatos sobre las numerosas ciudades que se habían establecido en todo el continente. El interés temprano por la historia urbana produjo la preservación de valiosos documentos y de una rica bibliografía sobre la historia de la ciudad latinoamericana. Sin embargo, al reflejar hasta cierto punto las preocupaciones de los historiadores de la época colonial, la historia de las ciudades se centró, tradicionalmente, en la fundación de poblaciones, los gobiernos municipales y las obras públicas, temas que contribuyen a nuestro conocimiento de la evolución urbana, pero están muy lejos de agotarlo.

A diferencia de la historia urbana, la historia social es relativamente una recién llegada a la disciplina. La historia social, que alcanzó su auge en la década de 1960, trató de modificar el foco convencional sobre las leyes, las instituciones y las fuerzas económicas impersonales. Los historiadores sociales analizaron las características de los diversos grupos en que se organizaba la sociedad y determinaron sus relaciones mutuas. El resultado de este desplazamiento innovador de la perspectiva fue una fructífera proliferación de estudios de caso de diversos grupos y de varias regiones de América Latina.

Al aproximar historia urbana e historia social, este volumen intenta enriquecer ambos enfoques. Los ensayos en él contenidos amplían nuestro concepto de la historia urbana al demostrar la importancia de los grupos sociales para una comprensión del desarrollo de las ciudades en la América Latina. Al sintetizar las abarcadoras conclusiones de la nueva historia social y al comparar grupos en el mismo marco físico, los ensayos logran que las conclusiones de los historiadores sociales sean más accesibles y se integren más fácilmente con otros enfoques de la historia.

La fusión de historia urbana e historia social ilumina una serie de controversias que han dado material a una actividad académica profusa en los últimos 15 a 20 años. Para los historiadores sociales, un debate semejante se refiere a las bases mismas de la estratificación social en la América Latina colonial. Ellos concuerdan en que la sociedad colonial era más jerárquica que igualitaria, pero discrepan respecto de los principios sobre los que descansaba esa jerarquía. ¿En qué medida las divisiones sociales estaban determinadas por la raza y no por la clase? ¿Qué combinación de atributos definía a qué clase pertenecía una persona? Otra cuestión importante es el alcance de la investigación del historiador social. Dado que la sociedad colonial en su conjunto es un tema demasiado amplio para ser abordado por un solo investigador, es necesario seleccionar unidades menores. Pero, ¿cuál es la esfera adecuada de estudio? ¿La familia, el barrio, la ciudad, la región? La elección de la unidad de estudio influye sobre la clase de conclusiones a las que arribará el trabajo. También existe un debate filosófico, aunque rara vez se lo expone explícitamente. ¿El sistema social se caracterizaba por el conflicto, por el equilibrio o por una positiva mediación entre sus elementos constituyentes? Algunos historiadores aclaran a partir de cuáles de estos supuestos están trabajando, pero otros no lo hacen, y hasta puede ser que no tengan conciencia de que existen.

Para los historiadores urbanos, hay discrepancias acerca de cuáles son los elementos de la ciudad que más contribuyen a la comprensión de su evolución. Algunos investigadores ven a la ciudad como una entidad cultural. Rastrean los cambios en la visión que de la ciudad tenían sus habitantes en diferentes momentos y muestran cómo esos cambios modelaban la vida urbana. Otros la ven principalmente como una respuesta a circunstancias cambiantes de índole demográfica, económica o quizá política, pero nunca cultural. Para ellos, la dimensión cultural es, en el mejor de los casos, secundaria.

Desde hace largo tiempo la ciudad ha sido reconocida como un entorno físico singular. Su densa y diversa población requiere alojamiento, transporte, servicios públicos y posibilidades de recreación en una escala que no se encuentra en la campiña. Las funciones urbanas, o lo que los críticos rurales han llamado pretensiones urbanas, han producido un despliegue particular de calles y plazas, así como una imponente arquitectura civil y religiosa. La cuestión es: ¿cómo han de integrarse las dimensiones física y social de modo mutuamente satisfactorio? Lamentablemente, los estudiosos del aspecto físico de la ciudad —arquitectos, geógrafos y planificadores urbanos— y los de su estructura social y política mostraron cierta tendencia a seguir caminos diferentes.

Una última controversia se refiere a la relación de la ciudad con otros tipos de asentamiento. Las ciudades no fueron nunca centros de población aislados. Interactuaron con la campiña circundante, con ciudades distantes y con provincias lejanas. ¿Cómo se deben caracterizar estos vínculos? Algunos investigadores creen que la ciudad latinoamericana colonial era parasitaria, que drenaba los recursos humanos y productivos del interior de la región. Otros consideran que las funciones económica, judicial y cultural de los centros urbanos eran positivas, y contribuían al desarrollo de las regiones en que estaban situadas. ¿Cuál es la interpretación más acertada, y para qué tiempos y lugares?

Los ensayos de este libro iluminan uno u otro de estos debates. Algunos confirman opiniones aceptadas acerca de la ciudad latinoamericana, mientras que otros las cuestionan o sugieren nuevos problemas. Dado que actualmente existe un importante cuerpo de investigación en historia urbana y social, es posible sintetizar sus conclusiones y formarse una nueva idea de las más importantes controversias desde el punto de vista de los nuevos conocimientos.

El sistema colonial de estratificación social era jerárquico. La gran desigualdad de riqueza y estatus se daba por sentada y era considerada, al menos por las élites, como socialmente útil y de origen divino. Los grupos situados en los extremos del eje social —los *hacendados* y *fazendeiros* (propietarios de grandes fincas rurales) por un lado, y la clase baja por el otro— delinean claramente los extremos que estaban representados en la sociedad colonial. Aun en provincias, los hacendados eran dueños de propiedades que valían un promedio de 30 000 *pesos*, mientras que los sectores más bajos no tenían propiedades en absoluto, excepto camas, mantas y cacharros. La élite terrateniente se vestía con las más finas sedas y con terciopelos importados de Europa y el Lejano Oeste, pero la clase baja compraba o alquilaba ropas de segunda mano o, en los casos extremos, se vestía con harapos recogidos en la basura. Existía una brecha fundamental entre los que "tenían", vale decir, los que poseían propiedades o eran dueños de los medios de producción, y los que "no tenían", es decir, los que solo contaban con su trabajo, una brecha simbolizada por los grupos situados en ambos extremos del espectro social. Algunos historiadores consideran que esta dramática división entre la élite y la clase baja constituía el hecho más significativo de la sociedad colonial. Sin embargo, gran parte de la investigación actual en historia social se ocupa de los grupos intermedios y de cómo ellos mantenían la cohesión de los dos extremos sociales. Esta línea de investigación trata de distinguir a un grupo intermedio de otro, de mostrar cómo se producían el ascenso y el descenso en la escala social, y de analizar cómo se vinculaban entre sí los grupos y no cómo se separaban. Ambos enfoques son válidos, pero uno destaca la dicotomía mientras que el otro toma nota de la pluralidad.

Las divisiones sociales se apoyaban en una serie de factores: riqueza, ocupación, residencia, raza, título y cargo público. La importancia relativa de la raza en la determinación de la posición social en la América Latina colonial ha generado una profunda controversia. El debate es importante debido a las grandes implicancias que tiene el hecho de que una sociedad esté basada en las razas o en las clases. Si la estratificación fuese principalmente racial, entonces la América Latina colonial se habría aproximado más bien a una sociedad estática y cerrada, resistente a las nuevas influencias. Su transición a una época de estratificación de clase hubiese sido más brusca y menos completa. Pero si el factor determinante de la estratificación fuese la clase, es decir, una mezcla de nivel de ingresos, ocupación y otras variables, entonces la sociedad colonial habría sido más abierta y flexible, capaz de recibir y hasta de generar los cambios que conducirían a una sociedad industrial moderna.

En el debate, la raza se refiere a los atributos tanto sociales como físicos. En la América Latina colonial la raza ha sido definida como una combinación de apariencia (y presunta herencia biológica), ocupación, familia, relaciones y estatus. Las personas eran legalmente clasificadas por su raza y recibían privilegios o se las sancionaba según su clasificación racial. En la época de la Conquista la raza determinaba, en la gran mayoría de los casos, si una persona habría de estar entre los dominadores o entre los dominados. Los blancos formaban el primer grupo; los indios y los negros, el segundo. La división política tenía una contraparte económica. Los indios eran los contribuyentes, obreros y productores de comida. Los negros eran trabajadores y sirvientes calificados y no calificados. Los blancos eran dueños de fincas, plantaciones y minas y ocupaban los cargos públicos.

La controversia surge con respecto a los años posteriores a la

Conquista, es decir la mayor parte del período colonial. Una vez que los españoles y los portugueses se instalaron en América, algunos historiadores así lo aseveraron, la raza se convirtió en un factor determinante del estatus menos importante que otros, como por ejemplo la ocupación. Más marcadamente a fines del siglo XVIII, las bases para la estratificación social cambiaron bajo el impacto de la comercialización de la agricultura y la ganadería, el auge de la minería, la mayor libertad de comercio y las reformas políticas de los Borbones. El pretendido cambio se reflejó en las pautas matrimoniales: se formaban más parejas entre personas de distinto grupo racial que lo que anteriormente se había supuesto, tendencia esta que indicaba la decreciente importancia de la variable racial. Del mismo modo, la correlación entre raza y tipo de trabajo se hizo más débil. Se encontraban personas de diferentes razas en una amplia gama de ocupaciones. Así, según esta interpretación, si la sociedad colonial tardía se dividía en las cinco categorías ocupacionales de la élite, los profesionales (incluidos los tenderos), los artesanos de alto nivel, los artesanos de bajo nivel y los sirvientes/peones, la élite estaba aún dominada por personas clasificadas como blancas, esto es, por peninsulares nacidos en España y por criollos nacidos en América. No obstante, los criollos, contrariamente a lo que pudiera esperarse teniendo en cuenta la preponderancia de blancos en las ocupaciones de alto estatus en el período de la Conquista, se encontraban también en las categorías de artesanos y sirvientes/peones.[1] Para un grupo que desdeñaba el trabajo manual, el porcentaje de criollos en la categoría de los artesanos era sorprendentemente elevado. En la ciudad de México a mediados del siglo XVIII era del 41%. En Oaxaca a fines del siglo XVIII, era de 72%. En Buenos Aires a comienzos del siglo XIX era considerablemente menor, pero aun así significativo: el 24% de la población masculina blanca eran artesanos.[2]

Otros historiadores toman un ejemplo diferente. Concuerdan en que la raza no constituía en modo alguno el único factor deter-

[1] John K. Chance y William B. Taylor, "Estate and class in a colonial city: Oaxaca en 1792", en: *Comparative studies in society and history* 19:4, octubre 1977, págs. 466-475.
[2] Patrica Seed, "Social dimensions of race: Mexico City, 1753", en: *Hispanic American Historical Review* 62:4, noviembre, 1982, pág. 580; John K. Chance y William B. Taylor, ob. cit., pág. 475; César García Belsunce *et al., Buenos Aires: su gente (1800-1830)*, vol. 1, Buenos Aires, Emecé, 1976, anexo 2.

minante de la posición social para la mayor parte del período colonial, pero afirman que sin embargo era la principal influencia. La difusión de los criollos entre todos los grupos ocupacionales era, por lo tanto, atípica. Para los grupos no blancos, los indios, los mestizos, los mulatos y los negros, la gran mayoría eran obreros manuales calificados o no, y sirvientes. Los grupos raciales de estatus más bajo eran identificados con las ocupaciones de nivel más bajo, tanto a fines de la época colonial como en el período de la Conquista. Aun entre los criollos, la correlación raza-ocupación del siglo XVI persistió hasta más tarde, porque si bien se encontraban más criollos en la categoría de los artesanos que en cualquier otra, la cantidad siguiente se concentraba en la categoría de los profesionales de alto nivel.[3] Para expresarlo de otro modo, si la distribución observada de los grupos raciales a través de la estructura ocupacional se compara con la distribución que sería de esperar según el porcentaje de la población total comprendida por los grupos raciales, los criollos están representados con exceso en las categorías de los profesionales y de los artesanos.[4]

¿Qué luz arroja la sociedad urbana descrita en este libro sobre el debate acerca de la importancia de la raza? El cuadro es complicado y de rica textura. Había por cierto una barrera racial que detenía a los no blancos que trataban de ingresar en ciertas ocupaciones de alto estatus. Ganster afirma que se suponía que los clérigos debían ser —y generalmente lo eran— blancos. Los no blancos podían entrar en las órdenes menores o actuar como sirvientes en los monasterios, pero muy rara vez eran sacerdotes ordenados. Y cuando lo eran, mediaban circunstancias excepcionales, como la residencia en regiones aisladas. Lavrin, del mismo modo, señala que los conventos recibían mujeres jóvenes de diversa situación económica pero que casi todas eran blancas. Finalmente, se fundaron dos conventos para indígenas, en el siglo XVIII, y hubo algunas admisiones de muchachas indias, pero estos casos fueron la excepción que confirma la regla. También se debe señalar que las personas no blancas solo eran miembros de las instituciones sociales o religiosas de nivel más bajo, como los beaterios y los recogimientos.

---

[3] Patricia Seed, ob. cit., págs. 580, 582-583; John K. Chance y William B. Taylor, ob. cit., pág. 475.

[4] Robert McCaa *et al.*, "Race and class in colonial Latin America: a critique", en: *Comparative studies in society and history,* 21:3, julio, 1979, págs. 431-432.

Burkholder ni siquiera discute la cuestión de la raza, dando por supuesto que no tenía relevancia alguna para los burócratas de alto rango. Se concentra, en cambio, en las proporciones de criollos, comparados con los peninsulares, que había en la burocracia, es decir, una división dentro de la élite blanca. En el ejército, se daba por sentado que los oficiales debían ser blancos, y Archer señala que se planteaban objeciones cuando la esposa de un oficial de milicia era mestiza. También eran importantes otros requisitos para ingresar en el clero o en la burocracia: la educación académica y los bienes, por ejemplo. Estas exigencias podían sortearse por medio de una beca, que permitiera a un joven "noble pero pobre" estudiar; o por la dote de un benefactor para profesar como monje o como monja. Y era posible, asimismo, obviar las exigencias académicas, como cuando las *audiencias* (cortes de justicia) vendían cargos a personas no calificadas para desempeñarlos. Pero los requisitos raciales no se ignoraban, excepto en circunstancias excepcionales. Las *cédulas de gracias al sacar* (licencias reales que cambiaban el estatus racial o civil de una persona), que a fines del siglo XVIII podían comprarse, le permitían a una persona de color volverse legalmente blanca. Pero esta "vía de escape" simplemente reforzaba la importancia del color de la piel como requisito para ingresar a la élite.

La situación de los artesanos, un grupo medio, presenta un interesante contraste con la de la élite. Los artesanos eran mestizos. Algunos gremios prohibían a los mestizos y a los negros llegar a maestros; otros los excluían totalmente. No obstante, las restricciones oficiales se eludían, y hacia mediados del siglo XVIII una importante minoría de maestros era gente de color. A los indios siempre se les había permitido ingresar a los gremios, que eran una importante institución de aculturación para los artesanos indígenas. Sin embargo, pese a su heterogeneidad, Johnson señala que los artesanos negros libres eran por lo general más pobres que los artesanos blancos y que las divisiones raciales socavaban y debilitaban la unidad corporativa de los gremios.

Desde luego, las ocupaciones de nivel más bajo —ser sirviente, buhonero o mozo de cordel— estaban siempre abiertas a la gente de color. Se daba por sentado que ellos eran los que debían cortar la leña y acarrear el agua. Sin embargo, en este punto hay dos características sorprendentes del sistema social. Era posible encontrar blancos hasta en las categorías sociales más bajas. Karasch señala que aun en Brasil, donde había pocos blancos en comparación con la gente de color, había blancos entre los vendedores de comida, boteros, buhoneros, sirvientes de hospitales, tejedoras de encaje y prostitutas. El modelo del blanco que no hacía tareas manuales era un concepto de la élite, desmentido por la realidad según lo impusieran las circunstancias. La presencia de prostitutas y sirvientas blancas pudo haber estado vinculada a la decadencia de la economía del azúcar en el nordeste brasileño, mientras que la existencia de boteros blancos fue consecuencia de la escasez de mano de obra en las fronteras. Según puntualiza Haslip-Viera, el 33% de las personas arrestadas por la policía de la ciudad de México a fines del siglo XVIII eran blancos, y también lo era el 55% de los internos del hospital de caridad, a comienzos del siglo XIX. Con estos datos, los estudiosos que destacan la presencia de blancos en todos los niveles del espectro social hicieron un importante descubrimiento. Sin embargo, en estos ensayos se afirma también que mientras que a lo largo de sus vidas los blancos solían descender en la escala social y desempeñar ocupaciones inferiores, o bien haber nacido en ese nivel social, la gente de color no ascendía con la misma frecuencia. Sobre todo era muy difícil pasar de la situación de plebeyo a la de caballero, es decir, sortear la principal brecha de la sociedad colonial. Por lo tanto, estos ensayos no prueban si la clase o la raza eran el principal determinante de la posición social; pero, eso sí, llaman fuertemente la atención sobre la importancia de la raza, sobre todo para la gente de color.

Había jerarquías dentro de los grupos sociales y también entre ellos. A veces la estratificación interna estaba vinculada a la raza. La descripción que hace Karasch de las divisiones entre los esclavos en una casa brasileña, por ejemplo, indica que los trabajos más prestigiosos eran los que ponían al esclavo en contacto más íntimo con los patrones blancos, como por ejemplo los de sirvientes personales, amas de llaves y amas de crianza. Las tareas menos prestigiosas, como sacar la basura, eran las más alejadas de la esfera de acción de los blancos. Esas actividades quedaban reservadas para los esclavos viejos y enfermos, los niños y los recién llegados. En otros casos, las divisiones dentro de un grupo social habían sido establecidas previamente en Europa, sin relación alguna con la raza, pero en el Nuevo Mundo pasaron a identificarse con ella. La distinción entre órdenes mayores y menores en el clero, entre oficiales y alistados en el ejército, y entre maestros y oficiales en los gremios se veía reforzada por la tendencia, existente en la sociedad, a que los blancos ocuparan las posiciones más elevadas y los individuos de color las inferiores. Pero había otros tipos de estratificación que no estaban directamente influenciados por la raza. El Estado imponía distinciones entre los funcionarios civiles, por ejemplo, cuando establecía diferentes términos de designación, niveles de educación y salarios para los ministros de audiencia, oficiales del tesoro y corregidores. También existían divisiones comparables en el ejército.

Una de las distinciones más publicitadas de la sociedad urbana colonial fue la que existía entre criollos y peninsulares. La escisión había sido de origen político, pero tenía matices raciales, porque el desdén de los peninsulares por los criollos se basaba en parte en la idea de que los criollos se habían mestizado. Hasta hace muy poco, se pensaba que los peninsulares habían dominado las burocracias civil y eclesiástica. Se creía que las revoluciones por la independencia habían sido, en parte, un esfuerzo criollo por obtener el acceso a los cargos de gobierno. Estos ensayos muestran que la exclusión de los criollos se limitó a determinados períodos y a ciertos tipos de función. Dentro de la iglesia, los criollos superaban a los peninsulares en el clero secular, ya a fines del siglo XVI, excepto en las posiciones de obispo y arzobispo. En el clero regular, los peninsulares también llegaron a ser minoría, pero debido a la *alternativa* (rotación en los cargos) tenían proporcionalmente una parte mayor de cargos en las órdenes. La rivalidad entre los dos grupos era intensa dentro del clero regular. Para la burocracia civil, el ritmo del ingreso de criollos se aceleró, especialmente entre 1606 y 1750. Hacia fines del siglo XVIII, el gobierno logró limitar la participación criolla, lo que contribuyó a crear resentimientos contra España y Portugal. En ambas burocracias había condiciones específicas, como la necesidad de fondos de la corona en el caso de la burocracia civil, que permitieron la penetración criolla.

Menos conocidas pero igualmente importantes fueron las distinciones de origen étnico dentro de los grupos no pertenecientes a las élites. Los trabajos de este volumen permiten atisbar tales distinciones. Entre los vendedores ambulantes en Brasil, todos los grupos vendían mercancías en general, especialmente telas, pero solo los africanos vendían comida. Tanto en Nueva España como en Brasil, los gitanos eran comerciantes en animales y esclavos, algunos de ellos robados. En cuanto a los migrantes estacionales hacia la ciudad, también podrían ser considerados como un tipo de subgrupo dentro de las clases medias. Como señala Haslip-Viera, las autoridades consideraban que estas personas eran menos merecedoras de caridad que las que tenían residencia permanente en la ciudad.

Por último, la diferenciación entre los sexos también dividía a la sociedad colonial. Estos trabajos ofrecen una nueva visión del papel de las mujeres en la ciudad. Hasta hace muy poco tiempo, las mujeres de la élite eran consideradas principalmente como insignificantes devotas, como filántropas con escasas funciones económicas o sociales, o como un pequeño número de monjas excepcionales. Se daba por sentado que las mujeres pobres hacían tareas manuales, pero se prestaba poca atención a la especialización de las actividades. Aquí se puede apreciar que ya se hable de los roles de hacendados, comerciantes o burócratas, las mujeres eran fundamentales para consolidar y transmitir las empresas económicas y mantener las redes de relaciones sociales. Como esposas, parientes políticas o madrinas, poseían propiedades y contactos que hacían que la vinculación con ellas fuera fuente de bienestar y movilidad. Lavrin revela la contribución cultural de las monjas como grupo. El hecho de que las mujeres que desempeñaban estos papeles sean vistas simplemente como instrumentos de sus pares hombres, o como personas independientes y responsables, depende del punto de vista del historiador.

Mientras más abajo en la escala social estaba situada una mujer, más trabajaba. Para los artesanos, Johnson muestra que las mujeres y los niños prestaban una importantísima ayuda en la producción y venta de productos. A veces las viudas dirigían los negocios de sus maridos fallecidos, hasta que se volvían a casar o sus hijos crecían. Hubo incluso gremios fundados y administrados por mujeres. Karasch describe las actividades comerciales de las mujeres, primero como vendedoras ambulantes y luego como dueñas de puestos de feria o de tiendas fijas. En Minas, la mayoría de las dueñas de puestos de feria eran libertas negras y esclavas. A veces las tradiciones culturales influían sobre la especialización. De acuerdo con la costumbre europea, las mujeres eran pescaderas en Bahía; según la costumbre africana, en Río de Janeiro los pescaderos eran hombres. Otra especialidad de las mujeres indígenas y africanas era la recolección de hierbas y especias fuera de las ciudades. En la Nueva España de fines de la colonia, las mujeres eran un sector importante de la mano de obra, tanto de formas de producción establecidas, como los obrajes, como en nuevas formas, como la fábrica de tabaco. Este trabajo prenunciaba ya su futuro papel como obreras de bajos salarios en la industria.

El período colonial fue, en su conjunto, una época de crecimiento demográfico urbano. Una de las razones de este fenómeno es que la gente percibía a las ciudades como lugares de mayores oportunidades, y migraba hacia ellas. ¿Hasta qué punto esa idea nacía de la experiencia? En una sociedad estratificada las oportunidades de movilidad social eran, desde luego, limitadas. Sin embargo, los trabajos aquí reunidos muestran que en todos los niveles de la sociedad era posible una mejoría de la situación social de un individuo. Este mejoramiento significaba diferentes cosas, y se producía con una frecuencia variable, en cada nivel. Para un miembro de la clase baja urbana, desempleado crónico, la movilidad ascendente significaba obtener un puesto fijo de mozo de cordel o estibador, vendedor o trabajador textil. Para la lavandera o prostituta esclava, significaba ganar dinero suficiente para comprar su libertad, a fin de modificar su estatus legal sin cambiar necesariamente de ocupación. El paso de la esclavitud a la libertad también podía darse a través de la manumisión. Los artesanos negros, los sirvientes domésticos y los espías de la policía ganaban su libertad de este modo. En toda Latinoamérica los vendedores ambulantes parecen haber sido uno de los grupos de mayor ascenso social, al progresar desde la venta callejera hasta la compra de un puesto de mercado (véase figura 23). Los milicianos pardos y morenos obtenían el fuero militar y una situación social más elevada al llegar a ser soldados, aunque al precio de arriesgar su vida y su salud.

En las ocupaciones de nivel alto y medio, los canales de movilidad profesional estaban institucionalizados. Los artesanos pasaban de aprendices a oficiales y de oficiales a maestros. Y los maestros eran propietarios de sus talleres y tiendas y daban empleo a hombres y mujeres. Los sacerdotes recibían la tonsura, obtenían su título universitario, se ordenaban y después se los designaba para un buen oficio. Dentro de la burocracia civil, un futuro corregidor podía empezar como teniente, recibir un nombramiento para una provincia remota y finalmente llegar a una ciudad importante. Otros grupos tenían un asenso más informal. Entre los comercian-

tes, los inmigrantes, parientes o amigos oriundos de la misma
región en España o Portugal, empezaban como aprendices en los
negocios de los mayoristas; en cierto momento, pasaban a ser
socios de sus patrones. Entre los hacendados el progreso se daba a
veces desde la administración hasta la posesión de una finca. Una
persona podía también iniciarse como pequeño propietario rural,
adquirir tierras poco a poco y llegar finalmente a convertirse en un
plantador de caña de azúcar.

Las oportunidades de progreso entre comerciantes y artesanos
tienen especial interés, porque estos eran los dos grupos "medios".
Generalmente, los comerciantes estaban en el borde inferior de la
élite, mientras que los artesanos de mayor nivel se encontraban en
el borde superior de la clase baja. Hacen falta más evidencias para
llegar a conclusiones definitivas. Pero Lugar y Ramírez señalan
una creciente aceptación social de los comerciantes a fines del siglo
XVIII. Johnson hace notar, sin embargo, que en el siglo XVI los artesanos no podían ingresar en los niveles más altos de la sociedad, y
da a entender que ello seguía siendo así respecto de los artesanos
como grupo a fines del siglo XVIII.

La movilidad hacia abajo fue un aspecto importante pero ignorado de la estratificación social. Los riesgos inherentes a la agricultura y el comercio significaban a veces una pérdida de estatus para
hacendados o comerciantes. El limitado número de puestos burocráticos hacía que se mantuviera a los aspirantes como supernumerarios, esperando que un cargo quedara vacante. El derecho de
un funcionario a nombrar a su sucesor generaba nepotismo y limitaba el ingreso de personas capaces pero de menor condición social,
que trataban de abrirse paso a través de la carrera burocrática.
Algunos grupos sufrieron una experiencia de movilidad hacia abajo
como grupo; por ejemplo, los encomenderos de principios del siglo
XVI, y los artesanos de fines del siglo XVIII. El desplazamiento laboral era endémico para el trabajador pobre, cuyo empleo estacional
y bajos salarios lo empujaban periódicamente a engrosar las filas
de los desocupados y los delincuentes.

Había también cierto grado de movilidad lateral, o desplazamiento entre ocupaciones de similar estatus social. Entre las élites,
los encomenderos actuaban informalmente como comerciantes,
según señala Lugar. En cuanto a los hacendados, a veces eran
sacerdotes o funcionarios. Las sirvientas eran a veces, al mismo
tiempo, prostitutas. Los esclavos que cuidaban de los animales o

recogían forraje trabajaban como vendedores ambulantes. El sirviente que robaba pequeños objetos a su patrón y los vendía conformaba el estereotipo que la élite tenía de la clase baja y que tenía cierta base en la realidad.

Hasta ahora se había discutido la estratificación social en términos de distinciones horizontales, o de distinciones que atravesaban la sociedad: raza, ocupación, propiedades y sexo en relación con las otras variables. Si todas las distinciones dentro de la sociedad colonial hubieran sido horizontales, ella habría estado fuertemente fragmentada y separada, apenas si habría sido una sociedad. Un elemento significativo del orden colonial eran las instituciones que integraban los grupos horizontales. Las corporaciones desempeñaban hasta cierto punto esta función, como también los vínculos familiares y de padrinazgo por bautismo.

Las corporaciones eran organizaciones que representaban a los individuos dedicados a cierta forma de actividad: eclesiástica, mercantil o artesanal. Las corporaciones tenían deberes internos y externos. Regulaban el comportamiento de sus miembros, vigilaban que estos realizaran los servicios o produjeran los bienes que de ellos se esperaban, contribuían a su bienestar físico y espiritual y dirimían las disputas legales que a veces se suscitaban. Grupos tales como las órdenes monásticas, el *consulado* (gremio mercantil) y el gremio de artesanos elegían a sus funcionarios en elecciones y, teóricamente al menos, eran responsables por el bienestar de todos sus miembros. Estas organizaciones también defendían sus intereses de grupo contra los reclamos de otras corporaciones, del gobierno y de los grupos de menor estatus. Así, las corporaciones mediaban entre sus miembros y la sociedad en general.

Los vínculos familiares y de padrinazgo se mezclaban con los vínculos corporativos. Si bien la estructura familiar variaba considerablemente entre los grupos sociales, el ideal consistía en una unidad nuclear rodeada por parientes de sangre, parientes políticos y compadres o comadres, es decir, relaciones establecidas por el hecho de ser padrino o madrina de bautismo. La familia era una institución vertical, en la medida en que reunía a tres o cuatro generaciones y, a través del matrimonio o el padrinazgo, podía unificar diferentes clases sociales. Como indica Ramírez, los hacendados eran a veces *padrinos* de bautismo de niños indios, y benefactores de sus parientes lejanos, muchas veces sin tierras o necesitados. Lugar demuestra que, a través del matrimonio, los comerciantes, sobre todo a fines del siglo XVIII, establecían vínculos ascendentes con las élites terratenientes y mineras. Desde luego, el matrimonio también promovía vínculos laterales entre miembros de la sociedad de igual estatus. Estas uniones eran tanto económicas como sociales. Los comerciantes, por ejemplo, preferían confiar transacciones riesgosas y delicadas a un miembro de su familia. Los hacendados asignaban dotes a sus parientes y les brindaban ayuda profesional o política. Al igual que los integrantes de las corporaciones, los miembros de una familia estaban ligados por una mezcla de afecto, interés personal e intereses comunes.

Los grupos familiares y corporativos existen en todas las sociedades, pero son más destacados en ciertos tipos de cultura. Mucho se ha debatido sobre el grado en que la América Latina colonial se ajustaba a este tipo de cultura, y la significación de esa característica. El modelo de sociedad que se cree existió en el período colonial suele ser llamado corporativo u orgánico, y se diferencia de las sociedades que son individualistas, competitivas y conflictivas. Cada modelo se identifica con un filósofo destacado: el primero, con Santo Tomás de Aquino; el segundo, con John Locke. Según Santo Tomás, la sociedad ideal se compone de subgrupos complementarios, cada uno con una función esencial para el bien general y cada uno relacionado con los otros de un modo jerárquico. Se valoraba el equilibrio y la estabilidad por sobre la competencia y el cambio. La paz social tenía prioridad por sobre el mejoramiento social. Dentro de este esquema, no debía haber un gobierno central fuerte. En cambio, el poder ejecutivo delegaba muchas de sus obligaciones en las corporaciones y la familia. La armonía que se buscaba en la sociedad como un todo debía existir también dentro de los subgrupos. Se creía que las personas debían considerarse a sí mismas más como miembros de un grupo que como individuos y, en consecuencia, debían cooperar para beneficiar al grupo.

Las ciudades debían ser el punto focal de una sociedad corporativa, porque era en ellas donde la actividad se especializaba lo suficiente como para permitir la existencia de organizaciones funcionales. Pero en la América Latina colonial las ciudades eran también el sitio de asentamiento de los niveles más altos del gobierno central. El virrey, las cortes de justicia y los funcionarios del tesoro estaban, en teoría, por encima de las corporaciones y tenían atribuciones para dirigir sus actividades. Si bien las ciudades eran los lugares donde el impacto corporativo sobre la estructura social era más pronunciado, eran también el espacio donde este se encontraba con su mayor desafío. El particularismo y el personalismo de los grupos corporativos chocaba con el universalismo y el legalismo del Estado.

La sociedad equilibrada y ordenada imaginada por el pensamiento social y la religión encontraba cierta resonancia en la vida urbana colonial, pero no en el grado ni necesariamente por las razones que sus expositores esgrimían. Lo poco frecuente de los episodios de violencia colectiva organizada por parte de grupos grandes parece corroborar el modelo tomista de la armonía. La revuelta de 1692 en la ciudad de México es notable por su carácter excepcional. Los historiadores han comentado con frecuencia la impresionante estabilidad del período colonial en comparación con las revueltas del siglo XIX y las revoluciones del siglo XX. Para una sociedad nacida de la Conquista y la esclavitud, sin ejército regular hasta fines del siglo XVII, la escasez de grandes levantamientos es bastante sorprendente. El equilibrio derivó, hasta cierto punto, de la integración de las clases bajas en la sociedad posconquista, a través de la iglesia y a través de los gremios de artesanos. En su condición de parroquianos, sacristanes y sirvientes, y como miembros de hermandades o recogimientos, los estratos inferiores establecían un contacto satisfactorio con la élite. Dentro de la familia, o grupo de parentesco amplio, los individuos encontraban un lugar que se les negaba afuera. Las *crias* esclavas (personas criadas en la casa de otra familia) de las familias brasileñas, al igual que las *huérfanas* mestizas de las familias españolas, recibían un trato especial.

La ausencia de conflictos de gran escala no puede atribuirse solamente a las instituciones integradoras. Las élites confiaban en la coerción —cárceles, trabajo forzoso, exilio— para mantener el control. Como describe Haslip-Viera, estos procedimientos se sistematizaron a fines del siglo XVIII, al mismo tiempo que se expandían las instituciones de bienestar social. La alienación, la apatía y la lucha diaria por sobrevivir evitaban que los pobres y las gentes de color lanzaran un ataque masivo contra las élites. Los habitantes de las ciudades que se veían reducidos a robar las ropas de los muertos para vestirse o a buscar su comida en la basura, no estaban en condiciones de desafiar el orden social imperante. En todo caso, la imposibilidad de ataques colectivos dentro de las ciudades tenía su contrapartida en los actos individuales y endémicos de violencia. Como señala Archer, algunos de estos actos violentos eran perpetrados por las milicias y las tropas regulares, los mismos grupos que debían evitarlos. Cuando se golpeaba a un civil por no tener lumbre para encender el cigarrillo de un soldado, la existencia de violencia individual parece obvia.

Con respecto a las relaciones dentro de los grupos corporativos y familiares, la acción de las instituciones armonizadoras parece también haber sido mixta. Las historias internas de los cuerpos monásticos indican una reglamentación relativamente ordenada de los asuntos cotidianos, interrumpida regularmente por intensos enfrentamientos entre facciones por determinados problemas. Lavrin describe la miniguerra entre las monjas claretianas de Santiago y sus superiores franciscanos. Ganster destaca las enemistades que dividían a los monasterios y a las capillas de catedrales. Si esto ocurría dentro del corazón mismo de la institución destinada a lograr la resolución pacífica de los diferendos, ¿qué podía esperarse de las corporaciones, que carecían de una visión trascendente? Dentro de la familia, las disposiciones de los testamentos y los juicios de divorcio testifican, como era de esperar, que las relaciones familiares eran al mismo tiempo armoniosas y conflictivas. El hecho de que el castigo corporal de la esposa fuera la causa más común de las peticiones de divorcio eclesiástico por parte de las mujeres indica el precio que se pagaba, a veces, por el mantenimiento de la vida familiar.[5]

Fuera cual fuese el grado de conflicto, la identidad de grupo en la América Latina colonial era muy fuerte. Las instituciones compuestas por profesionales, como la audiencia de ministros, tenían un fuerte espíritu de cuerpo. Eran conscientes de su atuendo, educación y comunidad de objetivos como grupo. Muchos burócratas veían la función pública como una demostración de confianza cívica, pero otro solo la consideraban como un medio para enriquecerse. Los artesanos sentían lealtad hacia sus oficios. Las monjas, como el único grupo de mujeres educadas de la colonia, compartían actividades intelectuales y tenían acceso a un cuerpo común de bibliografía, tal como los niveles más altos del clero masculino. Las hermandades y las Terceras Órdenes eran típicamente centros de

---

[5] Sylvia Arrom, *La mujer mexicana ante el divorcio eclesiástico, 1800-1857*, México, SepSetentas, pág. 28.

sentimiento colectivo. En Bahía, la Tercera Orden de Santo Domingo tenía una gran representación de comerciantes y empleados de
comercio. Si bien es más difícil documentar un sentimiento de
pertenencia que la exclusión racial o la violencia, no hay duda de
que la identidad positiva de grupo formaba parte de la sociedad
colonial. Las familias se consideraban a sí mismas una unidad dentro de la cual debía reinar la lealtad y el servicio. Los logros de un
miembro de la familia afectaban a los demás, y lo mismo sucedía
con sus desgracias.

No obstante, las lealtades corporativas y familiares no suplanta-
ban el esfuerzo individual. Existía una tensión entre ambas que fue
característica de la época. Los maestros explotaban a los oficiales y
aprendices. Los comerciantes hacían fortunas a expensas de sus
colegas. La competencia no era exaltada como una virtud, pero se la
aceptaba como un hecho de la vida. La ley sancionaba la movilidad
ascendente de las personas cuando se lograba a costa de los grupos.
Los esclavos podían comprar su libertad, los comerciantes podían
comprar cargos públicos, y los hacendados recibir títulos honoríficos.

La tarea del gobierno consistía en supervisar las actividades
de las corporaciones y resolver disputas entre ellas. Los funcionarios públicos tenían una identidad dual. Eran miembros de grupos
corporativos (audiencia, cabildo) pero al mismo tiempo estaban por
encima de esos cuerpos, en un papel de supervisores. El gobierno
civil controlaba al clero y ejercía más control sobre las corporaciones menos poderosas. El poder y la naturaleza del poder estatal
constituye una larga controversia en la historia de América Latina.
Los españoles y los portugueses fueron las primeras naciones que
establecieron un gobierno imperial de ultramar. Su sistema era
complejo, sofisticado y resistente. Algunos historiadores consideran
que el Estado ibérico era un actor independiente en la sociedad
colonial, guiado por determinada filosofía política y representado
por hombres que, en muchos casos, implantaron el orden y la justicia en la colonia. Otros ven al Estado principalmente como preso de
los grupos de élite y como un mero reflejo de sus intereses egoístas.
Las redes informales y los contactos personales, afirman, eran
mucho más importantes que la educación, la experiencia o los ideales. Como lo indican los vínculos que existían entre funcionarios
públicos, hacendados y comerciantes, los representantes del Estado
debían estar profundamente comprometidos en las corporaciones
que supuestamente debían gobernar y reglamentar. En tales cir-

cunstancias, el gobierno no podía funcionar independientemente de las élites locales. Pero estas importantes alianzas entre funcionarios públicos y élites locales no explican totalmente las relaciones entre Estado y corporaciones en la sociedad urbana. Durante ciertos períodos, el Estado desafiaba en forma agresiva a ciertos grupos corporativos. Por ejemplo, en la América española de fines del siglo XVIII el gobierno de los Borbones retaceó la autoridad de la iglesia y de algunos gremios de artesanos, al mismo tiempo que promovía a nuevas corporaciones que, hasta cierto punto, los reemplazaron. El *tribunal de minería* (gremio de minería), los consulados regionales y, especialmente, el ejército, entran en esta categoría. Cuando Archer describe la resistencia de los cabildos a la introducción de la jurisdicción militar, ejemplifica el choque entre los viejos y los nuevos cuerpos corporativos. La política estatal solía también cambiar el carácter interno de ciertos grupos corporativos, como cuando las audiencias fueron formadas con jueces nacidos en la península.

La estructura social urbana moldeaba y reflejaba el aspecto físico de la ciudad. Había una relación simbiótica entre la distribución del estatus y la riqueza entre las personas, y la asignación y utilización del espacio urbano. La localización, el diseño y las condiciones de las viviendas, tiendas, iglesias, parques, mercados y edificios públicos eran la expresión física de la sociedad a la que servían (véase la figura 24).

Una distinción fundamental con respecto a la apropiación del espacio urbano era la división entre áreas públicas y privadas. La plaza a la entrada de la iglesia parroquial o de un edificio público era el lugar donde se reunía la gente. Los parques, como la Alameda en la ciudad de México, la Plaza Central en Buenos Aires o el Jardín Público en Bahía, constituían el escenario de un amplio contacto entre las personas, al igual que el interior de las iglesias, los mercados y las calles. No obstante, mientras más público era el espacio, más lo usaba la gente de los estratos sociales inferiores. En Brasil, por ejemplo, los comerciantes portugueses se sentaban en sus tiendas y casas, mientras que los africanos y los indígenas vendían mercaderías en la calle. Para los desocupados, cuando estos grupos empobrecidos tenían que dormir en los umbrales o levantar viviendas precarias contra los muros de los conventos, la vía pública se convertía en un espacio "privado". Del mismo modo, mientras más privado era el espacio, menos y de más elevada condición eran los individuos que tenían acceso a él. Las *tertulias*, o reuniones vespertinas, que se realizaban en los salones de las mansiones, se llevaban a cabo con la presencia de un selecto grupo de profesionales y gentes de actuación destacada en la sociedad. La audiencia virreinal o episcopal, realizada en una cámara elegantemente arreglada, era una conversación privada. Un ejemplo aun más extremo de contacto dentro de un espacio privado era la relación entre las monjas descalzas y sus visitantes, que se producía a través de una cortina, en el locutorio.

La proximidad física es sinónimo de vida urbana, ya que la ciudad es, por definición, un lugar donde la densidad de población ha alcanzado un alto nivel. En el sigo XVI los fundadores de ciudades habían intentado reducir el contacto espontáneo entre personas de diferente raza y ocupación destinando áreas de la ciudad para vivienda de ciertos grupos. Como indican estos ensayos, lo lograron en un aspecto pero fracasaron en otro. Las élites urbanas, que no deben ser identificadas con todos los blancos de la ciudad, permanecieron en el centro, que originalmente había sido reservado para ellas. Burkholder hace notar que los altos funcionarios vivían a poca distancia de los edificios públicos o en esos edificios, en el corazón mismo de la ciudad donde desarrollaban sus actividades. Ramírez describe las imponentes mansiones de los hacendados, que se agrupaban alrededor de la plaza principal, aun en poblaciones de provincia, donde sería de esperar que las pautas de comportamiento social fueran más laxas. El esquema inicial de la segregación habitacional no pudo, sin embargo, mantener a las clases bajas fuera de la *traza* (sección central de la ciudad) ni limitar a todos los blancos a los barrios centrales. Los trabajadores, sobre todo aquellos cuyos servicios eran necesarios todos los días —aguateros, mozos de cordel, artesanos, vendedores ambulantes y cuidadores de animales— vivían en estrecho contacto con la élite, al igual que los delincuentes y las personas que buscaban trabajo. El deseo de segregación no era tan fuerte ni el aparato estatal estaba lo suficientemente desarrollado como para evitar que estos grupos entraran a los barrios centrales. Además, algunos miembros de la élite ganaban dinero alquilando viviendas a personas de baja condición social en alojamientos cercanos y hasta en las habitaciones de servicio de sus propias mansiones. Por último, la confianza que se depositaba en los sirvientes indios, mestizos o negros que vivían en la residencia de la familia hizo imposible la segregación racial estricta, desde los primeros tiempos de la colonia. Pese a los esfuerzos de los legisladores, la ciudad interior era escenario de contacto frecuente entre personas de diferente raza y ocupación. Sin embargo, según el plan la periferia de la ciudad, que incluía los huertos y las pequeñas zonas de pastoreo fue, hasta el siglo XIX, principalmente dominio de la clase baja. Los estratos superiores permanecían en sus casas suburbanas durante el verano, época de vacaciones.

La ciudad colonial se caracterizaba también por la proximidad del trabajo, la vivienda y la actividad comercial. Como se ejemplifica en el caso de los artesanos, las funciones productiva, doméstica y comercial ocupaban el mismo espacio. Mientras algunos comerciantes y mercaderes se concentraban en determinada calle y otros se dispersaban en los vecindarios, todos estaban involucrados en el uso multifuncional del espacio urbano. En este aspecto, se confirma la idea de que la ciudad era el sitio de relaciones íntimamente integradas.

Dentro de los vecindarios se encontraban las casas familiares, que reunían a grupos de personas que ocupaban un espacio delimitado y estaban ligadas por vínculos de parentesco o de otra índole. Para la élite, la casa familiar se adaptaba al modelo de una unidad social grande y diversa, largamente asociada con América Latina. No obstante, los grupos medios y bajos no se ajustaban al estereotipo. En la ciudad de México, el tamaño medio de las casas de familia de clase alta a mediados del siglo XVIII era de 6,6 personas, mientras que en la categoría de menor estatus era de 3,4 personas. A fines del siglo XVIII, el número promedio de personas en las casas de la élite en Buenos Aires era de 6,8, pero en los sectores más bajos era solo de 5,6.[6] Las casas más grandes, las de la élite, reflejaban la presencia de más sirvientes, criados y asistentes. También es posible que las casas de clase alta tuvieran más hijos. Las viviendas de trabajadores y desocupados incluían muchas veces a personas que no

    [6] Dennis Nodin Valdés, "Beyond the occupational hierarchy: household and social order in Mexico City, 1753", trabajo presentado en el Annual Meeting of the American Historical Association, Los Angeles, 28 de diciembre, 1981, pág. 3; Lyman Johnson y Susan Socolow, "Population and Space in Eighteenth Century Buenos Aires", en: David J. Robinson (comp.), *Social fabric and spatial structure in colonial Latin America,* Ann Arbor, Michigan, University Microfilmes International, 1949, págs. 365-366.

tenían entre sí relaciones ni familiares ni de servidumbre, pero vivían juntas por razones económicas.

Aun los grupos de élite que teóricamente no podían formar familias nucleares biológicas, como los clérigos y las monjas, duplicaban las dimensiones de la familia clásica de clase alta en otros aspectos. Los sacerdotes acomodados solían comprar una *casa principal*, o mansión, y llevar a vivir en ella a parientes, esclavos y clérigos más jóvenes. Las monjas tenían hermanas legas y sirvientas en sus habitaciones, y recibían frecuentes visitas de familiares. Los legos y los sirvientes de las casas clericales eran comparables a parientes lejanos y a la servidumbre de las casas seculares. Tal como en otras casas de élite, los conventos estaban habitados principalmente por personas que no eran monjas, es decir, que no formaban parte de la "familia" nuclear. Para los grupos sociales más bajos, las mismas condiciones que hacían difícil vivir en una casa conspiraban contra el establecimiento de la familia clásica. Además, los elevados índices de mortalidad resultantes de las epidemias, que hacían estragos sobre todo entre los mal alimentados, reducían el número total de habitantes en las viviendas, como también la proporción de hijos.

A fines del siglo XVIII empezaron a manifestarse cambios que más tarde alterarían la estructura espacial urbana. En la ciudad de México, los planificadores querían extender las calles rectas de la traza hacia los barrios periféricos, a fin de permitir "la enumeración de las manzanas y casas, favorecer una mejor administración de las exequias y mejorar el gobierno",[7] una trilogía típica de los motivos del reformador borbón. El gobierno trató de abrir las manzanas cerradas de los establecimientos eclesiásticos del centro de la ciudad. El deseo de sistematizar el trazado urbano tenía su contraparte en la tendencia a la separación de las actividades productivas de las residenciales y comerciales. En la ciudad de México, por ejemplo, se empezó a vender el pan no solo en las panaderías donde se lo hacía sino también en bocas de expendio minoristas, alejadas del lugar de fabricación. La racionalización y diferenciación de funciones vinculadas a la era moderna empezó en Latinoamérica a fines del período colonial.

Las diversas actividades de la familia, el vecindario y los grupos

---

[7] Alejandra Moreno Toscano (comp.), *Ciudad de México: ensayo de construcción de una historia*, México, Instituto Nacional de Antropología e Historia, 1978, pág. 177.

ocupacionales y raciales revelan también otra faceta de la vida urbana. Pocos individuos eran exclusivamente residentes urbanos. Vínculos de diferente tipo los ligaban a los centros más pequeños y a la campiña. Según una escuela de pensamiento, esos vínculos eran de explotación. Las aldeas estaban dominadas por las villas, las villas por las poblaciones provinciales y estas poblaciones por las ciudades importantes, en una red que se extendía a través del océano hasta las capitales imperiales, Madrid y Lisboa. Los productos de las haciendas, plantaciones y minas, según este punto de vista, se canalizaban hacia las ciudades, cuyos residentes se beneficiaban con su venta de un modo desproporcionado. Los habitantes más capaces se iban a los grandes centros, profundizando aun más el atraso del campo. ¿En qué medida la experiencia de los grupos sociales urbanos descritos en este volumen confirma esta interpretación? Si bien las conclusiones basadas en un estudio dedicado principalmente a la vida interna de la ciudad deben ser tentativas, los ensayos señalan una relación multidimensional, más compleja que lo que permite la interpretación. La ciudad y sus alrededores estaban vinculados por un intercambio constante que sin duda contenía muchos elementos de explotación, pero que incluía asimismo un cierto grado de reciprocidad. Muchos residentes urbanos iban y venían entre un escenario y otro. Los hacendados y *fazendeiros* prósperos, con sus casas en la ciudad y en el campo, tenían una situación cómoda, pero ese papel dual de habitantes de la ciudad y de la campiña era compartido por otros grupos sociales. Los proveedores de comida, animales y forraje eran visitantes diarios o semanales de la ciudad. Los pequeños mercaderes y los vendedores ambulantes, los arrieros, boteros, estudiantes, funcionarios públicos y clérigos, todos se desplazaban según las exigencias de las estaciones o de sus carreras laborales.

Indudablemente, la ciudad se beneficiaba con la acumulación de riqueza producida en el campo. Pero los centros urbanos eran también imágenes para los emigrantes rurales, que huían del hambre o de la desocupación. Los emigrantes constituían más bien una carga que una contribución para la economía urbana, pero su éxodo beneficiaba al campo aliviándolo de mano de obra excedente. Además, la ciudad contribuía periódicamente con algunos de sus habitantes más ricos y educados, que se iban al interior. Las élites preferían vivir en la ciudad, pero no siempre lo lograban. De los jóvenes de clase alta que recibían educación superior en las ciudades, algunos se casaban y permanecían en ellas, mientras que otros se iban al campo, sobre todo en la primera fase de su carrera. Burkholder habla de los *limeños* que se desempeñaban como corregidores en diversas provincias. Los comerciantes nacidos en la ciudad solían pasar años de aprendizaje viajando por el campo. familiarizándose con los mercados rurales. La mayoría de los clérigos aspiraban a conseguir un cargo en la ciudad pero, como señala Ganster, estas esperanzas no siempre se realizaban. Una vez que la venta de cargos en la burocracia interrumpió la pauta de promoción que permitía a los funcionarios desplazarse desde el campo hacia la ciudad, algunos individuos pertenecientes a la élite culta se vieron obligados a permanecer en las regiones menos deseables.

La ciudad, por lo tanto, no solo absorbía población desde el campo; también mandaba a algunos de sus miembros más conspicuos a las áreas rurales.

El concepto de la ciudad como parásito, que ha generado tanta controversia, puede haber dejado de ser útil como modelo heurístico, pero contribuyó a la toma de conciencia de la importancia del estudio de las relaciones entre la ciudad y el campo. Los ensayos de este volumen pueden servir como punto de partida para la investigación de este tema. Además, ofrecen una introducción a la estructura ocupacional y racial de las diferentes ciudades. Las estadísticas sobre el perfil demográfico de las ciudades antes de mediados del siglo XVIII son escasas, de modo que los autores que escriben sobre el período colonial temprano se apoyaron en fuentes no cuantitativas, como los registros notariales y de la Inquisición. Los futuros historiadores deberán perfeccionar la metodología para recoger e interpretar estos datos. Para el período colonial tardío, se dispone de censos civiles y religiosos y se elaboraron modelos para su análisis, pero se necesitan muchos más estudios antes de poder hacer generalizaciones.[8]

Dentro de la ciudad, el alcance de la movilidad social, tanto ascendente como descendente, es un campo donde la investigación puede ser muy reveladora. La experiencia de familias inmigrantes de comerciantes y artesanos, a lo largo de dos o tres generaciones, es de especial interés porque estos grupos franqueaban ocasionalmente

---

[8] Woodrow Borah, "Trends in recent studies of colonial Latin American cities", en: *Hispanic American Historical Review* 64:3, agosto 1984, pág. 553.

la gran división social entre la *gente decente* y la *gente plebeya*. Tanto el lugar de nacimiento como la ocupación influían en la determinación de si una persona podría aumentar su estatus. La autopercepción de los grupos sociales es también un campo importante pero aún ignorado. ¿Estaban en lo cierto las élites cuando miraban alrededor y veían una sociedad organizada según criterios raciales? ¿En qué medida los sectores medios y bajos compartían la opinión de la élite, que los consideraba inferiores? Las actitudes de los grupos hacia su lugar en la sociedad es un tema fascinante, que el actual progreso en otros aspectos de la historia social permite considerar.

La dimensión espacial de la estructura social es un tema que actualmente suscita gran interés y que requiere la integración con los enfoques historiográficos tradicionales. La localización de edificios, mercados y parques revela mucho acerca de la sociedad urbana. El estudio de estas estructuras permite al historiador instalar a una sociedad pasada en su entorno físico y rastrear la natural conexión entre la gente y el lugar que habita. Pero el foco sobre el espacio urbano no eximirá al historiador de la tarea de relatar sus conclusiones sobre problemas más amplios, que exceden la teoría de la localización y encaran las relaciones económicas e institucionales en toda su dimensión.

Cronológicamente, es indispensable que el período entre 1550 y 1750, posterior a la fundación de ciudades y anterior a las reformas borbónicas y pombalinas, reciba más atención. Con demasiada frecuencia ciertas conclusiones, basadas en materiales de fines del siglo XVIII, se proyectan hacia atrás en el tiempo, hasta una era en que la ciudad puede haber sido bastante diferente. La ciudad tradicional de comienzos y mediados de la colonia requiere una definición más precisa. Debido a la abundancia de estadísticas y otras fuentes, mucho se sabe sobre los centros urbanos de fines de la época colonial. Para estas ciudades actualmente es posible vincular los conocimientos con cuestiones claves acerca de la naturaleza y el ritmo de los cambios de la era premoderna.

En resumen, el campo de la historia urbana colonial se ha enriquecido con las recientes contribuciones tanto de los historiadores sociales como de los estudiosos de las ciudades del siglo XX. El énfasis tradicional de la historia urbana —fundación de ciudades, gobierno municipal, arquitectura y mejoras cívicas— puede fundirse ahora, de un modo interesante y novedoso, con temas tales como las redes políticas informales, la estructura social y las relaciones entre campo y ciudad. La ciudad ha sido siempre el punto de reunión de diversos grupos e ideas. Lo mismo puede decirse ahora de la historia de la ciudad latinoamericana.

LECTURAS COMPLEMENTARIAS

Para una buena introducción a la historia de la sociedad colonial, véase James Lockhart, "The social history of colonial Spanish America", en: *Latin American Research Review* 7:1, 1972, págs. 6-45. Otros trabajos importantes acerca de la estructura social son: Lyle McAlister, "Social structure and social change in New Spain", en: Howard Cline (comp.), *Latin America: essays on its history and teaching*, Austin, Texas, University of Texas Press, 1973; y Mario Góngora, "Urban social stratification in colonial Chile", en: *Hispanic American Historical Review*, 55:3 agosto, 1975, págs. 421-448. Magnus Mörner, *Estratificación social hispanoamericana durante el período colonial*, Estocolmo, Instituto de Estudios Latinoamericanos, 1980, revisa algunos de los debates en el área. Patricia Seed, "Social dimensions of race: Mexico city, 1753", en: *Hispanic American Historical Review* 62:4, noviembre 1982, págs. 569-606; David Brading, *Miners and merchants in Bourbon Mexico, 1780-1810*, Cambridge, Cambridge University Press, 1971; César García Belsunce *et al.*, *Buenos Aires: su gente (1800-1830)*, vol. 1, Buenos Aires, Emecé, 1976; y Donald Ramos, "Vila Rica: profile of a colonial Brazilian urban center", en: *The Americas* 35:4, abril 1979, págs. 495-526, se valen de datos de los censos para describir la estructura social de la ciudad. Con el crecimiento del campo de trabajo de la historia social se han producido numerosas monografías sobre los grupos urbanos y rurales que no es posible citar aquí. Para una interesante compilación de estudios de casos véase David G. Sweet y Gary B. Nash (comps), *Struggle and survival in colonial America*, Berkeley, University of California Press, 1981.

Entre los muchos trabajos de Richard Morse sobre historia urbana, su "A prolegomenon to Latin American urban history", en: *Hispanic American Historical Review* 52:3, agosto 1972, págs. 359-394, constituye un análisis singular del entorno cultural de la ciudad latinoamericana. Woodrow Borah, "Trends in recent sutdies of colonial Latin American cities", en: *Hispanic American Historical*

Review 64:3 agosto 1984, págs. 535-554, actualiza las investigaciones en este campo y ofrece amplia bibliografía. Una aproximación que involucra la teoría de localización es la de David J. Robinson (comp.), *Social fabric and spatial structure in colonial Latin America,* Ann Arbor, Michigan, University Microfilms International, 1979. Alejandra Moreno Toscano (comp.), *Ciudad de México: ensayo de construcción de una historia,* México, Instituto Nacional de Antropología e Historia, 1978, incluye excelentes estudios sobre la distribución de la propiedad urbana y de las relaciones sociales. Para ejemplos de los trabajos en curso sobre las ciudades argentinas, mexicanas y venezolanas, véase "Research in progress on urban history", en: *Latin American Research Review* 10:2, 1975, págs. 117-131; Elizabeth Kuznesof, "Brazilian urban history: an evaluation", en: *Latin American Research Review* 17:1, 1975, págs. 263-275, brinda una reseña informativa acerca de los trabajos recientes en el área. Es de gran ayuda saber qué consideran importante los estudiantes de las ciudades latinoamericanas modernas. Para una buena introducción a los temas de investigación contemporánea, véase Jorge Enrique Hardoy y Carlos Tobar (comps.), *La urbanización en América Latina,* Buenos Aires, Editorial del Instituto, 1969; y Manuel Castells (comp.), *Estructura de clases y política urbana en América Latina,* Buenos Aires, Editorial SIAP, 1974. En el *Journal of Urban History* 2:3, mayo 1976 se encontrará una entrevista a Richard Morse, que ofrece una descripción interesante de la evolución del campo de la historia urbana y el punto de vista de uno de sus destacados representantes.

INDICE TEMÁTICO

ÍNDICE

www.ingramcontent.com/pod-product-compliance
Lightning Source LLC
Chambersburg PA
CBHW022345280326
41935CB00007B/84